Minderheitenschutz in Ungarn und der Türkei

Arndt Künnecke

Minderheitenschutz in Ungarn und der Türkei

Eine vergleichende Studie zum Umgang mit Trianon-Trauma und Sèvres-Syndrom

PETER LANG
EDITION

Bibliografische Information der Deutschen Nationalbibliothek
Die Deutsche Nationalbibliothek verzeichnet diese Publikation in der Deutschen Nationalbibliografie; detaillierte bibliografische Daten sind im Internet über http://dnb.d-nb.de abrufbar.

ISBN 978-3-631-66859-7 (Print)
E-ISBN 978-3-653-06207-6 (E-Book)
DOI 10.3726/978-3-653-06207-6

Peter Lang Edition ist ein Imprint der Peter Lang GmbH.

Peter Lang – Frankfurt am Main · Bern · Bruxelles · New York · Oxford · Warszawa · Wien

Diese Publikation wurde begutachtet.

www.peterlang.com

Meinem geliebten Vater
Zum 80. Geburtstag

Vorwort

Gegenwärtig stehen Ungarn und die Türkei vor allem wegen ihrer immer autokratischer agierenden Herrscher im internationalen Fokus: Viktor Orbán in Ungarn und Recep Tayyip Erdoğan in der Türkei. Beide sind bereits seit mehreren Legislaturperioden an der Macht und ihre Parteien – der FIDEZ in Ungarn und die AKP in der Türkei – regieren seitdem mit absoluter Mehrheit. Gerade in den letzten Jahren standen Orbáns Ungarn und Erdoğans Türkei wegen systematischer Einschränkung der Menschenrechte in ihren Ländern international in der Kritik.

Ist dies Zufall? Oder gibt es neben der sprachlichen Verwandtschaft zwischen Ungarn und Türken, der über anderthalb Jahrhunderte anhaltenden osmanischen Herrschaft in Ungarn, der Anbindung an die EU und die in den letzten Jahren nachlassende Westbindung noch weitere Parallelen zwischen beiden Staaten?

Eng mit der Garantie von Menschenrechten verknüpft ist der Schutz von Minderheiten. Sowohl Ungarn als auch die Türkei beherbergen auf ihrem Staatsgebiet zahlreiche Minderheiten. Beide Länder standen im Ersten Weltkrieg als Österreich-Ungarn und als Osmanisches Reich auf der Verliererseite. Beide Länder verloren kriegsbedingt große Teile ihres Territoriums und ihrer Bevölkerung. Und beiden Ländern wurde in den für sie äußerst restriktiven Friedensverträgen von Trianon (1920) und Sèvres (1920) – später: Lausanne (1923) – gegen ihren Willen die Verpflichtung zum Schutz der auf ihrem Staatsgebiet lebenden Minderheiten aufgezwungen.

Die Ausgangslage beider Staaten nach dem Ersten Weltkrieg war also ähnlich. Doch wie hat sich der Schutz von Minderheiten auf deren Staatsgebiet seitdem entwickelt? Dieser Frage geht die folgende Untersuchung nach. Ihr Ziel ist es aufzuzeigen, wie unterschiedlich sich der Minderheitenschutz unter auf den ersten Blick ähnlichen Vorzeichen und Bedingungen entwickeln und welche Rolle ihm bei der Konsolidierung einer Nation in ihrem eigenen Nationalstaat und innerhalb der regionalen und internationalen Staatengemeinschaft zukommen kann.

Istanbul, im Mai 2015

Dr. Dr. Arndt Künnecke

Inhaltsverzeichnis

Abkürzungsverzeichnis

a. a. O.	am angegebenen Ort
AB	Avrupa Birliği (Europäische Union)
Abb.	Abbildung
ABl.	Amtsblatt der Europäischen Gemeinschaften
Abs.	Absatz
Abtlg.	Abteilung
Add.	Addendum (Nachtrag)
a. F.	alte Fassung
AKP	Adalet ve Kalkınma Partisi (Gerechtigkeits- und Entwicklungspartei)
Alt.	Alternative
a. M.	am Main
AMKD	Anayasa Mahkemesi Kararlar Dergisi (Entscheidungssammlung des Verfassungsgerichts)
Anm.	Anmerkung
a. R.	am Rhein
Art.	Artikel
Bd.	Band
BDGV	Berichte der Deutschen Gesellschaft für Völkerrecht
BDP	Barış ve Demokrasi Partisi (Partei des Friedens und der Demokratie)
Begr.	Begründer
BGB	Bürgerliches Gesetzbuch
BGBl.	Bundesgesetzblatt
BİHDK	Başbakanlık İnsan Hakları Danışma Kurulu (Konsultationsrat für Menschenrechte beim Amt des Ministerpräsidenten)
BVerfGE	Entscheidungen des Bundesverfassungsgerichts
bzgl.	bezüglich
bzw.	beziehungsweise
ca.	circa
CCPR	International Covenant on Civil and Political Rights (Internationaler Pakt über bürgerliche und politische Rechte)

CDDH	Conférence diplomatique sur la réaffirmation et le developpement du droit international humanitaire applicable dans les conflicts armés (Diplomatische Konferenz zur Neubestätigung und Weiterentwicklung des in bewaffneten Konflikten anwendbaren Völkerrechts)
CDL	Commission Democracy through Law (Kommission Demokratie durch Recht)
Çev.	Çeviren (Übersetzer)
CHP	Cumhuriyet Halk Partisi (Republikanische Volkspartei)
Consol. T. S.	Consolidated Treaty Series
DBP	Demokratik Bölgeler Partisi (Demokratische Partei der Regionen)
DEHAP	Demokratik Halk Partisi (Demokratische Volkspartei)
d. h.	das heißt
Doc.	Document (Dokument)
Drs.	Drucksache
DTP	Demokratik Toplum Partisi (Demokratische Gesellschaftspartei)
Dz. U.	Dziennik Ustaw (Gesetzblatt Polen)
ECRI	European Commission against Racism and Intolerance (Europäische Kommission gegen Rassismus und Intoleranz)
Ed.	Editor (Herausgeber)
Éd.	Éditeur (Herausgeber)
EEA	Einheitliche Europäische Akte
EFTA	European Free Trade Association (Europäische Freihandelsassoziation)
EG	Europäische Gemeinschaft
EGKS	Europäische Gemeinschaft für Kohle und Stahl
EGMR	Europäischer Gerichtshof für Menschenrechte
EGMRE	Entscheidungen des Europäischen Gerichtshofs für Menschenrechte
EHRLR	European Human Rights Law Review
EKD	Evangelische Kirche Deutschlands
EMRK	Europäische Menschenrechtskonvention
EP	Europäisches Parlament

EPIL	Encyclopedia of Public International Law
ETA	Euzkadi Ta Azkatasuna (Das Baskenland und seine Freiheit)
etc.	et cetera
EU	Europäische Union
EuGRZ	Europäische Grundrechte Zeitschrift
EURAC	European Academy of Bozen/Bolzano
EURATOM	Europäische Atomgemeinschaft
EWG	Europäische Wirtschaftsgemeinschaft
EYMI	European Yearbook of Minority Issues
f.	folgende Seite
FAZ	Frankfurter Allgemeine Zeitung
ff.	folgende Seiten
FIDEZ	Fiatal Demokrataták Szövetsége (Bund der Jungdemokraten)
Fn.	Fußnote
Forost	Forschungsverbund Ost- und Südosteuropa
FR	Frankfurter Rundschau
GAOR	United Nations General Assembly Official Records (Offizielle Dokumente der Generalversammlung der Vereinten Nationen)
GASP	Gemeinsame Außen- und Sicherheitspolitik (der EU)
gem.	gemäß
ggf.	gegebenenfalls
HADEP	Halkın Demokrasi Partisi (Demokratische Partei des Volkes)
HAZ	Hannoversche Allgemeine Zeitung
Haz.	Hazırlayan (Herausgeber)
HDP	Halkların Demokratik Partisi (Demokratische Partei der Völker)
Hrsg.	Herausgeber
HUF	Hungarian Forint (Ungarische Forint)
HYE-TERT	Istanbul Ermenilerine Haber (Istanbuler Armenische Nachrichten)
i. Br.	im Breisgau
IFSH	Institut für Friedensforschung und Sicherheitspolitik

IPBPR	Internationaler Pakt über Bürgerliche und Politische Rechte
IRA	Irish Republican Army (Irisch-Republikanische Armee)
i. S. v.	im Sinne von
i. V. m.	in Verbindung mit
JEMS	Journal of Ethnic and Migration Studies
JöR	Jahrbuch des öffentlichen Rechts der Gegenwart
KSZE	Konferenz für Sicherheit und Zusammenarbeit in Europa
L.N.T.S.	League of Nations Treaty Series
LV	Lausanner Vertrag
Mass.	Massachusetts
MERIA	Middle East Review of International Affairs
MindG	Minderheitengesetz
MR	Magyar Rádió (Ungarisches Radio)
MRM	MenschenRechtsMagazin
m. w. N.	mit weiteren Nachweisen
NatG	Nationalitätengesetz
NATO	North Atlantic Treaty Organization (Nord Atlantik Pakt Organisation)
NGO	Non Governmental Organization (Nicht-Regierungsorganisation)
NJ	New Jersey
No.	Number (Nummer)
Nov.	November
Nr.	Nummer
NRW	Nordrhein-Westfalen
NZZ	Neue Züricher Zeitung
o. ä.	oder ähnlich
OECD	Organization for Economic Cooperation and Development (Organisation für wirtschaftliche Zusammenarbeit und Entwicklung)
OEEC	Organization for European Economic Cooperation (Organisation für europäische wirtschaftliche Zusammenarbeit)
o. g.	oben genannte
ORF	Oesterreichischer Rundfunk
OstEuR	Osteuropa

OSZE	Organisation für Sicherheit und Zusammenarbeit in Europa
PKK	Partiya Karkeren Kurdistan (Arbeiterpartei Kurdistans)
Rev.	Review
RG	Resmî Gazete (Amtsblatt)
Rn.	Randnummer
RSCAS	Robert Schuman Centre for Advanced Studies (Robert Schuman Zentrum für Fortgeschrittenenstudien)
RTÜK	Radyo ve Televizyon Üst Kurulu (Oberster Rundfunk- und Fernsehrat)
S.	Seite
SBF	Siyasal Bilgiler Fakültesi (Politikwissenschaftliche Fakultät)
Sess.	Session (Sitzung)
sog.	sogenannte
StGB	Strafgesetzbuch
StIGH	Ständiger Internationaler Gerichtshof
Sub.	Subscription
Suppl. No.	Supplement Number (Anhangsnummer)
SWP	Stiftung Wissenschaft und Politik
SZ	Süddeutsche Zeitung
TAgAlG	Türkisches Gesetz über Arbeitsgenehmigungen für Ausländer
TArbG	Türkisches Arbeitsgesetz
TBauG	Türkisches Baugesetz
TDN	Turkish Daily News
TErzG	Türkisches Erziehungsgesetz
TESEV	Türkiye Ekonomik ve Sosyal Etüdler Vakfı (Türkische Stiftung für wirtschaftliche und soziale Studien)
TFSpG	Türkisches Fremdsprachengesetz
TNNG	Türkisches Nachnamensgesetz
TNNVO	Türkische Nachnamenverordnung
TOmbG	Türkisches Ombudsmanngesetz
TPartG	Türkisches Parteiengesetz
TPrG	Türkisches Pressegesetz
TPrivErzG	Türkisches Gesetze über private Erziehungseinrichtungen
TProVerwG	Türkisches Provinzverwaltungsgesetz

TRT	Türkiye Radyo ve Televizyon Kurum (Türkische Rundfunk- und Fernsehanstalt)
TRuFG	Türkisches Rundfunk- und Fernsehgesetz
TRuFVO	Türkische Rundfunk- und Fernsehverordnung
TStGB	Türkisches Strafgesetzbuch
TStiftungsG	Türkisches Stiftungsgesetz
TStPO	Türkische Strafprozessordnung
TÜSIAD	Türk Sanayicileri ve Işadamları Derneği (Verband der Unternehmer und Geschäftsleute in der Türkei)
TurkStat	Turkish Statistical Institute (Türkisches Statistisches Institut)
TV	Türkische Verfassung
TVereinsG	Türkisches Vereinsgesetz
TWahlG	Türkisches Abgeordnetenwahlgesetz
TZGB	Türkisches Zivilgesetzbuch
u. a.	und andere / unter anderem
UBildG	Ungarisches Bildungsgesetz
UdSSR	Union der Sozialistischen Sowjetrepubliken
UGG	Ungarisches Grundgesetz
UHochschulG	Ungarisches Hochschulgesetz
UKG	Ungarisches Kirchengesetz
ULVG	Ungarisches Gesetz über die Landesversammlung
UMedG	Ungarisches Mediengesetz
UMhG	Ungarisches Minderheitengesetz
UN	United Nations (Vereinte Nationen)
UNatG	Ungarisches Nationalitätengesetz
UNTS	United Nations Treaty Series (Vertragssammlung der Vereinten Nationen)
UOmbG	Ungarisches Ombudsmanngesetz
UÖSVerwG	Ungarisches Gesetz über die örtliche Selbstverwaltung
UPartG	Ungarisches Parteiengesetz
UPMG	Ungarisches Presse- und Mediengesetz
U. S.	United States (Vereinigte Staaten)
UStGB	Ungarisches Strafgesetzbuch
UStPO	Ungarische Strafprozessordnung
usw.	und so weiter

UV	Ungarische Verfassung
UVerfGG	Ungarisches Verfassungsgerichtsgesetz
UVwVfG	Ungarisches Verwaltungsverfahrensgesetz
UWahlG	Ungarisches Wahlgesetz
UWVfG	Ungarisches Wahlverfahrensgesetz
UZPO	Ungarische Zivilprozessordnung
vgl.	vergleiche
Vol.	Volume (Band)
VRÜ	Verfassung und Recht in Übersee
VS	Vertrag von Sèvres
VTR	Vertrag von Trianon
WEU	Westeuropäische Union
Yay.	Yayımlayan (Herausgeber)
YTL	Yeni Türk Lirasi (Neue Türkische Lira)
ZaöRV	Zeitschrift für ausländisches öffentliches Recht und Völkerrecht
z. B.	zum Beispiel
ZfP	Zeitschrift für Politik

A. Einleitung

Im Jahr 2014 wurde in Europa feierlich dem Beginn des Ersten Weltkrieges vor 100 Jahren gedacht. In diesem bis dahin umfassendsten und grausamsten Krieg der Geschichte, der durch die Ermordung des österreichischen Thronfolgers Franz Ferdinand am 28. Juni 1914 in Sarajewo ausgelöst worden war, beteiligten sich weltweit gleich mehrere Dutzend Staaten. An der Seite der Mittelmächte Deutschland und Österreich-Ungarn kämpfte das Osmanische Reich gegen die Entente um Frankreich, Großbritannien und Russland und deren Alliierte. Insgesamt verloren in diesem weltweiten Krieg Schätzungen zufolge fast 17 Millionen Menschen ihr Leben, davon sieben Millionen Zivilisten. Etwa 20 Millionen Soldaten wurden verwundet.[1] Erst mit dem am 11. November 1918 in Kraft getretenen Waffenstillstand und dem daraus resultierenden Kriegsende hatte das Töten ein Ende. Sein formales Ende fand der Erste Weltkrieg aber erst später mit der Unterzeichnung der sog. Pariser Vorortverträge, in denen die Bedingungen des Friedens festgelegt oder, besser gesagt, den Verlierermächten diktiert worden waren.

Der Erste Weltkrieg hatte jedoch nicht nur das Leben von Millionen Menschen ausgelöscht, Millionen von Menschen Opfer von Verwundung, Vertreibung und Verlust werden lassen und bei Abermillionen von Menschen Traumata hinterlassen – er führte auch zu erheblichen Veränderungen der politischen Landkarte. Diese betrafen neben dem kolonialen Afrika und dem Nahen Osten vor allem Europa. So entstanden aus Österreich-Ungarn und dem Russischen Zarenreich die baltischen Staaten Litauen, Lettland und Estland, Finnland, die Erste Tschechoslowakische Republik, die Zweite Polnische Republik, Ungarn, Österreich und Sowjetrussland sowie zunächst kurzlebige Staatengebilde wie etwa die Weißrussische Volksrepublik, die Ukrainische Volksrepublik, die Demokratische Republik Georgien, die Demokratische Republik Armenien und die Demokratische Republik Aserbaidschan. Im Jahr 1922 schlossen sich dann die Sowjetrepubliken zur Union der Sozialistischen Sowjetrepubliken (UdSSR) zusammen. Aus Teilen der ehemaligen Landmasse des Osmanischen Reiches auf dem Balkan entstand durch den Zusammenschluss der Königreiche Serbiens und Montenegros mit Teilen Österreich-Ungarns das Königreich Jugoslawien. Und aus dem nunmehr als Ganzes untergegangenen Osmanischen Reich gingen

---

1 Vgl. *Tucker, S.*, The Encyclopedia of World War I. A Political, Social and Military History, Santa Barbara 2005, S. 273.

schließlich die Türkei sowie verschiedene Völkerbundmandate hervor, wie z. B. das Völkerbundmandat für Palästina, das Völkerbundmandat für Syrien und den Libanon sowie das Britische Mandat Mesopotamien, aus dem im Jahr 1932 das Königreich Irak entstand.

Die härtesten Folgen des Krieges und seiner Friedensschlüsse traf die Verliererseite der Mittelmächte. Von diesen konnte allein Bulgarien seine staatliche Organisation der Vorkriegszeit erhalten. In Deutschland ging mit der Novemberrevolution und der Ausrufung der Weimarer Republik das Kaiserreich unter, die K&K-Monarchie Österreich-Ungarn und das Osmanischen Reichs zerfielen. Aber auch der russische Zar Nikolaus II. wurde bereits vor Kriegsende zur Abdankung gezwungen und sein Reich fiel nach der Oktoberrevolution 1917 in die Hände der Bolschewiken unter Lenin.

Die Neuordnung Zentral- und Osteuropas wurde auf der nach dem Ende des Ersten Weltkriegs einberufenen Pariser Friedenskonferenz verhandelt und beschlossen. Sie fand ihren Niederschlag in den als Pariser Vorortverträgen bekannt gewordenen Verträgen von Versailles (mit Deutschland), Saint-Germain-en-Laye (mit Österreich), Trianon (mit Ungarn), Neuilly (mit Bulgarien) und Sèvres – später Lausanne – (mit der Türkei). Neben mit z. T. großen Gebietsverlusten verbundenen Grenzveränderungen der betroffenen Unterzeichnerstaaten und der Entstehung neuer Staaten enthielten die Friedensverträge auch Bestimmungen zum Schutz von auf dem jeweils verbliebenen Staatsgebiet ansässigen Minderheiten. Zudem schlossen die Siegermächte Großbritannien, Frankreich, Italien, USA und Japan auch die Rechte und den Schutz von nationalen Minderheiten betreffende Abkommen mit den Staaten, die von den neuen Grenzziehungen und Gebietsveränderungen in Europa profitierten. Dazu gehörten Griechenland, Serbien-Kroatien-Slowenien (später: Jugoslawien), Polen, Rumänien und die Tschechoslowakei. Diese mussten sich ihrerseits den Siegermächten gegenüber völkerrechtlich zum Schutz der auf ihrem Staatsgebiet siedelnden Minderheiten verpflichten. All diese Abkommen unterlagen der Garantie des ebenfalls nach dem Ersten Weltkrieg gegründeten Völkerbundes und wurden durch die Aufnahme ähnlicher Bestimmungen in den Friedensverträgen mit den Verlierermächten des Krieges bestätigt.

Die völkerrechtlich durch den Völkerbund garantierten Minderheitenrechte stellten für die Siegermächte einen wesentlichen und unentbehrlichen Bestandteil der neuen staatlichen Ordnung in Mittel- und Osteuropa dar. Um den Widerstand der neuen Nationen gegen den besonderen Schutz der auf ihrem Staatsgebiet ansässigen Minderheiten zu überwinden, betonte der amerikanische Präsident Woodrow Wilson in seiner Rede bei der Plenarsitzung der

Pariser Friedenskonferenz am 31. Mai 1919 die Notwendigkeit der Gewähr von Minderheitenrechten für einen dauerhaften Weltfrieden. So gäbe es keine größere Bedrohung des gerade mühsam errungenen Friedens in der Welt als eine schlechte Behandlung oder Diskriminierung von Minderheiten. Daher sähen sich die Großmächte in der Pflicht, innerstaatliche Konflikte zwischen Mehrheit und Minderheiten zu vermeiden, indem sie den in allen betroffenen Staaten lebenden Minderheiten besonderen Schutz garantierten.[2] In diesem Punkt waren sich die drei großen Siegermächte USA, Großbritannien und Frankreich einig: Sie waren überzeugt davon, dass ein größeres Staatsgebiet und eine größere Bevölkerungsanzahl der neuen Staaten nur dann auch größere Stabilität und Stärke bedeuten würden, wenn die dort lebende bedeutende Minderheitenbevölkerung auch loyal zum neuen Staat stünde. Andernfalls würden die neuen Staaten bereits von Anfang an durch drohende innerstaatliche Konflikte geschwächt und in ihrer Existenz bedroht. Daher müssten die Siegermächte einen innerstaatlich garantierten Schutz von Minderheiten notfalls auch gegen den Widerstand der Führung der neuen Staaten durchsetzen.[3]

Zwar genossen bei den durch die Siegermächte zugunsten der neuen Staaten gezogenen Grenzen in Europa wirtschaftliche und strategische Erwägungen Vorrang vor ethnischen Prinzipien und der Doktrin des Selbstbestimmungsrechts der Völker. Daneben wurde aber auf Initiative der USA auch der Schutz der Minderheiten zu einem elementaren Grundpfeiler der in den Pariser Friedensverträgen festgeschriebenen staatlichen Nachkriegsordnung in Europa.[4] Als Muster der in den einzelnen Friedensverträgen enthaltenen Minderheitenschutzbestimmungen diente der von den Siegermächten mit Deutschland geschlossene Friedensvertrag von Versailles.[5] Danach fanden die Bestimmungen zum Minderheitenschutz auch Eingang in die Friedensverträge mit Österreich (Vertrag von Saint-Germain-en-Laye[6]), mit Ungarn (Vertrag von Trianon[7]), mit

---

2 Vgl. *Galántai, J.*, Trianon and the Protection of Minorities, New Jersey 1992, S. x.

3 Vgl. *Galántai*, S. 25. Vergleiche zu den praktischen Unterschieden zwischen der Minderheitenpolitik der USA und Frankreichs bei der Pariser Friedenskonferenz: *Galántai*, S. 26–32.

4 Vgl. *Szarka, L.*, Artificial Communities and an Unprotected Protective Power: The Trianon Peace Treaty and the Minorities, in: *Szarka, L. (Ed.)*, Hungary and the Hungarian Minorities, New York 2004, S. 17.

5 Vgl. *Galántai*, S. 57.

6 Text siehe: Staatsgesetzblatt für die Republik Österreich 303/1920.

7 Text siehe: Sammlung der Gesetze und Verordnungen des Čechoslovakischen Staates Nr. 102/1922.

Bulgarien (Vertrag von Neuilly[8]) und mit der Türkei (Vertrag von Sèvres[9] – später Vertrag von Lausanne[10]) sowie in die Minderheitenschutzabkommen mit den neuen Staaten Griechenland, Serbien-Kroatien-Slowenien (später: Jugoslawien), Polen, Rumänien und der Tschechoslowakei.

Alle Verträge (die Friedensverträge und die Minderheitenschutzabkommen) wurden unter die völkerrechtliche Garantie des Völkerbundes gestellt.[11] Eine entsprechende Klausel findet sich in Art. 12 des Polnischen, Art. 14 des Tschechoslowakischen, Art. 12 des Rumänischen und Art. 11 des Serbisch-Kroatisch-Slowenischen Minderheitenschutzabkommens sowie in Art. 69 des Österreichischen, Art. 60 des Ungarischen, Art. 57 des Bulgarischen und Artikel 44 des Türkischen (Lausanner) Friedensvertrages.[12] Allerdings enthielt die Satzung des Völkerbunds zunächst keinen verfahrenstechnischen Schutzmechanismus für den Fall eines Verstoßes gegen die Minderheitenschutzbestimmungen der Friedensverträge bzw. Minderheitenschutzabkommen. Erst später garantierte der Völkerbundsrat jedes einzelne Minderheitenschutzabkommen und jeden Abschnitt zum Minderheitenschutz in den einzelnen Friedensverträgen jeweils gesondert in einer separaten Resolution.[13]

Besonders einschneidend und hart waren die Pariser Friedensverträge für Ungarn und die Türkei. Beide hatten vor dem Ersten Weltkrieg in Gestalt der Doppelmonarchie Österreich-Ungarns bzw. des Osmanischen Reichs eine führende Rolle im Konzert der europäischen Großmächte gespielt. Nun existierten weder Österreich-Ungarn noch das Osmanische Reich weiter. Beide Reiche waren zerfallen und von der neuen europäischen Landkarte verschwunden. Übrig geblieben war von den ehemals stolzen Großmächten mit weiter territorialer

8 Text siehe: Sammlung der Gesetze und Verordnungen des Čechoslovakischen Staates Nr. 274/1922.

9 Text siehe: Treaty Series Nr. 11 (1920).

10 Text siehe : L.N.T.S. 28, S. 11 ff. Französischer Text des Lausanner Vertrages: *Conférence de Lausanne sur les Affairs du Proche-Orient 1922–1923*, Actes Signés à Lausanne, Paris 1923. Türkischer Text des Lausanner Vertrages : *Bilsel, C. M.*, Lozan, Cilt 2, Istanbul 1933, S. 584–636; *Meray, S. L. (Çev.)*, Lozan Barış Konferansı, Tutanak ve Belgeler, Takım II, Cilt 2, Ankara 1973, S. 1 ff.

11 Vgl. zur völkerrechtlichen Garantie der Minderheitenverträge: *Bruns, C. G.*, Die Garantie des Völkerbundes über die Minderheitenverträge, in: ZaöRV Band 2 (1931), S. 3–16.

12 Text siehe: *League of Nations*, Protection of Linguistic, Racial and Religious Minorities by the League of Nations, C.L. 110, I. B. Min. 1927 I.B. 2, S. 9, 12, 24, 30, 44, 53, 63, 94, 98.

13 Vgl. *Galántai*, S. 102 f.

Ausdehnung jeweils lediglich das eigene Kernland: Rumpfungarn und Anatolien. Mit Unterzeichnung des Vertrages von Trianon verlor Ungarn nicht nur Kroatien-Slawonien und Fiume als ehemalige Nebenländer der Ungarischen Krone, sondern auch über zwei Drittel seines engeren Staatsgebiets.[14] Im Vergleich zur Größe des Osmanischen Reiches im Jahr 1870 büßte die Türkei bis 1920 rund 85 Prozent ihres Territoriums ein.[15] Mit dem Verlust von zwei Dritteln seines Territoriums verlor Ungarn auch über zwei Drittel seiner aus zahlreichen Ethnien zusammengesetzten Gesamtbevölkerung, einschließlich eines Drittels des ethnisch ungarischen Volkes, das sich nun – von der Mutternation durch die neuen Staatsgrenzen getrennt – innerhalb des Territoriums anderer Staaten wiederfand.[16] Die Türkei verlor mit Unterzeichnung des Lausanner Vertrages etwa 15 Prozent ihrer ursprünglichen Bevölkerung.[17] Territoriale Veränderungen waren aber nur ein Grund der Bevölkerungsverluste. Auch die Kämpfe im Ersten Weltkrieg selbst hatten ihren Tribut gefordert. So kamen auf Seiten Österreich-Ungarns und des Osmanischen Reichs jeweils etwa 20 Prozent der eingesetzten Soldaten ums Leben.[18]

Folge dieser enormen Einbuße an Staatsgebiet und Staatsvolk war jedoch, dass aus den beiden Vielvölkerstaaten nun jeweils Nationalstaaten mit einer beherrschenden Volksgruppe geworden waren: Die Republik Ungarn mit einer

14 Vgl. *Bohmann*, A., Menschen und Grenzen, Bd. 2, Bevölkerung und Nationalitäten in Südosteuropa, Köln 1969, S. 19; *Vetter, R.*, Ungarn. Ein Länderportrait, Bonn 2012, S. 53, 57; *Vizi, B.*, Hungary – A model with lasting problems, in: *Rechel, B. (Ed.)*, Minority Rights in Central and Eastern Europe, London 2009, S. 119 f.

15 Vgl. *Mahçupyan, E.*, Türkiye'de Gayrımüslim Cemaatlerin Sorunları ve Vatandaş Olamama Durumu Üzerine, online unter: http://www.tesev.org.tr/etkinlik/demokratikles me-cemaatler.php [aufgerufen am 17.1.2015].

16 Vgl. *Bohmann*, S. 19; *Brunner, G./ Küpper, H.*, Minderheitenschutz im östlichen Europa. Ungarn, Köln 2004, S. 12; *Romsics, I.*, Hungary in the Twentieth Century, Budapest 1999, S. 119 ff.; *Vetter*, S. 57.

17 Der Bevölkerungsverlust vom Ende des Osmanisches Reiches bis zur Gründung der Republik Türkei lässt sich nur ungefähr beziffern, da es zwischen der letzten Volkszählung im Osmanischen Reich im Jahr 1914 und der ersten Volkszählung in der Republik Türkei im Jahr 1927 keinen weiteren Zensus gab.
Siehe zu den Bevölkerungszahlen der Volkszählungen von 1914 und 1927: *İçduygu, A./ Toktaş, Ş./ Soner, A. B.*, The politics of population in a nation-building process: emigration of non-Muslims from Turkey, in: Ethnic and Racial Studies, Vol. 31, No. 2/2008, S. 363; *Karadayı, F.*, Population Growth in Turkey, in: *Kişnişçi, H. (Ed.)*, The Population of Turkey, Ankara 1974, S. 13.

18 Vgl. *Tucker*, S. 273.

nahezu 90-prozentigen ethnisch ungarischen Bevölkerung[19] und die Republik Türkei mit einer zu 99 Prozent muslimisch-türkischen Bevölkerung.[20] Trotz der weitgehend nationalen Homogenität beider Nationalstaaten – die im Falle der Türkei jedoch definitorisch allein darauf zurückzuführen ist, dass dort als nationale Minderheiten lediglich die nicht-muslimischen Religionsgemeinschaften der Griechen, Armenier und Juden anerkannt waren[21] – existierten in beiden Ländern weiterhin mehrere mehr oder weniger große Minderheiten. Zu deren besonderem Schutz hatten sich beide Staaten in den für sie sehr restriktiven Friedensverträgen verpflichten müssen: Die Ungarn 1920 im Vertrag von Trianon und die Türken 1920 im Vertrag von Sèvres, der allerdings nicht in Kraft trat und der nach dem erfolgreichen Befreiungskampf Mustafa Kemal Atatürks im Jahr 1923 durch den Vertrag von Lausanne ersetzt wurde.

Wie sah jedoch der Schutz von Minderheiten in beiden Staaten aus? Und wie entwickelte er sich dort vom Ende des Ersten Weltkriegs bis in die Gegenwart? Diesen Fragen geht die vorliegende Studie im Folgenden nach.

Den Ausgangspunkt bilden zunächst die völkerrechtlichen Vorgaben zum Minderheitenschutz, die als Rahmen für den Vergleich des Schutzes von Minderheiten in beiden Ländern dienen. Dabei wird die Existenz von Minderheiten problematisiert, werden Grundlagen und Ziele des Minderheitenschutzes dargestellt und eine dieser Studie zugrundeliegende Definition des Begriffs der Minderheit herausgearbeitet. Nach dieser Begriffsklärung werden verschiedene Formen der Ausgestaltung von Minderheitenrechten aufgezeigt, bevor die in universalen und regionalen Minderheitenschutzdokumenten niedergeschriebenen völkerrechtlichen Anforderungen an den Schutz von Minderheiten zusammengefasst werden.

Der detaillierte Vergleich des Minderheitenschutzes in Ungarn und der Türkei erfolgt dann im Hauptteil. Zum besseren Verständnis der spezifischen Ausgestaltung des Schutzes von Minderheiten in beiden Ländern wird zunächst die geschichtliche Entwicklung des Minderheitenschutzes beider Staaten aufgezeigt. Danach werden grundlegende Vorbedingungen des Minderheitenschutzes verglichen, nämlich der Minderheitenbegriff in Ungarn und der Türkei, die

19 Vgl. dazu das Ergebnis der Volkszählung in Ungarn im Jahr 1920 bei: *Brunner/ Küpper*, Minderheitenschutz im östlichen Europa. Ungarn, S. 12.

20 Vgl. *İçduygu/ Toktaş/ Soner*, S. 360; *U. S. Department of State*, International Religious Freedom Report 2013: Turkey, online unter: http://www.state.gov/j/drl/rls/irf/religiousfreedom/index.htm?year=2013&dlid= 222277 [aufgerufen am 1.3.2015].

21 Vgl. *Künnecke, A.*, Eine Hürde auf dem Weg zur EU-Mitgliedschaft? – Der unterschiedliche Minderheitenbegriff der EU und der Türkei, Hamburg 2007, S. 130.

von beiden Staaten auf dieser Grundlage anerkannten und nicht anerkannten Minderheiten sowie deren Rolle für den Staat und innerhalb der Bevölkerung. Den umfassendsten Teil des Vergleichs bildet dann der konkrete Schutz von Minderheiten in beiden Ländern, unterteilt nach Minderheitenrechten, die der jeweilige Staat seinen Minderheiten aufgrund von unterzeichneten internationalen Abkommen zum Minderheitenschutz gewährt, aufgrund von verfassungsrechtlichen Bestimmungen oder aufgrund von einfachgesetzlichen Regelungen. Dabei werden die einzelnen Minderheitenrechte jeweils nach Individualrechten, Kollektivrechten und Autonomierechten der Minderheiten(angehörigen) kategorisiert und näher untersucht. Besonderes Augenmerk gilt hierbei möglichen Diskrepanzen zwischen der theoretischen Gewähr der einzelnen Minderheitenrechte und deren Umsetzung in der Praxis.

Im Schlussteil werden schließlich die Ergebnisse der rechtsvergleichenden Studie zusammengefasst und bewertet.

In der gesamten Studie wird für Minderheiten, Volksgruppen und Nationalitäten einheitlich und durchgehend der Begriff "Minderheit" verwendet. Obwohl die Minderheiten in Ungarn seit dem Erlass des Nationalitätengesetzes offiziell nicht mehr als „Minderheiten", sondern als „Nationalitäten" bezeichnet werden, werden sie in der vorliegenden Studie terminologisch auch weiterhin als „Minderheit" benannt. Durch die Verwendung dieser einheitlichen Terminologie soll eine klare Vergleichbarkeit sichergestellt und eine unbeabsichtigte, mit dem Gebrauch verschiedener Begriffe aber zwangsläufig verbundene unterschiedliche Akzentuierung der betreffenden Gruppen vermieden werden.

B. Völkerrechtliche Vorgaben zum Minderheitenschutz

Der Schutz von Minderheiten ist keine rein innerstaatliche Angelegenheit. Aufgrund der Tatsache, dass sich nach den Grenzverschiebungen beider Weltkriege und dem damit verbundenen Auseinanderbrechen und der Neubildung von Bundesstaaten und Staatenbünden zahlreiche Angehörige einer Ethnie oder Nation auf dem Staatsgebiet fremder Nationalstaaten wiederfanden, sind beim Problem des Schutzes einer Minderheit immer mehrere Staaten involviert: der Aufenthaltsstaat der Minderheit und ihre Mutternation. Zur Gewährleistung eines friedlichen Zusammenlebens zwischen Bevölkerungsmehrheit und Minderheiten und zur Vermeidung von Konflikten bedarf es des Völkerrechts. Diesem obliegt die Aufgabe, Minderheiten zu definieren und deren wirksamen Schutz in Form multilateraler oder bilateraler Minderheitenschutzdokumente sicherzustellen.

I. Problem der Existenz von Minderheiten

Von den rund 200 Mitgliedsstaaten der Vereinten Nationen (UN) sind nicht einmal zehn Prozent ethnisch homogen.[22] Auch in Europa beherbergen nahezu alle Staaten auf ihrem Territorium Minderheiten. Allein auf europäischem Gebiet gibt es über 330 Volksgruppen mit insgesamt mehr als 100 Millionen Angehörigen.[23] Diese Völkervielfalt und der zum Zusammenleben in Europa nur begrenzt zur Verfügung stehende Siedlungsraum bergen je nach Staat mehr oder weniger großes Konfliktpotential in sich. Innerstaatlich entstehen diese Konflikte dann aufgrund von Differenzen zwischen der Mehrheit der Staatsbevölkerung und den ebenfalls auf dem Staatsgebiet lebenden Bevölkerungsminderheiten, wie z. B. den Basken in Frankreich und Spanien oder den Kurden im Irak, in Syrien und in der Türkei.

Die völkerrechtlich relevanten ethnischen, nationalen, religiösen oder sprachlichen Minderheiten in Europa sind teilweise bereits durch das allgemeine Siedlungsverhalten in Europa entstanden, teilweise erst durch die Gründung von Nationalstaaten, bei deren Gründung und Grenzziehung aus politischen und/

---

22 Vgl. Europäisches Parlament, ‚Entschließung vom 12. März 1993', in: EuGRZ 1993, S. 311.

23 *Pan, C./ Pfeil, B. S.*, Minderheitenrechte in Europa, 2. Auflage, Wien 2006, S. 1.

oder faktischen Gründen keine Rücksicht auf die Minderheitengruppen genommen wurde.[24]

II. Grundlagen und Ziele des Minderheitenschutzes

Der international propagierte Schutz von Minderheiten findet seine gedankliche Grundlage in der Würde des Menschen.[25] Der von Natur aus mit Menschenwürde ausgestattete Mensch ist ein soziales Wesen, das auf Gemeinschaft angelegt und angewiesen ist.[26] Erst durch sie und in ihr erhält er die Chance zur freien Entfaltung seiner Persönlichkeit. Diese Zugehörigkeit zu einer bestimmten gesellschaftlichen Gruppe von Menschen ist Ausdruck der Verwirklichung der Persönlichkeit des Menschen.[27]

Auf religiöser, sprachlicher, nationaler oder ethnischer Ebene gibt es eine unüberschaubare Vielfalt von Gruppen, denen sich der einzelne Mensch zugehörig fühlen und mit denen er sich identifizieren kann. In der Gesellschaft kann der einzelne Mensch entweder der Gruppe der Mehrheit oder der einer Minderheit angehören. Die Förderung und der spezielle Schutz der Minderheitengruppen beruht dabei auf einer Wertentscheidung, die den Eigenwert dieser Gemeinschaften anerkennt und sie für schutz- und förderungswürdig hält.[28] Insoweit ist

---

24 Vgl. *Krugmann, M.*, Das Recht der Minderheiten, Berlin 2004, S. 44; *Prevelakis, G.*, La Lutte Des Minorites, Une Reponse A La Lutte Des Classes?, in: *Sanguin, A.-L.*, Les minorités ethniques en Europe, Paris 1993, S. 49 ff.

25 Ähnlich: *Klein, E.*, Konzeption und Durchsetzung des Minderheitenschutzes, in: *Blumenwitz, D./ Mangoldt, H. von (Hrsg.)*, Neubestätigung und Weiterentwicklung von Menschenrechten und Volksgruppenrechten in Mitteleuropa, Köln 1993, S. 54; *Pircher, E. H.*, Der vertragliche Schutz ethnischer, sprachlicher und religiöser Minderheiten im Völkerrecht, Bern 1979, S. 43.
Vgl. dazu auch die beiden Präambeln der UN-Menschenrechtspakte von 1966 (Internationaler Pakt über Bürgerliche und Politische Rechte vom 19.12.1966 und Fakultativprotokoll zu dem Internationalen Pakt über Bürgerliche und Politische Rechte vom 19.12.1966), die als Grundlage des menschenrechtlich begründeten Minderheitenschutzes generell auf die Würde des Menschen hinweisen (UNTS Bd. 999, S. 171 und 302 bzw. BGBl. 1973 II, S. 1534 und BGBl. 1992 II S. 1247).

26 Vgl. dazu m. w. N.: *Künnecke, A.*, Auf der Suche nach dem Kern des Naturrechts, Hamburg 2003, S. 240 ff., 355 ff.

27 Vgl. *Klein*, Konzeption und Durchsetzung des Minderheitenschutzes, S. 51.

28 Vgl. *Hillgruber, C.*, Minderheitenschutz im Rahmen der Europäischen Menschenrechtskonvention – Stand und Entwicklung, in: *Blumenwitz, D./ Gornig, G. H. (Hrsg.)*, Minderheiten- und Volksgruppenrecht in Theorie und Praxis, Köln 1993, S. 47.

diese Wertentscheidung für den Minderheitenschutz auch eine „auf dem Toleranzgedanken aufbauende Kulturerrungenschaft“[29].

Die leidvollen Erfahrungen aus den vergangenen Jahrhunderten haben der Völkergemeinschaft die Bedeutung des Minderheitenschutzes für die Gewährleistung der Menschenrechte sowie die Sicherung der Stabilität zwischenstaatlicher Beziehungen und damit des Friedens vor Augen geführt. Insbesondere der Zerfall des Sowjet-Imperiums und die ethnischen Säuberungen im Rahmen des Jugoslawien-Konflikts[30] im letzten Jahrzehnt des vergangenen Jahrhunderts haben den Minderheitenschutz international auf die Tagesordnung zurückgebracht. Dabei konnte sich insbesondere Europa den in seiner direkten Nachbarschaft aufgetretenen Problemen nicht verschließen.

Das Ideal der nationalstaatlichen Bewegung des 19. Jahrhunderts, „eine Nation = ein Staat“[31], ist aus vielfältigen politischen, historischen und geographischen Gründen zum Scheitern verurteilt. Denn allenfalls durch Genozid und Vertreibung wäre es möglich, die Grenzen des Nationalstaats mit den angestammten Siedlungsgrenzen der Völker und Volksgruppen in Übereinstimmung zu bringen. Diese radikalen Methoden ethnischer Flurbereinigung sind in der heutigen Völkerrechtsgemeinschaft jedoch kaum durchsetzbar.[32] Somit bleibt bei jeder mit Staaten- oder Nationenbildung verbundenen Grenzziehung zumindest auf einer Seite der Grenze eine Gruppe als Minderheit zurück. Diese ethnischen, nationalen, religiösen oder sprachlichen Minderheiten, die nicht der Mehrheitsbevölkerung ihres Aufenthaltsstaates angehören, bedürfen daher besonderen Schutzes, um innerhalb ihres Aufenthaltsstaates ihre Identität und ihre Besonderheiten bewahren zu können.[33] Innerhalb ihres Aufenthaltsstaates muss der Minderheit die Möglichkeit gegeben werden, ihre ethnische oder nationale

29 *Krugmann*, S. 55.

30 Vgl. zu den Konfliktursachen in Ex-Jugoslawien: *Oschlies, W.*, Ex-Jugoslawien: Von den interethnischen Konfliktursachen zum international kontrollierten Friedensprozess, in: *Blumenwitz, D./ Gornig, G. H. (Hrsg.)*, Der Schutz von Minderheiten- und Volksgruppenrechten durch die Europäische Union, Köln 1996, S. 107–119.

31 Vgl. dazu grundlegend: *Mancini, P. S.*, Della nazionalitá come fondamento del diritto delle genti, Milano 1851.

32 Vgl. *Klein, E.*, Minderheitenschutz im Völkerrecht, in: *Baadte, G./ Rauscher, A. (Hrsg.)*, Minderheiten, Migration und Menschenrechte, Graz 1995, S. 129.

33 Vgl. *Barbina, G.*, Les Communautes Ethno-Linguistiques Et La Conscience De Leur Territoire, in: *Sanguin, A.-L.*, Les minorités ethniques en Europe, Paris 1993, S. 57 f.; *Murswiek, D.*, Das Verhältnis des Minderheitenschutzes zum Selbstbestimmungsrecht der Völker, in: *Blumenwitz, D./ Gornig, G. H./ Murswiek, D. (Hrsg.)*, Ein Jahrhundert Minderheiten- und Volksgruppenrechte, Köln 2001, S. 85.

Identität, ihre gruppenspezifischen kulturellen und sprachlichen Besonderheiten sowie die gruppenspezifischen Bedingungen individueller Freiheit aufrechtzuerhalten. Dazu müssen innerhalb eines durch eine andere nationale Mehrheitskultur geprägten oder multiethnischen Staates Vorkehrungen getroffen werden, die sicherstellen, dass die Besonderheiten der Minderheit nicht unterdrückt oder der Mehrheit angeglichen werden.[34] Minderheitenschutz geht somit von den gegebenen Unterschieden zwischen Bevölkerungsmehrheit und Minderheit(en) aus und hat sich eine „vernünftige Ordnung des Neben- und Miteinander“[35] zum Ziel gesetzt.

Mag der Minderheitenschutz zunächst ausschließlich als Ausgleich und Pendant für das den Minderheiten(angehörigen) vorenthaltene Selbstbestimmungsrecht gedacht und insofern Selbstzweck gewesen sein, so erweiterte sich die Funktion des Minderheitenschutzes im Zuge der weltpolitischen Umwälzungen dahingehend, die in Südost- und Osteuropa entstandenen neuen Nationalstaaten zu festigen und durch die von den Minderheiten verlangte Loyalität zum neuen Nationalstaat zu legitimieren.[36] Moderne Nationalstaaten verfolgen daher heutzutage nicht mehr das Ziel, Minderheiten kulturell zu assimilieren oder sie gar zu vertreiben. Sie haben stattdessen erkannt, dass die Integration von Minderheiten in den demokratischen Bürgerstaat unter Bewahrung ihrer ethnischen, kulturellen, religiösen oder sprachlichen Besonderheiten eine stabilisierende Wirkung für den Staat hat.[37] Dabei kommt es einigen Staaten auch durchaus entgegen, sich beim Schutz der Minderheiten auf eigenem Territorium in einer völkerrechtlichen Pflichtensituation zu befinden. Dies kann nämlich zu einer willkommenen innenpolitischen Entlastung führen, weil der Staat sich nun gegenüber der Mehrheitsbevölkerung auf seine völkerrechtlichen Verpflichtungen berufen und ihr gegenüber so von ihr möglicherweise wenig geschätzte, weil als Privilegierung empfundene Minderheitenrechte rechtfertigen kann.[38]

---

34 Vgl. *Murswiek*, S. 86.

35 *Klein*, Minderheitenschutz im Völkerrecht, S. 129.

36 *Luchterhandt, O.*, Loyalitätskonflikte bei nationalen/ethnischen Minderheiten, in: *Blumenwitz, D./ Gornig, G. H. (Hrsg.)*, Der Schutz von Minderheiten- und Volksgruppenrechten durch die Europäische Union, Köln 1996, S. 124.

37 Vgl. *Bricke, D. W.*, Minderheiten zwischen Unterdrückung und Autonomie, in: *Fritsch-Oppermann, S. (Hrsg.)*, Minderheiten, Autonomie und Selbstbestimmung, Rehburg-Loccum 1995, S. 60.

38 Vgl. *Klein*, Konzeption und Durchsetzung des Minderheitenschutzes, S. 58; *Oran, B.*, Bir İnsan Hakları ve Çokkültürcülük Belgesi Olarak 1923 Lausanne Barış Antlaşması, in: *Kaboğlu, İ. (Haz.)*, Kopenhag Kriterleri, Istanbul 2001, S. 210.

Ziel des Minderheitenschutzes ist somit ein völkerrechtlich abgesicherter innerstaatlicher Ausgleich zwischen dem Schutz der Minderheitenangehörigen in Form der Sicherung und Förderung des Bestands ihrer Gruppenidentität und dem Schutz der territorialen Integrität des Aufenthaltsstaates der Minderheit.

III. Begriff der Minderheit

Eine Definition des Begriffs der Minderheit gestaltet sich schwieriger, als es in Anbetracht der zahlreichen internationalen Minderheitenschutzdokumente zu erwarten gewesen wäre. Weder völkerrechtlich noch europarechtlich existiert eine allgemein anerkannte und verbindliche Minderheitendefinition. Auch aus solchen Dokumenten der UN, der UNESCO, der KSZE/OSZE und des Europarates, die den Schutz und die Rechte von Minderheiten zum Gegenstand haben, lässt sich keine Definition des Begriffs „Minderheit" entnehmen. Der Grund dafür ist banal: Ein Konsens war aufgrund der unterschiedlichen Interessenlagen der einzelnen Staaten einfach nicht zu erreichen. Während einige Staaten – wie z. B. Österreich und Ungarn – innerhalb ihrer Staatsgrenzen einen weitreichenden Schutz der dort lebenden Minderheiten gewährleisten und auch auf völkerrechtlicher Ebene dafür eintreten,[39] gibt es andere Staaten – wie z. B. Frankreich, Griechenland und die Türkei –[40], die aufgrund der Tradition ihrer nationalen Staatsauffassung und zum Teil auch aus Furcht vor Bedrohung ihrer territorialen Integrität die Existenz von Minderheiten auf ihrem eigenen Staatsgebiet ganz oder zum Teil leugnen und sich demzufolge der Festschreibung einer allgemein verbindlichen Minderheitendefinition widersetzen. So kommt es, dass im Bereich des Minderheitenschutzes immer noch die Minderheitenschutzvorschriften der nationalen Rechtsordnungen bestimmend sind.[41]

Hauptgarant eines effektiven Minderheitenschutzes in Europa sind die Beitrittsverhandlungen zur EU. In den sog. Kopenhagener Kriterien, welche die Beitrittsvoraussetzungen zur EU normieren, ist der Minderheitenschutz eine der zentralen Voraussetzungen, die ein Land erfüllen muss, um Mitglied in der EU zu werden. Somit konnten die vornehmlich osteuropäischen Staaten seit dem

---

39 Vgl. zum Minderheitenschutz in den EU-Mitgliedsstaaten: *Streinz, R.*, Minderheiten- und Volksgruppenrechte in der Europäischen Union, in: *Blumenwitz, D./ Gornig, G. H. (Hrsg.)*, Der Schutz von Minderheiten und Volksgruppenrechten durch die Europäische Union, Köln 1996, S. 26 sowie ausführlich: *Hofmann, R.*, Minderheitenschutz in Europa, Berlin 1995, S. 66 ff.

40 Vgl. *Hofmann, R.*, Minderheitenschutz in Europa, S. 34.

41 Vgl. *Hofmann, R.*, Minderheitenschutz in Europa, S. 64 f.

Jahr 2004 der EU auch nur beitreten, nachdem sie innerstaatlich einen ausreichenden Minderheitenschutz sichergestellt hatten.[42]

Zur Bestimmung der zu schützenden Minderheiten haben sich seitens der EU einige regelmäßig aufgegriffene Merkmale herausgebildet, die – trotz fehlender Kodifikation – als konstante und konstituierende Kriterien einer europäischen Minderheitendefinition angesehen werden können. Sie müssen allesamt kumulativ vorliegen, um eine Personengruppe als Minderheit qualifizieren zu können. Diese im Folgenden dargelegten Kriterien werden auch in der vorliegenden vergleichenden Studie als maßgeblich für den hier verwendeten Minderheitenbegriff zugrunde gelegt.

1. Objektive Kriterien

a) Zahlenmäßige Unterlegenheit

Ausgehend vom Wortlaut kann Minderheit nur eine Personengruppe sein, die zahlenmäßig kleiner ist als der Rest der Bevölkerung des Staates. Der numerische Vergleich muss dabei mit der Gesamtzahl der Bevölkerung des betroffenen Staates, d. h. mit der Gesamtzahl aller Staatsangehörigen des Staates einschließlich der Angehörigen der Gruppe, die den Minderheitenstatus beansprucht, vorgenommen werden.[43]

Bei diesem Kriterium ist allein die zahlenmäßige Unterlegenheit maßgeblich, so dass materielle Einschränkungen wie Schutzbedürftigkeit, Größenordnung der zahlenmäßigen Unterlegenheit oder regionale Begrenzung des Bezugsrahmens an dieser Stelle außer Acht bleiben müssen.[44]

---

42 Vgl. dazu auch: *Directorate-General for External Policies*, Mainstreaming human and minority rights in the EU enlargement with the Western Balkans, Brussels 2012, S. 27, 58 ff.; *Kurban, D.*, A Quest for Equality: Minorities in Turkey, London 2007, S. 8.

43 Vgl. *Ahmed, T.*, The Impact of EU Law on Minority Rights, Oxford 2011, S. 23; *Gornig, G. H.*, Die Definition des Minderheitenbegriffs aus historisch-völkischer Sicht, in: *Blumenwitz, D./ Gornig, G. H./ Murswiek, D. (Hrsg.)*, Ein Jahrhundert Minderheiten- und Volksgruppenschutz, Köln 2001, S. 37; *Krugmann*, S. 63; *Topidi, K.*, EU Law, Minorities and Enlargement, Antwerp 2010, S. 14.

44 Vgl. *Krugmann*, S. 64 f.; *Rehman, J.*, International Human Rights Law: A Practical Approach, Harlow 2003, S. 299.

b) *Keine beherrschende Stellung*

Die zahlenmäßig unterlegene Personengruppe darf im Staat keine dominierende Rolle in Form von Alleinentscheidungsbefugnissen haben. Denn in diesem Fall wäre sie völkerrechtlich nicht schutzwürdig.[45]

Das Abstellen auf die formale Bezugsgröße der Alleinentscheidungsbefugnisse ist erforderlich, da eine materielle Bestimmung der tatsächlichen Einflussmöglichkeiten der Minderheit in jedem Einzelfall unmöglich ist, so dass sich „überwiegender Einfluss" nicht eindeutig feststellen lässt.[46]

c) *Ethnische, religiöse oder sprachliche Eigenart*

Eine Minderheit im völkerrechtlichen Sinne muss mindestens eine ethnische, religiöse oder sprachliche Eigenart aufweisen, durch die sie sich vom Rest der Bevölkerung unterscheidet.[47] Als objektives Kriterium muss diese Eigenschaft auch objektives bzw. objektiv erkennbares Kennzeichen der Volksstammzugehörigkeit sein. Damit nicht jeder Einzelne durch die Annahme oder den Wechsel seiner Religion oder durch das Erlernen einer Minderheitensprache Angehöriger einer Minderheit werden kann, bedarf es insbesondere bei religiösen und sprachlichen Eigenarten einer objektivierten, an Tradition anknüpfenden Betrachtung.[48] Religiöse oder sprachliche Eigenarten können also nur dann zur Begründung der Minderheiteneigenschaft herangezogen werden, wenn sie über eine gewisse Tradition verfügen, d. h. über einen längeren Zeitraum in einem bestimmten Gebiet Bestand hatten. Im Gegensatz zu religiösen und sprachlichen Eigenarten als

---

45 Vgl. *Ahmed*, S. 23; *Gornig*, Die Definition des Minderheitenbegriffs aus historisch-völkischer Sicht, S. 38; *Krugmann*, S. 65 ff.; *Topidi*, S. 14.

46 Vgl. *Krugmann*, S. 67.

47 Vgl. *Capotorti, F.*, Study on the Rights of Persons belonging to Ethnic, Religious and Linguistic Minorities, New York 1991, S. 96 (= UN Doc. E/CN.4/Sub.2/384/Rev.1). Deutsche Übersetzung bei: *Capotorti, F.*, Die Rechte der Angehörigen von Minderheiten, in: *Vereinte Nationen* 1980, Bd. 28, S. 118 (Anm. 30).; *Gornig*, Die Definition des Minderheitenbegriffs aus historisch-völkischer Sicht, S. 35; *Kizilkan-Kisacik, Z. B.*, Europeanization of Minority Norms in Turkey, Baden-Baden 2013, S. 139 f.; *Pogge, T. W.*, 'Group Rights and Ethnicity', in: *Shapiro, I./ Kymlicka, W. (Eds.)*, Ethnicity and Group Rights, New York 1997, S. 193; *Vos, G. A. de*, Ethnic Pluralism: Conflict and Accommodation – The Role of Ethnicity in Social History, in: *Romanucci-Ross, L./ Vos, G. A. de*, Ethnic Identity: Creation, Conflict and Accommodation, 3rd Ed., Walnut Creek 1995, S. 18.

48 Vgl. *Krugmann*, S. 72 f.

tatsächlichen Verhaltensweisen ist die ethnische Abstammung eine historische Tatsache und bedarf daher keines weiteren objektivierenden Maßstabs.

d) Staatsangehörigkeit des Aufenthaltsstaates

Weiteres Kriterium der europäischen Minderheitendefinition ist das Erfordernis der Staatsangehörigkeit im Aufenthaltsstaat.[49]

Das Staatsangehörigkeitskriterium ist zwar – insbesondere im Zusammenhang mit Art. 27 IPBPR – immer wieder kontrovers diskutiert worden.[50] Auf europäischer Ebene ist die Staatsangehörigkeit im Aufenthaltsstaat aber inzwischen anerkanntes Kriterium des Minderheitenbegriffs.[51] So dokumentiert neben dem Berichtsentwurf von Graf Stauffenberg[52] und den Entwürfen für ein EMRK-Zusatzprotokoll aus den Jahren 1991 und 1993[53] beispielsweise die Empfehlung 1177/1992 des Europarates, dass die Garantie des Schutzes bestimmter kultureller, religiöser oder sprachlicher Eigenschaften an die Staatsangehörigkeit geknüpft ist.[54] Auf Ausländer findet demnach nicht das Minderheitenrecht, sondern das völkerrechtliche Fremdenrecht und das innerstaatliche Ausländerrecht Anwendung.[55]

Ausnahmen vom Staatsangehörigkeitserfordernis müssen jedoch in den Fällen zugelassen werden, in denen Angehörigen einer faktischen Minderheit die Staatsangehörigkeit seitens des Aufenthaltsstaates willkürlich vorenthalten oder

49 Vgl. *Gornig*, Die Definition des Minderheitenbegriffs aus historisch-völkischer Sicht, S. 40.

50 Vgl. dazu m. w. N.: *Ahmed*, S. 23 f.; *Brunner, G.*, Nationalitätenprobleme und Minderheitenkonflikte in Osteuropa, Gütersloh 1996, S. 22 f.; *Topidi*, S. 14.

51 Vgl. *Gornig*, Die Definition des Minderheitenbegriffs aus historisch-völkischer Sicht, S. 40; *Oran, B.*, Lozan'ın „Azınlıkların Korunması" Bölümünü Yeniden Okurken, in: SBF Dergisi, Cilt 49, No. 3–4 (1994), S. 284.

52 Entwurf eines Berichts über eine Charta der Volksgruppenrechte in den Staaten der Europäischen Gemeinschaften vom 17.3.1988, in: Europa als Auftrag, Schriftenreihe der EVP-Fraktion im Europäischen Parlament, Heft 3 (1991), S. 3 ff.

53 Vgl. Art. 1 des österreichischer Entwurf eines Zusatzprotokolls zur Europäischen Menschenrechtskonvention zum Schutz von Volksgruppen vom 26.11.1991 (abgedruckt in: *Hofmann, R.*, Minderheitenschutz in Europa, S. 252) und parlamentarischer Entwurf eines Zusatzprotokolls zur EMRK vom 1.2.1993 (abgedruckt in: EuGRZ 1993, S. 151 ff.).

54 Vgl. Empfehlung 1177/1992 des Europarates, in: BT-Drs. 12/3018 vom 8.7.1992.

55 Vgl. *Brunner, G.*, Die rechtliche Lage der Minderheiten in Mittel-, Ost- und Südosteuropa, in: OstEuR 1994, S. 164; *Gornig*, Die Definition des Minderheitenbegriffs aus historisch-völkischer Sicht, S. 41.

entzogen wird. Umgekehrt ist es für eine Minderheit unschädlich, wenn sich ihr Nichtstaatsangehörige des Aufenthaltsstaates anschließen.[56]

Ohne das Erfordernis der Staatsangehörigkeit im Aufenthaltsstaat könnte kein Staat effektiven Minderheitenschutz gewährleisten, da er sich damit Wanderungsbewegungen von Ausländern ausliefern würde, die bei Erfüllung der übrigen Merkmale der Minderheitendefinition unmittelbaren Minderheitenstatus erhielten und so durch gesonderten Minderheitenschutz und Förderung gegenüber den eigenen Staatsangehörigen des Aufenthaltsstaates privilegiert werden würden.[57] Diese Gefahr bestünde auch, wenn Ausländer, denen kurz nach ihrer Einwanderung die Staatsangehörigkeit verliehen wird, mit der Staatsangehörigkeit ausgestattet nun im neuen Staat unmittelbar eine neue Minderheit bilden könnten. Daher muss in Fällen von eingewanderten Gruppen zur Gewährung eines effektiven Minderheitenschutzes zusätzlich darauf abgestellt werden, ob die betreffende Gruppe bereits über einen längeren Zeitraum mit dem neuen Aufenthaltsstaat verbunden und mittlerweile dort beheimatet ist.[58] Umstritten dabei ist, wie lange dieser Zeitraum bemessen sein muss. Auf jeden Fall ist dieser „längere Zeitraum“ ab der dritten Generation der Eingewanderten gegeben, da diese damit eindeutig bezeugen, dass sie den Aufenthaltsstaat dauerhaft als neue Heimat ansehen.[59]

2. Subjektive Kriterien

Nach allgemeiner Ansicht führen die oben angeführten objektiv feststellbaren Kriterien allein noch nicht zur Minderheiteneigenschaft. Daneben werden

---

56 Vgl. *Gornig*, Die Definition des Minderheitenbegriffs aus historisch-völkischer Sicht, S. 41.

57 Vgl. *Gornig*, Die Definition des Minderheitenbegriffs aus historisch-völkischer Sicht, S. 39 f.; *Krugmann*, S. 76.

58 Vgl. *Gornig*, Die Definition des Minderheitenbegriffs aus historisch-völkischer Sicht, S. 43; *Krugmann*, S. 76 ff.; *Niewerth, J.*, Der kollektive und der positive Schutz von Minderheiten und ihre Durchsetzung im Völkerrecht, Berlin 1996, S. 41 ff.; *Pentassuglia, G.*, Minorities in international law, Strasbourg 2002, S. 58 f. So beinhaltet die englische Originalfassung des Art. 27 IPBPR auch den Begriff „exist“ (vgl. *Nowak, M.*, UNO-Pakt über bürgerliche und politische Rechte und Fakultativprotokoll, in: *Nowak, M.*, *CCPR-Kommentar*, Kehl am Rhein 1989, Rn. 18 zu Art. 27 CCPR).

59 Vgl. dazu auch: *Krugmann*, S. 77 f.; *Veiter, T.*, Wege zu einem modernen Volksgruppenrecht, in: Aus Politik und Zeitgeschichte, B 18/1975, S. 32.

subjektive konstituierende Merkmale gefordert.[60] Dabei muss allerdings differenziert werden:

a) Zugehörigkeits- oder Solidaritätsgefühl

Minderheit kann nur eine Personengruppe sein, zu der sich auch Personen bekennen. Subjektives Merkmal zur Feststellung der Minderheiteneigenschaft ist daher das Bekenntnis des Einzelnen zur Zugehörigkeit bzw. Solidarität zu einer Minderheit.[61]

Da ein bloß nach innen gerichtetes Zusammengehörigkeits- oder Solidaritätsgefühl als Wille oder Bewusstsein, einer Minderheit anzugehören, für das Gewähren von Minderheitenrechten nicht ausreichen kann, muss es auf irgendeine Art und Weise nach außen in Erscheinung treten. Denn nur, wenn der zum Minderheitenschutz verpflichtete Staat die von ihm zu schützenden Minderheitenangehörigen als solche erkennen kann, kann er diesen auch die ihnen zustehenden Minderheitenrechte zuteilwerden lassen.[62]

Allerdings kommt es nicht bei allen Arten von Minderheiten auf das Bekenntnis nach außen an. Lediglich bei Angehörigen religiöser und sprachlicher Minderheiten ist ein Bekenntnis nach außen erforderlich, da erst durch dieses Bekenntnis die Zugehörigkeit zur entsprechenden religiösen oder sprachlichen Minderheit registriert werden kann. Bei Angehörigen ethnischer Minderheiten ist ein derartiges Bekenntnis hingegen nicht erforderlich, da diese bereits Kraft ihrer Abstammung bzw. Tradition einer Minderheit angehören.

Weil aber niemand aufgrund seines aus der Menschenwürde abgeleiteten Selbstbestimmungsrechts gegen seinen Willen als Angehöriger einer Minderheit

---

60 Vgl. u. a. *Blumenwitz, D.*, Minderheiten- und Volksgruppenrecht, Bonn 1992, S. 121; *Çavuşoğlu, N.*, 2004 AB İlerleme Raporu ve Azınlık kavramı çerçevesinde Kültürel Haklara ilişkin sorunlar, Vortragsmanuskript zum gleichnamigen Vortrag auf der Konferenz der Istanbul Universität vom 8.12.2004 zum Thema „AB'ne Katılım Sürecinde İnsan Hakları", S. 2; *Çavuşoğlu, N.*, Azınlık Hakları: Avrupa Standartları ve Türkiye Bir Karşılaştırma, in: *Kaboğlu, İ. Ö. (Haz.)*, Azınlık Hakları, Istanbul 2002, S. 125; *Goldman, O. Q.*, The Need for an Independent International Mechanism to Protect Group Rights: A Case Study of the Kurds, in: 2 Tulsa J. Comp. & Int'l L. 45 (1994), S. 46 f.; *Hofmann, R.*, Minderheitenschutz in Europa, S. 15; *Thornberry, P.*, International Law and the Rights of Minorities, Oxford 1991, S. 27 f.

61 Vgl. *Ahmed*, S. 24 f.; *Gornig*, Die Definition des Minderheitenbegriffs aus historisch-völkischer Sicht, S. 44 f.; *Oran, B.*, Küreselleşme ve Azınlıklar, 4. Basım, Ankara 2001, S. 69; *Topidi*, S. 14.

62 Vgl. *Krugmann*, S. 79.

behandelt werden darf[63] und somit nicht ungewollt Adressat von Maßnahmen zum Minderheitenschutz werden darf, wird teilweise vertreten, dass es sich beim subjektiven Merkmal des Zusammengehörigkeits- oder Solidaritätsgefühls „nicht um ein den Minderheitenstatus begründendes Erfordernis, sondern allenfalls um ein Ausschlussmerkmal“[64] handelt. Bei dieser Argumentation werden aber zwei verschiedene Ebenen vermischt. Das nach außen kund getane Bekenntnis zur Zugehörigkeit zu einer Minderheit ist bei religiösen und sprachlichen Minderheiten sehr wohl Definitionskriterium einer Minderheit, da erst durch diese subjektive Komponente die Zugehörigkeit zur entsprechenden religiösen oder sprachlichen Minderheit begründet und manifestiert werden kann. Die Zugehörigkeit zu diesen Minderheitenarten ist willensgesteuert. Durch die Aufgabe der entsprechenden religiösen oder sprachlichen Besonderheiten kann die Minderheitenzugehörigkeit auch ohne Weiteres beendet werden. Lediglich die Zugehörigkeit zu einer ethnischen Minderheit kann nicht durch einen Willensentschluss aufgegeben werden. Diese bei religiösen und sprachlichen Minderheiten bekenntnisabhängige und bei ethnischen Minderheiten de facto bestehende Minderheitenzugehörigkeit ist jedoch streng von der Frage zu trennen, ob der einzelne Minderheitenangehörige die Kraft seiner Minderheitenzugehörigkeit bestehenden Minderheitenrechte in Anspruch nehmen oder auf sie verzichten will. Zusammengehörigkeits- oder Solidaritätsgefühl betreffen die Zugehörigkeit zu einer Minderheit. Die Frage der Wahrnehmung von Minderheitenrechten stellt sich erst danach, nämlich wenn die Zugehörigkeit zu einer Minderheit bereits bejaht worden ist. Rechtlich ausgedrückt betreffen Zusammengehörigkeits- oder Solidaritätsgefühl somit die Tatbestandsseite des Minderheitenbegriffs und nicht erst die Rechtsfolgenseite einer Minderheitenschutznorm. Zwar stehen grundsätzlich allen Minderheitenangehörigen ausnahmslos die Minderheitenrechte zu. Wer jedoch als Minderheitenangehöriger gilt, weil er alle Voraussetzungen der Minderheitendefinition erfüllt, hat dennoch das Recht, nicht als solcher behandelt (nicht: bezeichnet!!!) zu werden. Er kann also auf die ihm durch seinen Minderheitenstatus eigentlich zustehenden Minderheitenrechte verzichten. In diesem Sinne ist auch Art. 3 I des europäischen Rahmenabkommens zum Schutze nationaler Minderheiten zu verstehen. Darin heißt es: „Jede Person, die einer nationalen Minderheit *angehört*, hat das Recht, frei zu entscheiden, ob sie als solche *behandelt* werden möchte oder nicht

63 So Art. 3 I des Rahmenabkommens zum Schutz nationaler Minderheiten vom 1.2.1995 (abgedruckt in: EuGRZ 1995, S. 269).

64 *Krugmann*, S. 80.

[...]."[65] Es wird dort also eine klare Trennung zwischen der faktischen Zugehörigkeit zu einer Minderheit („angehört") und der willentlich beeinflussbaren Behandlung als Minderheitenangehöriger („behandelt") vorgenommen. Die Entscheidung, als Minderheitenangehöriger behandelt zu werden und damit unter die besonderen Minderheitenschutzvorschriften zu fallen, ist erst Ausfluss der Minderheiteneigenschaft und somit unabhängig von der Entscheidung zum Bekenntnis zu einer (religiösen oder sprachlichen) Minderheit zu treffen.

Dieses Ergebnis wird auch durch Ziffer 32 des Kopenhagener KSZE-Schlussdokuments vom 29. Juni 1990 bestätigt. Darin wird ausdrücklich erwähnt, dass „die Zugehörigkeit zu einer nationalen Minderheit [...] Angelegenheit der persönlichen Entscheidung eines Menschen"[66] ist. Somit ist das subjektive Kriterium des Zusammengehörigkeits- bzw. Solidaritätsgefühls zumindest innerhalb Europas anerkanntes konstitutives Definitionsmerkmal einer Minderheit.

b) Keine weiteren subjektiven Kriterien

Das früher zum Teil vertretene Erfordernis der Loyalität[67] zum Aufenthaltsstaat ist kein weiteres subjektives Kriterium der Minderheitendefinition. Denn selbst eine illoyale Minderheit bleibt Minderheit, wenn sie z. B. gewaltsam gegen die Mehrheit kämpfen sollte. Ob auch eine illoyale Minderheit in den Genuss uneingeschränkten Minderheitenschutzes kommen soll, betrifft nicht den Problemkreis der Minderheitendefinition, sondern denjenigen der konkreten Ausgestaltung des Minderheitenschutzes.[68]

Minderheit im Sinne dieser Studie ist somit eine zahlenmäßig unterlegene Gruppe, die keine beherrschende Stellung innehat, ethnische, religiöse oder sprachliche Eigenarten sowie ein subjektives nach außen kundgetanes Zugehörigkeits- oder Solidaritätsgefühl besitzt und deren Mitglieder die Staatsangehörigkeit des Aufenthaltsstaates haben.

---

65 Art. 3 I des Rahmenabkommens zum Schutz nationaler Minderheiten vom 1.2.1995 (abgedruckt in: EuGRZ 1995, S. 269). Textliche Hervorhebungen des Autors.

66 Ziffer 32 des Dokuments des Kopenhagener Treffens vom 29.6.1990, in: Bulletin der Bundesregierung Nr. 88/1990, S. 757 ff.

67 Vgl. zum Loyalitätsbegriff: *Luchterhandt, O.*, Nationale Minderheiten und Loyalität, Köln 1997, S. 17 ff.

68 Vgl. *Eglin, D.*, Demokratie und Minderheiten, Bern 1998, S. 178; *Ermacora, F.*, Nationale Minderheiten – Ein Definitionsproblem, in: *Müller, K. (Hrsg.)*, Minderheiten im Konflikt, Zürich 1993, S. 46; *Kimminich, O.*, Rechtsprobleme der polyethnischen Staatsorganisation, Mainz 1985, S. 100.

IV. Ausgestaltung von Minderheitenrechten

Minderheitenrechte können in verschiedenen Formen ausgestaltet werden. Entsprechend der Qualität und des Umfangs der Rechte lassen sich individuelle, kollektive und autonome Minderheitenrechte unterscheiden.[69] Am umfassendsten sind Minderheiten durch eine ihnen gewährte Autonomie geschützt, gefolgt von kollektiven Minderheitenrechten und individuellen Rechten für Angehörige einer Minderheit. Dazu können Angehörige von Minderheiten auch minderheitenunspezifisch durch die allgemeinen Grund- und Menschenrechte geschützt werden. Beispiele dafür sind das Gleichbehandlungsgebot sowie das Diskriminierungsverbot.

1. Individuelle Minderheitenrechte

Individualrechte sind Rechte, deren Rechtsträger allein das Individuum ist und keine Gruppe oder kein Kollektiv.[70] Wenn also ein einzelner Angehöriger einer Minderheit Adressat eines Minderheitenrechts ist, handelt es sich um ein Individualminderheitenrecht.

Individuelle Minderheitenrechte können beispielsweise durch das Gleichbehandlungsgebot bzw. das allgemeine Diskriminierungsverbot gewährt werden, wonach jede Ungleichbehandlung oder Diskriminierung aufgrund von rassischer, ethnischer, religiöser oder sprachlicher Zugehörigkeit verboten ist. Weitere Beispiele für individualrechtlich ausgestaltete Minderheitenrechte sind das Recht auf nationale und ethnische Identität, das Recht auf familiäre Traditions- und Kulturpflege, das Recht auf religiöse Bekenntnisfreiheit, das Recht zum Gebrauch der eigenen Muttersprache sowie das Recht auf muttersprachlichen Unterricht.

Schließlich können Individualminderheitenrechte auch in Form positiver Diskriminierung gewährt werden. Positive Diskriminierung bedeutet, dass den Angehörigen der Minderheit über den Rechtskreis normaler Staatsbürger hinausgehende Rechtspositionen zugestanden werden, d. h. dass sie gefördert und

---

69 Vergleiche zu dieser Hierarchie der Minderheitenrechte: *Brunner, G./ Küpper, H.*, European Options of Autonomy. A Typology of Autonomy Models of Minority Self-Governance, in: *Gál, K. (Hrsg.)*, Minority Governance in Europe, Budapest 2002, S. 11 ff.

70 Vgl. *Küpper, H.*, Die rechtliche Integration ethnischer Minderheiten in Ungarn, in: *Bielefeldt, H./ Lüer, J. (Hrsg.)*, Rechts nationaler Minderheiten, Bielefeld 2004, S. 142.

besser gestellt werden.[71] Zu dieser Maßnahme greift der Gesetzgeber, wenn die Gleichstellung der sich gegenüber der Bevölkerungsmehrheit in einer schwächeren Position befindlichen Minderheitenangehörigen nur durch besondere staatliche Fördermaßnahmen erreicht werden kann.[72]

2. Kollektive Minderheitenrechte

Kollektive Rechte sind Rechte, die einer Gruppe bzw. einem Kollektiv als Ganzes zustehen.[73] Rechtsträger ist somit die Minderheit als Gruppe bzw. Kollektiv. Um in den Genuss von kollektiven Minderheitenrechten zu kommen, muss die Minderheit ein eigenständiges Rechtssubjekt sein, d. h. sie muss als juristische Person eine eigene Rechtspersönlichkeit besitzen. Dies kann sie als juristische Person des Privatrechts tun – z. B. als Stiftung, Verein, Verband oder Vereinigung – oder als juristische Person des öffentlichen Rechts.[74] Als Trägerin kollektiver Minderheitenrechte kann diese juristische Person am Rechtsverkehr teilnehmen sowie als Repräsentantin der Minderheit als Ganzes oder einiger Bereiche des Minderheitenlebens sozial und wirtschaftlich aktiv sein.

Beispiele für kollektive Minderheitenrechte sind etwa das Recht auf Existenz, das Recht auf Identität, das Recht auf Kultur- und Sprachpflege, das Recht auf Errichtung und Unterhaltung schulischer und religiöser Einrichtungen, das Recht auf Minderheitenprogramme im öffentlich-rechtlichen Rundfunk und Fernsehen, das Recht auf staatliche finanzielle Förderung, das Recht auf parlamentarische Repräsentanz, das Recht auf minderheitenspezifischen Rechtsschutz sowie das kollektive Diskriminierungsverbot.

3. Minderheitenautonomie

Minderheitenautonomie bedeutet, dass der Minderheit nicht nur einzelne Rechte oder die Regelung einzelner Angelegenheiten übertragen, sondern umfassende und unabhängige Kompetenzen zugestanden werden.[75] Dabei lassen sich

---

71 Vgl. *Blumenwitz*, S. 66; *Chalmers, D./ Davies, G./ Monti, G.*, European Union Law, 2nd Edition, Cambridge 2010, S. 542.

72 Vgl. *Blumenwitz*, S. 66 f.; *Küpper, H.*, Das neue Minderheitenrecht in Ungarn, München 1998, S. 19 f.

73 Vgl. *Küpper*, Die rechtliche Integration ethnischer Minderheiten in Ungarn, S. 145.

74 Vgl. *Schnellbach, C.*, Minderheitenpolitik in Ostmitteleuropa im Prozess der EU-Erweiterung, Wien 2013, S. 52.

75 Vgl. *Küpper*, Das neue Minderheitenrecht in Ungarn, S. 26.

zwei Formen der Minderheitenautonomie unterscheiden: die Personal- und die Territorialautonomie.

a) *Personal- oder Kulturautonomie*

Anknüpfungspunkt für die Personal- oder Kulturautonomie sind die Minderheitenangehörigen als Personen. Eine Bindung an ein bestimmtes territoriales Gebiet besteht nicht.[76]

Personal- bzw. Kulturautonomie ist für eine Minderheit dann gegeben, wenn ihr als öffentlich-rechtlich organisiertem Personenverband bestimmte, für die Bewahrung ihrer Minderheitenidentität wesentliche (staatliche) Kompetenzen zur eigenständigen Regelung und Durchführung durch einen Hoheitsakt übertragen werden. Die Angehörigen der in den Genuss einer Personal- oder Kulturautonomie kommenden Minderheit, können entweder qua ihrer Minderheitenzugehörigkeit Mitglieder des privilegierten Minderheiten-Personenverbands sein oder aber diesem freiwillig beitreten.[77]

Personal- oder Kulturautonomie wird häufig solchen über das Staatsgebiet verstreuten Minderheiten gewährt, da sie sich vornehmlich auf kulturelle Angelegenheiten dieser Minderheiten wie etwa die Pflege ihrer Sprache, Traditionen und ihres Brauchtums bezieht.

b) *Territorialautonomie*

Territorialautonomie errichtet auf einem bestimmten abgrenzbaren Territorium, auf dem eine gewisse Anzahl von Angehörigen derselben Minderheit siedelt, eine Gebietskörperschaft, der ein besonderer Rechtsstatus gewährt und die mit der Wahrnehmung bestimmter staatlicher Kompetenzen betraut wird.[78] Eine Territorialautonomie kann Minderheiten in verschiedenen Formen gewährt werden: in Form kommunaler Selbstverwaltung, regionaler Selbstverwaltung oder föderaler Strukturen. Voraussetzung für jede Form von Territorialautonomie einer Minderheit ist jedoch die "kompakte Siedlungsweise"[79] der Minderheit, d. h. dass die Angehörigen dieser Minderheit mehrheitlich und örtlich konzentriert in einem bestimmten Gebiet des Staates angesiedelt sein müssen.

---

76 Vgl. *Küpper*, Das neue Minderheitenrecht in Ungarn, S. 27.

77 Vgl. *Küpper*, Das neue Minderheitenrecht in Ungarn, S. 26.

78 Vgl. *Brunner, G.*, Minderheitenrechtliche Regelungskonzepte in Osteuropa, in: *Brunner, G./ Meissner, B. (Hrsg.)*, Das Recht der nationalen Minderheiten in Osteuropa, Berlin 1999, S. 59; *Küpper*, Das neue Minderheitenrecht in Ungarn, S. 27.

79 *Schnellbach*, S. 53.

V. Völkerrechtliche Anforderungen an den Schutz von Minderheiten

Die Anforderungen an den Schutz von Minderheiten finden sich im Völkerrecht sowohl in universalen als auch in regionalen Minderheitenschutzdokumenten.

1. Universale Minderheitenschutzdokumente

Die Vereinten Nationen (UN) als „Nachfolgeorganisation" des Völkerbundes[80] unternahmen vor dem Hintergrund des Scheiterns des bisherigen Minderheitenschutzsystems zunächst keine Bemühungen zur völkerrechtlichen Absicherung des Minderheitenschutzes, sondern widmeten sich vorrangig dem Menschenrechtsschutz. So erhob schon Art. 1 Nr. 3 der UN-Charta die Förderung der Menschenrechte zum Ziel der Vereinten Nationen.[81]

Ausschlaggebend dafür war die Auffassung, dass in erster Linie der Schutz des Individuums gesichert werden sollte und ein darüber hinausgehender ausdrücklicher Minderheitenschutz in Form von Gruppenrechten überflüssig sei.[82] Der allgemeine Menschenrechtsschutz würde als „Reflexwirkung"[83] auch dem Schutz der Minderheiten zugutekommen und so ein gesondertes Minderheitenrecht erübrigen.

Obwohl im Laufe der Jahre in verschiedenen UN-Dokumenten der Begriff der Minderheit verwendet wurde, wurde keine der im Rahmen der UN erarbeiteten Minderheitendefinitionen in eine internationale Deklaration, Konvention oder

---

80 Die Vereinten Nationen sind jedoch keine Rechtsnachfolgerin des Völkerbundes. Die UN-Charta selbst enthält keine Nachfolgeregelung, sondern es gibt lediglich eine Reihe von Übernahmebeschlüssen und Übernahmeabkommen zwischen Völkerbund und Vereinten Nationen. Insofern sind die Vereinten Nationen politische und funktionelle, aber nicht rechtliche Nachfolgerin des Völkerbundes.
Vgl. dazu: *Graf Vitzthum, W. (Hrsg.)*, Völkerrecht, 3. Auflage, Berlin 2004, S. 270 (Rn. 59); *Ipsen, K.*, Völkerrecht, 3. Auflage, München 1990, S. 366; *Kimminich, O.*, Einführung in das Völkerrecht, 5. Auflage, Tübingen 1993, S. 184.

81 United Nations Conference on International Organization Documents, Bd. XV, 1945, S. 335; UNTS Bd. 557, S. 143; Bd. 638, S. 308; Bd. 892, S. 119 bzw. BGBl. 1973 II, S. 431, 505; 1980 II, S. 1252.

82 Vgl. *Blumenwitz*, S. 41; *Hofmann, R.*, Minderheitenschutz in Europa, S. 19; *Rehman, J.*, Uluslararası Hukukta Azınlık Hakları, in: *Kaboğlu, İ. Ö. (Haz.)*, Azınlık Hakları, Istanbul 2002, S. 107.

83 *Studnitz, E.-J. von*, Minderheitenschutz im KSZE-Prozeß, in: *Blumenwitz, D./ Mangoldt, H. von (Hrsg.)*, Neubestätigung und Weiterentwicklung von Menschenrechten und Volksgruppenrechten in Mitteleuropa, Köln 1993, S. 32.

Resolution aufgenommen. So enthalten neben der Allgemeinen Erklärung der Menschenrechte von 1948 weder der Internationale Pakt über bürgerliche und politische Rechte von 1966 noch die Deklaration über die Rechte der Mitglieder von nationalen oder ethnischen, religiösen und sprachlichen Minderheiten von 1992 eine Definition des Begriffs „Minderheit". Die folgenden universalen Dokumente gewähren Minderheiten jedoch auch ohne ausdrückliche Definition des für sie maßgeblichen Minderheitenbegriffs bestimmte Rechte und Schutz:

a) Allgemeine Erklärung der Menschenrechte (AEMR) von 1948

Die Allgemeine Erklärung der Menschenrechte (AEMR)[84] wurde am 10. Dezember 1948 durch die UN-Generalversammlung angenommen. Sie war der erste Versuch, durch Auflistung von als essentiell erachteten Menschenrechten die programmatische Bestimmung des Art. 1 Nr. 3 der UN-Charta in die Tat umzusetzen.[85] Obwohl ihre Kodifizierung keine Minderheiten erwähnt – wobei diesbezügliche Bemühungen durchaus vorhanden waren[86] –, stellt die AEMR eine wesentliche Grundlage für die darauf folgende Kodifizierung internationalen Menschenrechts- und Minderheitenschutzes dar. Als Deklaration ist die AEMR jedoch lediglich ein moralisch verbindliches Dokument, das keine rechtlichen Verpflichtungen für die Mitglieder der UN nach sich zieht.[87]

Die AEMR beinhaltet einen Grundkatalog bürgerlicher, politischer, wirtschaftlicher, sozialer und kultureller Rechte des Individuums, in dessen Rahmen folgende Grundsätze für den Schutz des einzelnen Minderheitenangehörigen, aber auch für die Minderheit als solche, von besonderer Bedeutung sind:[88] Freiheit, Gleichheit, Brüderlichkeit (Art. 1), Verbot der Diskriminierung (Art. 2 Nr. 1), Recht auf Leben und Freiheit (Art. 3), Anerkennung als Rechtsperson (Art. 6), Gleichheit vor dem Gesetz (Art. 7), Freizügigkeit und Auswanderungsfreiheit (Art. 13), Schutz vor Entzug der Staatsangehörigkeit (Art. 15 Nr. 2), Gewährleistung des Eigentums (Art. 17), Gewissens- und Religionsfreiheit (Art. 18), Meinungs- und Informationsfreiheit (Art. 19), Versammlungs- und Vereinsfreiheit (Art. 20), allgemeines und gleiches Wahlrecht (Art. 21), Recht auf Arbeit und

---

84 GAOR 3rd Sess., Resolutions Part I, S. 71.

85 Vgl. *Aschenbrenner, J. B.*, Menschenrechte in den Außenbeziehungen der Europäischen Union, Frankfurt a. M. 2000, S. 38.

86 Vgl. dazu umfassend: *Ermacora, F.*, Der Minderheitenschutz in der Arbeit der Vereinten Nationen, Wien 1964.

87 Vgl. *Pircher*, S. 181.

88 Vgl. *Pircher*, S. 184 f.

Koalitionsfreiheit (Art. 23 Nr. 1, 4), Recht auf Bildung und Elternrecht (Art. 26) sowie Freiheit des Kulturlebens (Art. 27).

b) Internationaler Pakt über Bürgerliche und Politische Rechte (IPBPR) von 1966

Der Internationale Pakt über Bürgerliche und Politische Rechte wurde am 16. Dezember 1966 von der UN-Generalversammlung angenommen.[89] Dieser enthält in Art. 27 IPBPR eine ausdrückliche Schutzbestimmung zugunsten Angehöriger ethnischer, religiöser und sprachlicher Minderheiten. Art. 27 IPBPR wird allgemein als Meilenstein für die Minderheitenschutzarbeit im Rahmen der UN angesehen. Der Text des Art. 27 IPBPR lautet:

> „In Staaten mit ethnischen, religiösen oder sprachlichen Minderheiten darf Angehörigen solcher Minderheiten nicht das Recht vorenthalten werden, gemeinsam mit anderen Angehörigen ihrer Gruppe ihr eigenes kulturelles Leben zu pflegen, ihre eigene Religion zu bekennen und auszuüben oder sich ihrer eigenen Sprache zu bedienen."[90]

Zentrales Problem des Art. 27 IPBPR ist die Definition des Minderheitenbegriffs. Während in Schrifttum und Staatenpraxis lange Zeit überwiegend angenommen wurde, dass Angehörige einer Minderheit im Sinne des Art. 27 IPBPR Staatsangehörige des Aufenthaltsstaates sein müssten, bezieht der zur Überwachung der staatlichen Verpflichtungen aus dieser Vorschrift eingesetzte UN-Menschenrechtsausschuss ausdrücklich auch Ausländer mit ein.[91] Weiterhin betont der UN-Menschenrechtsausschuss die subjektiven Minderheitenkriterien, d. h. den individuellen Willen einer Person zur Minderheitenzugehörigkeit.[92]

Eine unmittelbare Minderheitendefinition lässt sich aus Art. 27 IPBPR jedoch nicht entnehmen. Einigkeit besteht lediglich hinsichtlich der in dieser Vorschrift genannten Minderheiten. Religiöse Minderheiten im Sinne des Art. 27 IPBPR sind solche Gruppen, die sich zu einer von der Religion der Bevölkerungsmehrheit abweichenden Religion bekennen und diese ausüben.[93] Sprachliche Minderheiten im Sinne des Art. 27 IPBPR sind solche Gruppen, deren Angehörige sich untereinander und in der Öffentlichkeit einer auch in geschriebener Form existenten Sprache bedienen, welche von der Mehrheits- und Staatssprache

---

89 UNTS Bd. 999, S. 181 bzw. BGBl. 1973 II, S. 1534.
90 UNTS Bd. 999, S. 181 bzw. BGBl. 1973 II, S. 1534.
91 Vgl. *Nowak*, Rn. 11 ff., 16 f. zu Art. 27 CCPR.
92 Vgl. *Nowak*, Rn. 31 ff. zu Art. 27 CCPR.
93 Vgl. *Nowak*, Rn. 22 zu Art. 27 CCPR.

abweicht.[94] Der Begriff „ethnische Minderheiten" im Sinne des Art. 27 IPBPR umfasst auch rassische Minderheiten und geht weiter als der Begriff „nationale Minderheiten", der entweder einen hohen Identifikationsgrad mit der Nation im eigentlichen Sinne oder aber die Existenz eines Staates verlangt, in dem Angehörige dieser Gruppe als Staatsvolk anerkannt sind.[95]

In allererster Linie ist Art. 27 IPBPR als Individualrecht konzipiert. Wegen der Formulierung „gemeinsam mit anderen Angehörigen ihrer Gruppe" kommt ihm jedoch auch ein gewisser Kollektivcharakter zu.[96]

c) Übereinkommen über die Rechte des Kindes von 1989

Das Übereinkommen über die Rechte des Kindes vom 20. November 1989[97] ist kein primäres Minderheitenschutzdokument. In Art. 30, dessen Wortlaut eng an den des Art. 27 IPBPR angelehnt ist, enthält es jedoch für Kinder, die einer ethnischen, religiösen oder sprachlichen Minderheit angehören, das als Individualrecht formulierte Recht, die eigene Kultur zu pflegen, sich zur eigenen Religion zu bekennen und diese auszuüben sowie das Recht, die eigene Sprache zu verwenden. Dieses Recht beschränkt sich allerdings auf Staaten, in denen es ethnische, religiöse oder sprachliche Minderheiten gibt.

Eine Definition des Begriffs der ethnischen, religiösen oder sprachlichen Minderheiten, geschweige denn eine Bestimmung der Staaten, in denen es diese Minderheiten gibt, liefert Art. 30 des Übereinkommens über die Rechte des Kindes jedoch nicht.

d) Deklaration über die Rechte der Mitglieder von nationalen oder ethnischen, religiösen und sprachlichen Minderheiten von 1992

Durch den Bericht des Sonderberichterstatters der UN-Unterkommission für Verhinderung von Diskriminierung und den Schutz von Minderheiten, Francesco Capotorti, veranlasst, wurde eine „Deklaration über die Rechte der Mitglieder von nationalen oder ethnischen, religiösen und sprachlichen Minderheiten" verfasst und am 18. Dezember 1992 von der UN-Generalversammlung angenommen.[98] Auch darin wurde keine Definition der Minderheit festgeschrieben, obwohl 1985 von der Unterkommission extra ein Experte berufen wurde,

---

94 Vgl. *Nowak*, Rn. 22 zu Art. 27 CCPR.

95 Vgl. *Hofmann, R.*, Minderheitenschutz in Europa, S. 21.

96 Vgl. *Nowak*, Rn. 35 ff. zu Art. 27 CCPR.

97 GAOR 44th Sess., Resolutions, S. 166 bzw. BGBl. 1992 II S. 122.

98 UN-Document E/CN.4/1992/48.

um eine entsprechende Minderheitendefinition zu erarbeiten. M. Jules Deschênes' Vorschlag einer Minderheitendefinition lautete wie folgt:

> „Eine Gruppe Staatsangehöriger eines Staates, welche eine zahlenmäßige Minderheit darstellen und keine dominierende Rolle im Staat ausüben, welche ethnische, religiöse oder sprachliche Charakteristiken ausweisen, welche verschieden von der Mehrheit sind und welche solidarisch miteinander agieren und den Willen haben, ihre Eigenart zu behalten, und dahin streben, Gleichheit mit der Mehrheit in Recht und in der Praxis zu erlangen."[99]

Im Gegensatz zum ursprünglichen Deklarationsentwurf werden die Minderheitenrechte nicht als Gruppenrechte formuliert. Dennoch geht die universell gültige Deklaration weit über Art. 27 IPBPR hinaus, indem sie vom Staat zum Zwecke des Minderheitenschutzes zu ergreifende Schutz- und Fördermaßnahmen formuliert und damit bisherige Minderheitenschutzbestimmungen der UN konkretisiert. Zu kritisieren sind aber die ungenauen und damit unverbindlichen Formulierungen, welche die Anwendung einer Schutzbestimmung davon abhängig machen, ob der betroffene Staat sein Eingreifen für „möglich"[100], „angemessen"[101] oder „erforderlich"[102] hält.

e) UNESCO-Erklärungen

Von Seiten der Organisation der Vereinten Nationen für Erziehung, Wissenschaft und Kultur (UNESCO) existiert ebenfalls weder eine Definition des Begriffs „Minderheit" noch ein Katalog von den Minderheiten zustehenden Rechten.

Die UNESCO hat in Erfüllung ihrer Aufgabe, völkerrechtliche Standards auf den Gebieten Erziehung, Wissenschaft und Kultur zu setzen, lediglich Normen über Nichtdiskriminierung herausgebracht, welche auch die Angehörigen von Minderheiten in Anspruch nehmen können.[103] Zu nennen sind hier die UNESCO-Konvention gegen die Diskriminierung im Unterrichtswesen vom

---

99 UN-Document E/CN.4/Sub.2/1985/31, § 181.

100 Art. 4 III der Deklaration über die Rechte der Mitglieder von nationalen oder ethnischen, religiösen und sprachlichen Minderheiten.

101 Art. 4 III, IV der Deklaration über die Rechte der Mitglieder von nationalen oder ethnischen, religiösen und sprachlichen Minderheiten.

102 Art. 4 I der Deklaration über die Rechte der Mitglieder von nationalen oder ethnischen, religiösen und sprachlichen Minderheiten.

103 Vgl. *Zayas, A.-M. de*, Minderheitenschutz und Volksgruppenrechte aus der Sicht der Vereinten Nationen und der UNESCO, in: *Blumenwitz, D./ Mangoldt, H. von (Hrsg.)*, Fortentwicklung des Minderheitenschutzes und der Volksgruppenrechte in Europa, Köln 1992, S. 139.

14. Dezember 1960[104], die UNESCO-Erklärung über die Grundsätze der internationalen kulturellen Zusammenarbeit vom 4. November 1966[105], die UNESCO-Erklärung über Rasse und Rassenvorurteile vom 27. November 1978[106], die UNESCO-Konvention über die Kinderrechte vom 26. Januar 1990[107] sowie die UNESCO-Erklärung zur kulturellen Vielfalt vom 2. November 2001[108].

2. Regionale Minderheitenschutzdokumente

a) KSZE/OSZE

Die Konferenz für Sicherheit und Zusammenarbeit in Europa (KSZE)[109] wurde am 3. Juli 1973 in Helsinki von 35 Außenministern europäischer Staaten einschließlich der Sowjetunion, der USA und Kanada eröffnet. Ihr Ziel war die Überwindung des Ost-West-Konflikts.[110] Nach dem Ende des Kalten Krieges und den damit wieder aufgekommenen Minderheitenproblemen übernahm die KSZE eine Vorreiterrolle bei der Gewährleistung des Minderheitenschutzes.[111]

Der weitreichende Minderheitenschutz in den KSZE-Dokumenten gründet sich darauf, dass es sich bei ihnen lediglich um völkerrechtspolitische Abreden handelt, die keine rechtliche Verbindlichkeit haben.[112] Diese rechtliche

---

104 UNTS Bd. 429, S. 93 ff. bzw. BGBl. 1968 II, S. 387.

105 Text siehe: http://portal.unesco.org/en/ev.php-URL_ID=13147&URL_DO=DO_TOPIC&URL _SECTION= 201.html [aufgerufen am 18.3.2015].

106 Records of the General Conference, 20th Sess. Paris 24.10. to 28.11., Vol. I Resolutions, S. 61.

107 Text siehe Annex zur Resolution 44/25 der UN-Generalversammlung.

108 Text abgedruckt in: UNESCO heute, Zeitschrift der deutschen UNESCO-Kommission, Ausgabe 1–2/2000, S. 1–6.

109 Vgl. zur Organisationsstruktur der KSZE: *Schlotter, P.*, Zwischen Erweiterung und Vertiefung: Entwicklungsperspektiven der KSZE, in: *Jakobeit, C./ Yenal, A. (Hrsg.)*, Gesamteuropa, Bonn 1993, S. 470, Abb. 1.

110 Vgl. *Mutz, R.*, Gesamteuropäische Kooperation und die Konferenz über Sicherheit und Zusammenarbeit in Europa, in: *Jakobeit, C./ Yenal, A. (Hrsg.)*, Gesamteuropa, Bonn 1993, S. 99 ff.

111 Überblicke über den KSZE-Prozess finden sich u. a. bei *Gasteyger, C.*, Europa zwischen Spaltung und Einigung 1945 bis 1993, Bonn 1994, S. 537; *Hájek, J.*, Die „menschliche Dimension" der KSZE und ihre Perspektiven, in: *Jakobeit, C./ Yenal, A. (Hrsg.)*, Gesamteuropa, Bonn 1993, S. 482 ff.; *Mutz, R.*, S. 482 ff.

112 Vgl. u. a. *Brunner, G.*, Der Schutz ethnischer Minderheiten in Osteuropa, in: *Brunner, G.*, Minderheitenschutz in Europa, Heidelberg 1985, S. 24; *Hofmann, R.*, Minderheitenschutz in Europa, S. 34; *Klein, E.*, Minderheitenschutz im Völkerrecht, S. 132; *Pentassuglia*, S. 139; *Studnitz, E.-J. von*, Politische Vertretung von Minderheiten- und

Unverbindlichkeit der KSZE-Dokumente[113] erklärt auch die Bereitschaft der Mitgliedsstaaten, einen Konsens zu finden und die ausgehandelten Dokumente zu unterzeichnen.[114] Den KSZE-Dokumenten kommt jedoch trotz ihrer rechtlichen Unverbindlichkeit erhebliche Bedeutung zu, denn sie setzen Standards, die politisch eingefordert werden können. So können deren rein politische Verpflichtungen zum Minderheitenschutz durch die Aufnahme in zwischenstaatliche Verträge[115] insoweit rechtlich verbindlichen Charakter erlangen.[116]

Am 1. Januar 1995 wurde die Organisation für Sicherheit und Zusammenarbeit in Europa (OSZE) als Nachfolgeorganisation der KSZE gegründet. Die OSZE führte die wesentlichen Elemente der KSZE als ständige Einrichtung unter neuer Bezeichnung weiter.[117] Da die OSZE den Prozess der Herausbildung zur internationalen Organisation noch nicht abgeschlossen hat, sind alle Dokumente der OSZE lediglich Manifestationen politischen Willens und rechtlich nicht verbindlich.[118]

Volksgruppenrechten auf verschiedenen staatlichen und zwischenstaatlichen Ebenen, in: *Blumenwitz, D./ Gornig, G. H. (Hrsg.)*, Minderheiten- und Volksgruppenrechte in Theorie und Praxis, Köln 1993, S. 20.

113 Eine rechtliche Verbindlichkeit ergibt sich nur insoweit, als in den KSZE-Dokumenten Völkergewohnheitsrecht wiedergegeben wird (vgl. *Blumenwitz*, S. 52).

114 Vgl. *Blumenwitz*, S. 52; *Studnitz*, Politische Vertretung von Minderheiten- und Volksgruppenrechten auf verschiedenen staatlichen und zwischenstaatlichen Ebenen, S. 20.

115 Vgl. z. B. Art. 20 des Vertrages der Bundesrepublik Deutschland und der Republik Polen über gute Nachbarschaft und freundliche Zusammenarbeit vom 17.6.1991 (BGBl. 1991 II, S. 1315) und Art. 19 des Vertrages zwischen der Bundesrepublik Deutschland und der Republik Ungarn über freundschaftliche Zusammenarbeit und Partnerschaft in Europa vom 6.2.1992 (BGBl. 1992 II, S. 475).

116 Vgl. *Klein, E.*, Minderheitenschutz im Völkerrecht, S. 132; *Pauls, C.*, Bestreben innerhalb der KSZE zur Verbesserung des Minderheitenschutzes, in: *Blumenwitz, D./ Mangoldt, H. von (Hrsg.)*, Fortentwicklung des Minderheitenschutzes und der Volksgruppenrechte in Europa, Köln 1992, S. 69.

117 Vgl. dazu im Einzelnen: *Lübkemeier, E./ Thränert, O.*, NATO, OSZE und europäische Sicherheit, Bonn 1995, S. 10 ff.; *Schrötter, H. J.*, Das aktuelle Europa-Lexikon, Bergisch Gladbach 2002, S. 207 ff.

118 Vgl. *Gürbey, G./ Riotte, E.*, Die OSZE und ihre Rolle und Möglichkeiten zur friedlichen Beilegung des türkischen Kurdenkonflikts, in: Südosteuropa Mitteilungen 04/2000, S. 325; *Wenig, M.*, Der völkerrechtliche Status der OSZE – Gegenwärtiger Stand und Perspektiven, in: *IFSH (Hrsg.)*, OSZE-Jahrbuch 1997, Baden-Baden 1997, S. 401; *Weschke, K.*, Internationale Instrumente zur Durchsetzung der Menschenrechte, Berlin 2001, S. 336.

Obgleich sowohl die KSZE- als auch die OSZE-Dokumente dem Minderheitenschutz dienen, haben sie den Begriff „Minderheit“ an keiner Stelle definiert. Lediglich im internen Gebrauch hat sich der Minderheitenbegriff dahingehend näher konkretisiert, dass er sich sowohl auf nicht-dominierende Gruppen, die numerische Minderheiten bilden, als auch auf Minderheitengruppen, die in einem Staat eine Föderation bilden, bezieht.[119]

aa) Schlussakte von Helsinki von 1975

Die Schlussakte von Helsinki vom 1. August 1975[120] ist das Grundsatzdokument der KSZE. Dort wurde zum ersten Mal in einem internationalen Dokument der Schutz nationaler Minderheiten ausdrücklich festgeschrieben. Dort heißt es im Prinzip VII Abs. 4 des Korbes 1:

> „Die Teilnehmerstaaten, auf deren Territorium nationale Minderheiten bestehen, werden das Recht von Personen, die zu solchen Minderheiten gehören, auf Gleichheit vor dem Gesetz achten. Sie werden Ihnen jede Möglichkeit für den tatsächlichen Genuss der Menschenrechte und Grundfreiheiten gewähren und werden auf diese Weise ihre berechtigten Interessen in diesem Bereich schützen.“[121]

Ferner wird in Korb 3 der Schlussakte der Beitrag von nationalen Minderheiten und Regionalkulturen im Rahmen der Zusammenarbeit zwischen den Teilnehmerstaaten anerkannt und die Absicht geäußert, diesen Beitrag unter Berücksichtigung der legitimen Interessen ihrer Mitglieder zu erleichtern, wenn auf dem Staatsgebiet der Teilnehmerstaaten derartige Minderheiten oder Kulturen existieren.[122]

bb) Dokument des Wiener Folgetreffens von 1989

Das Schlussdokument von Wien vom 15. Januar 1989[123] bekräftigte den Willen der Teilnehmerstaaten zum Minderheitenschutz. Erstmals verpflichteten sich die Teilnehmerstaaten in diesem Dokument zur aktiven Förderung nationaler Minderheiten. So sollte nicht nur die ethnische, kulturelle, sprachliche und religiöse

---

119 Vgl. *Heraclides, A.*, The CSCE and the Minorities. The Negotiations behind the Commitments, in: Helsinki Monitor 1992, Vol. 3, No. 3, S. 5.

120 Schlussakte von Helsinki vom 1.8.1975, in: Bulletin der Bundesregierung Nr. 102/1975, S. 965 ff.

121 Prinzip VII Abs. 4 der Schlussakte von Helsinki vom 1.8.1975, in: Bulletin der Bundesregierung Nr. 102/1975, S. 965.

122 Vgl. *Schweisfurth, T./ Oellers-Frahm, K.*, Dokumente der KSZE, München 1993, S. 10.

123 Abschließendes Dokument des Wiener KSZE-Folgetreffens vom 15.1.1989, in: Bulletin der Bundesregierung Nr. 10/1989, S. 77 ff.

Identität nationaler Minderheiten geschützt werden, sondern die Teilnehmerstaaten verpflichten sich darüber hinaus, Bedingungen für die Förderung dieser Identität zu schaffen.[124]

cc) Dokument des Kopenhagener Folgetreffens von 1990

Das Kopenhagener Schlussdokument vom 29. Juni 1990[125] widmet den Minderheitenrechten einen ganzen Abschnitt und stellt den vorläufigen Höhepunkt an internationalen Minderheitenschutzstandards dar.[126] In ihm wurden generelle Verpflichtungen der Teilnehmerstaaten zur Gewährung und Sicherung der Kultur, der Identität und der Religion als Individualrechte der Minderheitenangehörigen festgeschrieben. Zudem wurden die Teilnehmerstaaten verpflichtet, besondere Maßnahmen zur Förderung der Minderheitenangehörigen zu ergreifen, um diesen die Gleichstellung mit der Bevölkerungsmehrheit zu ermöglichen. Erstmals wurde dort auch niedergelegt, dass die Zugehörigkeit zu einer nationalen Minderheit die persönliche Entscheidung jedes einzelnen Menschen darstelle und er durch sein Bekenntnis zu einer Minderheit keinen Nachteil erleiden dürfe.

Des Weiteren wurden in Abschnitt IV des Kopenhagener Schlussdokuments folgende Minderheitenschutzverpflichtungen niedergelegt: umfassende minderheitenspezifische Diskriminierungsverbote, Recht zum freien privaten und öffentlichen Gebrauch der Muttersprache, Recht auf eigene Bildungs-, Kultur- und Religionseinrichtungen, Religionsbekenntnis- und Religionsausübungsfreiheit, Recht zur Gründung von Organisationen bzw. Vereinigungen auf nationaler (ethnischer) Gruppenbasis, Bemühenszusage um Unterricht in der Muttersprache und Gebrauch der Muttersprache vor Behörden, Recht zur Teilhabe an öffentlichen Angelegenheiten, Garantie grenzüberschreitender Kontakte mit Bürgern anderer Staaten gleicher nationaler (ethnischer) Zugehörigkeit.[127]

---

124 Vgl. Prinzip 19 des abschließenden Dokuments des Wiener KSZE-Folgetreffens vom 15.1.1989, in: Bulletin der Bundesregierung Nr. 10/1989, S. 81.

125 Dokument des Kopenhagener Treffens vom 29.6.1990, in: Bulletin der Bundesregierung Nr. 88/1990, S. 757 ff.

126 Vgl. *Gürbey/ Riotte*, S. 323; *Streinz*, S. 19.

127 Vgl. Dokument des Kopenhagener Treffens vom 29.6.1990, Abschnitt IV, Nr. 30–40, in: Bulletin der Bundesregierung Nr. 88/1990, S. 765 ff.

dd) Charta von Paris für ein neues Europa von 1990

Die Charta von Paris für ein neues Europa vom 21. November 1990[128] bekräftigte das Recht nationaler Minderheiten zum Schutz und zur Förderung ihrer ethnischen, kulturellen, sprachlichen und religiösen Identität. Des Weiteren wurden die Rechte von Angehörigen nationaler Minderheiten als schutzwürdiger Teil der allgemeinen Menschenrechte anerkannt.

ee) Dokument des Moskauer Treffens von 1991

Im Dokument des Moskauer Treffens der Konferenz über die Menschliche Dimension der KSZE vom 3. Oktober 1991[129] erklärten die Teilnehmerstaaten den Minderheitenschutz zum unmittelbaren und berechtigten Anliegen aller Teilnehmerstaaten und einer nicht mehr ausschließlich inneren Angelegenheit des betroffenen Staates. Ferner verabschiedeten die Teilnehmerstaaten den sog. Moskauer Mechanismus, der aus einem äußerst komplizierten System der Entsendung unabhängiger Experten oder Berichterstatter besteht.[130]

ff) Schlussdokument von Helsinki 1992

Im Helsinki-Dokument „Herausforderung des Wandels" vom 7. Juli 1992[131] wurde die Einsetzung eines Hochkommissars für nationale Minderheiten beschlossen. Dieser soll zum einen zwischen den Konfliktparteien bei Problemen, die Angelegenheiten nationaler Minderheiten betreffen, deeskalierend eingreifen sowie zum anderen als „Frühwarnsystem" die Teilnehmerstaaten alarmieren, sobald interethnische Spannungen in ein Stadium überzugehen drohen, in dem er selbst nicht mehr vermittelnd eingreifen kann.[132]

---

128 Charta von Paris für ein neues Europa, in: Bulletin der Bundesregierung Nr. 137/1990, S. 1409 ff.

129 Dokument des Moskauer Treffens vom 3.10.1991, in: Bulletin der Bundesregierung Nr. 115/1991, S. 909 ff.

130 Vgl. ausführlich zum Moskauer Mechanismus: *Weschke*, S. 337 ff. sowie *Schlotter*, S. 475, Abb. 4.

131 Helsinki-Dokument „Herausforderung des Wandels" vom 7.7.1992, in: Bulletin der Bundesregierung Nr. 82/1992, S. 777 ff.

132 Vgl. detailliert zu den Aufgaben des Hochkommissars für nationale Minderheiten: *Lange, F.*, Minderheiten und die OSZE – Die Rolle des OSZE-Hochkommissars für Fragen der nationalen Minderheiten, in: *Blumenwitz, D./ Gornig, G. H./ Murswiek, D. (Hrsg.)*, Ein Jahrhundert Minderheiten- und Volksgruppenrechte, Köln 2001, S. 125 ff.

b) Europarat

Der am 5. Mai 1949 in London gegründete Europarat mit Sitz in Straßburg ist die älteste „europäische“ Organisation. Seine Mitglieder verpflichteten sich zum Schutz und zur Förderung gemeinsamer Grundsätze und Ideale. Als eines seiner wichtigsten Ziele hat sich der Europarat dabei den Schutz der Menschenrechte und Grundfreiheiten sowie die Vorherrschaft des Rechts gesetzt.[133]

Bereits seit seiner Gründung versteht sich der Europarat als „Wächter der Menschenrechte“[134]. Mit der Europäischen Konvention zum Schutz der Menschenrechte und Grundfreiheiten (EMRK) von 1950 und deren rechtlichen Kontrollmechanismus durch die Europäische Menschenrechtskommission und den Europäischen Gerichtshof für Menschenrechte (EGMR)[135] hat der Europarat den Schutz der Menschen- und Minderheitenrechte in seinen Mitgliedsstaaten am effektivsten garantiert und gefördert.[136] Nach eigenem Bekunden des Europarates ist die Beachtung der Rechte der Minderheiten materielle Voraussetzung für den Beitritt neuer Mitglieder zum Europarat.[137] Nach Inkrafttreten des Vertrages von Lissabon ist in Art. 6 II 1 EU-Vertrag nun auch der Beitritt der EU

---

133 Vgl. *Schmuck, O.*, Motive, Leitbilder und Etappen der Integration, in: *Bundeszentrale für politische Bildung (Hrsg.)*, Informationen zur politischen Bildung 279, Europäische Union, Bonn 2003, S. 12; *Strasser, K.*, Grundrechtsschutz in Europa und der Beitritt der Europäischen Gemeinschaften zur Europäischen Menschenrechtskonvention, Frankfurt a. M. 2001, S. 106; *White, N. D.*, The law of international organisations, 2nd Ed., Manchester 2005, S. 132 f.

134 *Steiner, L.*, Die Entwicklung des Minderheitenschutzes im Rahmen des Europarates, in: *Blumenwitz, D./ Gornig, G. H. (Hrsg.)*, Minderheiten- und Volksgruppenrechte in Theorie und Praxis, Köln 1993, S. 29.

135 Mit dem Inkrafttreten des 11. Protokolls zur EMRK am 1.11.1998 wurde dieser Zweikammer-Mechanismus dadurch ersetzt, dass der Europäische Gerichtshof für Menschenrechte (EGMR) seitdem die Funktion als Kontrollorgan in Sachen Menschenrechts- und Minderheitenschutz allein wahrnimmt (vgl. Art. 1 des 11. Protokolls zur EMRK, Text siehe: BGBl. 1995 II, S. 579–591).

136 Vgl. *Klebes, H.*, Rechtsschutz von Minderheiten – Zu den Arbeiten des Europarats, in: *Blumenwitz, D./ Mangoldt, H. von (Hrsg.)*, Fortentwicklung des Minderheitenschutzes und der Volksgruppenrechte in Europa, Köln 1992, S. 47; *Schumann, K.*, Der Stand der Arbeiten des Europarates zu Fragen nationaler Minderheiten, in: *Heuberger, V./ Suppan, A. (Hrsg.)*, Brennpunkt Osteuropa, München 1996, S. 298 f.

137 Vgl. Richtlinie 484 (1993), in: Bundestags-Drs. 12/4572, S. 16.

zur EMRK vorgesehen. Die Modalitäten des Beitritts werden derzeit zwischen Europarat und EU verhandelt.[138]

Im Rahmen der Arbeiten des Europarates lassen sich zwei Arten von Dokumenten unterscheiden: zum einen Dokumente, die Minderheitenschutzrechte enthalten, den Begriff der Minderheit jedoch nicht definieren, zum anderen Dokumente, die zwar eine Definition des Minderheitenbegriffs enthalten, aber nie das Entwurfsstadium überschritten haben.[139]

Vom Europarat ausgearbeitete völkerrechtliche Verträge sind – im Gegensatz zu den unverbindlichen KSZE/OSZE-Dokumenten – nach der Annahme und Ratifikation durch die Mitgliedsstaaten des Europarates für diese rechtlich verbindlich.[140] Das Organ, welches die Einhaltung der EMRK überwacht und sicherstellt, ist der Europäische Gerichtshof für Menschenrechte (EGMR). Gerade wegen dieser rechtlichen Verbindlichkeit kommt den ratifizierten Dokumenten des Europarates für den Minderheitenschutz in Europa besondere Bedeutung zu.

aa) Europäische Menschenrechtskonvention (EMRK) von 1950

Die Europäische Menschenrechtskonvention vom 5. November 1950[141] enthält weder selbst noch in einem der später in Ergänzung zu ihr in Kraft getretenen Zusatzprotokolle eine ausdrückliche Bestimmung zum Minderheitenschutz. Lediglich im Rahmen des Diskriminierungsverbots des Art. 14 EMRK findet der Begriff „nationale Minderheit" Erwähnung:

> „Der Genuss der in dieser Konvention anerkannten Rechte und Freiheiten ist ohne Diskriminierung insbesondere wegen des Geschlechts, der Rasse, der Hautfarbe, der Sprache, der Religion, der politischen oder sonstigen Anschauung, der nationalen oder sozialen Herkunft, der *Zugehörigkeit zu einer nationalen Minderheit*[142], des Vermögens, der Geburt oder eines sonstigen Status zu gewähren."[143]

Nach Art. 14 EMRK ist der Genuss der in der EMRK festgeschriebenen Rechte und Freiheiten somit ohne Benachteiligung u. a. wegen Zugehörigkeit zu einer nationalen Gruppe zu gewährleisten. Gleichwohl entfaltet Art. 14 EMRK nur

---

138 Vgl. http://www.auswaertiges-amt.de/sid_0B5DF76BFA250E144FDD468AE5E9FF6E/DE/Aussenpolitik/ Friedenspolitik/Europarat/ER_Text_node.html [aufgerufen am 18.3.2015].

139 Vgl. *Gornig*, Die Definition des Minderheitenbegriffs aus historisch-völkischer Sicht, S. 30.

140 Vgl. *Steiner*, S. 30; *Streinz*, S. 21.

141 UNTS Bd. 213, S. 221 ff. bzw. BGBl. 1952 II, S. 686 ff.

142 Textliche Hervorhebung des Autors.

143 UNTS Bd. 213, S. 232 f. bzw. BGBl. 1952 II, S. 690 f.

begrenzte Schutzwirkung zugunsten nationaler Minderheiten, da diese Vorschrift nach der Rechtsprechung des EGMR lediglich ein Willkürverbot und gerade kein absolutes Verbot der Ungleichbehandlung aufgrund der in Art. 14 EMRK genannten Unterscheidungsmerkmale enthält.[144] Unter dem Begriff „Minderheit" in Art. 14 EMRK dürfen nach der Rechtsprechung des EGMR auch nur „nationale Minderheiten" verstanden werden.[145] Eine Ausdehnung des Begriffs auf ethnische, religiöse und sprachliche Minderheiten ist somit ausgeschlossen. Angehörige ethnischer, religiöser und sprachlicher Minderheiten genießen im Rahmen des Art. 14 EMRK daher lediglich als Individuum mit den Merkmalen „Rasse", „Sprache" und „Religion" Schutz vor Diskriminierung.

Von Art. 14 EMRK abgesehen gewährleistet die EMRK nur einen „unspezifischen Minderheitenschutz"[146]: Der Schutz, der den Angehörigen nationaler Minderheiten zuteilwird, knüpft nämlich gerade nicht daran an, dass die Betroffenen Angehörige einer nationalen Minderheit sind, sondern er gründet sich auf den individualrechtlichen Ansatz der EMRK, der den Schutz des Individuums sicherstellen will.[147] Der von diesen individualrechtlichen Garantien ausgehende Rechtsschutz kommt aber auch den Minderheitenangehörigen – als sich dem Kollektiv „Minderheit" zugehörig fühlenden Individuen – zugute, da sich diese wie alle anderen Personen im Geltungsbereich der EMRK als Individuum auf die ihnen in der EMRK zugesprochenen Rechte berufen können.[148] Zusammenfassend wird Minderheitenschutz in der EMRK somit individuell für jeden Minderheitenangehörigen „durch eine Verbindung einer einzelnen Freiheitsgewährleistung mit dem allgemeinen Diskriminierungsverbot des Art. 14 [EMRK]"[149] sichergestellt.

Zur EMRK existiert eine Vielzahl von Zusatzprotokollen. Ebenso wie die EMRK enthalten die bislang ratifizierten und in Kraft getretenen Zusatzprotokolle jedoch keine speziellen Minderheitenrechte, sondern lediglich Jedermann-Rechte, auf die sich Angehörige nationaler Minderheiten ebenso

---

144 Vgl. EGMRE 2, 30 [unter I. B., § 10].

145 Vgl. EGMR-Urteil vom 23.7.1968, abgedruckt bei: *Berger, V.*, Rechtsprechung des Europäischen Gerichtshofs für Menschenrechte, Köln 1987, S. 15 ff.

146 *Hillgruber, C./ Jestaedt, M.*, Die Europäische Menschenrechtskonvention und der Schutz nationaler Minderheiten, Bonn 1993, S. 89.

147 Vgl. *Hillgruber*, S. 39; *Hillgruber/ Jestaedt*, S. 90.

148 Vgl. eingehend zum minderheitenschützenden Charakter der Individualrechte der EMRK: *Hillgruber*, S. 40 ff.

149 *Klugmann, M.*, Europäische Menschenrechtskonvention und antiterroristische Maßnahmen, Frankfurt a. M. 2002, S. 43.

wie alle anderen Einzelpersonen im Geltungsbereich der EMRK berufen können.

Erwähnenswert sind an dieser Stelle vor allem das 11. Protokoll und das 12. Protokoll zur EMRK. Im 11. Protokoll zur EMRK vom 1. November 1998[150] wurde die Einrichtung eines neuen ständigen Europäischen Gerichtshofs für Menschenrechte (EGMR) beschlossen, der die Europäische Menschenrechtskommission und den bisherigen Europäischen Gerichtshof für Menschenrechte ersetzt. Vor diesem Gerichtshof kann jeder Bürger – aber auch eine Personengruppe – der Unterzeichnerstaaten, der eine Verletzung seiner ihm nach der EMRK zustehenden Rechte und Freiheiten durch einen Vertragsstaat geltend macht, nach Erschöpfung aller innerstaatlichen Rechtsbehelfe eine Menschenrechtsbeschwerde beim EGMR einlegen.[151] Somit steht mittlerweile über 800 Millionen Einwohnern der 47 Vertragsstaaten der EMRK das Individualbeschwerderecht vor dem EGMR zu.[152] Gegenstand der Menschenrechtsbeschwerde kann hoheitliches Handeln oder Unterlassen der Gerichtsbarkeit, der Verwaltung und unter Umständen auch des Gesetzgebers sein.

Zur Vollziehung der Urteile des EGMR gibt es keinen Durchsetzungsmechanismus. Vielmehr kann das Ministerkomitee des Europarates die Vollziehung der Urteile lediglich überwachen und mit diplomatischen Mitteln durchzusetzen versuchen. Zwangsmaßnahmen zur Vollstreckung eines Urteils gegen den Willen des betreffenden Staates sind nicht vorgesehen.[153] Bei endgültiger Weigerung des betreffenden Staates besteht letztlich nur noch die Möglichkeit seines Ausschlusses aus dem Europarat.[154]

Zentrale Norm des 12. Protokolls zur EMRK vom 4. November 2000[155] ist der in dessen Art. 1 enthaltene allgemeine Gleichheitssatz. Dieser enthält in Art. 1 I ein Diskriminierungsverbot hinsichtlich der auch in Art. 14 EMRK genannten Differenzierungskriterien. Das Diskriminierungsverbot des Art. 1 des

---

150 Text siehe: BGBl. 1995 II, S. 579–591.

151 Vgl. Art. 34, 35 EMRK.

152 Vgl. *Berger, S.*, Europarat – Ein Auslaufmodell, Hamburg 2008, S. 4; *Peukert, W.*, Neueste Entwicklungen des Menschenrechts- und Minderheitenschutzes – Übersicht über die Rechtsprechung des Europäischen Gerichtshofs für Menschenrechte, in: *Blumenwitz, D./ Gornig, G. H./ Murswiek, D. (Hrsg.)*, Fortschritte im Beitrittsprozeß der Staaten Ostmittel-, Ost- und Südosteuropas zur Europäischen Union, Köln 1999, S. 37.

153 Vgl. Art. 46 EMRK.

154 Vgl. *Peukert*, S. 40.

155 European Treaty Series No. 177.

12. Protokolls geht aber in seinem Schutzbereich weiter als Art. 14 EMRK und ergänzt diesen dahingehend, dass es sich nicht nur auf die in der EMRK garantierten Rechte bezieht, sondern auch auf solche, die durch die Rechtsordnungen der einzelnen Mitgliedsstaaten gewährleistet werden. Bei sonst gleichem Wortlaut bezieht sich das Diskriminierungsverbot des Art. 1 I des 12. Protokolls zur EMRK nämlich auf den „Genuss eines jeden gesetzlich niedergelegten Rechtes“[156], wohingegen sich das Diskriminierungsverbot des Art. 14 EMRK auf den „Genuss der in dieser Konvention anerkannten Rechte und Freiheiten“[157] beschränkt. So werden zum einen auch Ungleichbehandlungen bzgl. solcher Rechte erfasst, die nicht in der EMRK enthalten sind, zum anderen ist aufgrund fehlender Akzessorietät die Betroffenheit eines Rechts der EMRK nicht mehr Voraussetzung für die Anwendbarkeit des Diskriminierungsverbots, sondern die Verletzung jeglicher (nationaler oder internationaler) Rechte.[158]

bb) Europäische Charta für regionale und Minderheitensprachen von 1992

Ziel der Europäischen Charta für regionale und Minderheitensprachen vom 5. November 1992[159] ist die Förderung des sprachlichen Erbes zur Bewahrung des kulturellen Reichtums Europas.[160] Die Charta definiert den Begriff „Regional- oder Minderheitensprache“ in Art. 1 a) als Sprache, die herkömmlicherweise in einem bestimmten Gebiet eines Staates von Angehörigen dieses Staates, die eine im Verhältnis zur übrigen Bevölkerung zahlenmäßig kleinere Gruppe bilden, gebraucht wird und die sich von der/den Amtssprache(n) des Staates unterscheidet, ohne deren Dialekt oder eine Sprache von Zuwanderern zu sein.[161]

Die Charta konstituiert zwar weder kollektive noch individuelle Rechte von Minderheitenangehörigen. Aber auf dem für Stiftung und Erhalt der ethnischen und sozialen Identität einer Minderheit existentiell wichtigen Gebiet der eigenen

---

156 Art. 1 I des 12. Zusatzprotokolls zur EMRK.

157 Art. 14 EMRK.

158 Vgl. *Grabenwarter, C.*, Europäische Menschenrechtskonvention, München 2003, S. 439 f.; *Peters, A.*, Einführung in die Europäische Menschenrechtskonvention, München 2003, S. 229 f.

159 European Treaty Series No. 148 bzw. BGBl. 1998 II, S. 1314 ff.

160 Vgl. Art. 7 I a) der Europäischen Charta für regionale und Minderheitensprachen vom 5.11.1992.

161 Art. 1 a) der Europäischen Charta für regionale und Minderheitensprachen vom 5.11.1992.

Sprache[162] schreibt die Charta zumindest gemeinsame Ziele und Verpflichtungen zur Förderung des Gebrauchs der Minderheitensprachen im Schulwesen, in den Medien, im Rechts- und Verwaltungswesen sowie im Wirtschafts-, Sozial- und Kulturbereich fest.[163] Die Charta für regionale und Minderheitensprachen stärkt somit die Minderheitensprachen als Bollwerk gegen den in Form der Mehrheitssprache ununterbrochen auf die Minderheit einwirkenden Assimilierungsdruck.

Mechanismen zur Ahndung von Verletzungen der Pflichten der Vertragsstaaten aus den Art. 8–14 der Charta sind nicht vorgesehen. Allein die Pflicht der Vertragsstaaten zur regelmäßigen Veröffentlichung von Berichten über den Stand der Verwirklichung der im Teil III der Charta festgeschriebenen Verpflichtungen[164] könnte geringen politischen Druck zur Einhaltung der vertraglich übernommenen Verpflichtungen ausüben. Sanktionsmöglichkeiten bei Weigerung zur (korrekten) Abfassung des Berichts fehlen jedoch.

cc) Rahmenabkommen zum Schutz nationaler Minderheiten von 1995

Das Rahmenübereinkommen zum Schutz nationaler Minderheiten vom 1. Februar 1995[165], das am 1. Februar 1998 in Kraft getreten ist, ist der erste multilaterale völkerrechtliche Vertrag, der ausschließlich den Schutz von Angehörigen nationaler Minderheiten zum Inhalt hat.[166] Es hat die Funktion, einen über die Grenzen des Europarates hinausgehenden minderheitenschutzrechtlichen Mindeststandard festzulegen, der unter strenger Einhaltung des Rechtsstaatsprinzips

---

162 Vgl. zur identitätsstiftenden und -erhaltenden Bedeutung der Minderheitensprache: *Bott-Bodenhausen, K.*, Die Bedeutung der Kultur für die Wahrung der Identität der Volksgruppe/Minderheit, in: *Blumenwitz, D./ Gornig, G. H. (Hrsg.)*, Minderheiten- und Volksgruppenrechte in Theorie und Praxis, Köln 1993, S. 101; *Koplin, B.*, Nationale und ethnische Minderheiten im Verfassungsrecht der osteuropäischen Staaten, Berlin 1995, S. 264; *Oeter, S.*, Minderheiten zwischen Segregation, Integration und Assimilation – Zur Entstehung und Entwicklung des Modells der Kulturautonomie, in: *Blumenwitz, D./ Gornig, G. H./ Murswiek, D. (Hrsg.)*, Ein Jahrhundert Minderheiten- und Volksgruppenrechte, Köln 2001, S. 66.

163 Art. 7–14 der Europäischen Charta für regionale und Minderheitensprachen vom 5.11.1992.

164 Art. 15 der Europäischen Charta für regionale und Minderheitensprachen vom 5.11.1992.

165 European Treaty Series No. 157 bzw. BGBl. 1997 II, S. 1407 ff.

166 Vgl. *Wheatley, S.*, The Framework Convention for the Protection of Minorities, in: EHRLR 6 (1996), S. 584.

bei gleichzeitiger Respektierung der territorialen Integrität und nationalen Souveränität der Mitgliedsstaaten zu erfolgen hat.[167]

Im Gegensatz zum dem Rahmenabkommen zugrundeliegenden Entwurf der Konvention für den Schutz der Minderheiten vom 8. Februar 1991[168] enthält das Rahmenabkommen selbst keine Definition des Begriffs „nationale Minderheit". In Art. 5 I werden jedoch mit Religion, Sprache, Tradition und kulturellem Erbe vier Elemente genannt, die für die eigenständige Identität einer nationalen Minderheit als essentiell angesehen werden.[169]

Das Rahmenabkommen gewährt keine kollektiven Minderheitenrechte, sondern stellt klar, dass es ausschließlich den Schutz von Angehörigen nationaler Minderheiten kodifiziert, die ihre Rechte individuell und in Gemeinschaft mit anderen ausüben.[170]

Das Rahmenabkommen enthält auch keine für die Unterzeichnerstaaten unmittelbar rechtlich verpflichtenden Bestimmungen zum Minderheitenschutz, sondern lediglich innerstaatlich nicht unmittelbar anwendbare programmatische Sätze mit Zielvorgaben zum Minderheitenschutz. Unter anderem finden sich im Rahmenabkommen Bestimmungen zum Existenzrecht nationaler Minderheiten, zur Nichtdiskriminierung und Gleichheit vor dem Gesetz, zum individuellen Bekenntnis zur Minderheitenzugehörigkeit, zum Gebrauch der eigenen Sprache und des eigenen Namens, zu zweisprachigen Orts- und Straßenbezeichnungen in den traditionellen Siedlungsgebieten einer Minderheit erheblichen Ausmaßes, zum Recht auf Erziehung und Bildung in der Minderheitensprache, zu kulturellen Rechten sowie zum Recht auf Kontaktaufnahme mit Minderheitenangehörigen in anderen Staaten.[171] Der weite Ermessensspielraum der Vertragsstaaten beim Ergreifen von Maßnahmen zum Minderheitenschutz und der bewusst fehlende Sanktionsmechanismus überlassen den vertraglich geforderten effektiven Minderheitenschutz weitestgehend dem guten Willen der Unterzeichnerstaaten.

---

167 Vgl. Präambel des Rahmenübereinkommens zum Schutz nationaler Minderheiten vom 1.2.1995.

168 Text siehe: Europäische Kommission für die Demokratie durch das Recht, Europarat, 4.3.1991, CDL (91) 7.

169 Art. 5 II des Rahmenübereinkommens zum Schutz nationaler Minderheiten vom 1.2.1995.

170 Vgl. Art. 3 II des Rahmenübereinkommens zum Schutz nationaler Minderheiten vom 1.2.1995.

171 Vgl. Abschnitt II (Art. 4–19) des Rahmenübereinkommens zum Schutz nationaler Minderheiten vom 1.2.1995.

c) *Europäische Union (EU)*

Der Minderheitenschutz ist in der Europäischen Union (ehemals: Europäische Gemeinschaft) in erster Linie ein Aspekt der Gemeinsamen Außen- und Sicherheitspolitik (GASP). Aber auch in Resolutionen des Europäischen Parlaments fand eine Auseinandersetzung mit dem Minderheitenproblem statt. Auf politischer Ebene wurden verschiedene Erklärungen zur Minderheitenfrage abgegeben, die jedoch allesamt ebenfalls keine Definition des Begriffs „Minderheit" enthielten. Herausragende Bedeutung hat hier die Erklärung der EG-Außenminister zu den „Richtlinien für die Anerkennung neuer Staaten in Osteuropa und der Sowjetunion" vom Dezember 1991. Darin bekräftigen die (damals noch) EG und ihre Mitgliedsstaaten, dass sie sich der UN-Charta, den Prinzipien der Schlussakte von Helsinki und der Charta von Paris, insbesondere im Hinblick auf Rechtsstaatlichkeit, Demokratie und Menschenwürde, verpflichtet fühlen. Sie fordern vor der Anerkennung neuer Staaten, dass diese die Garantien für die Rechte ethnischer und nationaler Gruppen und Minderheiten im Einklang mit den im Rahmen der KSZE eingegangenen Verpflichtungen respektieren und die Unverletzlichkeit aller Grenzen, die nur auf friedlichem Weg und einvernehmlich geändert werden dürfen, achten.[172] Damit wurde die Anerkennung von Minderheitenrechten neben der Achtung der (bestehenden) territorialen Integrität erstmals zur konstitutiven Voraussetzung für die Anerkennung eines Staates durch die europäische Staatengemeinschaft.

aa) *Antidiskriminierungsrichtlinie von 2000*

Die Antidiskriminierungsrichtlinie vom 29. Juni 2000[173] verbietet die unmittelbare oder mittelbare Diskriminierung aus Gründen der Rasse oder der ethnischen Herkunft bei Einstellungsbedingungen und Auswahlkriterien für einen Arbeitsplatz, beim Zugang zu Berufsberatung, Berufsausbildung und -weiterbildung, bei Beschäftigungs- und Arbeitsbedingungen, bei der Mitgliedschaft in Arbeitgeber- oder Arbeitnehmerorganisationen, bei Sozialschutz, Gesundheitsdiensten, Bildung sowie dem Zugang zu Gütern und Dienstleistungen einschließlich Wohnraum. Allerdings bezeichnet sich die Antirassismusrichtlinie selbst als Teil eines „Bündel[s] aufeinander abgestimmter Maßnahmen [...], die

172 Vgl. Richtlinien für die Anerkennung neuer Staaten in Osteuropa und in der Sowjetunion vom 16.12.1991, in: Europa-Archiv, Folge 2/1992, D 120.

173 ABl. L 180/22 vom 19.07.2000.

darauf abstellen, Diskriminierungen bestimmter gesellschaftlicher Gruppen, wie ethnischer Minderheiten, zu bekämpfen"[174].

bb) *Gleichbehandlungsrahmenrichtlinie von 2000*

Die Gleichbehandlungsrahmenrichtlinie vom 27. November 2000[175] bildet einen wichtigen Eckpfeiler des Minderheitenschutzes der EU.[176] Sie untersagt die Diskriminierung in Beschäftigung und Beruf aufgrund von Religion, Weltanschauung, Behinderung, Alter oder sexueller Ausrichtung. Der Begriff „Minderheit" wird hier jedoch an keiner Stelle erwähnt.

Somit gründet sich der Schutz dieser Richtlinien, der auch Minderheitenangehörigen zuteilwird, gerade nicht auf deren Zugehörigkeit zu einer Minderheit, sondern auf den individualrechtlichen Ansatz der jeweiligen Richtlinie, die den Schutz des Individuums bezweckt.

cc) *Charta der Grundrechte der Europäischen Union von 2000*

In der Charta der Grundrechte der Europäischen Union vom 7. Dezember 2000[177] finden nationale Minderheiten Erwähnung, ohne dass jedoch definiert wird, welche Personengruppen unter den Begriff „nationale Minderheit" subsumiert werden können.

Art. 22 der Charta enthält ein klares Bekenntnis der EU zur kulturellen, religiösen und sprachlichen Vielfalt in Europa.[178] In der Formulierung ähnlich, nur etwas differenzierter in den Unterscheidungskriterien als in Art. 14 EMRK, werden in Verwirklichung des Art. 13 des durch den Amsterdamer Vertrag modifizierten EU-Vertrages nationale Minderheiten im Diskriminierungsverbot des Art. 21 der Charta geschützt:

> „Diskriminierungen, insbesondere wegen des Geschlechts, der Rasse, der Hautfarbe, der ethnischen oder sozialen Herkunft, der genetischen Merkmale, der Sprache, der Religion oder der Weltanschauung, der politischen oder sonstigen Anschauung, der *Zugehörigkeit zu einer nationalen Minderheit*[179], des Vermögens, der Geburt, einer Behinderung, des Alters oder der sexuellen Ausrichtung, sind verboten."[180]

---

174 Erwägungsgrund 8 der Richtlinie 2000/43/EG.

175 ABl. L 303/16 vom 02.12.2000.

176 Vgl. *Schwellnus, G.*, Anti-discrimination legislation, in: *Rechel, B. (Ed.)*, Minority Rights in Central and Eastern Europe, London 2009, S. 33.

177 ABl., 2000 C 364, S. 1 ff.

178 ABl., 2000 C 364, S. 13.

179 Textliche Hervorhebung des Autors.

180 ABl., 2000 C 364, S. 13.

Ebenso wie Art. 14 EMRK gewährt Art. 21 der Charta lediglich „unspezifischen Minderheitenschutz“[181]. Denn der Schutz, der den Angehörigen nationaler Minderheiten zuteilwird, knüpft gerade nicht daran an, dass die Betroffenen Angehörige einer nationalen Minderheit sind, sondern er gründet sich auf den individualrechtlichen Ansatz der Charta, der den Schutz des Individuums sicherstellen will. Neben den ausdrücklich genannten Angehörigen nationaler Minderheiten genießt aber auch jeder Angehörige ethnischer, religiöser und sprachlicher Minderheiten als Individuum mit den Merkmalen „Rasse“, „Sprache“ und „Religion“ im Rahmen des Art. 21 Schutz vor Diskriminierung.

dd) Vertrag über die Arbeitsweise der Europäischen Union von 2007

Mit dem am 1. Dezember 2009 in Kraft getretenen Vertrag über die Arbeitsweise der Europäischen Union (AEUV)[182] – Vertrag von Lissabon – fanden Minderheiten erstmals im Primärrecht der EU Erwähnung. Nunmehr bezieht sich Art. 2 EU-Vertrags (EUV) ausdrücklich darauf, dass die „Werte, auf die sich die Union gründet, […] die Achtung der Menschenwürde, Freiheit, Demokratie, Gleichheit, Rechtsstaatlichkeit und die Wahrung der Menschenrechte einschließlich der Rechte der Personen, die Minderheiten angehören“[183], sind. Der Begriff der Minderheit wird jedoch weder im Vertrag von Lissabon noch in der konsolidierten Fassung des EU-Vertrages näher umschrieben oder definiert. Das heißt zugleich aber auch, dass der Minderheitenbegriff im Primärrecht der EU nicht auf bestimmte Arten von Minderheiten beschränkt wird, sondern eher weit gefasst ist.

ee) Rahmenbeschluss zur Bekämpfung von Rassismus und Fremdenfeindlichkeit von 2008

Im Rahmenbeschluss 2008/913/JI des Rates vom 28. November 2008 zur strafrechtlichen Bekämpfung bestimmter Formen und Ausdrucksweisen von Rassismus und Fremdenfeindlichkeit[184] werden Minderheiten und Angehörige einer Minderheit unter besonderen strafrechtlichen Schutz gestellt. Art. 1 des Rahmenbeschlusses schützt „eine nach den Kriterien der Rasse, Hautfarbe, Religion, Abstammung oder nationale oder ethnische Herkunft definierte Gruppe von

181 *Hillgruber/ Jestaedt*, S. 89.
182 ABl. 2007 C 306/1.
183 Art. 2 EUV.
184 ABl. L 328/55.

Personen oder […] ein Mitglied einer solchen Gruppe"[185] vor rassistischen oder fremdenfeindlichen Handlungen. Vom Tatbestandsmerkmal „nach nationaler oder ethnischer Herkunft definierte Gruppe oder ein Mitglied einer solchen Gruppe" sind auch Minderheiten und deren Angehörige umfasst. Der Begriff der Minderheit wird hingegen im Rahmenbeschluss weder erwähnt noch näher definiert.

185 Art. 1 des Rahmenbeschlusses zur Bekämpfung von Rassismus und Fremdenfeindlichkeit.

C. Minderheitenschutz in Ungarn und der Türkei

I. Historische Entwicklung

Minderheitenschutz in seiner rechtstheoretischen und praktischen Ausgestaltung entsteht nicht spontan, sondern er ist das Produkt eines langen Entwicklungsprozesses. In diesem Prozess trifft der Minderheiten beherbergende Staat in jeder Phase staatlicher Entwicklung in bewusster oder unbewusster Anlehnung bzw. Abkehr von traditionellen Rechts- und Handlungsmustern seine Entscheidung für die theoretische und praktische Ausgestaltung des Minderheitenschutzes auf seinem Territorium. Aus diesem Grund werden die Entwicklungslinien des Minderheitenschutzes in Ungarn und der Türkei in den einzelnen historischen Epochen im Folgenden nachgezeichnet.

1. Historische Entwicklung des Minderheitenschutzes in Ungarn

In seiner Geschichte ist das im Jahr 1000 gegründete Königreich Ungarn stets ein Vielvölkerstaat gewesen. Sein Territorium umfasste bis zu den einschneidenden Veränderungen des Vertrags von Trianon im Jahr 1920 immer nahezu das komplette Karpartenbecken. Damit war das alte Königreich Ungarn, zu dem die Slowakei, Kroatien, Siebenbürgen (heutiges Rumänien), die Vojvodina (heutiges Serbien), die Karpartoukraine (heutige Ukraine) und das Burgenland (heutiges Österreich) gehörten, ungefähr dreieinhalbmal so groß wie das heutige Ungarn in den Grenzen von 1947.[186]

a) Mittelalter und frühe Neuzeit

Im mittelalterlichen Ungarn gab es noch keine Minderheitenrechte im heutigen Sinn. Die in den Feudalsystemen des Mittelalters und der frühen Neuzeit bestimmten Personengruppen gewährten Privilegierungen waren lediglich Sonderrechte, die damals üblich waren.[187] Ein mögliches Abgrenzungskriterium einer Personengruppe, der Sonderrechte zugestanden werden sollten, war deren

186 Vgl. *Küpper*, Das neue Minderheitenrecht in Ungarn, S. 54.
187 Vgl. *Küpper*, Das neue Minderheitenrecht in Ungarn, S. 59 f.

Volkszugehörigkeit. Allerdings spielten im Mittelalter weniger ethnische als vielmehr religiöse Aspekte eine Rolle.[188]

Eine dieser ethnisch definierten Personengruppen, der kraft ihrer besonderen Rechtsstellung bestimmte Rechte und Pflichten zugestanden worden waren, waren die deutschen Bewohner der Zips und des südlichen Siebenbürgens. Diesen wurden seit dem 13. Jahrhundert besondere Privilegien zuteil, u. a. eine territoriale Autonomie.[189] Weitere Volksgruppen, denen die ungarische Krone in den von diesen besiedelten Gebieten umfassende Selbstverwaltung einräumte, waren die turksprachigen Kumanen, die aus dem Iran stammenden Jaszen, die Siebenbürger Sachsen, die Szekler und später die Heiducken.[190]

Das ehemals selbstständige Königreich Kroatien, das Ende des 11. Jahrhunderts von Ungarn erobert worden war, genoss weitgehende territoriale Autonomie. Als ungarisches Nebenland blieb Kroatien unter ungarischer Krone ein eigenständiges ethnisch weitgehend homogenes Königreich mit eigenem ständischen Parlament und eigener – wenn auch begrenzter – Gesetzgebungshoheit.[191]

Zudem gab es im mittelalterlichen und früh-neuzeitlichen Königreich Ungarn mehrere freie königliche Städte, deren Stadtregiment in den Händen deutscher, italienischer oder jüdischer Kaufleute lag. Diesen wurden vom ungarischen König ebenfalls bestimmte Privilegien und Selbstverwaltungsrechte zugestanden.[192]

Diese den ethnisch nicht-ungarischen Personengruppen gewährten Privilegien wurden oft durch die Erhebung der entsprechenden Personenkörperschaft in den kollektiven Adelsstand verliehen. Die in den Adelsstand erhobene Gruppe genoss daraufhin ähnliche Rechte wie ein ungarischer Adliger oder wie die örtliche Selbstverwaltung der ungarischen Adeligen.[193]

b) Habsburger Monarchie

Nach dem Ende seiner seit 1526 andauernden Besetzung durch die Osmanen wurde das Königreich Ungarn nach deren Vertreibung im Jahr 1699 im Rahmen der Habsburger Monarchie nahezu in alter Größe wieder hergestellt. Lediglich das Großfürstentum Siebenbürgen wurde Ungarn nicht wieder zugeschlagen,

---

188 Vgl. *Blumenwitz*, S. 35 f.; *Lerner, N.*, Group Rights and Discrimination in International Law, Dordrecht 1991, S. 7.

189 Vgl. *Radvánszky, A.*, Grundzüge der Verfassungs- und Staatsgeschichte Ungarns, München 1990, S. 29, 52 f.

190 Vgl. *Küpper*, Das neue Minderheitenrecht in Ungarn, S. 55 ff.

191 Vgl. *Küpper*, Das neue Minderheitenrecht in Ungarn, S. 58.

192 Vgl. *Küpper*, Das neue Minderheitenrecht in Ungarn, S. 58.

193 Vgl. *Küpper*, Das neue Minderheitenrecht in Ungarn, S. 60.

sondern erhielt einen Sonderstatus als eigener Teil des Habsburger Reiches. Somit blieb das Königreich Ungarn ein eigenständiger Staat mit eigenen Gesetzen und einer weiterhin feudal geprägten Gesellschaftsordnung, in der bestimmten Personengruppen eine Vielzahl von Sonderrechten gewährt wurde.[194] Die Habsburger scheiterten dabei mit ihrem Anliegen, auch in Ungarn ein absolutistisches Regime zu errichten, in dem die aus dem Mittelalter übernommenen Privilegien und Sonderrechte für einzelne Personengruppen abgeschafft werden sollte und ein für alle Untertanen gleiches Recht eingeführt werden sollte.[195]

Stattdessen besiedelten die Habsburger die im Zuge der Befreiungskämpfe gegen das osmanische Heer verwüsteten Gebiete Zentralungarns mit nichtungarischen Siedlern aus den Randgebieten des Reiches und betrieben auch im ungarischen Teil des Reiches eine Politik der Hegemonie der deutschen Sprache und Kultur.[196] Von dieser Politik ausgenommen blieben jedoch die von Serben und Albanern besiedelten Wehrdörfer an der Südgrenze. Diesen wurden umfangreiche kollektive Freiheitsrechte gewährt, da sie im Gegenzug für die Verteidigung der Südgrenze des Reiches gegen die Osmanen zuständig waren.[197]

Gegen Ende des 18. Jahrhunderts kam auch im Habsburger Reich und im Königreich Ungarn ein gestiegenes Nationalbewusstsein auf. Darin lagen nicht nur Gefahren für die Gesamtmonarchie, sondern vor allem für das Ungarische Königreich. Dort traten nämlich die kroatischen, slowakischen, slowenischen und rumänischen Nationalbewegungen für die Schaffung einer offiziellen Schriftsprache ein. Dem widersetzen sich jedoch die Magyaren, die ihrerseits vergeblich versuchten, die lateinische Amtssprache durch das Ungarische zu ersetzen. Zwar bildeten die Magyaren im Königreich Ungarn die größte ethnische Volksgruppe. Von den 9,3 Millionen Einwohnern Ungarns stellten sie aber gerade einmal 3,5 Millionen, was einem Bevölkerungsanteil von etwas mehr als einem Drittel gleichkam.[198] Aus diesem Grund fiel es der magyarischen Mehrheit zunehmend schwerer, die politischen Forderungen der ethnischen Minderheiten im

---

194 Vgl. *Küpper*, Das neue Minderheitenrecht in Ungarn, S. 60 f.

195 Vgl. *Küpper*, Das neue Minderheitenrecht in Ungarn, S. 61.

196 Vgl. *Radvánszky*, S. 86 ff.; *Wilcke, F.*, Das Problem des Rechtsschutzes der nationalen Minderheiten unter besonderer Berücksichtigung der Rechtsverhältnisse im ehemaligen Österreich-Ungarn und der Tschecho-Slowakei, Bielefeld 1928, S. 26 ff.

197 Vgl. *Bartl, P.*, Albanien: Vom Mittelalter bis zur Gegenwart, Regensburg 1995, S. 72; *Kosáry, D.*, Magyarok Európában III, Újjáépítés és polgárosodás, 1711–1867, Budapest 1990, S. 125 f., 162.

198 Vgl. *Kosáry*, S. 59.

Königreich zu übergehen und ihre eigenen Forderungen gegen die Interessen der Minderheiten durchzusetzen.[199]

Zu Beginn des 19. Jahrhunderts wendete sich das Blatt jedoch zugunsten der Magyaren. Im Zuge einer zunehmenden Magyarisierung setzte sich die ungarische Sprache in vielen Bereichen durch und verdrängte z. B. Deutsch und Latein als Sprache im Schulwesen und in Teilen der öffentlichen Verwaltung.[200]

Auch die Revolution von 1848/49 brachte keine Zugeständnisse an die nationalen Minderheiten. Im Zuge der Proklamation allgemeiner bürgerlicher Freiheiten wollten die Revolutionäre Sonderrechte für Minderheiten und damit deren Privilegierung gegenüber der übrigen Bevölkerung gerade vermeiden. So kam es, dass der Habsburger Kaiser Franz Joseph I. die in Ungarn lebenden nationalen Minderheiten mit zur Niederschlagung der Revolution bewegen konnte, indem er in der Olmützer Verfassung vom 4. März 1849 allen Nationalitäten innerhalb des Reiches Gleichberechtigung versprach.[201] Als sich die Ungarische Nationalversammlung im Nationalitätengesetz vom Juli 1849 doch dazu entschlossen hatte, den nationalen Minderheiten umfangreiche Rechte zu gewähren, war es zu spät. Die Revolution wurde niedergeschlagen und das Nationalitätengesetz – übrigens das erste seiner Art in Mitteleuropa – trat nie in Kraft.[202]

Als Folge der Niederschlagung der Revolution wurden Siebenbürgen, Kroatien, der Temscher Banat und die Serbische Vojvodina vom ungarischen Hoheitsgebiet abgetrennt und zu eigenen Kronländern erklärt. Ungarn existierte nur noch als Rumpfungarn und wurde in fünf Bezirke unterteilt, in denen die verbleibende magyarische Bevölkerung möglichst in der Minderheit blieb. Unter der Prämisse der Gleichberechtigung der Nationalitäten trieben die Habsburger ihr politisches System des Neoabsolutismus voran und führten mit dem sog. Oktoberpatent vom 20. Oktober 1860 eine gewisse Föderalisierung des Reiches und damit auch der ungarischen Gebiete ein.[203]

---

199 Vgl. *Hanák, P. (Hrsg.)*, Die Geschichte Ungarns – Von den Anfängen bis zur Gegenwart, Essen 1988, S. 121 ff.; *Kosáry*, S. 125 ff.; *Wilcke*, S. 26 ff.

200 Vgl. *Küpper*, Das neue Minderheitenrecht in Ungarn, S. 62.

201 Vgl. *Bernatzik, E.*, Die österreichischen Verfassungsgesetze, 2. Auflage, Wien 1911, S. 146 ff.

202 Vgl. *Bakker, E.*, Minority Conflicts in Slovakia and Hungary?, Ijssel 1997, S. 150.

203 Vgl. *Küpper*, Das neue Minderheitenrecht in Ungarn, S. 63 f.; *Radvánszky*, S. 103 ff.

c) Österreich-Ungarischer Dualismus

Mit der Klärung der staatsrechtlichen Beziehungen zur Westhälfte des Habsburger Reiches wurde die Staatlichkeit des Königreichs Ungarn durch den österreichisch-ungarischen Ausgleich von 1867[204] wiederhergestellt. Im Rahmen der nun existierenden Österreichisch-Ungarischen Doppelmonarchie konnte Ungarn seine staatlichen Belange – mit Ausnahme der mit den Habsburgern gemeinsam zu entscheidenden Angelegenheiten der Außen- und Verteidigungspolitik – nun wieder eigenständig regeln. Auch die im Jahr 1849 abgetrennten Gebiete Siebenbürgen, Kroatien, Temscher Banat und Serbische Vojvodina wurden wieder Teil des ungarischen Königreichs.[205] Dennoch blieb der Bevölkerungsanteil der Magyaren innerhalb des Königreichs bis zum Beginn des 20. Jahrhunderts konstant unter 50 Prozent.[206]

Während der gesamten Zeit des österreichisch-ungarischen Dualismus war Ungarn ein Vielvölkerstaat. Etwa die Hälfte seiner Bevölkerung bestand aus Deutschen, Slowaken, Slowenen, Ruthenen, Polen, Rumänen, Serben, Kroaten, Italienern, Albanern, Armeniern, Bosniern, Bulgaren, Griechen, Roma und Juden.[207] Innerhalb dieses Vielvölkerstaates wurden einigen Minderheiten teilweise umfassende Sonderrechte zugestanden. So nahmen Kroatien-Slawonien und die Stadt Fiume als Nebenländer der Ungarischen Krone eine Sonderstellung ein: Kroatien besaß weitgehende Autonomierechte in den Bereichen Verwaltung, Justiz, Schulwesen und Kultur, verfügte über eine eigene Legislative und Exekutive und mit Kroatisch über eine eigene Amtssprache. Zudem war Kroatien mit einer bestimmten Anzahl von Abgeordneten im ungarischen Parlament vertreten, um an der es selbst betreffenden Gesetzgebung mitwirken zu können.[208] Die umfassenden Autonomierechte Kroatiens wurden damit begründet, dass es aufgrund seines historischen Staatsrechts eine eigene historische Nation sei.[209]

Die Hafenstadt Fiume, die den einzigen innerhalb Ungarns brauchbaren Meereshafen besaß, war Zankapfel zwischen Ungarn und Kroatien und erlangte

---

204 Text siehe: *Mayer, T. (Hrsg.)*, Der österreichisch-ungarische Ausgleich von 1867, München 1968, S. 124–152.

205 Vgl. *Küpper*, Das neue Minderheitenrecht in Ungarn, S. 64; *Radvánszky*, S. 113 ff.

206 Vgl. zu den Zahlen der Volkszählungen: *Brunner/ Küpper*, Minderheitenschutz im östlichen Europa. Ungarn, S. 4 (Fn. 2).

207 Vgl. *Küpper*, Das neue Minderheitenrecht in Ungarn, S. 65.

208 Vgl. *Brunner/ Küpper*, Minderheitenschutz im östlichen Europa. Ungarn, S. 6.

209 Vgl. *Lemberg, H.*, Der Weg zur Entstehung der Nationalstaaten in Ostmitteleuropa, in: *Brunner, G. (Hrsg.)*, Osteuropa zwischen Nationalstaat und Integration, Berlin 1995, S. 47 f.

durch die Stadtsatzung von 1872 als "Freie Hafenstadt" eine weit über das übliche Maß hinausgehende Munizipalautonomie.[210] An der Spitze der Stadtverwaltung stand ein von der ungarischen Regierung ernannter Gouverneur. Ungarische Gesetze waren in Fiume nur anwendbar, wenn sie sich ausdrücklich auf das Stadtgebiet bezogen. Zudem war Italienisch in Fiume – entsprechend der italienischen Bevölkerungsmehrheit – offizielle Amtssprache.[211]

Auch Siebenbürgen erhielt eine gewisse Sonderstellung mit eigenen Kompetenzen im Schul- und Kulturbereich. Im Gegensatz zu Kroatien und Fiume wurden Siebenbürgen hingegen keine autonomen Rechte zugestanden. So war Siebenbürgen allein der zentralstaatlichen ungarischen Gesetzgebung unterworfen.[212]

Auch bezüglich der auf ungarischem Territorium lebenden nicht-christlichen Religionsgemeinschaften gab es Veränderungen. So erlangten die in Ungarn lebenden Juden im Jahr 1867 volle Gleichberechtigung mit der Bevölkerungsmehrheit und sozialisierten sich danach zunehmend ungarisch.[213] Die muslimischen Gemeinden wurden im Jahr 1916 staatlich anerkannt.[214]

Die wichtigste Grundlage des Minderheitenschutzes im Königreich Ungarn bildete das Nationalitätengesetz von 1868[215], das maßgeblich vom damaligen ungarischen Erziehungsminister Baron Josef Eötvös geprägt wurde.[216] Oberstes Ziel des Nationalitätengesetzes war die Gleichberechtigung aller Bürger Ungarns, unabhängig von ihrer Nationalität.[217] Es erhob Ungarisch zur offiziellen Staatssprache in Gesetzgebung und Verwaltung.[218] Nur in den territorialen und kommunalen Selbstverwaltungen durfte in bestimmten Grenzen selbst entschieden werden, in welcher Sprache sie ihre Akten und Korrespondenzen führten.

---

210 Vgl. *Brunner/ Küpper*, Minderheitenschutz im östlichen Europa. Ungarn, S. 6.

211 Vgl. *Küpper*, Das neue Minderheitenrecht in Ungarn, S. 67.

212 Vgl. *Küpper*, Das neue Minderheitenrecht in Ungarn, S. 67; *Radvánszky*, S. 126.

213 Vgl. *Hoensch, J. K.*, Geschichte Ungarns 1867–1983, Stuttgart 1984, S. 39.

214 Vgl. *Küpper*, Das neue Minderheitenrecht in Ungarn, S. 68.

215 Gesetz Nr. XLIV/1868 in Sachen der nationalen Gleichberechtigung.

216 Vgl. *European Academy of Bozen (Ed.)*, Project: Practice of Minority Protection in Central Europe. Legal Country Study: Hungary, online unter: http://www2007.eurac.edu/en/research/institutes/imr/Documents/ LCS_Hungary_final.pdf [aufgerufen am 20.1.2015].
Siehe zu dem von Baron Eötvös vertretenen Individualschutzansatz: *Stourzh, G.*, Die politischen Ideen Josef von Eötvös und das österreichische Staatsproblem, in: *Stourzh, G.*, Wege zur Grundrechtsdemokratie, Wien 1989, S. 217–238.

217 Präambel Gesetz Nr. XLIV/1868 in Sachen der nationalen Gleichberechtigung.

218 § 1 Gesetz Nr. XLIV/1868 in Sachen der nationalen Gleichberechtigung.

Alle auf Ungarisch erlassenen Gesetze mussten fortan amtlich in die Sprachen aller auf dem ungarischen Staatsgebiet lebenden Nationalitäten übersetzt und dann auch in dieser Übersetzung veröffentlicht werden. Jedem ungarischen Bürger wurde das Recht zugestanden, Eingaben an staatliche, kommunale oder kirchliche Stellen in seiner eigenen Muttersprache zu verfassen.[219] Auch vor Gericht stand demjenigen, der der ungarischen Sprache nicht mächtig war, ein Dolmetscher zu. Vor erstinstanzlichen Gerichten der Kreise konnten die Prozessbeteiligten sogar die Geschäfts- oder Protokollsprachen ihrer Heimatgemeinde benutzen.[220]

Angehörigen von nationalen Minderheiten, die in einem zusammenhängenden Siedlungsgebiet dieser Minderheit wohnten, wurde das Recht auf eine muttersprachliche Schulerziehung bis hin zur Hochschulreife zugesprochen.[221] Später wurde im Gesetz über die Volksschulerziehung auch in staatlichen und privaten Schulen Unterricht in der jeweiligen Muttersprache einer nationalen Minderheit gestattet, sofern diese Sprache zu den Sprachen gehörte, die in der schulansässigen Gemeinde gesprochen wurde.[222] Allerdings musste Ungarisch in diesen Fällen zusätzlich als obligatorisches Lehrfach angeboten werden.[223] In den staatlichen Schulen wurde die ungarische Sprache in der Praxis häufig als Mittel der Magyarisierungspolitik missbraucht.[224] In allen nicht-staatlichen Kindergärten blieb die Wahl der Kindergartensprache frei, d. h. dem kirchlichen oder privaten Träger überlassen.[225]

Den Kirchen wurde im Nationalitätengesetz sogar eine völlige Sprachautonomie gewährt.[226] Dieses hatte weitreichende Folgen, da die Kirchen zu dieser Zeit noch die Personenstandsregister führten.[227] Zudem hatten die Kirchen als Träger von etwa drei Vierteln der für breite Bevölkerungsschichten zugänglichen Volksschulen eine dominierende Position im Volksschulwesen inne.[228] Die kirchlichen Volksschulen waren bis zur Einführung des Gesetzes über den

219 § 23 Gesetz Nr. XLIV/1868 in Sachen der nationalen Gleichberechtigung.
220 §§ 7–13 Gesetz Nr. XLIV/1868 in Sachen der nationalen Gleichberechtigung.
221 § 17 Gesetz Nr. XLIV/1868 in Sachen der nationalen Gleichberechtigung.
222 §§ 58, 75 Gesetz Nr. XXXVIII/1868 über die Volksschulerziehung.
223 §§ 64, 74 Gesetz Nr. XXXVIII/1868 über die Volksschulerziehung.
224 Vgl. *Küpper*, Das neue Minderheitenrecht in Ungarn, S. 68.
225 § 3 Gesetz Nr. XV/1891 über die Kindergärten.
226 §§ 14–16 Gesetz Nr. XLIV/1868 in Sachen der nationalen Gleichberechtigung.
227 Vgl. *Küpper*, Das neue Minderheitenrecht in Ungarn, S. 68.
228 Vgl. dazu: *Brunner/ Küpper*, Minderheitenschutz im östlichen Europa. Ungarn, S. 8 (Fn. 12).

Unterricht der ungarischen Sprache in den Einrichtungen der Volksschule in der Wahl der Unterrichtssprache im Jahr 1879 auch völlig frei und mussten erst danach Ungarisch als Pflichtunterrichtsfach an ihren Schulen einführen.[229] So konnte sich bei den Minderheiten – wie den protestantischen Siebenbürger Sachsen oder den orthodoxen Rumänen und Serben –, für welche die Kirchengemeinde den zentralen Bezugspunkt ihrer nationalen Identitätspflege darstellte, ein fortschrittliches Minderheitenschulwesen entwickeln.[230] Die landesweit verpflichtende Einführung von Ungarisch als Unterrichtssprache an allen Volksschulen führte schließlich zu einem langsamen Rückgang der Anzahl der Minderheitenschulen.[231]

Die Magyarisierungspolitik im Schulwesen wurde durch das nach dem damaligen Kultusminister benannte "Lex Apponyi" von 1907 noch verstärkt. Danach sollte Ungarisch an allen Schulen künftig so intensiv unterrichtet werden, dass Schüler, deren Muttersprache nicht Ungarisch war, spätestens nach vier Jahren in der Lage sein sollten, ihre Gedanken in mündlicher und schriftlicher Form verständlich auf Ungarisch auszudrücken.[232] Schulen und Lehrer wurden verpflichtet, ihre Schüler zur Vaterlandsliebe zu Ungarn und zum Bewusstsein der Zugehörigkeit zur ungarischen Nation zu erziehen.[233] Lehrer, die den Unterricht in der ungarischen Sprache vernachlässigten, unerlaubte Lehrmaterialien benutzten oder irgendwelche gegen den ungarischen Staat gerichteten Handlungen begingen, wurden disziplinarrechtlich belangt.[234] Bei einer bestimmten minimalen Anzahl von ungarischen Schülern oder auf Wunsch derer Eltern mussten diese Schüler auf Ungarisch unterrichtet werden. Machte der Anteil ungarischer Schüler an einer Schule 20 Prozent aus, waren diese obligatorisch auf Ungarisch zu unterrichten. Bei einem Anteil ungarischer Schüler von 50 Prozent wurde Ungarisch an der gesamten Schule verpflichtende Unterrichtssprache.

---

229 § 4 Gesetz Nr. XVIII/1879 über den Unterricht der ungarischen Sprache in den Einrichtungen des Volksschulwesens.

230 Vgl. *Brunner/ Küpper*, Minderheitenschutz im östlichen Europa. Ungarn, S. 9.

231 Vgl. *European Academy of Bozen*, S. 5.

232 § 19 Gesetz Nr. XXVII/1907 über die Rechtsverhältnisse der nicht-staatlichen Elementar-Volksschulen und die Bezüge der kommunalen und konfessionellen Volksschullehrer.

233 § 17 Gesetz Nr. XXVII/1907 über die Rechtsverhältnisse der nicht-staatlichen Elementar-Volksschulen und die Bezüge der kommunalen und konfessionellen Volksschullehrer.

234 § 19 Gesetz Nr. XXVII/1907 über die Rechtsverhältnisse der nicht-staatlichen Elementar-Volksschulen und die Bezüge der kommunalen und konfessionellen Volksschullehrer.

Allerdings blieb den Schülern nationaler Minderheiten die Teilnahme an ergänzendem Unterricht in ihrer Muttersprache weiterhin offen.[235] Im Zuge dieser das Identitätsgefühl der Minderheitenangehörigen verletzenden Magyarisierung des Schulwesens ging der Unterricht in Minderheitensprachen stark zurück. Zahlreiche Minderheitenschulen mussten geschlossen werden oder wurden de facto zu zweisprachigen Schulen. Am stärksten ging der muttersprachliche Unterricht für die Ruthenen, Slowaken sowie für die außerhalb Siebenbürgens lebenden Deutschen zurück. Rumänen, Serben und Siebenbürger Sachsen waren aufgrund ihres gut entwickelten konfessionell geprägten Minderheitenschulwesens weniger betroffen.[236]

Für die Mittelschulen, d.h. die Realschulen und Gymnasien, war das Mittelschulgesetz von 1883 maßgeblich. Danach musste an den staatlichen Mittelschulen auf Ungarisch unterrichtet werden, während Deutsch ein ordentliches Unterrichtsfach war.[237] An nicht-staatlichen Schulen konnte der Schulträger – auch hier waren die Kirchen dominierend – die Unterrichtssprache frei bestimmen. Lediglich in den beiden Abschlussklassen war Ungarisch Pflichtfach.[238]

An den Universitäten und Hochschulen des Landes war Ungarisch die alleinige Lehrsprache. Allerdings mussten für alle im Königreich gebräuchlichen Sprachen philologische Lehrstühle errichtet werden.[239]

Für Unmut unter den Angehörigen der nationalen Minderheiten hatte auch eine Bestimmung gesorgt, nach der ab dem Jahr 1898 jede Gemeinde nur einen Ortsnamen tragen durfte. Dieser wurde vom Innenminister festgelegt. Der Gemeinde selbst stand nur ein Anhörungsrecht zu.[240] Demzufolge wurden in zahlreichen Minderheitengebieten, in denen bis dahin zweisprachige Ortsbezeichnungen vorherrschten, die nicht-ungarischen Ortsnamen zugunsten der ungarischen Ortsnamen beseitigt.[241]

Die fortschreitende Magyarisierungspolitik der ungarischen Regierung führte während der Periode des Österreichisch-Ungarischen Dualismus zu immer mehr ethnischen Spannungen. Angesichts des Ideals der Vereinnahmung und

---

235 § 18 Gesetz Nr. XXVII/1907 über die Rechtsverhältnisse der nicht-staatlichen Elementar-Volksschulen und die Bezüge der kommunalen und konfessionellen Volksschullehrer.

236 Vgl. *Brunner/ Küpper*, Minderheitenschutz im östlichen Europa. Ungarn, S. 10 f.

237 §§ 3 d, 4 d Gesetz Nr. XXX/1883 über die Mittelschulen und die Befähigung ihrer Lehrer.

238 § 7 Gesetz Nr. XXX/1883 über die Mittelschulen und die Befähigung ihrer Lehrer.

239 § 19 Gesetz Nr. XLIV/1868 in Sachen der nationalen Gleichberechtigung.

240 §§ 1, 2 Gesetz Nr. IV/1898 über die Gemeinde- und sonstigen Ortsnamen.

241 Vgl. *Brunner/ Küpper*, Minderheitenschutz im östlichen Europa. Ungarn, S. 7.

Vereinigung aller Staatsbürger – und damit auch der auf dem ungarischen Gebiet lebenden Angehörigen anderer Nationen und Konfessionen – unter dem Mantel der ungarischen Nation wurden andere Nationalitäten immer stärkerem Assimilierungsdruck unterworfen und die Existenz von Minderheiten zunehmend geleugnet. Daneben trugen Industrialisierung und Verstädterung dazu bei, dass sich traditionelle nicht-magyarische Dorfgemeinschaften auflösten und unterprivilegierte Volksgruppen wie die Roma an den sozialen Rand der Gesellschaft gedrängt wurden.[242]

d) Zwischen den Weltkriegen

Mit dem Zusammenbruch der Österreichisch-Ungarischen Doppelmonarchie nach dem Ersten Weltkrieg änderte sich der staatliche Charakter Ungarns grundlegend. Aus dem monarchischen Vielvölkerstaat wurde nach der Ausrufung der Volksrepublik Ungarn Ende 1918 ein republikanisch-demokratischer Nationalstaat. Hatte die Regierung unter Graf Károly nach der sog. Asternrevolution noch versucht, die auf ungarischem Gebiet siedelnden Minderheiten mit großzügigen Konzessionen im Reich zu halten, sagten sich Kroaten, Serben und Slowaken nun von Ungarn los und gründeten unter Berufung auf das Selbstbestimmungsrecht der Völker eigene Nationalstaaten. Die transsilvanischen Rumänen und die burgenländischen Deutschen schlossen sich ihren Mutterländern Rumänien und Österreich an.

Mit Ausrufung der Ungarischen Räterepublik im März 1919 trat die Revolution in eine neue Phase. Minderheitenfreundlich wurden ein föderaler Staatsaufbau sowie umfangreiche Minderheitenrechte inklusive einer großzügigen Territorialautonomie und eines gerechten Ausgleichs zwischen den verschiedenen auf ungarischem Gebiet lebenden Nationalitäten proklamiert. Auch die Verfassung vom 23. Juni 1919 enthielt umfassende Minderheitenrechte nicht nur in Form eines allgemeinen Diskriminierungsverbots und der Garantie des freien Gebrauchs der Muttersprache, sondern auch in einem eigenen Kapitel zu den Rechten der Nationalitäten. Danach konnte jede Minderheit zum Zwecke der Pflege ihrer eigenen Kultur einen Rat gründen. Der deutschen und ruthenischen Minderheit wurde sogar das Amt eines eigenen Volkskommissars zugestanden.[243]

---

242 Vgl. dazu mit weiteren Nachweisen: *Küpper*, Das neue Minderheitenrecht in Ungarn, S. 73 f.

243 Vgl. *Küpper*, Das neue Minderheitenrecht in Ungarn, S. 75 f.

Die Räterepublik bestand jedoch nur 133 Tage. Danach übernahm Admiral Miklós Horthy die Macht. Dieser stellte die Monarchie als Staatsform wieder her, ließ aber den Thron vakant. Er selbst übernahm bis 1944 das extra für ihn geschaffene Amt des Reichsverwesers.[244]

Am 4. Juni 1920 unterzeichnete die Horthy-Regierung dann den Friedensvertrag von Trianon, der Ungarns Schicksal als einen der Verlierer des Ersten Weltkrieges besiegelte. Damit verlor Ungarn fast 70 Prozent seines Territoriums und über ein Drittel seiner ethnisch ungarischen Bevölkerung. 3,3 Millionen Ungarn wurden somit von ihrer Mutternation abgetrennt und von den Siegermächten zwangsweise anderen Staatsvölkern einverleibt.[245] Im verbleibenden Rumpfungarn sank der vormals über 50 Prozent betragene Anteil der nichtungarischsprachigen Minderheitenbevölkerung auf etwa zehn Prozent. Zudem lebten noch knapp 500.000 zumeist ungarisch sozialisierte Juden auf dem verbliebenden ungarischen Staatsgebiet.[246]

Der Vertrag von Trianon (VTR) enthielt in seinen Teil III. Abschnitt VI. in den Artikeln 54–60 eine Reihe von Vorschriften zur Rechtsstellung und zum Schutz der in Ungarn lebenden Minderheiten. Diese wurden völkerrechtlich durch den Rat des Völkerbundes und den Ständigen Internationalen Gerichtshof garantiert.[247] Gleichzeitig wurden die ungarischen Nachbarstaaten durch separate Minderheitenschutzabkommen von den Siegermächten völkerrechtlich verpflichtet, auf ihrem Staatsgebiet den Schutz von Minderheiten sicherzustellen.[248] Damit wurde also auch der in den Nachbarstaaten Ungarns lebenden ungarischen Minderheit ein besonderer Schutz zuteil. Das Minderheitenschutzsystem von Trianon gab der ungarischen Minderheitenpolitik somit zwei Dimensionen: Neben der besonderen Rechtegewährung für die auf ungarischem Staatsgebiet lebenden Minderheiten kam dem ungarischen Staat auch noch eine Fürsorgepflicht für seine im Ausland lebenden ungarischen Minderheiten zu. Das Trianon-Ungarn brach also mit dem österreichisch-ungarischen Prinzip der Gleichberechtigung aller Staatsbürger und ersetzte dieses durch die ungleiche rechtliche Sonderbehandlung der Minderheiten(angehörigen).[249]

---

244 Vgl. *Radvánszky*, S. 134 ff.

245 Vgl. *Brunner/ Küpper*, Minderheitenschutz im östlichen Europa. Ungarn, S. 12; *European Academy of Bozen*, S. 5.

246 Vgl. *Dupuy, P.-M.*, Droit international public, 3. Ed., Paris 1995, S. 100 ff.

247 Art. 60 VTR.

248 Dies waren die Minderheitenschutzabkommen mit Serbien-Kroatien-Slowenien (später: Jugoslawien), Polen, Rumänien und der Tschechoslowakei.

249 Vgl. *Küpper*, Das neue Minderheitenrecht in Ungarn, S. 78.

Konkret enthielt der Vertrag von Trianon in seinem Abschnitt zum Schutz von Minderheiten folgende Rechte: Das Recht auf Schutz des Lebens,[250] die Gewährleistung individueller Freiheitsrechte auf Basis der Gleichberechtigung und des strikten Verbots der Diskriminierung aus Gründen der Geburt, Nationalität, Sprache, Rasse oder Religion,[251] das Recht auf ungarische Staatsangehörigkeit bei Geburt oder Beheimatung in ungarischem Staatsgebiet,[252] das Recht auf Gleichheit vor dem Gesetz,[253] das Verbot der Diskriminierung aus religiösen oder Bekenntnisgründen bei Zulassung zu öffentlichen Diensten und Ämtern sowie der Ausübung eines Berufs oder Gewerbes,[254] das Recht auf freien Gebrauch der Muttersprache im Privat- und Geschäftsverkehr, bei der Religionsausübung, in der Presse oder bei öffentlichen Kundgebungen und Versammlungen,[255] das Recht zum Gebrauch der Muttersprache vor Gericht,[256] das Recht auf Errichtung von humanitären, religiösen oder sozialen Anstalten,[257] das Recht auf Errichtung von Minderheitenschulen und anderen Minderheitenerziehungsanstalten,[258] das Recht auf Gebrauch der Muttersprache an Minderheitenschulen und Minderheitenerziehungsanstalten[259]sowie das Recht auf freie Religionsausübung[260]. Darüber hinaus war die ungarische Regierung verpflichtet, in Siedlungsgebieten mit einen beträchtlichen Anteil an Minderheitenangehörigen, den Elementarunterricht in deren jeweiliger Minderheitensprache zu fördern.[261] Schließlich wurde den Minderheiten in den Städten und Bezirken, in denen sie einen beträchtlichen Anteil der Bevölkerung stellten, zur Ausübung ihrer erzieherischen, humanitären oder religiösen Dienste, eine angemessene finanzielle Förderung seitens des Staates oder der Kommune zugesichert.[262]

In der Praxis blieb die ungarische Regierung den Minderheiten gegenüber aber auch nach der Unterzeichnung des Vertrages von Trianon feindselig

---

250 Art. 55 I VTR.
251 Art. 55 I VTR.
252 Art. 56, 57 VTR.
253 Art. 58 I VTR.
254 Art. 58 II VTR.
255 Art. 58 III VTR.
256 Art. 58 IV VTR.
257 Art. 58 V VTR.
258 Art. 58 V VTR.
259 Art. 58 V VTR.
260 Art. 58 V VTR.
261 Art. 59 I 1 VTR.
262 Art. 59 II VTR.

eingestellt. Hauptgrund dafür war das sog. Trianon-Trauma[263]. Die unter grober Verletzung des Selbstbestimmungsrechts der Völker vorgenommene territoriale Amputation Ungarns löste beim ungarischen Volk und seiner Regierung einen "gesellschaftlichen Schock"[264] mit geradezu "traumatische[r] Verbitterung"[265] aus. Dadurch wurde nicht nur die Revision der Grenzen von Trianon zum wichtigsten Ziel der ungarischen Außenpolitik. Auch innenpolitisch entlud sich das Trianon-Trauma in einem zunehmenden ungarischen Nationalismus, den die Minderheiten - und dabei insbesondere die Juden - zu spüren bekamen, die als Sündenböcke des repressiven Friedensschlusses herhalten mussten.[266]

Da das bereits vor dem Ersten Weltkrieg in Ungarn geltende Minderheitenrecht in Gestalt des Nationalitätengesetzes von 1868 und der Gesetze über das Schulwesen den völkerrechtlichen Vorgaben des Vertrags von Trianon schon größtenteils entsprach, gab es keinen dringenden Anlass, die bestehenden Vorschriften zu ändern. Ohne im Vergleich zum Nationalitätengesetz inhaltliche Neuerungen zu bringen, wurde das Recht der nationalen und ethnischen Minderheiten durch die Regierungsverordnung 4800/1923 im Jahr 1923 geändert. Lediglich der alte § 27, der Minderheitenangehörigen gleichen Zugang zu öffentlichen Ämtern, insbesondere in Justiz und Verwaltung gewährleistete, wurde dahingehend ergänzt, dass in Gebieten, in denen der Anteil einer sprachlichen Minderheit bei 20 Prozent liegt, sowohl bei Gerichten als auch bei staatlichen und kommunalen Verwaltungsbehörden Personen mit Kenntnis der entsprechenden Minderheitensprache einzustellen seien und ein bestimmter Anteil des dort bereits beschäftigten Personals innerhalb von zwei Jahren ausreichende Kenntnisse in der Minderheitensprache erwerben müsse.[267] In der Praxis wurde dieses Gesetz hingegen nicht angewandt.[268]

Ebenso erging es dem im Jahr 1923 eingeführten neuen Minderheitenschulsystem. Mit Verordnung des Religions- und Bildungsministers wurden im Bereich der Elementarschulen drei verschiedene Typen von Minderheitenschulen geschaffen. In allen Gemeinden, in denen dies die Eltern von mindestens

---

263 *Dieringer, J.*, Ungarn, in: *Heydemann, G./ Vodička, K. (Hrsg.)*, Vom Ostblock zur EU. Systemtransformationen 1990–2012 im Vergleich, Bonn 2013, S. 256.

264 *Vetter*, S. 53.

265 *Brunner/ Küpper*, Minderheitenschutz im östlichen Europa. Ungarn, S. 13.

266 Vgl. *Brunner/ Küpper*, Minderheitenschutz im östlichen Europa. Ungarn, S. 13; *Küpper*, Das neue Minderheitenrecht in Ungarn, S. 78.

267 Gesetz Nr. II/1924 über die Gewährleistung der Kenntnis der Minderheitensprachen in den öffentlichen Ämtern.

268 Vgl. *European Academy of Bozen*, S. 5.

40 Schülern verlangten, waren staatliche oder kommunale Minderheitenschulen einzurichten. Die Elternversammlung konnte dann darüber entscheiden, ob die Schule eine Schule vom Schultyp A (Minderheitensprache als Unterrichtssprache und Ungarisch als Pflichtfach), Schultyp B (die eine Hälfte der Unterrichtsfächer in Minderheitensprache, die andere Hälfte auf Ungarisch) oder Schultyp C (Ungarisch als Unterrichtssprache und Minderheitensprache als Pflichtfach) sein sollte.[269] In der Praxis versuchten die Behörden aber vornehmlich die Errichtung des Schultyps C für Minderheitenschulen durchzusetzen und somit die Magyarisierung der Minderheiten voranzutreiben.[270]

Ende 1935 wurde eine neue Minderheitenschulverordnung erlassen, welche die gemischtsprachige Elementarschule als Einheitstyp einführte und die Anzahl der Schüler, deren Eltern die Eröffnung einer Minderheitenschule verlangen konnten, auf 20 senkte. Mit der dritten Minderheitenschulverordnung von 1941 wurde der muttersprachliche Unterricht an grundsätzlich allen Minderheitenschulen eingeführt. Die Elternversammlungen konnten sich jedoch für die Fortführung des gemischtsprachigen Unterrichts aussprechen.

Die minderheitenspezifischen Regelungen an den Mittelschulen blieben während der Zwischenkriegszeit hingegen unverändert. Deutsch blieb Pflichtfach und die nicht-staatlichen Schulen konnten ihre Unterrichtssprache frei wählen.

Ab Ende des Jahres 1938 begannen nach dem Vorbild des Deutschen Reiches auch in Ungarn diskriminierende Maßnahmen gegen die jüdische Religionsgemeinschaft. So wurden antijüdische Gesetze mit dem Ziel erlassen, diese aus dem öffentlichen und wirtschaftlichen Leben fernzuhalten.[271] Die grausame Verfolgung und Vernichtung der Juden begann allerdings erst nach der deutschen Besetzung Ungarns im Jahr 1944.[272]

e) Sozialismus

Nach dem Ende des Zweiten Weltkrieges schloss Ungarn 1947 den Frieden von Paris. Dieser weckte nicht nur wegen der Örtlichkeit Erinnerungen an den Friedensvertrag von Trianon, sondern bescherte Ungarn – mit kleinen

269 Verordnung des Religions- und Bildungsministers Nr. 110.478/1923 V.K.M. über den Volksschulunterricht für Minderheiten.

270 Vgl. *Brunner/ Küpper*, Minderheitenschutz im östlichen Europa. Ungarn, S. 16.

271 Vgl. z. B. Gesetz Nr. XI/1939 über die Beschränkung der Ausbreitung der Juden im öffentlichen Leben und in der Wirtschaft.

272 Vgl. *Brunner/ Küpper*, Minderheitenschutz im östlichen Europa. Ungarn, S. 17; *Radvánszky*, S. 143.

Abweichungen zugunsten der Tschechoslowakei – auch wieder die Grenzen des Trianon-Vertrages.[273] Bezüglich des Schutzes von Minderheiten enthielt der Pariser Friedensvertrag – abgesehen von den allgemeinen Diskriminierungsverboten – keine besonderen Regelungen.

Neben territorialen Verlusten hatte der Friedensvertrag von Paris auch auf die Zusammensetzung der ungarischen Bevölkerung nicht unerhebliche Auswirkungen: Auf Grundlage der ungarischen Aussiedlungsverordnung[274] und Art. XIII des Potsdamer Abkommens[275] wurden ungefähr 200.000 Ungarndeutsche nach Österreich und Deutschland umgesiedelt.[276] Dies hatte zur Folge, dass die deutsche Minderheit in Ungarn halbiert wurde.[277] Gemäß des ungarisch-tschechoslowakischen Abkommens über den Bevölkerungsaustausch zwischen beiden Ländern vom 27. Februar 1946 wurde den Angehörigen der slowakischen und der tschechischen Minderheiten in Ungarn die Möglichkeit eingeräumt, freiwillig in die Tschechoslowakei überzusiedeln. Eine dem entsprechende Anzahl von in der Slowakei lebenden Ungarn wurde dann nach Ungarn zwangsumgesiedelt. Auf Grundlage dieses Abkommens kehrten etwa 60.000 Slowaken aus Ungarn in ihre Heimat zurück und etwa 75.000 Ungarn mussten dafür im Gegenzug die Slowakei verlassen.[278] Schließlich flüchteten auch ungefähr 250.000 Ungarn nach Kriegsende aus Jugoslawien, Rumänien und der Slowakei in ihr ungarisches Vaterland.[279] Infolgedessen sank die Anzahl der auf ungarischem Territorium lebenden Angehörigen von Minderheiten auf weniger als 500.000.[280]

Als Teil des sowjetischen Besatzungsgebietes galt auch in Ungarn die Gleichberechtigung und faktische Gleichbehandlung aller Bürger als Grundlage sozialistischen Nationalitätenrechts.[281] Die sozialistische Verfassung Ungarns von 1949[282], die nach dem Vorbild der sog. Stalin-Verfassung der Sowjetunion von 1936 aufgebaut war, enthielt Vorschriften über die Gleichheit aller Staatsbürger,

---

273 Art. 1 des Friedensvertrags von Paris 1947.

274 Verordnung der Ministerpräsidenten Nr. 12.330/1945 über die Aussiedlung der deutschen Bevölkerung Ungarns nach Deutschland.

275 Amtsblatt des Kontrollrats in Deutschland, Ergänzungsblatt Nr. 1, S. 13–20.

276 Vgl. *Tilkovsky, L.*, Zeitgeschichte der Ungarndeutschen seit 1919: Mit einer Vorgeschichte, Budapest 1991, S. 179 ff.

277 Vgl. *Küpper*, Das neue Minderheitenrecht in Ungarn, S. 81.

278 Vgl. *Brunner/ Küpper*, Minderheitenschutz im östlichen Europa. Ungarn, S. 18.

279 Vgl. *Brunner/ Küpper*, Minderheitenschutz im östlichen Europa. Ungarn, S. 18.

280 Vgl. *Küpper*, Das neue Minderheitenrecht in Ungarn, S. 19, 82.

281 Vgl. *Küpper*, Das neue Minderheitenrecht in Ungarn, S. 82.

282 Gesetz Nr. XX/1949 vom 20.8.1949.

ein Diskriminierungsverbot nationaler Minderheiten, das Recht nationaler Minderheiten auf Unterricht in ihrer jeweiligen Muttersprache sowie das Recht der Minderheiten auf Wahrung und Pflege ihrer eigenen Kultur.[283] Entgegen der verfassungsrechtlich verbrieften Minderheitenrechte, hatten die nationalen Minderheiten in Ungarn in der Realität unter einer strengen Assimilierungspolitik zu leiden. So waren in der sozialistischen Ära nur Deutsche, Slowaken und Südslawen, d. h. Kroaten, Serben und Slowenen, als ethnische Minderheiten anerkannt.[284] Die Roma wurden entsprechend einer Resolution des Zentralkomitees der Kommunistischen Partei von 1961 ausdrücklich nicht als eigene ethnische Minderheit anerkannt.[285] Die nach dem Zweiten Weltkrieg noch in Ungarn lebenden etwa 133.000 Juden wurden hingegen nicht als ethnische, sondern als religiöse Minderheit eingestuft.[286]

Bereits im Sommer 1945 hatte die Kommunistische Partei Ungarns einen Gesetzentwurf zum Schutz der Rechte nationaler Minderheiten vorgelegt. In diesem Gesetz wurden den in Ungarn lebenden Südslawen, Slowaken und Rumänen – die deutsche Minderheit in Ungarn wurde nicht erwähnt – sowohl individuelle als auch kollektive Minderheitenrechte zugestanden. Das Minderheitengesetz blieb jedoch nur ein Entwurf und wurde niemals verabschiedet.[287]

Hinsichtlich der Minderheitenpolitik galt im sozialistischen Ungarn bis Ende der 1960er Jahre die stalinistische Automatismustheorie.[288] Danach würden sich nach der Beseitigung der Klassengegensätze automatisch auch alle anderen Gegensätze lösen, darunter auch ethnische. Diese würden sich in einer allgemeinen Interessenidentität auflösen und die Frage der Nationalitäten damit obsolet machen. Somit sei eine eigene Minderheitenpolitik und folglich auch ein besondere Minderheitenschutz mit der Einführung des Sozialismus überflüssig.[289]

Erst nach Abkehr von der Automatismustheorie kam es in Ungarn zu einer gezielten Minderheitenpolitik. Deren Ziel war es, gleichzeitig die gesellschaftliche

---

283 Art. 49 der sozialistischen Verfassung Ungarns vom 20.8.1949.

284 Vgl. *European Academy of Bozen*, S. 6.

285 Vgl. *Mihok, B.*, Vergleichende Studien zur Situation der Minderheiten in Ungarn und Rumänien (1989–1996) unter besonderer Berücksichtigung der Roma, Frankfurt a. M. 1999, S. 52 f.

286 *Brunner/ Küpper*, Minderheitenschutz im östlichen Europa. Ungarn, S. 20; *European Academy of Bozen*, S. 6.

287 Vgl. *Tóth, Á.*, The Hungarian State and the Nationalities, in: *Tóth, Á. (Ed.)*, National and ethnic minorities in Hungary (1920–2001), New York 2005, S. 194.

288 Vgl. *Brunner/ Küpper*, Minderheitenschutz im östlichen Europa. Ungarn, S. 21.

289 Vgl. *Kappeler, A.*, Russland als Vielvölkerreich, Frankfurt a. M. 1992, S. 303 ff.

Integration der Minderheiten voranzutreiben und deren kulturelle Eigenarten zu fördern. So wurden für die Roma umfangreiche Programme zur Sesshaftmachung aufgelegt, den Juden gestattet, eine eigene umfassende Infrastruktur aufzubauen sowie den Deutschen, den Rumänen, den Slowaken und den Südslawen die Gründung eigener Nationalitätenverbände erlaubt.[290] Zugleich wurde im Minderheitenschulwesen jedoch versucht, die bis dahin vorherrschenden Minderheitenschulen mit der Minderheitensprache als Unterrichtssprache möglichst in zweisprachige Schulen umzuwandeln.[291] Im Jahr 1968 wurde im Bildungsministerium eine Nationalitätenabteilung eingerichtet und im Jahr 1975 eine Bildungskommission für Nationalitäten als Beirat des Bildungsministers. Beides hatte den Zweck, den Bedürfnissen des minoritären Bildungswesens besser gerecht zu werden.[292]

Mit der Totalrevision der Verfassung im April 1972[293] wurde der verfassungsrechtliche Minderheitenschutz um einige Rechte in den Bereichen Erziehung und Kultur erweitert.[294] So konnten Minderheitenangehörige nach einer entsprechenden Änderung des Gerichtsverfassungs- und Prozessrechts nun auch ungeachtet ihrer ungarischen Sprachkenntnisse ihre Muttersprache vor Gericht verwenden.[295] Gleiches galt auch für Verwaltungsverfahren.[296] Zudem wurde den Minderheitenangehörigen in den folgenden Jahren das Recht zugestanden, ihre nicht-ungarischen Namen in offiziellen Dokumenten registrieren zu lassen sowie Straßenschilder und Behördenbezeichnungen in ihrer Minderheitensprache zu kennzeichnen.[297]

Trotz dieser liberalen und äußerst minderheitenfreundlichen Politik der ungarischen Regierung, die auch den Zweck verfolgte, eine Vorbildfunktion für die Behandlung der ungarischen Minderheit in den sozialistischen Nachbarländern zu gewinnen, kam es im Ungarn des Sozialismus insbesondere gegenüber den

---

290 Vgl. *Küpper*, Das neue Minderheitenrecht in Ungarn, S. 86.

291 Vgl. *Brunner/ Küpper*, Minderheitenschutz im östlichen Europa. Ungarn, S. 21.

292 Vgl. *Brunner/ Küpper*, Minderheitenschutz im östlichen Europa. Ungarn, S. 22.

293 Gesetz Nr. I/1972 zur Verfassungsänderung vom 26.4.1972.

294 Art. 61 III Ungarische Verfassung von 1972.

295 § 7 II Gesetz Nr. IV/1972 über die Gerichts; § 8 II Gesetz Nr. 1/1973 über die Strafprozessordnung; § 8 II Gesetz Nr. III/1952 über die Zivilprozessordnung in der Fassung der Gesetzesverordnung Nr. 26/1972.

296 § 12 II Gesetz Nr. IV/1957 über die allgemeinen Regeln des Verwaltungsverfahrens.

297 Vgl. *European Academy of Bozen*, S. 6.

Juden und den Roma auch durch staatliche Behörden immer wieder zu leichteren Diskriminierungen.[298]

f) Demokratische Republik

Nach dem Zusammenbruch der Sowjetunion leitete Ungarn eine "demokratische Systemwende"[299] ein. So wurde im Oktober 1989 die Ungarische Verfassung grundlegend geändert.[300] Davon waren auch die Minderheiten betroffen. Die Tradition des großzügigen ungarischen Minderheitenschutzes fortführend, wurden den in Ungarn lebenden Minderheiten im völlig neu gefassten § 68 der Ungarischen Verfassung (UV) umfassende Minderheitenrechte garantiert: das Recht auf Teilhabe an öffentlichen Angelegenheiten, das Recht auf Pflege ihrer Kultur, das Recht auf Gebrauch der Muttersprache, das Recht auf muttersprachlichen Unterricht, das Recht auf Namensgebrauch in der eigenen Sprache, sowie später das Recht zur Errichtung von kommunalen und Landesselbstverwaltungen und das Recht auf politische Repräsentanz im Parlament. Anstelle des noch in der Sowjetzeit gebräuchlichen Begriffs "Nationalität" (*nemzetisegek)* wurde in der geänderten ungarischen Verfassung nun der Begriff "Minderheit" (*kisebbseg)* verwendet. Ausdrücklich wurden Minderheiten im sog. Minderheitenartikel des § 68 UV als "staatsbildende Faktoren" für die ungarische Republik bezeichnet. Damit wurde ihnen jegliches Fremdkörperdasein in der ungarischen Nation abgesprochen und stattdessen im ungarischen Staat eine staatstragende, integrale und identitätsstiftende Funktion von Verfassungsrang zugeschrieben.

Den Minderheiten wurden später auch bei der Neuregelung des Kommunalrechts Sonderrechte eingeräumt. Zudem wurde das im April 1989 beim Ministerrat errichtete "Kollegium für Minderheitenrechte"[301] im Jahr 1990 als obere Staatsbehörde zum "Amt für Nationale und Ethnische Minderheiten"[302] aufgewertet.[303] Im Rahmen der Erweiterung des verfassungsrechtlichen Minderheitenartikels

---

298 Vgl. *Küpper*, Das neue Minderheitenrecht in Ungarn, S. 87.

299 *Brunner/ Küpper*, Minderheitenschutz im östlichen Europa. Ungarn, S. 22.

300 Ungarn gab sich keine neue Verfassung, sondern wählte den Weg einer Totalrevision der Verfassung von 1949 durch das Gesetz Nr. XXXI/1989.

301 Verordnung des Ministerrates Nr. 1048/1989.

302 Regierungsverordnung Nr. 34/1990.

303 Vgl. *Brunner/ Küpper*, Minderheitenschutz im östlichen Europa. Ungarn, S. 24; *European Academy of Bozen*, S. 8. Siehe ausführlicher zu den Aufgaben des Amtes für Nationale und Ethnische Minderheiten: *Aussenministerium Budapest (Hrsg.)*, Nationale und ethnische Minderheiten in Ungarn, in: Fakten über Ungarn, Nr. 3/2000, S. 2.

§ 68 UV um die Garantie einer parlamentarischen Repräsentation der nationalen und sprachlichen Minderheiten im Jahr 1990[304] wurde den in Ungarn lebenden Deutschen, Kroaten, Rumänen, Serben, Slowaken, Slowenen, Roma und Juden durch einfaches Gesetz[305] jeweils ein Sitz im ungarischen Parlament garantiert, der mit den gleichen Rechten ausgestattet war, wie das Mandat eines normal gewählten Abgeordneten. Mit der Verfassungsänderung von 1990 wurde auch das Amt des Ombudsmanns für nationale und ethnische Minderheiten geschaffen.[306]

Zur vorläufigen Vollendung gelangte der Minderheitenschutz dann im Jahr 1993, in dem nach einem langwierigen und schwierigen Gesetzgebungsprozess, bei dem die ungarische Regierung, diverse parlamentarische Gremien, das Amt für Nationale und Ethnische Minderheiten und zahlreiche Minderheitenverbände beteiligt waren, das Ungarische Minderheitengesetz (UMhG)[307] mit 96,5 Prozent der Stimmen im Parlament verabschiedet wurde und am 21. Oktober 1993 in Kraft trat.[308] Hauptinhalte dieses umfangreichen Rahmengesetzes waren individuelle und kollektive Minderheitenrechte mit Regelungen zur Errichtung und Ausgestaltung der Minderheitenselbstverwaltung, zur kulturellen Selbstverwaltung, zum Gebrauch der Muttersprache in Erziehung, Verwaltung, Justiz und Parlament, sowie zur staatlichen Förderung von Minderheiten und deren Angelegenheiten. Lediglich der in § 20 I 1 UMhG normierte Anspruch der Minderheiten auf parlamentarische Vertretung wurde nicht umgesetzt.[309] Zudem enthielt das Minderheitengesetz hinsichtlich seines Anwendungsbereichs eine Minderheitendefinition[310] sowie eine Auflistung aller 13 in Ungarn anerkannten Minderheiten, die sich auf die darin garantierten Rechte berufen konnten:

304 Gesetz Nr. XVI/1990.

305 Gesetz Nr. XVII/1990.

306 Gesetz Nr. XL/1990.

307 Gesetz Nr. LXXVII/1993.

308 Vgl. zum schwierigen Gesetzgebungsprozess: *Nolte, G.*, Die rechtliche Stellung der Minderheiten in Ungarn, in: *Frowein, J. A./ Hofmann, R./ Oeter, S. (Hrsg.)*, Das Minderheitenrecht europäischer Staaten, Teil I, Berlin 1993, S. 509 f.

309 Vgl. *Lantschner, E./ Kmezić, M.*, Political Participation of Minorities in Central Europe: Is it Effective or Just Window-Dressing?, in: *Lantschner, E./ Constantin, S./ Marko, J. (Eds.)*, Practice of Minority Protection in Central Europe, Baden-Baden 2012, S. 236.

310 § 1 II UMhG.

Armenier, Bulgaren, Deutsche, Griechen, Kroaten, Polen, Roma[311], Rumänen, Ruthenen, Serben, Slowaken, Slowenen und Ukrainer.[312]

Konzeptionell versuchte das ungarische Minderheitengesetz eine umfassende Kodifikation des gesamten Minderheitenrechts zu liefern. Als Rahmengesetz regelte es auch alle wesentlichen Sachbereiche rahmenhaft, ohne jedoch auf sondergesetzliche Einzelregelungen sowie Verweisungen verzichten zu können.[313] Insgesamt trug es dazu bei, dass sich bei den bereits größtenteils assimilierten Minderheiten Identitätsbewusstsein und Loyalität neu herausbilden konnten und diesen eine von der übrigen Bevölkerung anerkannte Rolle in Staat und Gesellschaft zukam.[314] Somit bildete das Minderheitengesetz das Kernstück einer großzügigen, liberalen und auch für andere Länder vorbildhaften Minderheitengesetzgebung, die neben dem Wohlergehen der Minderheiten auf ungarischem Staatsgebiet auch noch ein außenpolitisches Ziel verfolgte: die reziproke Verbesserung der Lage der in den Nachbarstaaten lebenden ungarischen Minderheit.

Im Jahr 2011 wurde das bewährte Minderheitengesetz von 1993 schließlich von der FIDEZ-Regierung unter Ministerpräsident Orbán durch das weitgehend inhaltsgleiche Nationalitätengesetz[315] ersetzt. Deren Inhalte werden im Rahmen des Vergleichs der einfachgesetzlichen Minderheitenrechte weiter unten ausführlich erörtert.

2. Historische Entwicklung des Minderheitenschutzes in der Türkei

a) Anfänge und Blütezeit des Osmanischen Reiches

Der territoriale Ursprung der Osmanen liegt in Zentralasien. Der Begriff „Osmanen“ geht dabei auf den von Zentral- nach Vorderasien zugewanderten Turk-Stamm zurück, aus dem Osman I. hervorging.[316] Offiziell gilt Osman I.

---

311 Der Wortlaut des § 61 § 61 I UMhG subsumiert die sehr heterogene und territorial verstreute Bevölkerungsgruppe der Roma unter dem Begriff „Zigeuner“ (*cigány*). Dieser Begriff wird jedoch in dieser Studie aufgrund seiner negativen Konnotation nicht weiter verwendet. Im Einklang mit dem internationalen Sprachgebrauch und dem Sprachgebrauch in zeitlich nachfolgenden ungarischen Rechtstexten, wird hier anstelle des Begriffs „Zigeuner“ der Begriff „Roma“ benutzt.

312 § 61 I UMhG.

313 Vgl. *Küpper*, Die rechtliche Integration ethnischer Minderheiten in Ungarn, S. 142.

314 Vgl. *Brunner/ Küpper*, Minderheitenschutz im östlichen Europa. Ungarn, S. 26.

315 Gesetz Nr. CLXXIX/2011 über die Rechte der Nationalitäten.

316 Vgl. *Tibi, B.*, Aufbruch am Bosporus, München 1998, S. 197.

(1281–1326) als Begründer des osmanischen Reiches.[317] Allerdings hat es weder unter Osman I. noch unter seinem Sohn Orhan (1326–1360) ein Reich gegeben. Beide waren lediglich Eroberer (*Gazı*). Osman I. war ein Kleinfürst (*Emir*), der mit vielen anderen türkischen Kleinfürsten konkurrierte. Erst unter Mehmed II. wurde der Titel „Sultan" als osmanischer König/Kaiser in die osmanische Geschichte eingeführt.[318] Mit der Eroberung Konstantinopels durch die Türken unter Sultan Mehmed II. im Jahr 1453 beginnt auch die Geschichte und die Bedeutung der Minderheiten im Osmanischen Reich.[319]

Das Osmanische Reich war ein monarchisch regierter Religionsstaat mit dem Islam als Staatsreligion. Der Sultan stand als „Schatten Gottes auf Erden" (*Zillullah*) an der Spitze des Staates, und die Verfassung war aus der Religion selbst zu entnehmen.[320] Innen- und Außenpolitik des Osmanischen Reiches wurden von islamischen Grundsätzen bestimmt.

Das Osmanische Reich besaß keine einheitliche Organisationsstruktur, die in allen Gebieten des Reiches galt. Die organisatorische Struktur der im Laufe seiner Geschichte durch Eroberungen hinzugewonnenen Gebiete war vielmehr von der Art und Weise ihrer Annektierung bestimmt und unterschied sich demzufolge entsprechend der dort vorgefundenen Traditionen, Bräuche, Religion sowie der dortigen sozialen und wirtschaftlichen Verhältnisse.[321] Das bedeutet, dass es vom Verhandlungsgeschick der Repräsentanten der annektierten Gebiete abhing, welche Rechte und Pflichten sowie welchen Rechtsstatus ihre Einwohner mit der Annexion durch das Osmanische Reich erhielten. Bestenfalls konnten die einzelnen ethnischen, religiösen oder sprachlichen Gemeinschaften so weitgehende Autonomien genießen und ihre gruppenspezifischen Eigenarten bewahren. Territorial war das Osmanische Reich in Provinzen (*Eyalet*) unterteilt.

---

317 Ein Überblick über die Entstehungsgeschichte des Osmanischen Reiches findet sich in: *Matuz, J.*, Das Osmanische Reich. Grundlinien seiner Geschichte, 3. Auflage, Darmstadt 1994 und *Inalcik, H.*, The Ottoman Empire. The Classical Age, 2. Auflage, London 1995.
Ein Überblick über die Herrscher des Osmanischen Reiches seit Osman I. findet sich bei: *Kreiser, K.*, Istanbul, München 2001, S. 297 f.

318 Vgl. *Mantran, R.*, L'Empire Ottoman, in: *Roy, O. (Éd.)*, La Turquie Aujourd'Hui, Paris 2004, S. 97 ff.; *Tibi*, Aufbruch am Bosporus, S. 199.

319 Vgl. *Münir, O.*, Minderheiten im osmanischen Reich und in der neuen Türkei, Köln 1937, S. 69.

320 Vgl. *Münir*, S. 22; *Zentrum für Türkeistudien (Hrsg.)*, Das ethnische und religiöse Mosaik der Türkei und seine Reflexionen auf Deutschland, Münster 1998, S. 13 f.

321 Vgl. *Kodaman, B.*, Osmanlı Devrinde Doğu Anadolu'nun İdâri Durumu, Ankara 1986, S. 10.

Dies waren die größten Verwaltungseinheiten, die wiederum weiter in Regionen (*Sancak*), Bezirke (*Kaza*), Kreise (*Nahiye*) und Gemeinden (*Karye*) untergliedert waren. Während einige Regionen der Steuerpflicht unterlagen und zumeist von zentral bestellten lokalen Führern verwaltet wurden, hatten andere Regionen für ihre inneren Angelegenheiten autonome Provinzverwaltungen und besaßen eigene Finanz- und Steuerhoheit.[322] Da es kein allgemeingültiges Recht und kein universelles Rechtssystem gab, hatten die Einwohner des Reiches – egal ob Muslime oder Nicht-Muslime – ihre rechtlichen Angelegenheiten entsprechend der Kodexe und der Rechtspraxis ihrer Traditionen, Bräuche, Kultur und Konfession innerhalb ihrer religiösen Gemeinschaft zu regeln.[323]

Die islamische Einteilung der Welt in das Haus des Islam und das Haus des Krieges[324] spielte nicht nur in der Außenpolitik des Osmanischen Reiches eine Rolle, sondern auch in der Innenpolitik bzgl. der nicht-muslimischen Untertanen. Wenn neue Gebiete vom sich maßgeblich über den islamischen Universalismus und kriegerische Eroberungen definierenden Osmanischen Reich hinzugewonnen wurden,[325] stellte sich die Frage, wie die Einwohner dieser Gebiete, d. h. die neuen Staatsangehörigen des Reiches, rechtlich zu behandeln waren, falls sie die islamische Religion nicht besaßen oder annehmen wollten. So wurden die besiegten Ungläubigen in „Götzendiener" und „Völker der Schrift" eingeteilt.[326] Die Götzendiener stellte man sodann vor die Wahl zwischen Tod oder Übertritt zum Islam, die Völker der Schrift vor die zwischen politischer Unterwerfung oder Annahme des Islam.[327] Die Völker der Schrift wurden deshalb nicht zur Annahme des Islam gezwungen, weil der Koran deren zwangsweise Bekehrung verbot und

---

322 Vgl. *Ortaylı, İ.*, Tanzimattan sonar Mahalli İdariler, Ankara 1972, S. 52.

323 Vgl. *Bayır, D.*, Minorities and Nationalism in Turkish Law, Farnham 2013, S. 20.

324 Vgl. u. a. *Antes, P.*, Der Islam als politischer Faktor, 4. Auflage, Hannover 2001, S. 20; *Baum, W.*, Die Türkei und ihre christlichen Minderheiten, Wien 2005, S. 11; *Ruthven, M.*, Der Islam, Stuttgart 2000, S. 160; *Sonyel, S. R.*, Minorities and the Destruction of the Ottoman Empire, Ankara 1993, S. 3; *Tibi, B.*, Der religiöse Fundamentalismus, Mannheim 1995, S. 56; *Tibi, B.*, Krieg der Zivilisationen, 1. Auflage, Hamburg 1995, S. 199.

325 Vgl. *Palmer, A.*, Verfall und Untergang des Osmanischen Reiches, München 1997, S. 21; *Steinhaus, K.*, Soziologie der türkischen Revolution, Frankfurt a. M. 1969, S. 29; *Tibi*, Aufbruch am Bosporus, S. 211.

326 Vgl. *Sonyel*, S. 3.

327 Vgl. *Münir*, S. 22 f.

nur deren politische Unterwerfung sowie öffentlich-rechtliche oder soziale Zurückstellung verbunden mit Zahlung einer besonderen Kopfsteuer verlangte.[328]

Da der Islam eine religiöse Staatsidee ist, wurde die staatsbürgerliche Stellung der Untertanen nach ihrem Verhältnis zur islamischen Religion beurteilt. Es gab kein Staatsvolk im modernen Sinne. Anstelle eines einheitlichen Staatsvolkes unterschied man zwischen der muslimischen Gemeinde und den nichtmuslimischen Untertanen.[329] Diese Unterscheidung ist dem Glauben an die Überlegenheit und Einheit der Gemeinschaft der Muslime (*Umma*) geschuldet, deren Tradition keine Unterteilung der Muslime nach ethnischen oder sprachlichen Ursprüngen kennt.[330] Wegen seiner negierenden Einstellung zu allen nichtmuslimischen Staaten kannte der Islam auch kein Völkerrecht.[331] Sowohl das muslimische Fremdenrecht (betrifft Nicht- und Andersgläubige im Ausland) als auch das muslimische Minderheitenrecht (betrifft Nicht- und Andersgläubige im Inland) sind im muslimischen Kriegsrecht geregelt und somit Teil des innermuslimischen Staats- und Verwaltungsrechts.[332]

Aufgrund der mit seinem Expansionsdrang verbundenen zahlreichen Eroberungen beherbergte das Osmanische Reich zwangsläufig auch Minderheiten. Diese wurden im Osmanischen Reich jedoch allein religiös definiert.[333] Der Minderheitenbegriff des Osmanischen Reiches umfasst daher ausschließlich

---

328 Vgl. Koran, Sure II, Vers 257 sowie Sure IX, Vers 29. Vgl. auch: *Furman, U.*, Minorities in Contemporary Islamist Discourse, in: Middle Eastern Studies, Volume 36, Number 4/2000, S. 4.

329 Vgl. *Bozarslan, H.*, Les minorités en Turquie, in: Pouvoirs – 115. 2005, La Turquie, Paris 2005, S. 103 f.; *Münir*, S. 14.

330 Vgl. *Karpat, K. H.*, Millets and Nationality: The Roots of Incongruity of Nation and State in the Post Ottoman Era, in: *Braude, B./ Lewis, B. (Ed.)*, Christians and Jews in the Ottoman Empire: The Functioning of a Plural Society, Vol. 1, New York 1982, S. 149.

331 Zum Schutz der in der Türkei staatsfremden, aber unter dem Schutz eines anderen Herrschers/ Staates stehenden nicht-muslimischen Untertanen des Sultans schloss das Osmanische Reich ab 1535 wiederholt Kapitulationsverträge mit einzelnen europäischen Großmächten (vgl. *Erler, G. H. J.*, Das Recht der Nationalen Minderheiten, Münster in Westfalen 1931, S. 77 f.).

332 Vgl. *Münir*, S. 19.

333 Vgl. *Bozkurt, G.*, Türk Hukuk Tarihinde Azınlıklar, in: Ankara Üniversitesi Hukuk Fakültesi Dergisi, Vol. 43 (1993), No. 1–4, S. 50; *Münir*, S. 14; *Oran, B.*, Linguistic Minority Rights in Turkey, the Kurds and Globalization, in: *Ibrahim, F./ Gürbey, G. (Ed.)*, The Kurdish Conflict in Turkey, New York 2000, S. 154; *Tibi*, Aufbruch am Bosporus, S. 216; *Volkan, V. D./ Itzkowitz, N.*, Turks & Greeks, Huntingdon 1994, S. 60.

religiöse, d. h. nicht-muslimische Minderheiten.[334] Ethnische, sprachliche oder kulturelle Minderheiten muslimischen Glaubens gab es folglich nicht. Somit sind als wichtigste religiöse Minderheiten im „multireligiösen Mix"[335] des Osmanischen Reiches die griechisch-orthodoxe Religionsgemeinschaft[336], die armenische Religionsgemeinschaft[337] und die jüdische Religionsgemeinschaft[338] anzuführen. Gegen Ende des 19. Jahrhunderts gehörte ca. ein Viertel der Gesamtbevölkerung des Osmanischen Reiches nicht-muslimischen Minderheiten an.[339]

Die Gewährleistung bürgerlicher Rechte und Pflichten hing im Osmanischen Reich allein von der Zugehörigkeit zur islamischen Religion ab. Nur die muslimischen Untertanen waren Träger dieser Rechte und Pflichten.[340] Im sog. osmanischen Millet-System[341], das die Bevölkerung entsprechend ihrer Religionszugehörigkeit in Millets einteilte, bildeten die Muslime das größte Millet. Dabei unterschied der osmanische Staat nicht zwischen den verschiedenen

---

334 Den Begriff „Minderheit" selbst kannte man im Osmanischen Reich nicht (vgl. *Deringil, S.*, From Ottoman to Turk, in: *Gladney, D. C.*, Making Minorities, Stanford 1998, S. 217). Stattdessen bezeichnete man diese als „nichtmohammedanische Untertanen" oder „nichtmohammedanische Gemeinden" (vgl. *Münir*, S. 15).

335 *Gottschlich, J./ Zaptçıoğlu, D.*, Das Kreuz mit den Werten, Hamburg 2005, S. 173; *Zaptçioğlu, D./ Gottschlich, J.*, Minarett und Glockenturm (1. Teil), in: Universitas, Nummer 713 (Nov. 2005), S. 1139.

336 Vgl. *Münir*, S. 80 ff.

337 Vgl. *Münir*, S. 91 ff.

338 Vgl. *Münir*, S. 106 ff.

339 Dem osmanischen Zensus zufolge waren im Jahr 1897 bei einer Gesamtbevölkerung des Osmanischen Reiches von 19.050.307 Menschen 4.938.362 Angehörige nicht-muslimischer Millets (Vgl. dazu und zur Bevölkerungsanzahl der einzelnen nicht-muslimischen Minderheiten: *Karpat, K. H.*, Ottoman Population 1830–1914. Demographic and Social Characteristics, Wisconsin 1985, S. 198).

340 Vgl. *Dyke, V. van*, Human Rights, Ethnicity and Discrimination, Westport 1985, S. 74; *Münir*, S. 14; *Oeter*, S. 72.

341 „Millet" bezeichnet eine Kirche oder religiöse Gruppe, steht aber auch den Begriffen „Volk" und „Nation" nahe, weil nach Ansicht der osmanischen Herrscher jede Religion ein „Volk" bildete (vgl. *Hottinger, A.*, Macht und Minderheiten im Nahen Osten, in: *Müller, K. (Hrsg.)*, Minderheiten im Konflikt, Zürich 1993, S. 90; *Kirişci, K.*, Minority/Majority Discourse, in: *Gladney, D. C.*, Making Minorities, Stanford 1998, S. 228; *Marcou, J.*, État et État des droit en Turquie, in: Pouvoirs – 115. 2005, La Turquie, Paris 2005, S. 26).
Zur Geschichte und den Einzelheiten des Millet-Systems vergleiche: *Küçük, C.*, Osmanlılarda „Millet Sistemi" ve Tanzimat, in: *Çakmak, V. (Hrsg.)*, Tanzimat'tan Cumhuriyet'e Türkiye Ansiklopedisi, Bd. 5, Istanbul 1985, S. 1007–1024.

islamischen Glaubensrichtungen, sondern zählte alle Muslime, ob Sunniten, Schiiten, Aleviten, Alawiten, Yeziden oder Drusen zum muslimischen Millet, für das die sunnitisch-hanafitischen Interpretation der Scharia staatlicherseits als verbindlich festgesetzt wurde.[342] Die nicht-muslimischen Minderheiten wurden zwar respektiert, standen aber außerhalb der Staatsgemeinschaft. Als jeweils eigenständige nicht-muslimische Millets lebten so die Griechen (*Rum Milleti*[343])[344], Armenier (*Ermeni Milleti*)[345] und Juden (*Yahudi Milleti*)[346] nach ihren eigenen Sitten und Bräuchen und konnten ihre eigenen Angelegenheiten ohne Einmischung der Muslime regeln.[347] Die verschiedenen Millets wurden institutionell durch die eigene Religionsgemeinschaft geleitet, denen als höchste religiöse Autorität, der „Kopf des Millet" (*Millet Başı*), d. h. bei christlichen

---

342 Vgl. *Deringil, S.*, The well-protected Domains: Ideology and the Legitimation of Power in the Ottoman Empire (1876–1909), London 1998, S. 44 ff.; *Karpat, K. H.*, Historical Continuity and Identity Change. How to be a modern Moslem, Ottoman, Turk, in: *Karpat, K. H. (Ed.)*, Ottoman Past and Today's Turkey, Leiden 2000, S. 18.

343 Der Name „Rum" bezog sich im mittelalterlichen muslimischen Sprachgebrauch auf die Römer (*Romei*) oder Byzantiner (Vgl. *Lewis, B.*, Istanbul and the civilization of the Ottoman Empire, Oklahoma 1963, S. 14). Dieser Begriff schloss nach osmanischem Verständnis auch Griechen, Serben, Bulgaren, Rumänen, Walachen, Bosnier und die Bewohner Süd-Albaniens ein. Da die osmanische Herrschaft deren ethnische oder religiöse Unterschiede nicht zur Kenntnis nahm, bestand die „Rum Milleti" somit nicht nur aus Griechen, sondern schloss auch die orthodoxen Serben, Bulgaren, Rumänen, Walachen, Bosnier und Südalbaner mit ein (Vgl. *Sonyel*, S. 24).

344 Vgl. u. a. zum Griechischen Millet: *Kaya, Ö.*, Tanzimat'tan Lozan'a azınlıklar, Istanbul 2004, S. 32–46; 110–113; *Sonyel*, S. 24–38; 72–119; 160–197; 256–280; 339–387; *Volkan/ Itzkowitz*, S. 61 f.

345 Der armenische Patriarch erhielt auch die Oberaufsicht über die Syrer, Chaldäer, Kopten und Georgier, die im Osmanischen Reich (zunächst) keine eigenen Millets bildeten (vgl. *Atiya, A. S.*, A History of Eastern Christianity, London 1968, S. 336. Vgl. u. a. zum Armenischen Millet: *Kaya*, Tanzimat'tan Lozan'a azınlıklar, S. 46–53; 113–116; *Sonyel*, S. 38–37; 119-132; 197–221; 280–307; 387–430; *Vartan, A.*, The Armenian Constitutional System in the Ottoman Empire 1839–1863, Istanbul 1988, S. 15 ff.; *Volkan/ Itzkowitz*, S. 63.

346 Vgl. u. a. zum Jüdischen Millet: *Kaya*, Tanzimat'tan Lozan'a azınlıklar, S. 53–64; 124 f.; *Sonyel*, S. 48–59; 132–138; 221–229, 307–323; 430–441; *Volkan/ Itzkowitz*, S. 62 f.

347 Vgl. *Bozkurt*, Türk Hukuk Tarihinde Azınlıklar, S. 50; *Hibbeler, S.*, Zur Lage der nichtsunnitischen Minderheiten in der Türkei seit 2001, Istanbul 2004, S. 3; *Kirişci, K./ Winrow, G. M.*, The Kurdish Question and Turkey: An Example of a Trans-state Ethnic Conflict, London 1997, S. 1; *Kurban, D.*, Confronting Equality: The Need for Constitutional Protection of Minorities on Turkey's Path to the European Union, in: Columbia Human Rights Law Review, Vol. 35, No. 1, 2003, S. 168.

Millets die Patriarchen (*Patrik*) und bei den Juden das „Oberhaupt der Rabbiner“ (*Hahambaşı*), vorstanden.[348] Sie genossen einerseits weitgehende religiöse, erzieherische, administrative, justizielle und steuerliche Autonomie, waren aber andererseits als waffenlose und schutzbefohlene Minderheit (*Dhimmi*) der Staatsgewalt der Osmanen gänzlich unterworfen.[349] Der Schutz des Lebens, der Ehre, des Eigentums, der Leichname und Friedhöfe sowie die freie Ausübung der Religion wurde den schutzbefohlenen Minderheiten der Buchreligionen allerdings nur unter der Bedingung gewährt, dass sie sich dem osmanischen Staat gegenüber loyal verhielten und ihren untergeordneten Status samt der damit verbundenen Ungleichbehandlung akzeptierten.[350] Einschränkungen für nicht-muslimische Männer bestanden beispielsweise darin, dass diese grundsätzlich nicht gegen einen Muslim als Zeuge aussagen, nichts von Muslimen erben und keine muslimischen Frauen ehelichen durften.[351] Zudem war es ihnen verboten, neue Gebetsstätten zu errichten. Bestehende Gebetsstätten durften hingegen renoviert werden. Das Reiten auf Pferden war den Nicht-Muslimen ebenfalls untersagt.[352] Sie waren jedoch dazu verpflichtet, besondere Kleidung und Zeichen zu tragen.[353] Des Weiteren waren nicht-muslimische Männer vom Militärdienst

---

348 Vgl. *Hermann, R.*, Der Status der nichtmuslimischen Minderheiten in der Türkei, in: *Leggewie, C. (Hrsg.)*, Die Türkei und Europa, Frankfurt a. M. 2004, S. 109; *Zentrum für Türkeistudien*, S. 14.

349 Vgl. *Baum*, S. 23 f.; *Burdy, J.-P.*, "question d'Orient" ou "question d'Europe"?, in: *Burdy, J.-P.*, La Turquie est-elle européenne?, Paris 2004, S. 137; *Ertuğrul, H.*, Azınlık ve Yabancı Okulları, Istanbul 1998, S. 57–64; *Davidson, R. H.*, Turkish attitudes concerning Christian-Muslim equality in the nineteenth century, in: The American Historical Review, Vol. 59, No. 4 (1954), S. 845; *Gibb, H. A. R./ Bowen, H.*, Islamic Society and the West, Vol. I, Part I, London 1957, S. 207 ff.; *Gottschlich/ Zaptçıolğlu*, S. 173 f.; *Karaman, H.*, Anahatkarıyla İslam Hukuku, Vol. I, Istanbul 1984, S. 264 f.; *Münir*, S. 14; *Sonyel*, S. 4; *Weiker, W. F.*, Ottomans, Turks and the Jewish Polity, Lanham 1992, S. 50 f.; *Zaptçioğlu/ Gottschlich*, S. 1139.

350 Vgl. *Bayır*, S. 23.

351 Vgl. *Bozkurt, G.*, Alman-İngiliz Belgelerinin ve Siyasi Gelişmelerinin Işığı Altında Gayrı Müslim Osmanlı Vatandaşlarının Hukuki Durumu (1839–1914), Ankara 1989, S. 8; *Joseph, S.*, Communication Justice: Shari'a Courts and the Christian Community in 17th and 18th Century Ottoman Greece, in: Islam and Christian-Muslim Relations, Vol. 20, No. 3 (2009), S. 345 f.; *Taştan, O.*, Religion and [Religious] Minorities, in: *Lovatt, D. (Ed.)*, Turkey since 1970. Politics, Economics and Society, Basingstoke 2001, S. 137 ff.

352 Vgl. *Bayır*, S. 24.

353 Vgl. *Faroqhi, S.*, Subjects of the Sultan: Culture and Daily Life in the Ottoman Empire, London 2000, S. 25; *Levy, A.*, The Sephardim in the Ottoman Empire, Princeton 1991, S. 16.

ausgeschlossen.[354] Für diese Befreiung mussten sie allerdings bis zum Jahr 1913 eine Kopf- und Grundsteuer zahlen.[355] Als Steuerzahler erfüllten die Minderheiten somit eine wichtige Funktion im Osmanischen Reich. Trotz ihres ökonomischen Gewichts war es ihnen aber nicht möglich, innerhalb der osmanischen Gesellschaft politische Macht zu erlangen.[356]

Eine Ausnahme von der strikten religiösen Trennung der Bevölkerung bildete die Fiskalstruktur des Osmanischen Reiches. In dieser war die Gesellschaft nämlich – unabhängig von der Religionszugehörigkeit – nach Herrschern (*Askeriye*) und Beherrschten (*Reaya*) aufgeteilt:[357] Zu den Beherrschten, und damit zu den Steuerpflichtigen, zählten Personen jeder Sprache und jeden Glaubens. Zur Klasse der Herrscher, die wegen ihres Dienstes am osmanischen Staat von der Pflicht zur Zahlung von Steuern befreit waren, zählten die herrschende Elite, Armeeangehörige und solche Nicht-Muslime, die administrative Aufgaben innerhalb ihres Millets oder des osmanischen Staates wahrnahmen.[358]

Einen atypischen Rechtsstatus hatten Kurden und Roma inne. Nachdem die sunnitischen Kurden den Osmanen 1514 im Krieg gegen die iranischen Schiiten zur Seite gestanden hatten, wurde den kurdischen Stämmen in der Region Südostanatolien quasi als Dank für ihre Loyalität administrative Autonomie gewährt. Dieses Privileg hatten sie bis zu den Tanzimat-Reformen inne.[359] Auch die Roma im Osmanischen Reich wurden ab dem 16. Jahrhundert unter besondere Verwaltung gestellt. So erhielt die Roma-Provinz Rumelia durch das Gesetz für die Roma-Gebiete den Status einer eigenen Verwaltungseinheit, deren Personenkreis sich nicht nach Religionszugehörigkeit, sondern nach Zugehörigkeit zur Ethnie der Roma bestimmte.[360]

---

354 Vgl. *Karaman*, S. 264; *Steinbach, U.*, Geschichte Anatoliens und des Osmanischen Reiches, in: *Bundeszentrale für politische Bildung (Hrsg.)*, Informationen zur politischen Bildung 277, Bonn 2002, S. 5.

355 Vgl. *Aydın, H.*, Das ethnische Mosaik der Türkei, in: *Zentrum für Türkeistudien (Hrsg.)*, Zeitschrift für Türkeistudien 1/97, S. 70; *Kreiser, K.*, Das große Versprechen, in: DIE ZEIT Nr. 11/2006 vom 9.3.2006, S. 75; *Sonyel*, S. 4.

356 Vgl. *Tibi*, Aufbruch am Bosporus, S. 216 f. Allerdings genossen einzelne Angehörige christlicher Minderheiten aufgrund ihrer Stellung als Haremsdame oder Großwesir des Sultans zum Teil nicht zu unterschätzenden Einfluß auf den Sultan (vgl. dazu: *Burdy*, S. 138).

357 Vgl. *Bayır*, S. 26.

358 Vgl. *Karpat*, Millets and Nationality, S. 150.

359 Vgl. *Bayır*, S. 29, 31.

360 Vgl. *Çelik, F.*, Exploring Marginality in the Ottoman Empire: Gypsies or People of Malice (Ehl-I Fesad) as viewed by the Ottomans, in: European University Institute Working Paper, RSCAS No. 2004/39, S. 5 f.

Der Status eines Millets wurde im Osmanischen Reich durch eine einseitige Deklaration des Sultans (*Berat*) erteilt. Die darin enthaltenen Rechte und Freiheiten wurden gewährt, ohne erneuert, entzogen oder beschränkt werden zu können.[361] Entsprechend dieser Deklaration stellte der osmanische Staat die Regeln für das soziale und wirtschaftliche Leben der Minderheit auf, hielt sich aber aus deren kulturellen und religiösen Angelegenheiten heraus.[362] Als rechtstheoretische Grundlage des osmanischen Millet-Systems werden die Verfassung von Medina sowie die Bedeutung der Toleranz im Islam angesehen.[363]

Die damals im osmanischen Haus des Islam lebenden nicht-muslimischen Minderheiten genossen zwar die im Vergleich zum damaligen Europa als fortschrittlich zu bezeichnende „religiöse Toleranz“[364], waren aber mit der muslimischen Bevölkerung gerade nicht gleichberechtigt, weil es im islamisch geprägten osmanischen Reich keine Bürgerrechte gab.[365] Unter osmanischer Herrschaft folgte das Zivilgesetz (*Kanun*) nur dem religiösen Gesetz der Muslime (*Sharia*).[366] Trotz dieser Ungleichbehandlung zwischen Nicht-Muslimen und Muslimen verlief das Zusammenleben zwischen beiden Gruppen im Osmanischen Reich weitgehend friedlich. Muslime und Nicht-Muslime respektierten sich gegenseitig, trieben Handel miteinander und unterhielten in verschiedensten Bereichen zum Teil sogar enge Beziehungen und beeinflussten sich dadurch wechselseitig. Spannungen, die sich im Extremfall auch gewaltsam entladen konnten, bildeten eher die Ausnahme.[367]

361 Vgl. *Bozkurt*, Alman-İngiliz Belgelerinin ve Siyasi Gelişmelerinin Işığı Altında Gayrı Müslim Osmanlı Vatandaşlarının Hukuki Durumu (1839–1914), S. 29; *Karpat*, Millets and Nationality, S. 145.

362 *Karpat*, Millets and Nationality, S. 143.

363 *Barkey, K.*, Empire of Difference: The Ottomans in Comparative Perspective, Cambridge 2009, S. 110; *Taştan*, S. 137.

364 *Tibi*, Aufbruch am Bosporus, S. 216. Nach muslimischem Verständnis bedeutet „religiöse Toleranz“ die Duldung der Christen als geschütze religiöse Minderheit zweiter Klasse (vgl. *Oran, B.*, Türkiye'de Azınlıklar: Kavramlar, Lozan, İç Mevzuat, İçtihat, Uygulama, Istanbul 2004, S. 48; *Tibi, B.*, Mit dem Kopftuch nach Europa?, Darmstadt 2005, S. 179).

365 Vgl. *Lewis, B.*, The Emerge of Modern Turkey, London 1961, S. 349; *Tibi*, Aufbruch am Bosporus, S. 217.

366 Vgl. dazu ausführlich: *Çaha, Ö.*, Islam ve Demokratsi, in: Islamiyat 22:2 (1999), S. 53 ff.

367 Vgl. *Levy*, S. 16.

b) *Tanzimat-Periode*

Aufgrund seiner militärischen, technischen und wirtschaftlichen Unterlegenheit gegenüber den europäischen Mächten war das Osmanische Reich im 18. Jahrhundert gezwungen, einen Modernisierungsprozess nach europäischem Vorbild einzuleiten. Im Rahmen dieses Modernisierungsprozesses wurden auf den Gebieten des Militärwesens, der Staatsverfassung, des innerstaatlichen Rechts, der Verwaltung und des Erziehungswesens europäische Elemente übernommen.[368] Aber auch durch reformierende innerstaatliche Rechtsetzung und völkerrechtliche Verträge änderte sich das Minderheitenverständnis im Osmanischen Reich nicht. Auf die Behandlung und den Status der Minderheiten hatten die sog. Tanzimat-Reformen (1839–1876), deren grundlegende Prinzipien die Neuordnung, Modernisierung und Zentralisierung des Reiches waren, aber sehr wohl Einfluss.

Bereits vor den eigentlichen Tanzimat-Reformen wurde im Jahr 1829 die Nicht-Muslime diskriminierende Vorschrift, welche diese zur sichtbaren Unterscheidung von den Muslimen dazu verpflichtete, besondere Kleidung und Zeichen zu tragen, per Gesetz aufgehoben.[369]

Nach der Vorstellung der osmanischen Herrscher sollte die Modernisierung und Verwestlichung des Reiches mittels grundlegender Veränderungen seiner inneren Struktur erfolgen. So sollte der Status der Millets im Sinne der Idee der Gleichheit aller Bürger geändert, das Recht säkularisiert, eine gemeinsame osmanische Identität und ein moderner Zentralstaat auf Kosten der Peripherie geschaffen werden.[370] Der Schutz des Lebens, der Ehre und des Eigentums sollte nach dem Tanzimat-Dekret (*Tanzimat Fermanı*) von 1839 jedem einzelnen Einwohner des Osmanischen Reiches in gleicher Weise zustehen, ohne Rücksicht auf dessen Religion.[371] Damit wollte das Osmanische Reich einen radikalen sozio-politischen Wandel vollziehen, nämlich von obrigkeitsstaatlichen Beziehungen zur Gesellschaft hin zu einer modernen Beziehung zwischen Staat und Individuum. Als Folge dieser Politik nahm zwangsläufig auch die Bedeutung der

---

368 Vgl. *Gottschlich/ Zaptçıoğlu*, S. 174 f.; *Steinbach, U.*, Türkei, in: *Weidenfeld, W. (Hrsg.)*, Die Staatenwelt Europas, Bonn 2004, S. 383; *Zaptçioğlu/ Gottschlich*, S. 1140.

369 Vgl. *Shaw, S. J./ Shaw, E. K.*, History of the Ottoman Empire and Modern Turkey, Vol. 2, Reform, Revaluation and Republic: The Rise of Modern Turkey (1808–1975), Cambridge 1997, S. 49.

370 Vgl. *Bozkurt*, Alman-İngiliz Belgelerinin ve Siyasi Gelişmelerinin Işığı Altında Gayrı Müslim Osmanlı Vatandaşlarının Hukuki Durumu (1839–1914), S. 41; *Bayır*, S. 32; *Shaw/ Shaw*, History of the Ottoman Empire and Modern Turkey, S. 132.

371 Vgl. *Bayır*, S. 36.

Millets ab. Fortan sollten die einzelnen Bürger dem Staat als Träger von Rechten und Pflichten gegenübertreten und nicht mehr deren Gemeinschaften.[372]

Beginnend mit dem Reformdekret von 1856 (*Islahat Fermanı*) wurde das traditionelle Millet-System durch Regelungen umstrukturiert, die auf die inneren Angelegenheiten jedes einzelnen Millets anwendbar waren.[373] Dies war somit der erste Schritt weg von den für jedes Millet gesondert gewährten Rechten hin zu einer Gleichbehandlung aller Millets und Bürger. Zweck dieser für alle Millets geltenden Regelungen war es einerseits, die traditionell bestehenden Privilegien und religiösen Immunitäten der nicht-muslimischen Gemeinschaften als Millet auch in einer Phase der politischen Umwälzungen zu bestätigen, andererseits damit aber auch die institutionelle Stärkung von Laienräten in der Führung der Millets voranzutreiben, um damit die verbreitete Korruption der Geistlichen zu unterbinden. So sollten die religiös-geprägten Millets durch die Schwächung der Stellung des Klerus langsam von innen heraus säkularisiert werden, religiös-nationale (Abspaltungs-)Bestrebungen zurückgedrängt werden und deren Loyalität zum osmanischen Staat wachsen.[374]

Ausdrücklich garantierte das Reformdekret die künftige Gleichheit vor dem Gesetz. Damit wurden jegliche Diskriminierungen aufgrund der Religionszugehörigkeit untersagt und eine Gleichbehandlung von Muslimen und Nicht-Muslimen in den Bereichen Erziehung, Justiz, Militärdienst, Steuern und Zulassung zu öffentlichen Ämtern zugesichert. Gleichzeitig wurden die bestehenden Privilegien und religiösen Immunitäten der Nicht-Muslime bestätigt.[375] Später wurde den Nicht-Muslimen durch gesetzliche Sonderregelungen auch die Möglichkeit eingeräumt, als Repräsentanten in den Räten der Provinzen und Kommunen aktiv in der Verwaltung und der Politik des Osmanischen Reiches mitzuwirken.[376]

Im Justizwesen wurde mit den Tanzimat-Reformen die Kompetenz der Scharia-Gerichte auf rein muslimische Rechtsstreitigkeiten beschränkt. Mit

---

372 Vgl. *Bayır*, S. 33.

373 Vgl. *Bozkurt*, Alman-İngiliz Belgelerinin ve Siyasi Gelişmelerinin Işığı Altında Gayrı Müslim Osmanlı Vatandaşlarının Hukuki Durumu (1839–1914), S. 171.

374 Vgl. *Reyhan, C.*, Osmanlı'da Millet Nizamnameleri: Avrupa ile Uyum Sürecinde Rum-Ermeni-Yahudi Cemaat Düzenmeleri, in: Belgeler, Vol. 27, No. 31 (2006), S. 44; *Stamatopoulos, D.*, From Millets to Minorities in the 19th-Century Ottoman Empire – An Ambiguous Modernization, in: *Isaacs, A. K./ Hálfdanarson, G. (Ed.)*, Citizenship in Historical Perspective, Pisa 2006, S. 259 f.; *Taşpınar, Ö.*, Kurdish Nationalism and Political Islam in Turkey, New York 2004, S. 40.

375 Vgl. *Bayır*, S. 36 f.

376 Vgl. *Ortaylı*, Tanzimattan sonar Mahalli İdariler, S. 58 ff.

Einführung der ersten säkularen Gerichte (*Nizamiye Mahkemesi*) gab es dann im Osmanischen Reich erstmals Gerichte, vor denen auch Nicht-Muslime Parteien eines Rechtsstreits sein, als Zeuge gegen Muslime aussagen und später sogar als Richter tätig sein konnten.[377] Erst im Jahr 1917 wurden sowohl die Scharia-Gerichte als auch die säkularen Gerichte dem Justizministerium unterstellt, und damit die Rechtsprechungsgewalt des muslimischen und nicht-muslimischen Klerus endgültig beendet.[378]

Ein weiterer Schritt zum Übergang zu einem einheitlichen Rechtssystem für alle Bürger war die Einführung eines auf den Regeln der sunnitisch-hanafitischen Rechtsschule basierenden allgemein verbindlichen Vertrags-, Sachen- und Prozessrechts im Jahr 1877, das die im Osmanischen Reich lebenden Christen und Juden erstmals – ungeachtet des Rechts ihrer eigenen Religionsgemeinschaften – dem islamischen Recht unterstellte.[379] Im Jahr 1858 wurde dann das Erbrecht dahingehend vereinheitlicht, dass Männer und Frauen in gleicher Weise Land erben und ihr Erbe unabhängig von ihrer Religionszugehörigkeit – die einzige Ausnahme bildeten hier die Juden – vor den gleichen Gerichten geltend machen konnten.[380]

Mit dem Reformdekret von 1856 wurde auch die Rechtsgrundlage für Rechte und Freiheiten der Millets geändert. Nachdem diese bislang unerneuerbar, unabschaffbar und unbegrenzt waren, wurden Sonderrechte den Millets nun nur noch mit Zustimmung und unter direkter Kontrolle der Hohen Pforte gewährt. Das Millet-System wandelte sich von der bisherigen Form eines Sozialvertrags zur friedlichen Koexistenz verschiedener Bevölkerungsgruppen im Staat eher in Richtung eines Minderheiten-Status, der vom Wohlwollen des Staates und wechselnden politischen, sozialen und wirtschaftlichen Bedingungen abhing.[381] Somit wurde das traditionelle Millet-System der privilegierten Behandlung nicht-muslimischer Minderheiten im Osmanischen Reich dem neuen Reform-Ideal des Egalitarismus geopfert.[382]

Ebenso wie die religiöse und nationale Minderheiten betreffenden Reformbestimmungen des Reformdekrets von 1856 erkannte die erste Osmanische

---

377 Vgl. dazu m. w. N.: *Bayır*, S. 39.

378 Vgl. *Osmanağaoğlu, C.*, Tanzimat Dönemi İtibarıyla Osmanlı Tabiiyyetinin (Vatandaşlığının) Gelişimi, Istanbul 2004, S. 327.

379 Vgl. *Bayır*, S. 39 f.

380 Vgl. *Ortaylı, İ.*, Ottoman Studies, Istanbul 2007, S. 182.

381 Vgl. *Karpat*, Millets and Nationality, S. 164.

382 Vgl. *İçduygu, A./ Soner, A. B.*, Turkish Minority Rights Regime: Between Difference and Equality, in: Middle Eastern Studies, Vol. 42, No. 3 (2006), S. 450; *Karpat*, Millets and Nationality, S. 164.

Verfassung von 1876 kulturelle und nationale Unterschiede der Bevölkerung an, machte diese aber weiterhin nur an der Religionszugehörigkeit (Unterscheidung zwischen Muslimen oder Nicht-Muslimen) fest.[383] Mit der Verfassung versuchte das Osmanische Reich das Kunststück zu vollbringen, aus dem eigenen Vielvölkerstaat unter Nicht-Aufgabe der Vielfalt des damals existierenden Staates, d. h. der Einbeziehung der muslimischen und nicht-muslimischen Bevölkerung, eine homogene osmanische Nation zu schaffen.[384] Ein Mittel dazu war die verfassungsmäßige Gleichstellung und Bezeichnung aller Staatsbürger – unabhängig von ihrer Religions- und Konfessionszugehörigkeit – als Osmanen.[385] Diese Gleichheit vor dem Gesetz bedeutete, dass alle Osmanen gleiche Rechte und Pflichten gegenüber dem osmanischen Staat hatten.[386] Eingeschränkt wurde die verfassungsmäßig propagierte Gleichheit aller Bürger jedoch vor allem in zwei Bereichen: Zum einen wurde der Islam zur offiziellen Staatreligion erklärt[387] mit der Konsequenz, dass kein Recht in Widerspruch zu den Regeln des Islam stehen durfte.[388] Zum anderen wurde Türkisch zur offiziellen Sprache des Osmanischen Reiches erklärt.[389] Dies hatte wiederum zur Folge, dass alle Personen, die der türkischen Sprache nicht mächtig waren, vom Staatsdienst und der Wählbarkeit als Abgeordnete ausgeschlossen waren.[390]

Für die Formung einer osmanischen Nation und zur Herausbildung eines primär gegenüber dem osmanischen Staat und nicht gegenüber der eigenen Religionsgemeinschaft empfundenen Loyalitätsgefühls, wurde mit den Tanzimat-Reformen auch versucht, das bislang in den Händen der Millets liegende Erziehungswesen unter staatliche Kontrolle zu bringen. So begann der osmanische Staat ab 1869, die Lehrpläne und Schulbücher auch der Schulen der nicht-muslimischen Minderheiten zu kontrollieren.[391] In der Verfassung von 1876 wurde dann festgelegt, dass alle Schulen im Reich in Einklang mit dem Gesetz

383 Siehe zur Verfassung von 1876: *Witzens, U.*, Aufnahme oder Ausgrenzung? – Gehört die Türkei zu Europa?, Köln 2004, S. 137.

384 Vgl. *Karal, Z.*, Non-Muslim Representatives in the First Constitutional Assembly (1876–1877), in: *Braude, B./ Lewis, B. (Ed.)*, Christians and Jews in the Ottoman Empire: The Functioning of a Plural Society, Vol. 1, New York 1982, S. 399.

385 Art. 8 der Osmanischen Verfassung von 1876.

386 Art. 17 der Osmanischen Verfassung von 1876.

387 Art. 11 der Osmanischen Verfassung von 1876.

388 Art. 64 der Osmanischen Verfassung von 1876.

389 Art. 18 der Osmanischen Verfassung von 1876.

390 Vgl. *Bayır*, S. 47.

391 Vgl. *Vahapoğlu, M. H.*, Osmanlı'dan günümüze azınlık ve yabancı okullar, Istanbul 1990, S. 72 f.

unterhalten werden müssen.[392] Für alle Staatsbürger wurde die Grundschulpflicht eingeführt.[393] Gleichzeitig wurden alle Schulen der staatlichen Schulaufsicht unterstellt und die Lehrpläne für den Unterricht osmanischer Fächer harmonisiert.[394] Trotz der offiziell säkularen Ausrichtung der staatlichen Schulen fand dort unter dem Deckmantel der Säkularität islamische Religionserziehung statt.[395]

Die zwischen dem Osmanischen Reich und den europäischen Mächten geschlossenen Verträge der Jahre 1774–1878[396] regelten in erster Linie die Beziehungen der europäischen Staaten zum Osmanischen Reich sowie die Beziehungen der von den europäischen Mächten geschützten nicht-muslimischen Minderheiten zum Osmanischen Reich. Im Vertrag von Paris von 1856 wurde z. B. den Bewohnern der Moldau und der Walachei nationale Selbstverwaltung zugestanden, im Vertrag von Berlin von 1878 erlangten Rumänien, Serbien und Montenegro volle politische Unabhängigkeit.[397] Die Verträge der Jahre 1774–1878 enthielten zwar religiöses und nationales Minderheitenrecht, letzteres wurde aber mit unter das religiöse Minderheitenrecht gefasst. Wenn das Osmanische Reich gegenüber den auf seinem Gebiet lebenden Europäern nationale, kulturelle oder politische Konzessionen machte, dann geschah dies nur aus dem Grund, dass diese nichtmuslimische Untertanen waren.[398] Die Einordnung als „Nichtmohammedaner" war somit im Osmanischen Reich stets Voraussetzung dafür, dass der ethnischen Verschiedenheit einer Personengruppe in minderheitenrechtlicher Beziehung Rechnung getragen wurde.[399]

---

392 Art. 15 der Osmanischen Verfassung von 1876.

393 Art. 114 der Osmanischen Verfassung von 1876.

394 Art. 16 der Osmanischen Verfassung von 1876.

395 Vgl. *Fortna, B. C.*, Islamic Morality in Late Ottoman 'Secular' Schools, in: Middle East Studies, Vol. 32 (2000), S. 149.

396 Vgl. dazu im Einzelnen: *Wintgens, H.*, Der völkerrechtliche Schutz der nationalen sprachlichen und religiösen Minderheiten, in: *Stier-Somlo, F. (Hrsg.)*, Handbuch des Völkerrechts, Bd. 2, Abtlg. 8, Stuttgart 1930, S. 77 ff.

397 Vgl. *Arsava, A. F.*, Azınlık Kavramı ve Azınlık Haklarının Uluslararası Belgeler ve Özellikle Medeni ve Siyasi Haklar Sözleşmesinin 27. Maddesi Işığında Incelemesi, Ankara 1993, S. 3; *Münir*, S. 168 ff.; *Wintgens*, S. 78, 90, 96.

398 Vgl. *Courbage, Y./ Fargues, P.*, Christians and Jews under Islam, London 1997, S. 104; *Taştan*, S. 139.

399 Vgl. *Münir*, S. 16.

c) *Phase der Herrschaft der Jungtürken*

Ende der 1880er Jahre kam die türkisch-nationalistische Bewegung der Jungtürken auf, die der Alleinherrschaft des Sultans aufgrund der zunehmenden inneren Unruhen und großen Gebietsverluste des Reiches kritisch gegenüberstanden und sich zunächst in der Geheimorganisation "Verein für die Einheit der Osmanen" (*İttihat Osmanı Cemiyeti*) organisierten. Im Jahr 1907 gründeten sie dann das politische Komitee für Einheit und Fortschritt (*İttihat Terakki Cemiyeti*), das bei den Parlamentswahlen von 1908 sofort die Mehrheit erlangte und die im Jahr 1878 suspendierte Verfassung von 1876 wieder einsetzte.[400] Nachdem der Sultan nur widerwillig kooperierte, stürzten die Jungtürken diesen und versuchten, durch osmanischen, islamischen, sprachlichen und wirtschaftlichen Nationalismus sowie eine gezielte Umsiedlungspolitik die Einheit des Reiches zu bewahren. Als Wurzel der Probleme des "Kranken Mannes am Bosporus" hatte das Komitee für Einheit und Fortschritt nämlich die multiethnische und multireligiöse Gesellschaftsstruktur des Reiches ausgemacht.[401]

So wurde 1907 das Verbandsgesetz dahingehend geändert, dass alle nichttürkisch muslimischen und alle nicht-muslimischen Verbände und Vereinigungen verboten waren.[402] Ein weiteres Gesetz bestimmte, dass Türkisch fortan offizielle Sprache im Geschäftsleben sei und somit auch jegliche geschäftliche Korrespondenz auf Türkisch zu führen sei.[403] Zudem wurden Firmen und Geschäfte verpflichtet, Muslime in die Geschäftsführung aufzunehmen und nichtmuslimische Angestellte durch muslimische zu ersetzen.[404] So wurde versucht, die bislang die Wirtschaft im Osmanischen Reich dominierenden Nicht-Muslime aus der Geschäftswelt zurückzudrängen und ein eigenes System türkischer Geschäftsleute zu etablieren. Dazu passte auch, dass diejenigen Muslime, die Handel mit Nicht-Muslimen trieben, zunehmend Repressalien ausgesetzt waren. Als Folge dieser Maßnahmen wanderten zahlreiche griechische und armenische

---

400 Vgl. *Hanioğlu, Ş.*, Preparation for a Revolution: The Young Turks (1902–1908), Oxford 2001, S. 295; *Shaw/ Shaw*, History of the Ottoman Empire and Modern Turkey, S. 276.

401 Vgl. *Bayır*, S. 54.

402 Vgl. *Tunaya, T. Z.*, Türkiye'de Siyasal Partiler: İkinci Meşrutiyet Dönemi, Vol. I, Istanbul 1984, S. 374, 406.

403 Vgl. *Shaw/ Shaw*, History of the Ottoman Empire and Modern Turkey, S. 310.

404 Vgl. *Ahmad, F.*, Unionist Relations with the Greek, Armenian and Jewish Communities of the Ottoman Empire (1908–1914), in: *Braude, B./ Lewis, B. (Ed.)*, Christians and Jews in the Ottoman Empire: The Functioning of a Plural Society, Vol. 1, New York 1982, S. 417.

Geschäftsleute aus und verkauften ihr Geschäft weit unter Wert an muslimische Geschäftsleute.[405]

Die Turkisierung und Muslimisierung der Bevölkerung wurde unter den Jungtürken auch durch eine gezielte Einwanderungs- und Umsiedlungspolitik vorangetrieben. So wurde die Einwanderung von Nicht-Muslimen ins Reich untersagt und gleichzeitig versucht, ihren Anteil in der Bevölkerung zu verringern. Dies geschah einerseits durch die Vereinbarung eines Bevölkerungsaustausches mit Bulgarien, Griechenland und den Balkanländern, andererseits aber auch durch das Deportationsgesetz von 1915, auf dessen Grundlage Assyrer, Chaldäer, Griechen, Juden und Nestorianer umgesiedelt wurden.[406] Eine Sonderanweisung zur Massendeportation der im Osmanischen Reich lebenden Armenier nach Syrien führte schließlich zu ethnischen Säuberungen und Massakern an den Armeniern.[407]

Nach der Verfassungsänderung 1909 durften Gesetze nur noch in türkischer Sprache verfasst und veröffentlicht werden.[408] Dies betraf auch die Einführung eines einheitlichen Familienrechts im Jahr 1917. Zwar wurden Muslimen, Christen und Juden weiterhin eigene Vorschriften zur Eheschließung, Scheidung und zum Unterhalt zugestanden. Die Rechtsprechungshoheit im Familienrecht wurde aber einheitlich und ausnahmslos auf die Scharia-Gerichte übertragen.[409]

Auch im Erziehungsbereich wurde die Osmanisierung der Bevölkerung unter den Jungtürken weiter vorangetrieben. Nachdem Türkisch bereits im Jahr 1896 auch an nicht-muslimischen Schulen als Pflichtfach eingeführt und ein eigener Ausschuss zur Kontrolle der möglichst fließenden Türkisch-Kenntnisse in den dortigen Abschlussprüfungen eingerichtet worden war,[410] mussten schließlich ab 1915 auch die Fächer Türkische Geschichte und Türkische Geographie an den nicht-muslimischen Schulen ausschließlich auf Türkisch unterrichtet werden.[411]

Letztendlich hatte aber auch die Herrschaft der Jungtürken auf den Charakter des religiös begründeten Minderheitenschutzes im Osmanischen Reich keinen Einfluss.[412] Das Minderheitenverständnis und der Minderheitenbegriff blieben

---

405 Vgl. *Bayır*, S. 60.

406 Vgl. *Dündar, F.*, İttihat ve Terakki'nin Müslümanlar İskan Politikası (1913–1918), Istanbul 2001, S. 70.

407 Vgl. *Dündar*, S. 63.

408 Vgl. *Bayır*, S. 56.

409 Vgl. *Osmanağaoğlu*, S. 321.

410 Vgl. *Vahapoğlu*, S. 128 ff.

411 Vgl. *Vahapoğlu*, S. 137 ff.

412 Vgl. *Bozarslan*, Les minorités en Turquie, S. 104 f.; *Münir*, S. 15.

somit im Osmanischen Reich von seinen Anfängen bis zu seinem Zusammenbruch unverändert ausschließlich auf religiöse Minderheiten beschränkt. Allerdings hatten die Diskriminierungen und Osmanisierungsversuche der Minderheiten in den letzten Jahrzehnten des Osmanischen Reiches dazu geführt, dass sich die nicht-muslimischen Minderheiten zunehmend vom osmanischen Staat entfremdet hatten.[413]

d) *Türkische Republik*

Mit dem Ende des Ersten Weltkrieges, in den das Osmanische Reich Ende Oktober 1914 an der Seite des Deutschen Reiches und Österreich-Ungarns eingetreten war und der mit der Niederlage der Zentralmächte endete, brach auch das jahrhundertelang existierende Osmanische Reich zusammen.[414] Die drohende Aufteilung des anatolischen Kernlandes durch die Siegermächte, der Einmarsch russisch-armenischer Truppen in Ostanatolien sowie die griechische Invasion im Westen des Landes führten dazu, dass sich nationaler Widerstand formierte.[415] Unter Führung des Generals und späteren Republikgründers Mustafa Kemal Pascha (Atatürk) begann im Mai 1919 der nationale Unabhängigkeitskampf, dessen ideologische und praktische Basis der Islam war, der alle ethnischen Gruppen islamischer Religionszugehörigkeit zu einer Solidargemeinschaft zusammenfasste.[416]

Am 23. April 1920 konstituierte sich in Ankara die Große Nationalversammlung der Türkei (*Türkiye Büyük Millet Meclisi*), die in Konkurrenz zum ehemaligen osmanischen Parlament[417] und zum Sultanat zum entscheidenden

413 Vgl. *Bayır*, S. 44, 51, 58.

414 Das Osmanische Reich verlor allein im Zeitraum von 1870 bis 1920 rund 85 Prozent seines Territoriums und 75 Prozent seiner Bevölkerung (vgl. *Mahçupyan, E.*, Türkiye'de Gayrımüslim Cemaatlerin Sorunları ve Vatandaş Olamama Durumu Üzerine, online unter : http://www.tesev.org.tr/ etkinlik/demokratiklesme-cemaatler.php [aufgerufen am 17.1.2015]). Mit dem Ende des Ersten Weltkrieges hatte auch der Bevölkerungsanteil der Nicht-Muslime auf türkischem Gebiet von ehemals 20 Prozent auf nunmehr 2,5 Prozent abgenommen (vgl. *Aktar, A.*, Varlık Vergisi ve 'Türkleştirme' Politikaları, Istanbul 2000, S. 24; *Keyder, Ç.*, Türkiye'de Devlet ve Sınıflar, Istanbul 1989, S. 67).

415 Vgl. *Zentrum für Türkeistudien*, S. 18.

416 Vgl. *Adanir, F.*, Geschichte der Republik Türkei, Mannheim 1995, S. 27; *Marcou*, S. 27.

417 Das osmanische Parlament tagte letztmalig von Januar bis April 1920 im von den Besatzungsmächten England und Frankreich militärisch besetzten Istanbul und wurde dann per Dekret des Sultans aufgelöst. Vgl. dazu: *Adanir*, S. 26; *Shaw/ Shaw*, History of the Ottoman Empire and Modern Turkey, S. 340.

Machtzentrum des Unabhängigkeitskampfes wurde.[418] Mit der Bezeichnung „Große Nationalversammlung der Türkei" manifestierte sich auch erstmals der Begriff „Türkei" als Bezeichnung des Landes und als staatsrechtlicher Begriff. Bis dahin wurden Staat, Regierung und Staatsvolk als „osmanisch" bezeichnet.[419] Zudem brachte die Bezeichnung „Große Nationalversammlung" zum Ausdruck, dass sich das neue Parlament als Vertretung der gesamten Nation verstand, die nun als „Quelle aller staatlichen Souveränität"[420] an die Stelle des vorläufig noch weiter bestehenden osmanischen Herrscherhauses trat.

Am 10. August 1920 schloss der osmanische Sultan mit den Siegermächten den Friedensvertrag von Sèvres (VS)[421].[422] Dieser sah u. a. vor, dass Ostanatolien an einen unabhängigen Staat Armenien, Südostanatolien an einen autonomen Staat Kurdistan sowie Thrakien und ein Großteil Westanatoliens an Griechenland abgetreten werden sollte, Mosul Großbritannien zugesprochen werden sollte, die Meerengen demilitarisiert werden sollten und Italien und Frankreich in den verbleibenden kleinasiatischen Gebieten erhöhter Einfluss zugestanden werden sollte. In der Frage der Stellung der Minderheiten, die im Vertrag von Sèvres als nicht-muslimische Minderheiten definiert wurden, wurde die Staatsautorität zugunsten der Privilegierung der Minderheiten beschränkt.[423] Die Siegermächte betrachteten sich als Schutzmächte der im Vertrag ausdrücklich erwähnten

---

418 Die Protokolle der Großen Nationalversammlung der Türkei aus den frühen 1920er Jahren belegen auch die Brisanz der Rolle nicht-muslimischer Minderheiten für den neuen Staat Türkei. Größtenteils maßen die Abgeordneten nämlich der Eliminierung der nicht-muslimischen Minderheiten eine für die Türkei geradezu existenzialistische Bedeutung bei. Vergleiche dazu: *Aktar*, S. 42 f.

419 Vgl. *Rumpf, C.*, Die rechtliche Stellung der Minderheiten in der Türkei, in: *Frowein, J. A./ Hofmann, R./ Oeter, S. (Hrsg.)*, Das Minderheitenrecht europäischer Staaten, Teil 1, Berlin 1993, S. 450; *Smutek-Riemer, A. K.*, Die Kurden, Frankfurt a. M. 1996, S. 57.

420 *Rumpf*, Die rechtliche Stellung der Minderheiten in der Türkei, S. 450.

421 Text siehe: *Parla, R. (Hrsg.)*, Türkiye Cumhuriyeti'nin Uluslararası Temelleri – Lozan, Montrö, Lefkoşa 1985, S. 295 ff.

422 Siehe zur Friedenskonferenz von Sèvres und ihren Ergebnissen: *Helmreich, P. C.*, Sevr Entrikları. Büyük Güçler, Maşalar, Gizli Anlaşmalar ve Türkiye'nin Taksimi, Istanbul 1996, S. 236 ff.; *Pehlivanoğlu, A. Ö.*, Sevr, Lozan Antlaşmaları ve Avrupa Birliği, Istanbul 2005, S. 66 ff.

423 Die Minderheitenschutzbestimmungen des Vertrages von Sèvres finden sich dort im vierten Teil in den Art. 140–151 unter der Überschrift „Schutz von Minderheiten". Text siehe: *Meray, S. L./ Olcay, O.*, Osmanlı İmperatorluğunun Çöküş Belgeleri, Ankara 1977, S. 85–89.

christlichen und jüdischen Minderheiten[424] und ließen sich ein Interventionsrecht[425] zugunsten dieser Minderheiten garantieren.[426] Dem türkischen Staat wurde hingegen keine staatliche Autorität gegenüber den Minderheiten zugestanden, die praktisch jeweils einen autonomen Staat im Staate bilden sollten. So sah der Vertrag von Sèvres keinerlei staatliche Aufsicht über Minderheitenschulen vor und unterstellte die Angehörigen der nicht-muslimischen Minderheiten in familien- und personenrechtlichen Dingen nicht der staatlichen Gerichtsbarkeit.[427]

Der Friedensvertrag von Sèvres war der repressivste Friedensschluss des Ersten Weltkrieges und behandelte die Türkei in gänzlicher Verkennung der türkischen Realität gleich einem Kolonialgebiet, das territorial amputiert, finanziell und wirtschaftlich geknebelt und seiner politischen Souveränität beraubt werden sollte.[428] Dieses in seiner Härte maßlos übertriebene Friedensvertragsdiktat seitens der Siegermächte rief bei den Türken den sog. „Sèvres-Komplex“[429] bzw. das „Sèvres-Syndrom“[430] hervor: die durch den seitens der europäischen Mächte verschuldeten Untergang des Osmanischen Reiches ausgelöste Furcht, dass es das Ausland nur darauf anlege, die Türkei zu spalten.

Als Vorsitzender des faktisch eine Gegenregierung zu Istanbul darstellenden Repräsentativkomitees, als Präsident der Großen Nationalversammlung und als Kommandeur der Befreiungsarmee wandte sich Mustafa Kemal offen gegen den Sultan und erkannte den Vertrag von Sèvres nicht an.[431] Statt dessen verabschiedete die Große Nationalversammlung in Ankara am 21. Januar 1921 eine erste

424 Vgl. Art. 150 VS.

425 Vgl. Art. 151 VS.

426 Vgl. *Ziemke, K.*, Die neue Türkei: politische Entwicklung 1914–1929, Stuttgart 1930, S. 108.

427 Vgl. Art. 148 VS und Art. 149 VS.

428 Vgl. *Roy, O.*, La Turquie: Monde À Part Ou Nouvelle Frontière Pour L' Europe, in: *Roy, O. (Éd.)*, La Turquie Aujourd'Hui, Paris 2004, S. 17; *Weithmann, M. W.*, Atatürks Erben auf dem Weg nach WESTEN, München 1997, S. 132 f., 137.

429 *Hermann, R.*, Die Türkei auf dem Weg nach Europa, in: *Spuler-Stegemann, U. (Hrsg.)*, Feindbild Christentum im Islam, Freiburg i. Br. 2004, S. 92.

430 *Burdy*, S. 180; *The Human Rights Advisory Board*, The Minority Rights and Cultural Rights Working Group Report, Presented to the Prime Ministry on 22nd October 2004, Ankara 2004, S. 6; *Oran*, Türkiye'de Azınlıklar: Kavramlar, Lozan, İç Mevzuat, İçtihat, Uygulama, S. 137.

431 Vgl. *Weithmann*, S. 134.

rudimentäre Verfassung[432], die als verfassungsänderndes Gesetz zur osmanischen Verfassung von 1876 in der Fassung von 1909 gedacht war.[433]

Nach der Offensive und dem Sieg der türkischen Armee an der Westfront am 9. September 1922 wurde im Waffenstillstandsabkommen von Mudanya am 10. Oktober 1922 vereinbart, dass die geschlagenen griechischen Invasionstruppen die Türkei zu räumen und sich die Besatzungsmächte aus dem Land zurückzuziehen hatten.[434] Der Unabhängigkeitskrieg endete mit dem vollständigen Sieg der Türken. Damit wurde der Weg für neue Friedensverhandlungen geebnet, in denen sich die Türkei – als völkerrechtlicher Nachfolgestaat des Osmanischen Reiches –[435] nach außen territorial konstituieren und nach innen als neues Staatswesen konsolidieren und strukturieren konnte.[436]

Nachdem am 1. November 1922 das Sultanat abgeschafft worden war, begann am 20. November 1922 die Friedenskonferenz von Lausanne.[437] An diesen Friedensverhandlungen nahm die Türkei – vertreten durch die Entsandten des neuen Regimes – als gleichberechtigter Partner teil. Als Verhandlungspartner saßen der Türkei Großbritannien, Frankreich, Italien, Japan, Griechenland, Rumänien und der serbisch-kroatisch-slowenische Staat gegenüber. Nach zähen und leidenschaftlich geführten Verhandlungen wurde der Lausanner Vertrag (LV) am 24. Juli 1923 von den beteiligten Staaten unterzeichnet.[438] Damit wurden die durch den Unabhängigkeitskrieg geschaffenen territorialen Verhältnisse und die Souveränität des neuen türkischen Staates international anerkannt. Besondere Bedeutung erhielt der Vertrag von Lausanne auch wegen der nach Vorbild der Artikel 7–12 des Polnischen Minderheitenvertrages vom 28. Juni 1919[439] in

432 Text siehe: *Hirsch, E. E.*, Die Verfassung der Türkischen Republik, Staatsverfassungen der Welt, Bd. 7, Frankfurt a. M. 1966, S. 208.

433 Vgl. *Aldıkaçtı, O.*, Anayasa Hukukumuzun Gelişmesi ve 1961 Anayasası, Istanbul 1978, S. 76.

434 Vgl. *Adanir*, S. 30.

435 *Riemer, A. K.*, Die Türkei und die Europäische Union, in: Aus Politik und Zeitgeschichte, B 10–11/2003, S. 40.

436 Vgl. *Rumpf*, Die rechtliche Stellung der Minderheiten in der Türkei, S. 450.

437 Siehe zur Friedenskonferenz von Lausanne und ihren Ergebnissen: *Pehlivanoğlu*, S. 104 ff.

438 Text und Verhandlungsprotokolle siehe: *Bilsel, C. M.*, Lozan, Cilt 2, Istanbul 1933, S. 584–636; *Meray, S. L. (Çev.)*, Lozan Barış Konferansı, Tutanak ve Belgeler, Takım I, Cilt 1, Kitap 1, Ankara 1969; *Meray, S. L. (Çev.)*, Lozan Barış Konferansı, Tutanak ve Belgeler, Takım I, Cilt 1, Kitap 2, Ankara 1970.

439 Text des Polnischen Minderheitenvertrages vom 28.6.1919 siehe: *Thornberry*, S. 399–403.

Abschnitt 3 in den Artikeln 37–44 LV niedergelegten Minderheitenklauseln, die bis heute Grundlage des türkischen Minderheitenbegriffs und -verständnisses sind.[440] Mit dem Lausanner Vertrag wurde der nicht ratifizierte und somit nie in Kraft getretene Vertrag von Sèvres ersetzt.[441] Als Annex zum Lausanner Vertrag[442] wurde ein gegenseitiger Bevölkerungsaustausch zwischen der Türkei und Griechenland vereinbart.[443]

Im Gegensatz zum Vertrag von Sèvres finden im Lausanner Vertrag ethnische Minderheiten wie die Kurden keine Erwähnung, noch wird diesen eine territoriale Autonomie in Aussicht gestellt.[444] Diese Negierung der kurdischen Identität und die spätere Abschaffung des Kalifats führten dazu, dass die Kurden in mehreren Aufständen zwischen 1925 und 1938 gegen den neuen türkischen Staat aufbegehrten.[445] Gleichzeitig wirkten sich die Kurdenaufstände für die populäre

---

440 Die Art. 37–44 des Lausanner Vertrages sind mit denen des Polnischen Minderheitenvertrages nahezu identisch. Lediglich die Bezeichnung „rassische, religiöse oder sprachliche Minderheiten" wurde im Lausanner Vertrag durch die Bezeichnung „nicht-muslimische Minderheiten" ersetzt. Vgl. dazu: *Oran, B.*, Linguistic Minority Rights in Turkey, the Kurds and Globalization, S. 151.

441 Vgl. *Erler*, S. 140; *Foreign Policy Institute (Ed.)*, The Armenian Issue in nine Questions and Answers, Ankara 1982, S. 31; *Weithmann*, S. 144.

442 Yunan ve Türk Halklarının Mübadelesine İlişkin Sözleşme ve Protokol (30.1.1923). Text siehe: *Belli, M.*, Türkiye-Yunanistan Nüfüs Mübadelesi, Istanbul 2004, S. 108–112.

443 Dieser sah die Zwangsaussiedlung aller orthodoxen Griechen aus der Türkei und aller muslimischen Türken aus Griechenland vor. Lediglich die in Istanbul ansässigen Griechen sowie die in West-Thrakien ansässigen Türken wurden von dieser Regelung ausgenommen. Insgesamt mussten zwischen 350.000 und 500.000 Türken Griechenland verlassen sowie ca. 1.500.000 Griechen die Türkei. Vgl dazu: *Belli*, S. 30 ff., 55 ff., 94 ff.; *Bozarslan*, Les minorités en Turquie, S. 105; *Fest, J.*, Ethnische Minderheiten in der Türkei und ihr Beitrag zur türkischen Wirtschaft unter besonderer Berücksichtigung der Kurden, in: Zeitschrift für Türkeistudien 2/93, S. 309; *Franz, E.*, Population Policy in Turkey, Hamburg 1994, S. 247; *Ludwig, K.*, Ethnische Minderheiten in Europa. Ein Lexikon, München 1995, S. 157; *Pircher*, S. 130 ff.; *Shaw, S. J./ Shaw, E. K.*, Osmanlı Imparatorluğu ve Modern Türkiye, Cilt 2, Istanbul 1983, S. 437; *The Ministry of Culture of the Turkish Republic (Hrsg.)*, Lausanne on it's 70th Anniversary, Ankara 1993, S. 52; *Weithmann*, S. 147.
Eine ausführliche Schilderung zu Hintergründen, Ablauf und Folgen des türkisch-griechischen Bevölkerungsaustausches findet sich bei: *Belli*, S. 17–101.

444 Eine Gegenüberstellung der wichtigsten inhaltlichen Unterschiede der Friedensverträge von Sèvres und Lausanne findet sich bei *Pehlivanoğlu*, S. 115 ff.

445 Vgl. *Adanir*, S. 34 f.; *Bozarslan, H.*, La Question Kurde: Est-Elle Soluable Dans L'Europe?, in: *Roy, O. (Éd.)*, La Turquie Aujourd'Hui, Paris 2004, S. 85; *Burdy*, S. 184 f.;

Geschichtswahrnehmung der türkischen Bevölkerung aber dergestalt aus, dass die Kurden seitdem als potentielle Verräter angesehen wurden.[446]

Nachdem Ankara zur Hauptstadt der neuen Türkei bestimmt worden war, wurde dort am 29. Oktober 1923 die „Republik Türkei" ausgerufen. Es folgte dann am 3. März 1924 die Abschaffung des Kalifats (*halife*)[447] und kurz darauf der Erlass die gesamte islamische Staats- und Rechtsordnung außer Kraft setzender Bestimmungen.[448] Im Anschluss daran wurde am 20. April 1924 die erste vollständige Verfassung der Republik Türkei verabschiedet.[449] Diese enthielt neben einem ausführlichen Teil zur Staatsorganisation auch einen eigenen Grundrechtsteil.

Vorrangiges Ziel der neu gegründeten Republik Türkei war es, die angesichts der heterogenen Zusammensetzung der Bevölkerung real (noch) nicht existierende türkische Nation zu formen.[450] Im Rahmen der nun begonnenen Nationsbildung von oben wurde durch eine Gesetzgebung, die auf eine Assimilierung andersartiger Kulturelemente hinauslief, das andersartige Element innerhalb der türkischen Nation unterdrückt und nahezu ausgelöscht. Es wurde versucht, durch Assimilierung[451] sowie die erzwungene oder freiwillige Auswanderung

---

Weithmann, S. 158 ff.; *Yeğen, M.*, The Turkish State Discourse and the Exclusion of Kurdish Identity, in: Middle Eastern Studies, Volume 32, Number 2/1996, S. 225. Eine ausführliche Schilderung der Hintergründe der Kurdenaufstände der Jahre 1925–1938 findet sich bei *Strohmeier, M./ Yalçın-Heckmann, L.*, Die Kurden, 1. Auflage, München 2000, S. 96 ff.

446 Vgl. *Yalçın-Heckmann, L.*, Zur Kurdenproblematik in der Türkei, in: Aus Politik und Zeitgeschichte, B 11–12/97, S. 44.

447 Das Wort „Kalif" („*halife*") ist vom arabischen „khalīfa" abgeleitet und bedeutet ursprünglich „Nachfolger". Der Kalif ist somit der Nachfolger des Propheten Mohammed, d. h. das Oberhaupt der islamischen Gemeinschaft auf Erden. Die osmanische Dynastie führte den Kalifen-Titel – wie vor ihr bereits andere islamische Herrscherhäuser – seit der Eroberung Ägyptens im Jahr 1517, beanspruchte das universelle, alle Muslime über Staatsgrenzen hinaus zusammenfassende Kalifat aber erst seit dem Ende des 18. Jahrhunderts. Vgl. dazu: *Kreiser, K.*, Kleines Türkei Lexikon, München 1991, S. 77, 81; *Lewis, B.*, The Crisis of Islam, London 2003, S. XVII.

448 Vgl. *Weithmann*, S. 155.

449 Text siehe: *Hirsch*, Die Verfassung der Türkischen Republik, S. 209 ff.

450 Vgl. *Keyder, Ç.*, Die Türkei zwischen Europa und Amerika, in: *Leggewie, C. (Hrsg.)*, Die Türkei und Europa, Frankfurt a. M. 2004, S. 277; *Steinbach, U.*, Gesellschaft zwischen Tradition und Moderne, in: *Bundeszentrale für politische Bildung (Hrsg.)*, Informationen zur politischen Bildung, 277, Bonn 2002, S. 34.

451 Im offiziellen Sprachgebrauch der türkischen Regierung war jedoch nicht von „Assimilierung", sondern von „Zivilisierung" (*Temdin*) die Rede (vgl. *Strohmeier/ Yalçın-Heckmann*, Die Kurden, 1. Auflage, S. 100.).

von Minderheitenangehörigen künstlich eine Einheitskultur zu schaffen.[452] Diese nationale Vereinnahmung der Minderheiten sollte bis zu deren vollständigen Aufgehen in der türkischen Nation fortgeführt werden. Die „ethnisch-sprachliche Homogenisierung“[453] der türkischen Nation war dabei das übergeordnete Ziel. Zum Zwecke der Modernisierung und besseren Integration wurde z. B. Ende der 1920er Jahre die türkische Sprachreform[454] durchgeführt, mit der die türkische Sprache von arabischen und persischen Elementen befreit werden sollte.[455] Neben einer ideologischen Funktion – sie sollte eine Abwendung vom rückständigen islamischen Erbe und die Schaffung einer neuen nationalen Identität bewirken – hatte die Sprachreform auch eine kulturpolitische. Sie sollte ein Medium schaffen, mit dem bildungspolitische Ziele leichter erreicht werden konnten. Über die Verbreitung der neuen offiziellen „Geschichtsthese“ erhoffte sich der Staat nämlich, den türkischen Ursprung aller in Anatolien lebenden Bevölkerungsgruppen nachweisen zu können, um ein Geschichtsbild zu kreieren, welches als Bindemittel zwischen den einzelnen Bevölkerungsgruppen wirken konnte.[456] Im Endeffekt zielte die Sprachreform aber vornehmlich auf sprachliche Assimilierung der unterschiedlichen Bevölkerungsgruppen ab.[457]

---

452 Vgl. *Hermann*, Der Status der nichtmuslimischen Minderheiten in der Türkei, S. 109 f.; *Kaya, H.*, Modernleşme Sürecinde Çokkültürlülük ve Türkiye, in: *Helsinki Yurttaşlar Derneği*, Modernleşme ve Çokkültürlülük, Istanbul 2001, S. 119; *Roth, M.*, Glücklich, wer sagen kann, ich bin Türke, in: Vielfalt 43, Zeitschrift für bedrohte Völker, Bern 2002, S. 3; *Schneider, H.*, Menschenrechte und Volksgruppenrechte in der europäischen Integrations- und Sicherheitspolitik, in: *Baadte, G./ Rauscher, A. (Hrsg.)*, Minderheiten, Migration und Menschenrechte, Graz 1995, S. 106.

453 *Goltz, G.*, Die armenische Minderheit in der Türkei – zu den Entwicklungen seit den EU-Anpassungsreformen 2002 und 2003, in: Orient 3/2003, S. 413.

454 Eine Zusammenfassung der Geschichte der türkischen Sprachreform findet sich bei *Heyd, U.*, Language Reform in Modern Turkey, Jerusalem 1954, S. 19 ff.

455 Vgl. *Adanir*, S. 37 f.; *Kreiser, K./ Neumann, C. K.*, Kleine Geschichte der Türkei, Bonn 2005, S. 418; *Weithmann*, S. 168 f.

456 Vgl. *Aydın*, Das ethnische Mosaik der Türkei, S. 79; *Göle, N.*, La laïcité républicaine et l'islam public, in: Pouvoirs – 115. 2005, La Turquie, Paris 2005, S. 79; *Kreiser/ Neumann*, S. 418 f.

457 So wurde 1927 unter dem Motto „Bürger, sprich Türkisch!“ („*Vatandaş Türkçe Konuş!*“) eine Kampagne zur Durchsetzung der türkischen Sprache gestartet, die insbesondere auf die Assimilierung der Minderheiten abzielte, die ihre eigene sprachliche Identität pflegten (vgl. *Akar, R.*, Cumhuriyet Dönemi Azınlık Politikları, in: *Helsinki Yurttaşlar Derneği*, Modernleşme ve Çokkültürlülük, Istanbul 2001, S. 18; *Yıldız, A.*, „Ne Mutlu Türküm Diyebilene“. Türk Ulusal Kimliğinin Etno-Seküler Sınırları 1919–1938, 2. Baskı, Istanbul 2004, S. 140, 272, 286).

Neben nationaler und sprachlicher Assimilierung versuchte der türkische Staat aber auch, den Islam als religiös-kulturelle Quelle türkischer Identität zur Schaffung der nationalen Einheit zu instrumentalisieren. So wurde der Islam in der Verfassung von 1924 bis zur Verfassungsänderung im Jahr 1928 noch als Staatsreligion bezeichnet.[458] Erst im Jahr 1937 wurde das kemalistische Staatsprinzip des Laizismus in die Präambel der Türkischen Verfassung aufgenommen.[459] Aber auch danach machte sich der Staat – nun allerdings unter dem Deckmantel des Laizismus – die einende Kraft des Islam als Basis für die nationale Einheit der Türkei zunutze.[460] Mit dem staatlich kontrollierten sunnitisch-hanafitischen Islam wurde eine „Quasi-Staatsreligion"[461] geschaffen. Denn der kemalistischen Überzeugung nach bot nur eine zentral formulierte und durchgesetzte einheitliche Version der Religion die Gewähr für die Bewahrung der staatlichen Einheit und den Schutz vor Instrumentalisierung durch religiöse Fundamentalisten.[462]

Erst nach dem ersten Militärputsch von 1960 wurde die Verfassung von 1924 durch eine moderne Verfassung mit umfassendem Grundrechtskatalog und einem ausdrücklichen Bekenntnis zur Rechtsstaatlichkeit abgelöst.[463] Im Zuge des zweiten Militärputsches 1971 kam es in den Jahren 1971 und 1973 zu Verfassungsreformen.[464] Nach dem dritten Militärputsch 1980 wurde dann unter nicht-demokratischen Bedingungen die autoritäre und restriktive Verfassung von 1982 verabschiedet.[465] Diese hatte zum Ziel, die Autorität des Staates und

---

458 War im Art. 2 der Türkischen Verfassung von 1924 noch vom Islam als Religion des türkischen Staates die Rede, so wurde diese Bestimmung mit dem Gesetz vom 10.4.1928 aus der Verfassung entfernt (vgl. *Marcou*, S. 27; *Wedel, H.*, Der türkische Weg zwischen Laizismus und Islam, Opladen 1991, S. 26).

459 Verfassung-Abänderungsgesetz Nr. 3115 vom 5.2.1937.

460 Vgl. *Taştan*, S. 147 ff., 152 ff.

461 *Meral, A.*, Die Türkei – langer Weg zur Europäischen Union, in: Südosteuropa Mitteilungen 04/2000, S. 344. Ähnlich auch: *Hottinger*, S. 92, der die sunnitischen Türken, die Träger der staatlich verordneten Religion, als das „Staatsvolk" der Türkei bezeichnet.

462 Vgl. *Görlach, A. M.*, Türkischer Islam und moderne Gesellschaft, in: Die Politische Meinung Nr. 425 (April 2005), S. 31; *Seufert, G.*, Laizismus in der Türkei – Trennung von Staat und Religion?, in: Südosteuropa Mitteilungen 01/2004, S. 25.

463 Text siehe: *Hirsch*, Die Verfassung der Türkischen Republik, S. 209 ff.

464 Text siehe: *Hirsch, E. E.*, Verfassungsänderungen in der Türkei, Staatsverfassungen der Welt, Bd. 7 a, Frankfurt a. M. 1973.

465 Text siehe: *Hirsch, E. E.*, Die Verfassung der Türkischen Republik vom 9.11.1982, in: JöR 32 (1983), S. 507–623.

seiner Institutionen zu stärken und die öffentliche Ordnung zulasten der Grundrechte und -freiheiten der Bürger wiederherzustellen und zu gewährleisten.[466] Zwar enthielt auch sie einen Grundrechtskatalog. Diese Grundrechte waren aber äußerst restriktiv und sehr leicht einschränkbar. Somit hatte die Verfassung von 1982 stark obrigkeitsstaatlichen Charakter und schützte den Staat mehr als die Bürger. Nach der Wiederherstellung demokratischer Verhältnisse im Jahr 1983 wurde die Verfassung insgesamt noch sechzehnmal geändert. Diese Verfassungsänderungen führten zu bedeutsamen Verbesserungen auf den Gebieten der Grundrechte und -freiheiten, der politischen Rechte, der Rechtsstaatlichkeit und der Beziehungen zwischen Zivilgesellschaft und Militär.[467] Bereits seit mehreren Jahren wird von der alleinregierenden AKP – allerdings erfolglos – versucht, eine neue Verfassung zu verabschieden, deren Hauptanliegen jedoch nicht ein freiheitlicherer Charakter der Verfassung, sondern die Einführung eines Präsidialsystems ist. Insbesondere in jüngster Vergangenheit sind die verfassungsrechtlich garantierten Grund- und Freiheitsrechte in der Praxis auch erheblich eingeschränkt worden.[468]

II. Minderheitenbegriff

Der Begriff der Minderheit ist völkerrechtlich nicht eindeutig definiert. Da aber Einigkeit darüber besteht, dass nicht jeder Staat selbst über das Vorhandensein einer Minderheit auf seinem Staatsgebiet entscheiden kann, weil er sonst das Vorhandensein einer Minderheit schlichtweg leugnen und sich damit jeglichen völkerrechtlichen Verpflichtungen entziehen könnte, wurden seit dem Ersten

---

466 Vgl. *Özbudun E./ Yazıcı, S.*, Democratization Reforms in Turkey (1993–2004), Istanbul 2004, S. 13; *Sabuncu, Y.*, Probleme in der Demokratie und den Menschenrechten in der heutigen Türkei, in: *Kürsat-Ahlers, E./ Tan, D./ Waldhoff, H.-P. (Hrsg.)*, Türkei und Europa, Frankfurt a. M. 2001, S. 156; *Yazıcı, S.*, The Impact of the EU on the Liberalisation and Democratisation Process in Turkey, in: *Griffiths, R. T./ Özdemir, D. (Ed.)*, Turkey And The EU Enlargement, Istanbul 2004, S. 91 ff.

467 Vgl. *Özbudun/ Yazıcı*, S. 42.

468 Vgl. *European Commission*, Turkey 2014 Progress Report, online unter: http://ec.europa.eu/ enlargement/pdf/key_documents/2014/20141008-turkey-progress-report_en.pdf [aufgerufen am 24.1.2015], S. 6, 7, 11, 15, 16, 45, 51, 52, 53, 63; *Human Rights Watch*, Turkey's Human Rights Rollback, Washington 2014, online unter: http://www.hrw.org/sites/default/files/reports/turkey0914_ForUpload.pdf [aufgerufen am 27.1.2015], S. 5, 32 ff.

Weltkrieg auf verschiedensten Ebenen Anstrengungen unternommen, den Begriff der Minderheit zu definieren.[469]

Der ungarische Minderheitenbegriff orientiert sich an den in internationalen Minderheitenschutzdokumenten sowie im völkerrechtlichen Schrifttum und der völkerrechtlichen Praxis anerkannten Kriterien. Er umfasst daher ethnische, nationale und sprachliche Minderheiten. Der türkische Minderheitenbegriff hat sich hingegen seit der osmanischen Zeit nicht weiterentwickelt, bestimmt Minderheiten allein nach religiösen Kriterien und beschränkt sich auf nichtmuslimische Minderheiten.

1. Ungarischer Minderheitenbegriff

Das Ungarische Grundgesetz (UGG) von 2011 enthält in Art. XXIX UGG einen sog. Minderheitenartikel, ohne darin allerdings den Begriff der Minderheit[470] zu definieren. Stattdessen findet sich im Nationalitätengesetz (UNatG) von 2011[471] eine Legaldefinition des Minderheitenbegriffs. Gemäß § 1 I UNatG sind Minderheiten[472]

> „alle – auf dem Gebiet Ungarns zumindest seit einem Jahrhundert beheimateten – Volksgruppen, die innerhalb der Bevölkerung des Staates zahlenmäßig eine Minderheit bilden, sich von dem übrigen Teil der Bevölkerung durch ihre eigene Sprache, Kultur und ihre Traditionen unterscheiden und gleichzeitig von einem Bewusstsein der Zusammengehörigkeit Zeugnis ablegen, das sich auf die Wahrung all dieser, auf den Ausdruck und den Schutz der Interessen ihrer historisch entstandenen Gemeinschaften richtet“[473].

---

469 Vgl. *Ermacora*, Nationale Minderheiten – Ein Definitionsproblem, S. 34, 40; *Heintze, H.-J.*, Selbstbestimmungsrecht und Minderheitenrechte im Völkerrecht, Baden-Baden 1994, S. 188.

470 Im Ungarischen Grundgesetz von 2011 wird anstelle des in der Vorgängerverfassung gebräuchlichen Begriffs „Minderheit“ der Begriff „Nationalität“ verwendet.

471 Gesetz CLXXIX/2011 über die Rechte der Nationalitäten.

472 Im Nationalitätengesetz von 2011 wird ebenso wie im Ungarischen Grundgesetz von 2011 anstelle des Begriffs „Minderheit“ – den Traditionen der Nationalitätengesetze von 1849 und 1868 entsprechend – wieder der Begriff „Nationalität“ verwendet. Die vorliegende Studie bleibt aus Gründen der Verwendung einer einheiltichen Begrifflichkeit hingegen dabei, die vom ungarischen Gesetzgeber nunmehr offiziell als „Nationalitäten“ genannten Minderheiten auch weiterhin als „Minderheiten“ zu bezeichnen. Daher wird in dieser Studie für die in ungarischen Rechtsquellen nunmehr als „Nationalitäten“ bezeichneten Gruppen durchgehend der Begriff „Minderheit“ benutzt.

473 § 1 I UNatG.

Um rechtlich als Minderheit anerkannt zu werden, muss eine Volksgruppe in Ungarn damit folgende Kriterien erfüllen: (1) Es muss sich um eine Volksgruppe handeln, die bereits seit mindestens einem Jahrhundert durchgehend auf ungarischem Staatsgebiet ansässig ist. (2) Sie muss gegenüber der ungarischen Bevölkerung im Staat zahlenmäßig unterlegen sein. (3) Sie muss sich von der Bevölkerungsmehrheit in objektiver Hinsicht durch eine eigene Sprache, Kultur sowie eigene Traditionen unterscheiden. (4) In subjektiver Hinsicht muss sie ein nach außen kundgetanes Zusammengehörigkeitsgefühl besitzen, welches auf die Bewahrung ihrer objektiven Gruppenidentitätsmerkmale und die Wahrnehmung und den Schutz ihrer gemeinsamen Gruppeninteressen gerichtet ist.

Eine Person gehört dann gemäß § 1 II UNatG zu einer die Voraussetzungen des § 1 I UNatG erfüllenden Minderheit, wenn sie sich (a) dieser Minderheit zugehörig fühlt, (b) dieses Zugehörigkeitsgefühl nach außen hin bekundet und (c) über einen Wohnsitz in Ungarn verfügt, (d) muss diese Person gemäß der Präambel des UNatG und gemäß Art. XXIX UGG auch die ungarische Staatsangehörigkeit besitzen, um sich auf ihre Minderheitenrechte berufen zu können. Einwanderer und Flüchtlinge sind somit vom Minderheitenbegriff nicht umfasst. Gegenwärtig erfüllen die in Anhang Nr. 1 UNatG aufgelisteten Volksgruppen der Armenier, Bulgaren, Deutschen, Griechen, Kroaten, Polen, Roma, Rumänen, Ruthenen, Serben, Slowaken, Slowenen und Ukrainer die Voraussetzungen des ungarischen Minderheitenbegriffs und sind vom Staat offiziell als Minderheiten anerkannt.

Das Kriterium der Siedlungsdauer von mindestens einem Jahrhundert auf ungarischem Staatsgebiet entspricht einer dauerhaften Sesshaftigkeit von drei bis vier Generationen. Da sich bei Gruppen von Einwanderern oder Gastarbeitern in der Regel nach drei Generationen feststellen lässt, ob sie ihre ursprüngliche nationale oder religiöse Identität bewahrt haben oder assimiliert sind,[474] will der ungarische Staat auch erst dann darüber entscheiden, ob dieser eingewanderten Volksgruppe der Minderheitenstatus zusteht oder nicht. Ist eine Volksgruppe der Ansicht, die im Nationalitätengesetz festgelegten Voraussetzungen des Minderheitenbegriffs zu erfüllen, so können mindestens 1.000 das allgemeine Wahlrecht besitzende Personen aus dieser Volksgruppe gemäß § 148 III 1 UNatG gemeinsam beim Vorsitzenden der Landeswahlkommission beantragen, dass dieser Volksgruppe der Minderheitenstatus zuerkannt wird.

474 Vgl. *Brunner/ Küpper*, Minderheitenschutz im östlichen Europa. Ungarn, S. 28.

Der ungarischen Minderheitendefinition des § 1 I UNatG entsprechend werden Minderheiten allein nach ethnischen und nationalen Kriterien definiert. Nur diese Volksgruppen sollen nach ungarischem Minderheitenverständnis in den Genuss von umfangreichen Minderheitenrechten kommen. Religiöse Minderheiten, die sich allein aufgrund religiöser Kriterien von der ungarischen Bevölkerungsmehrheit unterscheiden, fallen nicht unter den ungarischen Minderheitenbegriff. Das heißt aber nicht, dass diesen in der ungarischen Rechtsordnung kein besonderer Schutz gewährt wird. Der besondere Schutz und die Rechte der Religionsgemeinschaften werden in Art. VII I UGG – ohne Rücksicht darauf, wie viele Angehörige die einzelne Religionsgemeinschaft hat – garantiert.

2. Türkischer Minderheitenbegriff

Die Bestimmungen über Minderheiten in der Türkei und deren Rechte finden sich in den Artikeln 37–44 des Lausanner Vertrages vom 24. Juli 1923 unter der Überschrift „Schutz der Minderheiten“[475]. Diese Bestimmungen sind in der Türkei unmittelbar geltendes Recht. In der Türkischen Verfassung ist an keiner Stelle von Minderheiten die Rede. Lediglich in einigen einfachgesetzlichen Vorschriften wird der Begriff „Minderheit“ genannt. Dabei wird er jedoch nie definiert oder näher umschrieben.[476]

Internationale Abkommen zum Minderheitenschutz hat die Türkei – wenn überhaupt – stets mit dem Vorbehalt unterzeichnet, dass sie die Minderheiten betreffenden Artikel nur unter Zugrundelegung des in der Türkischen Verfassung und dem Lausanner Vertrag geltenden Minderheitenverständnisses interpretieren und anwenden werde.[477]

Der Lausanner Vertrag ist hinsichtlich des türkischen Minderheitenbegriffes und -schutzes das wichtigste geltende Rechtsdokument. Der darin zugrunde gelegte Minderheitenbegriff und die dort garantierten Minderheitenrechte dürfen jedoch nicht isoliert betrachtet werden, sondern müssen im historischen Kontext des siegreichen Befreiungskampfes der Türken und der vorangegangenen Demütigung durch die Bestimmungen des Vertrags von Sèvres aus dem Jahre

---

475 *Bilsel, C. M.*, Lozan, Cilt 2, Istanbul 1933, S. 593–595; *Conférence de Lausanne sur les Affairs du Proche-Orient 1922–1923*, Actes Signés à Lausanne, Paris 1923, S. 13–16.

476 Vgl. *Kurban*, A Quest for Equality: Minorities in Turkey, S. 10.

477 Vgl. *Kurban*, A Quest for Equality: Minorities in Turkey, S. 10; *Künnecke*, Eine Hürde auf dem Weg zur EU-Mitgliedschaft? – Der unterschiedliche Minderheitenbegriff der EU und der Türkei, S. 123 f.

1920 gewürdigt werden, da sie nur vor diesem Hintergrund hinreichend verständlich sind.

Im Gegensatz zu anderen zwischen den alliierten Siegermächten und den besiegten Staaten nach dem Ersten Weltkrieg geschlossenen Minderheitenschutzverträgen enthält der Lausanner Vertrag nicht die Standardformulierung „rassische, religiöse und sprachliche Minderheiten".[478] Stattdessen beschränkt sich der Minderheitenbegriff des Lausanner Vertrages einzig und allein auf „nicht-muslimische Minderheiten". Im französischen und türkischen Original-Vertragstext ist von „*minorités non-musulmanes*"[479] bzw. „*gayri müslim ekalliyetler*"[480,481] die Rede. Einzelne nicht-muslimische Minderheiten werden im Vertragstext nicht erwähnt.

Durch diese enge, allein auf nicht-muslimische Minderheiten beschränkte Fassung des Minderheitenbegriffs werden ethnische und sprachliche sowie religiöse Minderheiten innerhalb des islamischen Glaubens – sog. muslimische Minderheiten – vom Minderheitenbegriff und somit auch von Minderheitenrechten ausgeschlossen. Ethnische und sprachliche Minderheiten wie z. B. die Kurden sowie muslimische religiöse Minderheiten wie z. B. die Aleviten fallen demnach nicht unter den Minderheitenbegriff des Lausanner Vertrages.

Aus dem Begriff „nicht-muslimische Minderheiten" des Lausanner Vertrages lassen sich neben der Zugehörigkeit zu einer nicht-muslimischen Religionsgemeinschaft nach dem Wortlaut, der Entstehungsgeschichte und dem Schutzzweck der Minderheitenschutzbestimmungen des Lausanner Vertrages aber noch weitere Kriterien des türkischen Minderheitenbegriffs ableiten. Dies sind die Kriterien der zahlenmäßigen Unterlegenheit, der nicht beherrschenden Stellung, der türkischen Staatsangehörigkeit sowie des Zugehörigkeits- und Solidaritätsgefühls.[482] Dem türkischen Minderheitenbegriff entsprechend wird eine Personengruppe somit nur dann als Minderheit anerkannt, wenn sie (1) der

---

478 *Kurban, D.*, Confronting Equality: The Need for Constitutional Protection of Minorities on Turkey's Path to the European Union, in: Columbia Human Rights Law Review, Vol. 35, No. 1, 2003, S. 168; *Oran, B.*, Bir İnsan Hakları ve Çokkültürcülük Belgesi Olarak 1923 Lausanne Barış Antlaşması, in: *Kaboğlu, İ. (Haz.)*, Kopenhag Kriterleri, Istanbul 2001, S. 216.

479 *Conférence de Lausanne sur les Affairs du Proche-Orient 1922–1923*, S. 14 ff.

480 *Ekalliyet*" ist die alte osmanische Bezeichnung für „Minderheit". Der im Türkischen für „Minderheit" verwendete Begriff lautet „*azınlık*".

481 *Bilsel, C. M.*, S. 593 ff.

482 Vgl. *Künnecke*, Eine Hürde auf dem Weg zur EU-Mitgliedschaft? – Der unterschiedliche Minderheitenbegriff der EU und der Türkei, S. 128.

türkischen Bevölkerungsmehrheit zahlenmäßig unterlegen ist, (2) im türkischen Staat keine dominierende Rolle mit Alleinentscheidungsbefugnissen besitzt, (3) deren Mitglieder einer nicht-muslimischen Religionsgemeinschaft angehören, (4) die türkische Staatsangehörigkeit besitzen und (5) ein Bekenntnis nach außen abgeben, dieser Personengruppe anzugehören und sich mit dieser solidarisch erklären.

III. Staatlich anerkannte Minderheiten

Die staatlicherseits offiziell anerkannten Minderheiten bestimmen sich in beiden Staaten danach, welche Minderheiten nach offizieller Lesart die Voraussetzungen der jeweiligen nationalen Minderheitendefinition erfüllen. Diese findet sich – wie bereits oben ausgeführt – in Ungarn im Grundgesetz und im Nationalitätengesetz, in der Türkei im Lausanner Vertrag.

1. Staatlich anerkannte Minderheiten in Ungarn

Nach dem Ergebnis der letzten Volkszählung von 2011 beträgt die ungarische Gesamtbevölkerung 9.937.638 Personen. Davon zählen sich 8.314.029 Personen zur ungarischen Volksgruppe, der Rest setzt sich aus den Angehörigen der anerkannten Minderheiten (555.507) sowie anderen Gruppen zusammen.[483] Der Bevölkerungsanteil aller anerkannten Minderheiten beträgt in Ungarn somit zusammen 5,6 Prozent.

Die in Ungarn gegenwärtig als Minderheiten anerkannten Volksgruppen finden sich im Anhang Nr. I UNatG. Die dort aufgelisteten Minderheiten erfüllen nach aktuellem Stand allesamt die Voraussetzungen der in § 1 UNatG normierten Minderheitendefinition. Diese Auflistung ist jedoch nicht abschließend, denn gemäß § 148 III UNatG steht es auch bislang nicht offiziell als Minderheit anerkannten Volksgruppen offen, im Volksinitiativverfahren die staatliche Anerkennung als Minderheit zu beantragen. Nach derzeitigem Stand sind in Ungarn jedoch nur die folgenden Volksgruppen als Minderheiten anerkannt:

483 Vgl. *Hungarian Central Statistical Office*, Hungarian population census 2011, Table 1.1.6.2: Population by nationality, mother tongue, language spoken with family members or friends and affinity with nationalities' cultural values, 2011, online unter: http://www.ksh.hu/nepszamlalas/tables/regional/00/00_1_1_6_2_en.xls [aufgerufen am 28.1.2015].

a) Armenier

Bereits seit dem 13. Jahrhundert siedeln Armenier (*Örmények*) in Ungarn. Deren erste urkundlich erwähnte Siedlung war das Dorf Terra Armenium im damals ungarischen Transsilvanien.[484] Nach dem Stand der letzten Volkszählung von 2011 leben derzeit 3.293 Angehörige der armenischen Minderheit in Ungarn.[485] Damit sind die Armenier die zweitkleinste Minderheit in Ungarn. Der Großteil von ihnen wohnt in Budapest und anderen größeren Städten des Landes. Allerdings ist deren Anzahl nirgendwo besonders groß.[486] 90 Prozent der in Ungarn lebenden Armenier sind Mitglieder der armenisch-apostolischen Kirche, die übrigen gehören der armenisch-katholischen Kirche an.[487] Lediglich 13 Prozent der Armenier gaben bei der Volkszählung an, Armenisch als Muttersprache zu sprechen, und nur 15 Prozent der Angehörigen der armenischen Minderheit erklärten, im Familien- und Freundeskreis Armenisch zu sprechen.[488] Daraus lässt sich ersehen, wie stark die Armenier mittlerweile in Ungarn assimiliert sind.

Trotz ihres hohen Assimilierungsgrades besitzt die armenische Minderheit in Ungarn ihre eigene Infrastruktur mit dem im Jahr 2007 gegründeten *Armenischen Kulturzentrum* in Budapest, der *Stiftung für armenische Kultur*, der *Kulturvereinigung Transsilvanischer Armenischer Wurzeln*, der zweisprachigen Zeitung *Arménia* und des Journals *Diaspora 21*. Eigene Bildungseinrichtungen unterhält die armenische Minderheit in Ungarn nicht. Stattdessen erfolgt die armenische Spracherziehung im Rahmen von Sonntagsschulen in Budapest, Debrecen, Szeged, Györ und Szekesfehervar. Auch an der Eötvös Lóránd Universität werden Armenisch-Sprachkurse und Einführungen in die armenische Kultur angeboten.[489]

Im ungarischen Radio gibt es auf *MR4* wöchentlich ein 30-minütiges armenisches Radioprogramm, im ungarischen Fernsehen auf *Duna TV* im Rahmen des

---

484 Vgl. *Human Rights Working Group*, Ethnic Armenians in Hungary, online unter: http://emberijogok.kormany.hu/ethnic-armenians-in-hungary [aufgerufen am 28.1.2015].

485 Vgl. *Hungarian Central Statistical Office*, Hungarian population census 2011, Table 1.1.6.2.

486 Vgl. *Doncsev, T.*, National Minorities' Culture in Hungary at the Turn of the Millenium: Opportunities Considered, in: *Gráfik, I.*, The minorities at the turn of the millennium, Budapest 2001, S. 31.

487 Vgl. *Human Rights Working Group*, Ethnic Armenians in Hungary.

488 Vgl. *Hungarian Central Statistical Office*, Hungarian population census 2011, Table 1.1.6.2.

489 Vgl. *Human Rights Working Group*, Ethnic Armenians in Hungary.

Minderheitenmagazins *Rondó* monatlich ein sechs bis achtminütiges Programm auf Armenisch sowie zweimal jährlich eine 26-minütiges Themenprogramm für Armenier.[490]

Im Rahmen der minoritären Selbstverwaltung unterhält die armenische Minderheit seit dem Jahr 2011 eine Landesselbstverwaltung mit aktuell 15 Abgeordneten und derzeit insgesamt 38 örtliche Minderheitenselbstverwaltungen.[491]

b) Bulgaren

Die ersten Bulgaren (*Bolgárok*) kamen vor einigen Jahrhunderten als Gemüsebauern nach Ungarn. Aber erst ab den 1870er Jahren fand eine Einwanderung in größerem Stil statt, vor allem von Saisonarbeitern, die dann in Ungarn sesshaft wurden.[492] Die Größe der bulgarischen Minderheit in Ungarn liegt bei aktuell 3.556 Personen.[493] Die Bulgaren stellen damit die viertkleinste Minderheit in Ungarn. Die Angehörigen der bulgarischen Minderheit leben über das ganze Land verstreut. Größere Gruppen von Bulgaren sind in der Hauptstadt Budapest sowie in Miskolc und Pécs anzutreffen.[494] Von den Bulgaren in Ungarn sprechen laut Volkszählung von 2011 über 80 Prozent Bulgarisch als Muttersprache. Nur vier Prozent weniger benutzen Bulgarisch als Kommunikationssprache im Familien- und Freundeskreis.[495] Trotz – oder gerade wegen – ihrer geringen Größe hat es die bulgarische Minderheit in Ungarn geschafft, ihre sprachliche und ethnische Identität zu bewahren.[496] Ein Grund dafür ist auch die ausgeprägte Infrastruktur der Bulgaren in Ungarn.

---

490 Vgl. *Human Rights Working Group*, Ethnic Armenians in Hungary; *Tóth, B.*, Minorities in the Hungarian media, Budapest 2011, S. 17.

491 Vgl. *National Election Office*, 2014 National Minority Elections, online unter: http://www.valasztas.hu/dyn/onk14/vertaj/en/kvj1_e.html [aufgerufen am 28.1.2015].

492 Vgl. *Human Rights Working Group*, Ethnic Bulgarians in Hungary, online unter: http://emberijogok.kormany.hu/ethnic-bulgarians-in-hungary [aufgerufen am 28.1.2015]; *Peykovska, P.*, Ethnic Identity of the Bulgarians in Hungary at the Turn of Millennium, in: *Ando, G./ Eperjessy, E./ Grin, I./ Krupa, A. (Ed.)*, The Minorities at the Turn of Millennium, Budapest 2001, S. 212.

493 Vgl. *Hungarian Central Statistical Office*, Hungarian population census 2011, Table 1.1.6.2.

494 Vgl. *Doncsev*, S. 31.

495 Vgl. *Hungarian Central Statistical Office*, Hungarian population census 2011, Table 1.1.6.2.

496 Vgl. *Peykovska*, S. 212.

Bereits im Jahr 1914 wurde die *Vereinigung Ethnischer Bulgaren in Ungarn* gegründet. Im Jahr 1957 folgte die Eröffnung des *Bulgarischen Kulturzentrums* in Budapest. Heute zählen zur Infrastruktur der bulgarischen Minderheit in Ungarn auch noch mehrere NGOs wie beispielsweise die *Bulgarische Jugendorganisation* und die Stiftung *Pro Cultura Bulgarica*, das ungarisch-bulgarische *Theater Malko,* die *Volkstanzgruppen Roszica, Jantra und Martenica* sowie die *Gruppe zur Bewahrung des Zornica-Erbes*, die allesamt die bulgarische Identität und Kultur in Ungarn fördern und mit diversen Veranstaltungen am Leben halten.[497]

Die bulgarische Landesselbstverwaltung gibt die monatlich erscheinende Zeitung *Bolgar Hirek* und alle sechs Monate das bulgarisch-ungarische Kulturjournal *Haemus* heraus und fördert darüber hinaus die Publikation bulgarischsprachiger und zweisprachiger Bücher.[498]

Die bulgarische Minderheit unterhält seit 2004 in Budapest eine Minderheitenschule, an der im Primär- und Sekundarbereich bulgarische Sprache, Literatur und Nationale Studien unterrichtet werden. Dazu kommt noch der zweisprachige bulgarische Minderheitenkindergarten in Budapest.[499]

Im ungarischen Staatsfernsehen sind die Bulgaren im Minderheitenmagazin *Rondó* auf *Duna TV* monatlich mit etwa sechs bis acht Minuten Sendezeit in ihrer Muttersprache vertreten.[500] Im staatlichen Radiosender *MR4* gibt es jede Woche eine 30-minütige Sendung auf Bulgarisch.[501]

Als Selbstverwaltungskörperschaften existieren auf Seiten der bulgarischen Minderheit die Landesselbstverwaltung mit derzeit 15 Abgeordneten sowie aktuell 41 örtliche Selbstverwaltungen.[502]

c) Deutsche

Die nach den Roma zahlenmäßig größte anerkannte Minderheit in Ungarn bilden die Deutschen (*Németek*). Diese Minderheit bestimmt sich nach ethnischsprachlichen Kriterien und umfasst sowohl Deutsche als auch Österreicher. Nach der letzten Volkszählung bekannten sich 131.951 Personen als zur Gruppe der deutschen Minderheit zugehörig.[503] Von diesen gaben lediglich knapp 30 Prozent

---

497 Vgl. *Human Rights Working Group*, Ethnic Bulgarians in Hungary.

498 Vgl. *Human Rights Working Group*, Ethnic Bulgarians in Hungary.

499 Vgl. *Human Rights Working Group*, Ethnic Bulgarians in Hungary.

500 Vgl. *Küpper*, Das neue Minderheitenrecht in Ungarn, S. 288.

501 Vgl. *Tóth, B.*, Minorities in the Hungarian media, S. 17.

502 Vgl. *National Election Office*.

503 Vgl. *Hungarian Central Statistical Office*, Hungarian population census 2011, Table 1.1.6.2.

Deutsch als ihre Muttersprache an. Jedoch erklärten über 70 Prozent der Angehörigen der deutschen Minderheit, im Familien- und Freundeskreis Deutsch zu sprechen.[504] Somit ist die deutsche Sprache ein wichtiges Identitätsmerkmal und Bindeglied für die Angehörigen der deutschen Minderheit. Allerdings gelten die Angehörigen der deutschen Minderheit in Ungarn auch als sehr gut in die ungarische Gesellschaft integriert, da sie überwiegend gute Ungarisch-Kenntnisse haben, die sie auch im Alltag regelmäßig anwenden.[505]

In größerer Anzahl finden sich Deutsche in Budapest sowie in den Komitaten Baranya, Györ-Moson-Sopron, Tolna, Pest, Komárom-Esztergom und Bács-Kiskun.[506] Die Mehrheit der in Ungarn lebenden Deutschen sind römisch-katholischen Glaubens. Einige mehrheitlich von evangelischen Deutschen bewohnte Städte finden sich in dem Komitaten Baranya, Györ-Moson-Sopron und Tolna. Dazu gibt es auch einige reformierte Gemeinden.[507]

Die deutsche Minderheit in Ungarn ist sehr gut organisiert und besitzt eine sehr ausgeprägte Infrastruktur. So gibt es hunderte Vereinigungen der deutschen Minderheit. Landesweit tätig sind die *Nikolaus Lenau Kulturvereinigung* in Pécs, die *Gemeinschaft Deutscher Jugendlicher in Ungarn*, der *Nationalrat des Deutschen Gesangs*, der *Landesrat der Musik- und Tanzgruppen in Ungarn*, die *Vereinigung Deutscher Künstler in Ungarn*, der *Bund Ungarndeutscher Schulvereine*, der *VUK-Verein für Ungarndeutsche Kinder*, der *Deutsche Kulturverein*, die *Jakob Bleyer Vereinigung* und die *Vereinigung Deutscher Studenten in Ungarn*.[508] Daneben gibt es noch das *Ungarndeutsche Landesmuseum Totis* in Tata und landesweit etwa 120 kleinere Heimatmuseen mit historischen Kollektionen.[509] Im kulturellen Bereich existiert im Komitat Tolna die *Deutsche Bühne Ungarn* als einziges durchgehend deutschsprachiges Theater in Ungarn. Unter der Regie des *Fördervereins für deutschsprachiges Laientheater* gibt es landesweit noch mehrere Laientheater der deutschen Minderheit.[510]

---

504 Vgl. *Hungarian Central Statistical Office*, Hungarian population census 2011, Table 1.1.6.2.

505 Vgl. *Manherz, K.*, Identität und Sprachgebrauch bei den Minderheiten, in: *Ando, G./ Eperjesssy, E./ Grin, I./, Krupa, A. (Ed.)*, The Minorities at the Turn of the Millennium, Budapest 2001, S. 79.

506 Vgl. *Doncsev*, S. 31.

507 Vgl. *Human Rights Working Group*, Ethnic Germans in Hungary, online unter: http:// emberijogok.kormany.hu/ethnic-germans-in-hungary [aufgerufen am 28.1.2015].

508 Vgl. *Human Rights Working Group*, Ethnic Germans in Hungary.

509 Vgl. *Human Rights Working Group*, Ethnic Germans in Hungary.

510 Vgl. *Human Rights Working Group*, Ethnic Germans in Hungary.

Das Zentrum der deutschen Kultur in Ungarn bildet das *Haus der Deutschen* in Budapest, das neben zahlreichen kulturellen Veranstaltungen und Ausstellungen auch die *Bibliothek der Deutschen in Ungarn* beherbergt.[511]

Die deutsche Minderheit in Ungarn unterhält auch eine Vielzahl eigener Medien. So erscheint wöchentlich die 16-seitige deutschsprachige *Neue Zeitung*, ergänzt durch die Beilage *NZ-Junior* für junge Leser. Alle zwei Wochen liegt die einseitige Beilage *Ungarndeutsche Christliche Nachrichten* der *Neuen Zeitung* bei. Alle drei Wochen gibt die *Neue Zeitung* zudem einen *Newsletter für die Deutsche Schulvereinigung in Ungarn* heraus. Einmal im Jahr publiziert die *Neue Zeitung* eine Beilage mit dem Titel *Signale*, die sich der deutschen Literatur und Kunst widmet.[512] Die *Jakob Bleyer Gemeinschaft* gibt zudem ein *Sonntagsblatt* heraus.

Im ungarischen Radiosender *MR4* wird wöchentlich eine zweistündige Radioshow in deutscher Sprache ausgestrahlt. Das ungarische Staatsfernsehen *M1* sendet schon seit den 1970er Jahren regelmäßig das deutschsprachige Magazin *Unser Bildschirm*, das darüber hinaus auch auf *Duna TV* wiederholt wird. Schließlich gibt es mittlerweile auch bei zahlreichen lokalen Kabelkanälen zweisprachige Programme in Deutsch und Ungarisch.[513]

Im Erziehungsbereich ist die deutsche Minderheit in Ungarn mit über 200 Kindergärten, etwa 250 Grundschulen und 20 Schulen der Sekundarstufe vertreten, wovon in einigen ausschließlich auf Deutsch, in anderen zweisprachig unterrichtet wird.[514] An vier Universitäten in Ungarn werden Deutschlehrer für die Sekundarschulen und an sieben Kollegien zur Lehrerausbildung Lehrer für den Primär- und Sekundarbereich ausgebildet.[515] In Budapest gibt es mit der Andrassy-Universität auch eine Universität, an der nur auf Deutsch gelehrt wird.

Auf Selbstverwaltungsebene unterhält die deutsche Minderheit derzeit ihre Landesselbstverwaltung mit 39 Abgeordneten sowie aktuell 418 örtliche Minderheitenselbstverwaltungen.[516] Damit belegen die Deutschen auf der Selbstverwaltungsebene unter den in Ungarn lebenden Minderheiten hinter den Roma – allerdings mit großem Abstand – zahlenmäßig den zweiten Platz.

Die deutsche Minderheit in Ungarn erhält auch nicht unerhebliche finanzielle Zuwendungen aus Deutschland, sei es vom Bund, den Ländern Baden-Württemberg

511 Vgl. *Human Rights Working Group*, Ethnic Germans in Hungary.

512 Vgl. *Human Rights Working Group*, Ethnic Germans in Hungary.

513 Vgl. *Human Rights Working Group*, Ethnic Germans in Hungary; *Tóth, B.*, Minorities in the Hungarian media, S. 18.

514 Vgl. *Human Rights Working Group*, Ethnic Germans in Hungary.

515 Vgl. *Human Rights Working Group*, Ethnic Germans in Hungary.

516 Vgl. *National Election Office*.

und Bayern, dem Goethe-Institut und diversen Stiftungen wie beispielsweise der Kulturstiftung der Donauschwaben.[517]

d) Griechen

Die Anzahl der in Ungarn lebenden Angehörigen der griechischen Minderheit beträgt laut Volkszählung von 2011 genau 3.916.[518] Damit sind die Griechen (*Görögök*) die fünftkleinste Minderheit in Ungarn. Knapp die Hälfte der Angehörigen der griechischen Minderheit gab Griechisch als ihre Muttersprache an, aber sogar 60 Prozent von ihnen benutzen Griechisch, um innerhalb ihrer Familien und mit ihren Freunden zu kommunizieren.[519]

Die Mehrzahl der Griechen in Ungarn wohnt in Budapest, Miskolc, Pécs und Tatabánya. Auch im Dorf Beloiannisz im Komitat Fejér gibt es noch eine erwähnenswerte griechische Kolonie. Die dortigen Griechen sind zumeist Nachkommen der nach dem Zweiten Weltkrieg dort von der Ungarischen Regierung angesiedelten griechischen Bürgerkriegsflüchtlinge.[520]

Die Hauptaktivitäten der griechischen Minderheit liegen in der Bewahrung ihrer Sprache und Traditionen. Großen Wert legt die griechische Gemeinschaft daher auf die festliche Begehung der nationalen griechischen Feiertage.[521] Darüber hinaus unterstützt die Landesselbstverwaltung der Griechen die ergänzende 12-jährige griechische Sprachschule in Ungarn mit Lehrkräften aus der griechischen Heimat. Die griechische Minderheitenschule in Budapest existiert seit 2004 und hat mehrere Ableger außerhalb der Hauptstadt. Dazu hat die griechische Landesselbstverwaltung die *Beloiannisz Grundschule* im Jahr 2012 als Minderheitenschule übernommen und lässt dort zweisprachig auf Griechisch und Ungarisch unterrichten.[522]

Neben dem eigenen Schulwesen unterhält die griechische Minderheit in Ungarn auch ein *Forschungsinstitut der Griechen in Ungarn*, das sich die Erforschung

---

517 Vgl. *Human Rights Working Group*, Ethnic Germans in Hungary.

518 Vgl. *Hungarian Central Statistical Office*, Hungarian population census 2011, Table 1.1.6.2.

519 Vgl. *Hungarian Central Statistical Office*, Hungarian population census 2011, Table 1.1.6.2.

520 Vgl. *Doncsev*, S. 31.

521 Vgl. *Human Rights Working Group*, Ethnic Greeks in Hungary, online unter: http://emberijogok.kormany.hu/ethnic-greeks-in-hungary [aufgerufen am 28.1.2015].

522 Vgl. *Human Rights Working Group*, Ethnic Greeks in Hungary.

der Geschichte der griechischen Gemeinschaft in Ungarn zur Aufgabe gemacht hat.[523]

Zentrum der griechischen Minderheit in Ungarn ist das *Haus der Griechischen Stiftung*, das als eine Art griechisches Kulturzentrum fungiert. Daneben gibt es in der kulturellen Infrastruktur der griechischen Minderheit noch die *Kulturelle Vereinigung der Griechen in Ungarn*, die *Stiftung für Griechische Kultur*, die *Olympos Stiftung für die Älteren*, die *Kariatidak Kulturvereinigung der Griechen*, die *Frauentanzgruppe Ellinizmosz*, die *Jugendtanzgruppe Iliosz* und die *Kindertanzgruppe Helidonaki*. Im Bereich der Folklore werden die Tanzgruppen musikalisch von diversen griechischen Orchestern unterstützt, die sich auf ungarischem Boden zusammengefunden haben.[524]

Trotz ihrer geringen Größe hat die griechische Minderheit in Ungarn auch ihre eigenen Periodika: So wurde ab 1995 zweimal monatlich die zweisprachige Zeitung *Enimerotiko Deltio* herausgegeben, die seit 2003 ihren Namen in *Ellinismos* änderte und seitdem einmal monatlich in einer Auflage von 1.500 Exemplaren erscheint.[525] Im Minderheitenmagazin *Rondó* des öffentlich-rechtlichen Fernsehsenders *Duna TV* ist die griechische Minderheit in Ungarn monatlich mit etwa sechs bis acht Minuten Sendezeit in ihrer Muttersprache vertreten sowie im Radiosender *MR4* wöchentlich mit einer 30-minütigen Sendung auf Griechisch.[526]

Im Rahmen der Selbstverwaltung haben die Griechen ihre eigene Landesselbstverwaltung mit gegenwärtig 15 Abgeordneten. Daneben existieren aktuell insgesamt 36 örtliche Selbstverwaltungen der griechischen Minderheit.[527] Damit ist die Anzahl der griechischen Minderheitenselbstverwaltungen die drittniedrigste unter den in Ungarn vertretenen Minderheiten.

e) Kroaten

Kroaten (*Horvátok*) kamen bereits vor mehreren Jahrhunderten nach Ungarn, als sie vor den herannahenden Osmanen flüchteten.[528] Die derzeitige Größe der

---

523 Vgl. *Human Rights Working Group*, Ethnic Greeks in Hungary.

524 Vgl. *Human Rights Working Group*, Ethnic Greeks in Hungary.

525 Vgl. *Human Rights Working Group*, Ethnic Greeks in Hungary.

526 Vgl. *Küpper*, Das neue Minderheitenrecht in Ungarn, S. 288; *Tóth, B.*, Minorities in the Hungarian media, S. 18.

527 Vgl. *National Election Office*.

528 Vgl. *Human Rights Working Group*, Ethnic Croats in Hungary, online unter: http://emberijogok.kormany.hu/ethnic-croats-in-hungary [aufgerufen am 28.1.2015].

in Ungarn ansässigen kroatischen Minderheit beträgt 23.561 Personen.[529] Damit bilden die Kroaten die fünftgrößte Minderheit in Ungarn. Fast 60 Prozent der Angehörigen der kroatischen Minderheit in Ungarn nannten Kroatisch als ihre Muttersprache und sogar knapp 70 Prozent gaben an, im Familien- und Freundeskreis Kroatisch zu sprechen.[530] Daran lässt sich erkennen, das die kroatische Sprache ein wichtiges Instrument zur Pflege der gemeinsamen sprachlichen und ethnischen Identität ist.

Trotz der gemeinsamen Sprache ist die kroatische Minderheit in Ungarn eher heterogen und besteht aus mindestens sieben Untergruppen: den westungarischen Gradistye Kroaten, den Murgebietskroaten, den Dravagebietskroaten, den bosnischen Kroaten aus dem Pécs-Gebiet, den Šokcikroaten aus den Komitaten Baranya und Bácska, den Bunjevcikroaten und den Rasciankroaten aus dem Donaugebiet.[531] Ihre traditionellen Siedlungsgebiete liegen in den westlichen und südlichen Grenzregionen Ungarns im Dreiländereck Ungarn-Österreich-Slowenien. Dazu gehören die südlichen Teile der Komitate Bács-Kiskun und Baranya, das Gebiet um den Fluss Dráva im Komitat Zala sowie die Komitate Györ-Moson-Sopron und Vas. Aber auch in der Hauptstadt Budapest leben größere Gruppen von Kroaten.[532]

Die kroatische Minderheit besitzt in Ungarn ihre eigene Infrastruktur mit der *Kroatischen Kultur-, Informations- und Verlagsgesellschaft*, dem *Wissenschaftlichen Institut der Kroaten in Ungarn*, dem *August Šenoa Kroaten Club*, dem *Zavičaj Kultur-, Erziehungs- und Freizeitzentrum für Ungarische Kroaten*, der *Kollektion der Christlichen Gemeinschaft der Kroaten in Ungarn* und dem *Kroatischen Theater* in Pécs, dem einzigen seiner Art in Europa.[533] Neben diesen Institutionen gibt es über 100 kleinere kroatische Vereinigungen und Gruppen, die sich zur Bewahrung der kroatischen Kultur, Sprache und Traditionen zusammengetan haben und zumeist auf kommunaler Ebene aktiv sind.[534]

Im Erziehungsbereich unterhält die kroatische Minderheit einen kroatischsprachigen Kindergarten, eine Grundschule und ein Schülerwohnheim in Hercegszántó, darüber hinaus neun rein kroatischsprachige, 18 zweisprachige

529 Vgl. *Hungarian Central Statistical Office*, Hungarian population census 2011, Table 1.1.6.2.

530 Vgl. *Hungarian Central Statistical Office*, Hungarian population census 2011, Table 1.1.6.2.

531 Vgl. *Human Rights Working Group*, Ethnic Croats in Hungary.

532 Vgl. *Doncsev*, S. 31.

533 Vgl. *Human Rights Working Group*, Ethnic Croats in Hungary.

534 Vgl. *Human Rights Working Group*, Ethnic Croats in Hungary.

Kindergärten sowie einen Kindergarten mit ergänzender Erziehung auf Kroatisch, 28 Grundschulen, an denen die kroatische Sprache gelehrt wird, fünf zweisprachige Grundschulen sowie in Budapest und Pécs je ein Bildungszentrum mit Sekundarschule, Grundschule, Kindergarten und Schülerwohnheim.[535] An mehreren Hochschulen wird zudem eine Lehrerausbildung in kroatischer Sprache und Literatur angeboten. An der Universität in Pécs und der Universität Westungarns in Szombathely gibt es zudem Abteilungen für Kroatisch.[536]

Im Bereich der Minderheitenmedien wird als Sprachrohr der Kroaten in Ungarn wöchentlich die Zeitung *Hrvatski glasnik* herausgegeben. Diese ist als Download im Internet verfügbar. Daneben gibt es noch das Journal *Pogledi* und das kroatische Jahrbuch *Hrvatski kalendar.* Seit dem Jahr 2005 ist auch der kroatische Internet-Radiosender *Radio Kroatien* auf Sendung.[537] Im ungarischen Radio *MR4* wird täglich eine zweistündige Sendung auf Kroatisch gesendet, im ungarischen Fernsehen wöchentlich das kroatische Magazin *Hrvatska kronika.*[538]

Als Selbstverwaltungskörperschaften unterhält die kroatische Minderheit in Ungarn ihre eigene Landesselbstverwaltung in Budapest mit derzeit 23 Abgeordneten sowie aktuell 125 örtliche Selbstverwaltungen.[539] Damit sind die Kroaten auf der Ebene der Selbstverwaltungen die am drittstärksten vertretene Minderheit.

f) Polen

Polen (*Lengyelek*) siedeln in Ungarn seit etwa 1.000 Jahren, und somit fast solange wie die Ungarn selbst. Gründe dafür sind die engen Verbindungen der Herrscher-Dynastien beider Länder sowie die Waffenbrüderschaft in gemeinsam geschlagenen Schlachten. Die dauerhafte Ansiedlung der Polen auf ungarischem Gebiet begann aber erst im 18. Jahrhundert.[540] Laut Volkszählung von 2011 leben derzeit 5.730 Angehörige der polnischen Minderheit in Ungarn.[541] Sie wohnen auf wenige Ansiedlungen verteilt im Nordosten Ungarns, aber auch in

---

535 Vgl. *Human Rights Working Group*, Ethnic Croats in Hungary.

536 Vgl. *Human Rights Working Group*, Ethnic Croats in Hungary.

537 Vgl. *Human Rights Working Group*, Ethnic Croats in Hungary.

538 Vgl. *Tóth, B.*, Minorities in the Hungarian media, S. 17 f.

539 Vgl. *National Election Office*.

540 Vgl. *Human Rights Working Group*, Ethnic Poles in Hungary, online unter: http://emberijogok.kormany.hu/ethnic-poles-in-hungary [aufgerufen am 28.1.2015].

541 Vgl. *Hungarian Central Statistical Office*, Hungarian population census 2011, Table 1.1.6.2.

den größeren Städten Ungarns, in denen Industrie ansässig ist.[542] Etwa ein Drittel von ihnen lebt in Budapest.[543] Nur etwas mehr als die Hälfte der in Ungarn lebenden Polen spricht Polnisch als Muttersprache. Jedoch benutzen fast genau zwei Drittel der Angehörigen der polnischen Minderheit die polnische Sprache als Kommunikationsmittel im Familien- und Freundeskreis.[544]

Die polnische Minderheit in Ungarn hat sich ihre eigene Infrastruktur geschaffen. Dazu zählen das im Jahr 2011 eröffnete *Polnische Kulturzentrum* (davor: *Polnisches Haus*), die *Józef Bem Kulturvereinigung der Polen in Ungarn*, die *Święty Wojciech Vereinigung der Polnischen Katholiken in Ungarn* und das *Museum und Archiv der Ethnischen Polen in Ungarn.*[545] Im kulturellen Bereich gibt es die *Wisocki Legio Vereinigung zur Bewahrung Polnischer Traditionen*, die *Jugendtanzgruppe Polonez* sowie zahlreiche polnische Chöre.[546]

Im Erziehungsbereich unterhält die polnische Landesselbstverwaltung in Ungarn die nationale Schule der polnischen Sprache, an der der Schulabschluss im Sekundarbereich auch in polnischer Sprache erlangt werden kann. An der Eötvös Universität der Wissenschaften in Budapest, der Universität in Debrecen und der Pázmány Péter Katholischen Universität in Piliscsaba gibt es zudem jeweils eine Polnische Abteilung.[547]

Zur Pflege und Aufrechterhaltung der polnischen Kultur in Ungarn gibt es mehrere polnischsprachige Medien: die monatlich erscheinende Zeitung *Polonia Węgierska* mit ihrer Vierteljahresbeilage *Glos Polonii* und das vierteljährlich erscheinende Kirchenjournal *Quo Vadis*. Im ungarischen Radio wird auf *MR4* jede Woche für 30 Minuten das polnischsprachige Programm *Magazyn Polski* gesendet und im ungarischen Fernsehen werden im Rahmen des Minderheitenprogramms *Rondó* jeden Monat auch Belange der polnischen Minderheit thematisiert.[548]

---

542 Vgl. *Doncsev*, S. 31.

543 Vgl. *Human Rights Working Group*, Ethnic Poles in Hungary.

544 Vgl. *Hungarian Central Statistical Office*, Hungarian population census 2011, Table 1.1.6.2.

545 Vgl. *Human Rights Working Group*, Ethnic Poles in Hungary.

546 Vgl. *Human Rights Working Group*, Ethnic Poles in Hungary.

547 Vgl. *Human Rights Working Group*, Ethnic Poles in Hungary.

548 Vgl. *Human Rights Working Group*, Ethnic Poles in Hungary; *Tóth, B.*, Minorities in the Hungarian media, S. 17 f.

Auf der Ebene der Selbstverwaltung besitzt die polnische Minderheit in Ungarn seit 1995 eine eigene Landesselbstverwaltung mit aktuell 15 Abgeordneten sowie gegenwärtig 49 örtliche Selbstverwaltungen.[549]

g) Roma

Die Roma (*Romák*) sind eine Ethnie mit indischen Wurzeln, die in der zweiten Hälfte des 14. Jahrhunderts auf dem Balkan ankamen. Bis zum Ende des 15. Jahrhunderts wurden sie als Volksgruppe in Ungarn und Osteuropa toleriert. Bis Anfang des 16. Jahrhunderts kam es zu keinerlei Spannungen zwischen der ungarischen Mehrheitsbevölkerung und den zumeist im Bereich der Landwirtschaft und Industrie als einfache Arbeiter beschäftigten Roma.[550] Im 18. Jahrhundert begann der ungarische Staat mit einer oftmals gewaltsam durchgesetzten Umsiedlungspolitik gegenüber den Roma, in deren Verlauf die Angehörigen der Roma jeweils an den Rand der Städte und Dörfer umgesiedelt wurden. Zudem wurde ihnen verboten, ihr Handwerk außerhalb ihres Wohngebietes zu betreiben.[551] Ihren Höhepunkt fand die restriktive Roma-Politik mit dem Verbot der Roma-Sprache im Jahr 1783.[552] Mit der Zunahme industrieller Massenproduktion im 20. Jahrhundert wurden viele traditionell von Roma ausgeführte Tätigkeiten überflüssig, so dass viele von ihnen Arbeit und Einkommen verloren.[553] Im Rahmen des von den Nazis begonnenen und auch in Ungarn durchgeführten Roma-Holocaust wurden zwischen 30.000 und 70.000 Roma aus dem Gebiet Transdanubien in Konzentrationslager verbracht und dort ermordet.[554] Nach dem Zweiten Weltkrieg wurden Angehörige der Roma bei der Landverteilung in Ungarn nicht berücksichtigt. Zur Zeit des Sozialismus betrachtete der ungarische Staat die Roma-Frage als Wohlstandsproblem. So arbeiteten viele Roma als Hilfsarbeiter in der Industrie und lebten in Arbeitsbaracken in der Nähe ihrer Arbeitsstätten. Die meisten Roma verdingten sich jedoch als Saisonarbeiter im Niedriglohnsektor.[555] In den 1960er Jahren begann der ungarische Staat mit der

---

549 Vgl. *National Election Office.*

550 Vgl. *Human Rights Working Group*, The Roma of Hungary, online unter: http://emberijogok.kormany.hu/the-roma-of-hungary [aufgerufen am 28.1.2015].

551 Vgl. *Human Rights Working Group*, The Roma of Hungary.

552 Vgl. *European Academy of Bozen*, S. 9.

553 Vgl. *Human Rights Working Group*, The Roma of Hungary.

554 Vgl. *Human Rights Working Group*, The Roma of Hungary.

555 Vgl. *Human Rights Working Group*, The Roma of Hungary.

Sesshaftmachung der Roma, indem er diesen – zumeist auf dem Lande – Wohnraum zu günstigen Bedingungen anbot.[556]

Mit gegenwärtig 308.957 Personen bilden die Roma die mit Abstand größte Minderheit in Ungarn.[557] Schätzungen zufolge liegt die tatsächliche Größe der Roma-Minderheit in Ungarn jedoch zwischen 600.000 und 800.000 Personen.[558] Nur etwa 18 Prozent der Roma in Ungarn sprechen noch eine der Roma-Sprachen (Romanes, Bea) und nur etwa 20 Prozent der Roma-Minderheit sprichen noch eine der Roma-Sprachen im Familien- und Freundeskreis.[559] Dies macht deutlich, wie sprachlich assimiliert die Roma in Ungarn mittlerweile sind. Allerdings lassen sich daraus keine Rückschlüsse auf eine gelungene gesellschaftliche Integration der Roma ziehen. Denn nach wie vor sind die Roma in der ungarischen Gesellschaft zumeist noch benachteiligte Außenseiter.

Ihre lokalen Siedlungsschwerpunkte lassen sich grob in sechs Hauptregionen verorten: im Osten Ungarns in den Komitaten Szabolcs-Szatmár, Hajdú-Bihar und Békés, in der niederungarischen Tiefebene in den Komitaten Csongrád, Bács und Jász-Nagykun-Szolnok, in den Budapester Industriegebieten Fejér und Komárom, im Norden Ungarns in den Komitaten Borsod, Abaúj, Heves und Nógrád, in Süd-Transdanubien in den Komitaten Baranya, Somogy, Zala, Tolna und Veszprém sowie in West-Transdanubien in den Komitaten Györ-Moson-Sopron und Vas.[560] Dabei gibt es hinsichtlich der Roma-Siedlungsdichte in den einzelnen Regionen große Unterschiede. So bilden die Roma in einigen Landgemeinden in den nordöstlichen Regionen Ungarns sogar die Bevölkerungsmehrheit. Auch in einigen städtischen Ballungszentren sind sie in großer Anzahl vertreten, so beispielsweise in Budapest mit etwa 45.000 Personen, in Miskolc mit ungefähr 17.000 und in Ozd mit ca. 9.000.[561]

Sprachlich lassen sich die Roma in drei Gruppen unterteilen: 71 Prozent von ihnen, und zwar die Romungrók oder Ungarischen Roma, sprechen Ungarisch als Muttersprache und haben keine Kenntnisse ihrer Minderheitensprache. Die zweite Gruppe, die Vlach Zigeuner, ist zweisprachig, spricht als Muttersprache verschiedene Romanes-Dialekte, und macht 21 Prozent der Roma in Ungarn aus.

556 Vgl. *Human Rights Working Group*, The Roma of Hungary.

557 Vgl. *Hungarian Central Statistical Office*, Hungarian population census 2011, Table 1.1.6.2.

558 Vgl. *Human Rights Working Group*, The Roma of Hungary.

559 Vgl. *Hungarian Central Statistical Office*, Hungarian population census 2011, Table 1.1.6.2.

560 Vgl. *Mihok*, S. 59.

561 Vgl. *Mihok*, S. 59.

Die kleinste Gruppe sind mit acht Prozent die ebenfalls zweisprachigen Beasch, die neben Ungarisch noch archaische Dialekte der Roma-Sprache sprechen.[562]

Im Alltag haben die Roma vor allem unter schlechter Bildung, Arbeitslosigkeit, Armut, schlechter Gesundheitsvorsorge, geringer Lebenserwartung und Diskriminierungen zu leiden.[563] Gleichwohl verfügen die Roma in Ungarn über eine vielschichtige eigene Infrastruktur.[564] Insbesondere nach der Wende 1989 wurde eine Vielzahl von Roma-Organisationen gegründet. Das Problem dabei war jedoch, dass diese mehr gegeneinander als miteinander arbeiteten, was für die Durchsetzung der Interessen der Roma-Minderheit eher kontraproduktiv war.[565] Es gibt aber auch positive Ausnahmen. Als Vorzeigebeispiel einer Roma-Organisation ist beispielsweise das seit Jahrzehnten in Pécs erfolgreich tätige *Roma-Kulturzentrum*, das u. a. den kulturellen Austausch mit in den Nachbarländern lebenden Roma fördert.[566] Auch gibt es zahlreiche Tanz- und Musikgruppen der Roma, die eine wichtige Rolle für die Bewahrung der Roma-Traditionen spielen.[567] Für die Roma-Minderheit in Ungarn gibt es neben zahlreichen eher unregelmäßig erscheinenden Publikationen mehrere etablierte Presseerzeugnisse: die monatlich erscheinenden Zeitungen *Amaro Drom*, *Lungo Drom*, *Világunk*, *Phralipe*, das *Roma-Magazin* sowie die Vierteljahresschrift *Kethano Drom*.[568]

Da die meisten Angehörigen der Roma-Minderheit im Alltag ausschließlich Ungarisch sprechen und ihre Kinder dementsprechend auf reguläre staatliche ungarische Schulen schicken, gibt es nur etwa ein gutes Dutzend Erziehungseinrichtungen der Roma, inklusive Primär- und Sekundarschulen, Berufsschulen und Schülerwohnheimen.[569]

Im öffentlich-rechtlichen ungarischen Radio und Fernsehen sind die Roma mit mehreren Sendungen vertreten. *MR4* sendet täglich ein knapp

---

562 Vgl. *Human Rights Working Group*, The Roma of Hungary. Eine ähnliche Einteilung findet sich auch bei: *Mihok*, S. 151.

563 Vgl. *Human Rights Working Group*, The Roma of Hungary; *Tóth, B.*, Minorities in the Hungarian media, S. 13.

564 Ein Überblick mit weiteren Verweisen findet sich im Internet online unter: http://www.mmi.hu/romacult/ link_cigany_szervezetek.htm [aufgerufen am 28.1.2015].

565 Vgl. *European Academy of Bozen*, S. 9.

566 Vgl. *Mihok*, S. 71.

567 Vgl. *Mihok*, S. 71.

568 Vgl. *Doncsev*, S. 40; *Mihok*, S. 71.

569 Vgl. dazu die Übersicht im Internet online unter: http://www.mmi.hu/romacult/link_cigany_szervezetek.htm [aufgerufen am 28.1.2015].

einstündiges Radio-Programm für Roma, *MR1* zweimal wöchentlich ein Hörfunk-Kulturprogramm für Roma.[570] Alle zwei Wochen wird das 30-Minuten-Programm *Roma-Forum* im Staatsfernsehsender *M1* gesendet und dann auf dem Sender *M2* wiederholt.[571]

Im Rahmen der Selbstverwaltung sind die Roma mit ihrer derzeit 47 Abgeordnete zählenden Landesselbstverwaltung sowie mit gegenwärtig 1.121 örtlichen Minderheitenselbstverwaltungen vertreten.[572] Damit stellen sie die mit großem Abstand größte Anzahl von minoritären Selbstverwaltungen in Ungarn.

h) Rumänen

Mit 26.345 Personen nahmen die Rumänen (*Románok*) bei der Volkszählung von 2011 den vierten Platz unter den größten Minderheiten in Ungarn ein.[573] Etwas mehr als die Hälfte der rumänischen Minderheit in Ungarn spricht als Muttersprache Rumänisch, aber fast 70 Prozent der Rumänen benutzen die rumänische Sprache im Familien- und Freundeskreis.[574] Dies verdeutlicht, welch wichtige Rolle die Pflege der rumänischen Sprache für den Zusammenhalt und die Identitätswahrung der rumänischen Minderheit in Ungarn spielt.

Die größte Gruppe der Rumänen in Ungarn siedelt im Komitat Békés. Aber auch in den anderen grenznahen Komitaten zu Rumänien, Hajdú-Bihar und Csongrád, findet sich ebenso wie in Budapest eine größere Anzahl von Angehörigen der rumänischen Minderheit.[575] Die überwiegende Mehrheit der Angehörigen der rumänischen Minderheit in Ungarn ist rumänisch-orthodoxen Glaubens. Die Rumänisch-Orthodoxe Kirche unterhält in Ungarn insgesamt 21 Gotteshäuser.[576]

Im Mittelpunkt der rumänischen Infrastruktur in Ungarn steht das Rumänische Informations- und Dokumentationszentrum in Gyula, das sich gemeinsam mit dem Historischen Museum der Bewahrung der rumänischen Kultur und

---

570 Vgl. *Tóth, B.*, Minorities in the Hungarian media, S. 17 f.

571 Vgl. *Mihok*, S. 71; *Tóth, B.*, Minorities in the Hungarian media, S. 18.

572 Vgl. *National Election Office*.

573 Vgl. *Hungarian Central Statistical Office*, Hungarian population census 2011, Table 1.1.6.2.

574 Vgl. *Hungarian Central Statistical Office*, Hungarian population census 2011, Table 1.1.6.2.

575 Vgl. *Doncsev*, S. 32.

576 Vgl. *Human Rights Working Group*, Ethnic Romanians in Hungary.

Identität verschrieben hat. Dort finden regelmäßig kulturelle Veranstaltungen, wie beispielsweise Jugendcamps und Tanzdarbietungen, statt.[577]

Die Erziehung spielt für die rumänische Minderheit ebenfalls eine große Rolle. So gibt es an insgesamt 14 Örtlichkeiten in Ungarn rumänische Kindergärten und Grundschulen. Dazu gibt es in Gyula das Rumänische Gymnasium, an dem in allen Klassenstufen zweisprachig auf Rumänisch und Ungarisch unterrichtet wird.[578] An drei Kollegien zur Lehrerausbildung werden Kurse zur Erziehung in rumänischer Sprache angeboten.[579]

Im Bereich der Minderheitenmedien werden regelmäßig zwei Journale von der rumänischen Minderheit in Ungarn herausgegeben: das Journal *Foaia românească* und das Journal *Cronica*.[580] Das ungarische Radio sendet täglich eine zweistündige Show auf Rumänisch und im ungarischen Staatsfernsehen gibt es jede Woche das 26-minütige Programm *Ecranul Nostru* auf Rumänisch.[581]

Auf Selbstverwaltungsebene ist die rumänische Minderheit mit ihrer eigenen in Gyula ansässigen Landesselbstverwaltung mit gegenwärtig 15 Abgeordneten sowie derzeit 67 örtlichen Minderheitenselbstverwaltungen vertreten.[582]

i) Ruthenen

Die Ruthenen (*Ruszinok*) siedeln bereits fast ebenso lange im Karpartenbecken wie die Ungarn. Jedoch hat die Volksgruppe der Ruthenen niemals einen eigenen Staat oder ein eigenes souveränes Territorium besessen. Verbindende Bestandteile ihrer Identität als Volksgruppe sind für die Ruthenen ihre ost-katholische Religion, ihre eng miteinander verwandten Dialekte, ihr ethnographisches Erbe und ihre jahrhundertelange Geschichte an der Seite des ungarischen Volkes.[583]

---

577 Vgl. *Human Rights Working Group*, Ethnic Romanians in Hungary, online unter: http://emberijogok.kormany.hu/ethnic-romanians-in-hungary [aufgerufen am 28.1.2015].

578 Vgl. *Human Rights Working Group*, Ethnic Romanians in Hungary.

579 Vgl. *Human Rights Working Group*, Ethnic Romanians in Hungary.

580 Vgl. *Human Rights Working Group*, Ethnic Romanians in Hungary.

581 Vgl. *Human Rights Working Group*, Ethnic Romanians in Hungary; *Tóth, B.*, Minorities in the Hungarian media, S. 17 f.

582 Vgl. *National Election Office*.

583 Vgl. *Human Rights Working Group*, The Rusyns of Hungary, online unter: http://emberijogok.kormany.hu/the-rusyns-of-hungary [aufgerufen am 28.1.2015].

Der Minderheit der Ruthenen in Ungarn gehören laut Volkszählung von 2011 3.323 Personen an.[584] Damit bilden sie die drittkleinste Minderheit in Ungarn. In größerer Anzahl siedeln die Ruthenen im Nordosten Ungarns, in der Nähe der Grenze zur Ukraine im Komitat Borsod-Abaúj-Zemplén in den Gemeinden Komlóska und Múcsony. Darüber hinaus gibt es kleinere Gruppen von Ruthenen, die in Budapest und in Sárospatak leben.[585]

Ziemlich genau 30 Prozent der Angehörigen der ruthenischen Minderheit in Ungarn sprechen die ruthenische Sprache als Muttersprache, aber fast 70 Prozent der Ruthenen benutzen sie regelmäßig zur Kommunikation im Familien- und Freundeskreis.[586] Die Pflege der gemeinsamen Sprache bildet somit einen wichtigen Faktor für die Volksgruppenidentität und das Zusammengehörigkeitsgefühl der Ruthenen.

Die Minderheit der Ruthenen weist große sprachliche, ethnische und historische Gemeinsamkeiten mit der ukrainischen Minderheit auf. Unter sprachwissenschaftlichen, ethnologischen und historischen Gesichtspunkten ist es strittig, ob die Ruthenen eine von den Ukrainern abgrenzbare Volksgruppe darstellen.[587] Da das ungarische Nationalitätengesetz aber bei seiner Minderheitendefinition auch auf das subjektive Kriterium des Zugehörigkeitsgefühls abstellt, ist es angebracht, auf ungarischem Territorium zwischen Ruthenen und Ukrainern zu unterscheiden, da sich beide als eigenständige Volksgruppe begreifen.[588]

Zur Infrastruktur der ruthenischen Minderheit in Ungarn gehören die *Nationale Vereinigung der Ungarischen Ruthenen*, die *Ruthenische Zivilgesellschaftsbewegung*, die *Öffentliche Dienst Museumskollektion der Ungarischen Ruthenen*, die *Bibliothek der Ungarischen Ruthenen*, der *Internationale Ruthenische Kunststützpunkt* und die *National-Ruthenische Geistige Vereinigung Antal Hodinka*.[589] Im kulturellen Bereich halten die Ruthenen ihre Traditionen und Bräuche durch die *Bethlehem-Gruppe*, die *Ruthenischen Frauenchöre* in Komlóska und Múcsony, die

---

584 Vgl. *Hungarian Central Statistical Office*, Hungarian population census 2011, Table 1.1.6.2.

585 Vgl. *Doncsev*, S. 32.

586 Vgl. *Hungarian Central Statistical Office*, Hungarian population census 2011, Table 1.1.6.2.

587 Vgl. *Küpper*, Das neue Minderheitenrecht in Ungarn, S. 99; *Lemberg, H.*, Nationale Minderheiten in der Tschechoslowakei, in: *Brunner, G./ Lemberg, H. (Hrsg.)*, Volksgruppen in Ostmittel- und Südosteuropa, Baden-Baden 1994, S. 106; *Ludwig*, S. 188 ff.

588 Vgl. *Küpper*, Das neue Minderheitenrecht in Ungarn, S. 100.

589 Vgl. *Human Rights Working Group*, The Rusyns of Hungary.

AKM Jugend Volksgesang und -tanzgruppe sowie diverse andere Chöre und Tanzgruppen am Leben.[590] Besonders wichtig für die Identitäts- und Traditionspflege der Ruthenen in Ungarn sind auch die alljährlich veranstalteten nationalen und religiösen Gedenkfeiern.[591]

In den Städten Komlóska und Múcsony werden auf Grundlage eigens fertiggestellter Lehrbücher seitens der ruthenischen Minderheit ruthenische Sprachkurse sowie ruthenisch-ethnische Studien angeboten.[592]

Als eigene Medienerzeugnisse publiziert die ruthenische Minderheit in Ungarn die Zeitung *Ruthenische Welt* und den *Ruthenischen Almanach*. Im ungarischen Radiosender *MR4* sind die Ruthenen wöchentlich mit einer halbstündigen Sendung sowie alle zwei Wochen im öffentlich-rechtlichen Fernsehsender *Duna TV* mit einem 6–8-minütigen Beitrag im Minderheitenprogramm *Rondó* vertreten.[593]

Als Selbstverwaltungskörperschaften unterhält die ruthenische Minderheit seit 1999 ihre eigene Landesselbstverwaltung mit derzeit 15 Abgeordneten sowie aktuell 73 örtliche Selbstverwaltungen.[594]

j) Serben

Mit 7.210 Angehörigen bilden die Serben (*Szerbek*) gemäß der Volkszählung von 2011 die sechstgrößte Minderheit in Ungarn.[595] Größere Gruppen der serbischen Minderheit in Ungarn leben in der Hauptstadt Budapest und ihren Randbezirken, nahe der ungarisch-serbischen Grenze im Komitat Csongrád sowie in den Komitaten Baranya und Békés.[596]

Knapp über die Hälfte der Serben in Ungarn spricht Serbisch als Muttersprache, aber fast 80 Prozent von ihnen sprechen im Familien- und Freundeskreis regelmäßig Serbisch.[597] Dies ist ein Indikator für den engen Zusammenhalt der serbischen Minderheit in Ungarn und ihre erfolgreichen Bemühungen zur

---

590 Vgl. *Human Rights Working Group*, The Rusyns of Hungary.

591 Vgl. *Human Rights Working Group*, The Rusyns of Hungary.

592 Vgl. *Human Rights Working Group*, The Rusyns of Hungary.

593 Vgl. *Human Rights Working Group*, The Rusyns of Hungary; *Tóth, B.*, Minorities in the Hungarian media, S. 17 f.

594 Vgl. *National Election Office*.

595 Vgl. *Hungarian Central Statistical Office*, Hungarian population census 2011, Table 1.1.6.2.

596 Vgl. *Doncsev*, S. 32.

597 Vgl. *Hungarian Central Statistical Office*, Hungarian population census 2011, Table 1.1.6.2.

Bewahrung ihrer sprachlichen und ethnischen Identität. Ein weiteres Mittel zur Identitätswahrung bietet die kulturelle Infrastruktur der serbischen Minderheit in Ungarn mit dem *Serbischen Dokumentations- und Kulturzentrum*, dem *Theater der Ungarischen Serben*, der *Serbischen Bibliothek* sowie den Volkstanzgruppen *Banat*, *Opanke*, *Taban* und *Veseli Santovcani*.[598] Neben diesen Institutionen und Gruppen kommt auch der Serbisch-Orthodoxen Kirche mit ihren 41 Gotteshäusern in Ungarn eine wichtige Rolle bei der Pflege und beim Erhalt der serbischen Sprache, Kultur und Identität in Ungarn zu.[599]

Im Erziehungswesen ist die serbische Minderheit mit serbischen Kindergärten in neun ungarischen Städten vertreten. Darüber hinaus gibt es landesweit vier zweisprachige serbisch-ungarische Grundschulen. In drei ungarischen Städten werden an Schulen Serbisch-Sprachkurse angeboten. In Budapest gibt es zudem eine serbischsprachige Sekundarschule. An ihren Abteilungen für Slawische Philologie bilden Universitäten in Budapest und Szeged schließlich Serbisch-Lehrer aus.[600]

Im Bereich der Minderheitenmedien gibt die serbische Minderheit die Wochenzeitung *Srpske nedeljne novine* als Print- und als Onlineausgabe heraus. Der öffentlich-rechtliche ungarische Radiosender *MR4* sendet landesweit täglich 60 Minuten Programm in serbischer Sprache sowie dazu noch im Regionalprogramm in Pécs. Im ungarischen Fernsehen wird jede Woche das 26-minütige Magazin *Srpski Ekran* in serbischer Sprache ausgestrahlt.[601]

Auf Ebene der Selbstverwaltung besitzt die serbische Minderheit in Ungarn ihre eigene Landesselbstverwaltung in Szeged mit aktuell 15 Abgeordneten sowie gegenwärtig 47 örtliche Minderheitenselbstverwaltungen.[602]

k) Slowaken

Die Vorfahren der in Ungarn ansässigen Slowaken (*Szlovákok*) wanderten Ende des 17. Jahrhunderts in mehreren Wellen in die zuvor von den Osmanen eroberten oder entvölkerten Gebiete Ungarns ein.[603] Erst nach dem Ersten Weltkrieg

---

598 Vgl. *Human Rights Working Group*, Ethnic Serbs in Hungary, online unter: http://emberijogok.kormany.hu/ethnic-serbs-in-hungary [aufgerufen am 28.1.2015].

599 Vgl. *Human Rights Working Group*, Ethnic Serbs in Hungary.

600 Vgl. *Human Rights Working Group*, Ethnic Serbs in Hungary.

601 Vgl. *Human Rights Working Group*, Ethnic Serbs in Hungary; *Tóth, B.*, Minorities in the Hungarian media, S. 17 f.

602 Vgl. *National Election Office*.

603 Vgl. *Human Rights Working Group*, Ethnic Slovaks in Hungary, online unter: http://emberijogok.kormany.hu/ethnic-slovaks-in-hungary [aufgerufen am 28.1.2015].

wurden die Slowaken mit Gründung der Tschechoslowakei zur nationalen Minderheit in Ungarn. Nach dem Zweiten Weltkrieg fand ein tschechoslowakisch-ungarischer Bevölkerungsaustausch statt, in dessen Rahmen etwa 92.000 Slowaken Ungarn verlassen mussten.[604] Dennoch waren die verbliebenen Slowaken auch im sozialistischen Ungarn relativ unbehelligt.[605]

Gegenwärtig stellen die Slowaken mit 29.647 Angehörigen die drittgrößte Minderheit in Ungarn.[606] Der Siedlungsschwerpunkt der slowakischen Minderheit liegt in Südostungarn in den Komitaten Békés und Csongrád. Dort leben etwa 60 Prozent aller Slowaken. Darüber hinaus siedeln die Angehörigen der slowakischen Minderheit aber auch in der Grenzregion zur Slowakei in den Komitaten Komárom-Esztergom, Nógrád, Heves, Borsod-Abaúj-Zemplén und Szabolcs-Szatmár-Bereg sowie in der Umgebung der Hauptstadt Budapest.[607]

Ein Drittel der Slowaken in Ungarn spricht als Muttersprache Slowakisch. Etwas über die Hälfte der Angehörigen der slowakischen Minderheit gebraucht hingegen die slowakische Sprache im Familien- und Freundeskreis.[608]

Die slowakische Minderheit verfügt in Ungarn über eine ausgeprägte eigene Infrastruktur. Dazu gehören beispielsweise die *Vereinigung der in Ungarn lebenden Slowaken*, die *Stiftung der Etnischen Slowaken in Ungarn*, das *Slowakische Forschungsinstitut* in Békéscsaba, das *Slowakische Dokumentationszentrum*, das *Slowakische Zentrum Öffentlicher Erziehung*, das *Slowakische Theater Vertigo* sowie mehrere regionale Kulturzentren und Museen in Békéscsaba, Tótkomlós, Bakonycsernye und Medgyesegyháza, mehrere Dutzend Tanzgruppen, Chöre und Orchester.[609]

Im Bereich der Minderheitenmedien gibt es die wöchentlich auf Slowakisch erscheinende Zeitung *Ludové noviny* sowie den *Slowakischen Almanach*.[610] Im Radiosender *MR4* gibt es täglich ein zweistündiges Radioprogramm auf Slowakisch und im ungarischen Staatsfernsehen läuft wöchentlich das Programm *Domovina* in slowakischer Sprache.[611]

---

604 Vgl. *European Academy of Bozen*, S. 10.

605 Vgl. *Human Rights Working Group*, Ethnic Slovaks in Hungary.

606 Vgl. *Hungarian Central Statistical Office*, Hungarian population census 2011, Table 1.1.6.2.

607 Vgl. *Doncsev*, S. 32; *Mihok*, S. 60.

608 Vgl. *Hungarian Central Statistical Office*, Hungarian population census 2011, Table 1.1.6.2.

609 Vgl. *Human Rights Working Group*, Ethnic Slovaks in Hungary.

610 Vgl. *Human Rights Working Group*, Ethnic Slovaks in Hungary.

611 Vgl. *Tóth, B.*, Minorities in the Hungarian media, S. 17 f.

Im Erziehungswesen ist die slowakische Landesselbstverwaltung Träger mehrerer zweisprachiger Schulen, an denen auf Slowakisch und Ungarisch unterrichtet wird. Mit Unterstützung des *Slowakischen Zentrums für Pädagogik und Methodik* fördert sie landesweit zahlreiche Institutionen, an denen die slowakische Sprache gelehrt wird.[612]

Im Rahmen der Selbstverwaltung sind die Slowaken mit ihrer derzeit 23 Abgeordnete zählenden eigenen Landesselbstverwaltung sowie aktuell 121 örtlichen Selbstverwaltungen vertreten.[613] Damit bilden sie auf der Selbstverwaltungsebene die zahlenmäßig viertstärkste Minderheit.

l) Slowenen

Mit nur 2.385 Personen bilden die Slowenen (*Szlovének*) die kleinste anerkannte Minderheit in Ungarn.[614] Die meisten Slowenen leben konzentriert in einem kleinen Gebiet nahe der ungarisch-österreichischen Grenze, in sieben Siedlungen südlich von Szentgotthárd. Darüber hinaus finden sich kleinere slowenische Gruppen in größeren Städten wie Mosonmagyróvár, Szombathely, Székesfehérvár und in der Hauptstadt Budapest.[615]

Über 70 Prozent der Angehörigen der slowenischen Minderheit in Ungarn sprechen Slowenisch als Muttersprache und gebrauchen diese auch im Alltag im Familien- und Freundeskreis.[616] Dies zeigt die enge Verbundenheit innerhalb der slowenischen Minderheit in Ungarn und unterstreicht die wichtige Rolle der Pflege der gemeinsamen Sprache zur Bewahrung ihrer sprachlichen und ethnischen Volksgruppenidentität.

Trotz ihrer geringen Größe besitzt die slowenische Minderheit in Ungarn auch eine eigene Infrastruktur. Dazu zählen die *Vereinigung der Slowenen in Ungarn* und das *Slowenische Volksmuseum* in Felsöszölnök.[617] Daneben verfügt die slowenische Minderheit in Ungarn mit dem in Szentgotthárd ansässigen *Radio Monošter* auch über eine eigene Radiostation. Diese sendet jeden Tag ein vierstündiges Programm in slowenischer Sprache, welches zum Ziel hat, mittels die

---

612 Vgl. *Human Rights Working Group*, Ethnic Slovaks in Hungary.

613 Vgl. *National Election Office*.

614 Vgl. *Hungarian Central Statistical Office*, Hungarian population census 2011, Table 1.1.6.2.

615 Vgl. *Doncsev*, S. 32.

616 Vgl. *Hungarian Central Statistical Office*, Hungarian population census 2011, Table 1.1.6.2.

617 Vgl. *Human Rights Working Group*, Ethnic Slovenes in Hungary, online unter: http://emberijogok.kormany.hu/ethnic-slovenes-in-hungary [aufgerufen am 28.1.2015].

slowenische Minderheit betreffender Themen deren Identität, Sprachkultur und Traditionen zu stärken.[618] Wöchentlich gibt es im staatlichen Radiosender *MR4* eine halbstündige Sendung auf Slowenisch. Flankiert wird das Radioprogramm noch durch die alle zwei Wochen auf Slowenisch im ungarischen Fernsehen ausgestrahlte 26-minütige Sendung *Slovenski Utrinki.*[619] Als Printmedien erscheinen alle zwei Wochen die slowenische Minderheitenzeitung *Porabje* sowie alljährlich der Almanach *Slovenski koledar.*[620]

Im Erziehungsbereich gibt es jeweils einen zweisprachigen Kindergarten sowie eine zweisprachige Grundschule in Felsöszölnök und Apátistvánfalva, wo auf Slowenisch und Ungarisch unterrichtet wird. In Szentgotthárd besitzt die slowenische Minderheit zudem Grund- und Sekundarschulen, an denen die Unterrichtssprache Slowenisch ist.[621]

Auf der Ebene der Selbstverwaltung besitzt die slowenische Minderheit eine derzeit 15 Abgeordnete starke eigene Landesselbstverwaltung mit Sitz in Felsöszölnök sowie gegenwärtig elf örtliche Selbstverwaltungen.[622] Damit bilden die Slowenen zahlenmäßig das Schlusslicht unter den sich in Ungarn selbst verwaltenden Minderheiten.

m) Ukrainer

Die ukrainische Minderheit in Ungarn hat laut Volkszählung von 2011 5.633 Angehörige.[623] 60 Prozent von diesen Ukrainern (*Ukránok*) gaben an, Ukrainisch als Muttersprache zu haben. Fast genauso viele Angehörige der ukrainischen Minderheit sprechen Ukrainisch auch regelmäßig im Familien- und Freundeskreis.[624] Kleinere Gruppen von Ukrainern leben in Budapest und in mehreren Städten auf dem Lande.[625]

Treibende Kraft hinter der ukrainischen Infrastruktur in Ungarn ist die *Ukrainische Kulturvereinigung Ungarns.* Ihr Hauptziel ist die Bewahrung und

---

618 Vgl. *Human Rights Working Group*, Ethnic Slovenes in Hungary.

619 Vgl. *Human Rights Working Group*, Ethnic Slovenes in Hungary; *Tóth, B.*, Minorities in the Hungarian media, S. 17 f.

620 Vgl. *Human Rights Working Group*, Ethnic Slovenes in Hungary.

621 Vgl. *Human Rights Working Group*, Ethnic Slovenes in Hungary.

622 Vgl. *National Election Office.*

623 Vgl. *Hungarian Central Statistical Office*, Hungarian population census 2011, Table 1.1.6.2.

624 Vgl. *Hungarian Central Statistical Office*, Hungarian population census 2011, Table 1.1.6.2.

625 Vgl. *Doncsev*, S. 32.

Pflege ukrainischer Sprache, Kultur und Traditionen.[626] Daneben gibt es noch das *Ukrainische Kultur- und Dokumentationszentrum Ungarns*, dessen Aufgabe vornehmlich in der Organisation von kulturellen Veranstaltungen besteht, sowie das *Ukrainische Ethnologie-Museum*, das *Ukrainische Laientheater*, das *Jugendtanzensemble Veszelka* und den *Frauenchor Berehinya*.[627]

Die Weitergabe der ukrainischen Sprache findet vornehmlich in Form der Ukrainischen Sonntagsschulen in den Städten Budapest, Szeged, Komárom und Várpalota statt. Dort erfolgt ukrainische Sprach- und Kulturerziehung für Kinder im Kindergarten- und Grundschulalter. Für Fortgeschrittene gibt es Ukrainisch-Sprachkurse in Budapest, Szeged, Nyiregyháza, Baktalórántháza und Debrecen.[628] An der Eötvös Loránd Universität in Budapest kann Ukrainische Sprache und Literatur studiert wie auch die Ausbildung zum Ukrainisch-Lehrer absolviert werden.[629]

Im Bereich der Minderheitenmedien ist die ukrainische Minderheit in Ungarn mit dem alle zwei Monate zweisprachig auf Ukrainisch und Ungarisch erscheinenden Magazin *Hromada* vertreten.[630] Einmal wöchentlich sendet der staatliche ungarische Radiosender *MR4* ein halbstündiges Programm in ukrainischer Sprache. Im ungarischen Fernsehen ist die ukrainische Minderheit einmal im Monat im Minderheitenprogramm *Rondó* mit 6–8 Minuten Sendezeit auf Ukrainisch vertreten.[631]

Als Selbstverwaltungskörperschaften unterhält die ukrainische Minderheit in Ungarn seit 1999 ihre eigene Landesselbstverwaltung mit derzeit 15 Abgeordneten sowie aktuell 21 örtliche Selbstverwaltungen.[632] Damit besitzen die Ukrainer von den in Ungarn lebenden Minderheiten die zweitwenigsten Selbstverwaltungskörperschaften.

---

626 Vgl. *Human Rights Working Group*, Ethnic Ukrainians in Hungary, online unter: http://emberijogok.kormany.hu/ethnic-ukrainians-in-hungary [aufgerufen am 28.1.2015].

627 Vgl. *Human Rights Working Group*, Ethnic Ukrainians in Hungary.

628 Vgl. *Human Rights Working Group*, Ethnic Ukrainians in Hungary.

629 Vgl. *Human Rights Working Group*, Ethnic Ukrainians in Hungary.

630 Vgl. *Human Rights Working Group*, Ethnic Ukrainians in Hungary.

631 Vgl. *Human Rights Working Group*, Ethnic Ukrainians in Hungary; *Tóth, B.*, Minorities in the Hungarian media, S. 17 f.

632 Vgl. *National Election Office*.

2. Staatlich anerkannte Minderheiten in der Türkei

Nach Angaben des Türkischen Statistischen Instituts (*TurkStat*) vom 2014 leben in der Türkei 77.695.904 Menschen.[633] Nur etwa 100.000 von ihnen sind Angehörige der vom türkischen Staat offiziell anerkannten Minderheiten.[634] Nach türkischem Verständnis werden in der Türkei nämlich lediglich die „nichtmuslimischen Minderheiten der Armenier, Griechen und Juden, die innerhalb der monarchisch-theokratischen Struktur des Osmanischen Reiches als „Nationen" [(*Millets*)] organisiert waren [...] [und die] die in den Artikeln 37 bis 45 des Friedensvertrages von Lausanne enthaltenen Garantien"[635] genießen, als Minderheiten anerkannt.[636] Diese Interpretation des Minderheitenbegriffs des Lausanner Vertrages beruht laut offizieller Begründung des türkischen Staates auf den historischen Umständen des Lausanner Vertrages sowie dem gemeinsamen Willen aller Vertragspartner.[637] Der Anteil der staatlich anerkannten Minderheiten an der türkischen Bevölkerung beträgt daher gerade einmal knapp 0,13 Prozent.

a) Armenier

Die armenische Minderheit (*Ermeniler*) wurde bereits 1461 als eigenes Millet anerkannt. Im Osmanischen Reich betrug die Anzahl der armenischen Bevölkerung vor dem Ersten Weltkrieg und damit vor den Massakern und Vertreibungen ca. 2,0 bis 2,5 Millionen.[638] Danach kam es zu einem massiven Bevölkerungsrückgang. Die derzeitige Größe der armenischen Minderheit in der Türkei beläuft sich Schätzungen[639] zufolge auf ca. 60.000–70.000 Personen, von denen

---

633 Vgl. *Turkish Statistical Institute*, Yıllara, yaş grubu ve cinsiyete göre nüfus, 1935–2014, online unter: http://www.turkstat.gov.tr/PreIstatistikTablo.do?istab_id=1588 [aufgerufen am: 28.1.2015].

634 Vgl. *U. S. Department of State*.

635 *Oehring, O.*, Zur Lage der Menschenrechte – Die Türkei auf dem Weg nach Europa – Religionsfreiheit?, missio – Menschenrechte 20, Aachen 2004, S. 81.

636 Vgl. *EU-Kommission*, Türkei Fortschrittsbericht 2006, online unter: http://ec.europa.eu/enlargement/pdf/ key_documents/2006/Nov/tr_sec_1390_de.pdf [aufgerufen am 20.1.2015], S. 22.

637 Vgl. *Oehring*, Zur Lage der Menschenrechte – Die Türkei auf dem Weg nach Europa – Religionsfreiheit?, S. 81.

638 Vgl. *Andrews, P. A.*, Ethnic Groups in the Republic of Turkey, Wiesbaden 1989, S. 142 f.

639 Realistische Schätzungen zur gegenwärtigen Größe der einzelnen Minderheitengruppen in der Türkei sind unmöglich, da seit der Volkszählung von 1965 die Frage

ca. 95 Prozent armenisch-orthodox, ca. vier Prozent armenisch-katholisch und ca. ein Prozent armenisch-protestantisch sind.[640]

Fast alle Angehörigen der armenischen Minderheit in der Türkei können heutzutage noch Armenisch sprechen. Sie verfügen in der Türkei auch über eine eigene Infrastruktur mit 58 Gemeindestiftungen, dem armenisch-orthodoxen Patriarchat in Istanbul, 42 eigenen Kirchen, 17 Grundschulen, zwei Gymnasien, einem Kindergarten, zwei Kinderheimen und zwei Krankenhäusern.[641] Zusätzlich erscheinen in Istanbul zwei armenischsprachige Tageszeitungen sowie eine armenisch-türkische Wochenzeitung.[642] In der gesamten Türkei gibt es jedoch nur noch ein einziges armenisches Dorf, das seit den Zeiten des Osmanischen Reiches ausschließlich von Angehörigen der armenischen Minderheit bewohnt wird: das Dorf Vakıflıköy in den Bergen der Provinz Hatay.

b) Griechen

Die griechisch-orthodoxe Minderheit in der Türkei wird in Abgrenzung zu den in Griechenland lebenden Griechen (*Yunanlı*) als „*Rum*" (römische oder byzantinische Griechen) bezeichnet. Mit etwa 2,5 Millionen Bürgern stellten die Griechen im Osmanischen Reich nach den muslimischen Türken die bedeutendste Bevölkerungsgruppe dar. Danach ist ein massiver Rückgang der griechisch-orthodoxen Bevölkerung in der Türkei zu verzeichnen.[643] Die gegenwärtige Größe der griechisch-orthodoxen Minderheit in der Türkei liegt Schätzungen zufolge höchstens noch bei etwa 2.500 Personen.[644] Trotz ihrer nunmehr sehr

---

nach der ethnischen Zugehörigkeit nicht mehr gestellt wird. Demzufolge sind die im Folgenden gemachten Angaben allesamt Schätzwerte, die lediglich einen Eindruck von der ungefähren Größe der einzelnen Minderheitengruppen vermitteln können.

640 Vgl. *Baum*, S. 182; *EU-Commission*, Religious Freedom in Turkey. Report of the fact-finding mission undertaken by the Commission in Turkey from 12–22 June 2003, Ankara 2003, S. 8; *Hofmann, T.*, Armenians in Turkey Today, Bruxelles 2002, S. 9; *U. S. Department of State*; *Yılmaz Ö.*, Dışişleri: Azınlık sayısı 89 bin, in: Milliyet.com.tr vom 12.12.2008, online unter: http://www.milliyet.com.tr/Siyaset/Haber Detay.aspx?aType=HaberDetay&Kategori=siyaset&KategoriID=&ArticleID=1027207&Date=12.12.2008&b=Disisleri:%20Azinlik%20sayisi%2089%20bin&ver=17 [aufgerufen am 25.1.2015].

641 *Kurban, D./ Tsitselikis, K.*, A Tale of Reciprocity: Minority Foundations in Greece and Turkey, Istanbul 2010, S. 32 f.

642 Vgl. *HYE-TERT*, Istanbul Ermenilerine Haberler: Rehber, online unter: http://www.hyetert.com/rehber.asp [aufgerufen am 20.1.2015].

643 Vgl. *Andrews*, S. 142 f.; *Baum*, S. 181 f.

644 Vgl. *U. S. Department of State*.

geringen Größe ist die griechisch-orthodoxe Minderheit immer noch eine der wohlhabendsten Gemeinschaften in der Türkei.[645]

Die griechisch-orthodoxe Kirche ist die größte christliche Kirche in der Türkei. Der Ökumenische Patriarch als weltweites Oberhaupt der orthodoxen Christenheit hat seit dem Jahr 330 seinen Sitz in Istanbul. Allerdings wird der seit dem 6. Jahrhundert bestehende ökumenische Status des griechisch-orthodoxen Patriarchen von Konstantinopel, d. h. seine Rolle als erster Bischof und geistiges Oberhaupt der Gesamtorthodoxie, von der Türkei nicht anerkannt.[646]

Als anerkannte nicht-muslimische Minderheit verfügt die griechisch-orthodoxe Minderheit in der Türkei auch über eine eigene Infrastruktur. Diese umfasst 73 Gemeindestiftungen, 60 eigene Kirchen, 15 Grundschulen, sechs Gymnasien, Kinderheime, ein Krankenhaus sowie eigene Zeitungen.[647] Der Fortbestand der griechisch-orthodoxen Kirche und deren Patriarchats in der Türkei ist jedoch auf lange Sicht gefährdet, da Anfang der 2000er Jahre bereits fast zwei Drittel der 15 Bischöfe älter als 65 Jahre waren und wegen der fehlenden Ausbildungsstätten für Priester in der Türkei Nachwuchs nicht in Sicht ist. Der türkische Staat verlangt nämlich, dass der Patriarch, seine Bischöfe sowie alle übrigen in der Türkei tätigen Geistlichen türkische Staatsbürger sein müssen.[648] Als Entgegenkommen hatte der damalige türkische Ministerpräsident Erdoğan Patriarch Bartholomäus I. jedoch Mitte August 2009 zugesagt, dass es künftig auch für alle außerhalb der Türkei lebenden Bischöfe des griechisch-orthodoxen Patriarchats möglich sein solle, einen Antrag zur Erlangung der türkischen Staatsangehörigkeit zu stellen, um so bei der Wahl zum Patriarchen ein aktives wie passives Wahlrecht zu besitzen.[649]

---

645 Vgl. *EU-Commission*, S. 9. Das zeigt sich u. a. daran, dass fast 80 Prozent der nach Änderung des Stiftungsgesetzes zur Registrierung vorgelegten Liegenschaften der Gemeindestiftungen von griechisch-orthodoxen Gemeindestiftungen geltend gemacht wurden.

646 Vgl. *Bozarslan*, Les minorités en Turquie, S. 109; *European Commission*, Turkey 2014 Progress Report, S. 55; *Hermann*, Der Status der nichtmuslimischen Minderheiten in der Türkei, S. 110 f.; *Kurban/ Tsitselikis*, S. 10.

647 Vgl. *Baum*, S. 179; *EU-Commission*, S. 12; *Kurban/ Tsitselikis*, S. 30 ff.; *Yılmaz*; *Zentrum für Türkeistudien*, S. 60.

648 Vgl. *Duncker, G.*, Die Situation der christlichen Minderheiten in der Türkei, in: EKD-Texte 78, Hannover 2003, S. 81 f.; *U. S. Department of State*.

649 Vgl. *Kalmoukos, T.*, Tampa Native Metropolitan Nikitas to becomea Turkish citizen, online unter: http://www.johnsanidopoulos.com/2010/06/metropolitan-nikitas-to-become-turkish.html [aufgerufen am 18.1.2015].

c) Juden

Die jüdische Minderheit (*Yahudiler*) war schon im Osmanischen Reich als eigenes „Millet" anerkannt und siedelt bereits seit über 500 Jahren ununterbrochen und ohne Bedrohung ihrer Existenz auf dem Gebiet der heutigen Türkei.[650] Die gegenwärtige Größe der jüdischen Minderheit in der Türkei beträgt ca. 20.000–25.000 Personen.[651] Sie verfügt in der Türkei über eine eigene Infrastruktur mit dem in Istanbul ansässigen Oberrabbinat, 35 Synagogen, 18 Gemeindestiftungen, einem Kindergarten, einer Grundschule und einem Gymnasium in Istanbul, zwei Krankenhäusern, drei Altersheimen sowie einer Wochenzeitung.[652]

Jahrzehntelang war die Situation der Juden in der Türkei – nicht zuletzt wegen der guten Beziehungen der Türkei zu Israel – eine der besten in der gesamten islamischen Welt. Daran vermochten selbst die beiden Terroranschläge auf jüdische Synagogen in Istanbul vom 15./20. November 2003 nichts zu ändern. Allerdings ist seit den letzten beiden israelisch-palästinensischen Kriegen in Gaza 2008/2009 und 2014 in der türkischen Bevölkerung eine zunehmend anti-israelische Stimmung zu beobachten, die in einigen Teilen der Bevölkerung auch in eine anti-jüdische Stimmung umgeschlagen ist. Diese Anti-Stimmung ist insbesondere nach der israelischen Militäraktion gegen einen Schiffskonvoi mit Hilfslieferungen für den Gaza-Streifen Ende Mai 2010, bei der insgesamt neun türkische Aktivisten ums Leben kamen, deutlich angewachsen und emotional aufgeladen worden.[653] Trotzdem sind die Juden gegenwärtig noch die nicht-muslimische Minderheit, der es in der Türkei objektiv gesehen am besten geht und die sich am wenigsten über ihre Situation beklagt.

---

650 Vgl. *Benhabib, S.*, Das türkische Mosaik. Ein Irrtum zu meinen, Europa müsse am Bosporus enden, in: FR vom 28.12.2002, S. 17; *Weiker*, S. 1, 49 f., 152; *Wurmbrand, M./ Roth, C.*, Das Volk der Juden. 4000 Jahre Kampf ums Überleben, Wiesbaden 1989, S. 270 ff.; *Zentrum für Türkeistudien*, S. 62.

651 Vgl. *EU-Commission*, S. 7; *Şener, C.*, Türkiye'de Yaşayan Etnik ve Dinsel Gruplar, Istanbul 2004, S. 125; *U. S. Department of State*; *Yılmaz*.

652 Vgl. *Cano, M.*, Ulus Devlet Ve Farklılıklar Bakımdan Türkiye'de Yaşayan Müslüman Olmayan Azınlıklar, Sorunları Ve Çözüm Önerileri, in: Helsinki Yurttaşlar Derneği, Modernleşme ve Çokkültürlülük, Istanbul 2001, S. 68, 70; *EU-Commission*, S. 8; *Kurban/ Tsitselikis*, S. 34, 37; *Şener*, Türkiye'de Yaşayan Etnik ve Dinsel Gruplar, S. 128; *Yılmaz*.

653 Vgl. *Steinvorth, D.*, Stimmungswechsel in der Türkei: Israel verliert wichtigen Verbündeten, in: Spiegel-Online vom 01.06.2010, online unter: http://www.spiegel.de/politik/ausland/stimmungswechsel-in-der-tuerkei-israel-verliert-wichtigen-verbuendeten-a-698063.html [aufgerufen am 3.3.2015].

IV. Staatlich nicht anerkannte Minderheiten

Sowohl in Ungarn als auch in der Türkei gibt es neben den offiziell anerkannten Minderheiten noch weitere Gruppen, die eine eigene ethnische, nationale, religiöse oder sprachliche Identität besitzen, vom Staat aber nicht als Minderheit anerkannt werden. Aufgrund des restriktiven, allein auf nicht-muslimische Minderheiten beschränkten türkischen Minderheitenbegriffs, ist die Anzahl der staatlich nicht anerkannten Minderheiten in der Türkei wesentlich höher als in Ungarn. Neben den definitionsbedingt nicht unter den türkischen Minderheitenbegriff fallenden ethnischen, nationalen, sprachlichen und muslimisch-religiösen Minderheiten gibt es in der Türkei aber auch nicht-muslimische Minderheiten, denen der Minderheitenstatus vom türkischen Staat verwehrt wird.

1. Staatlich nicht anerkannte Minderheiten in Ungarn

Neben den vom ungarischen Staat in Anhang I UNatG offiziell anerkannten Minderheiten gibt es noch weitere Volksgruppen, denen der Minderheitenstatus bislang verwehrt geblieben ist. Diese werden im Folgenden in alphabetischer Reihenfolge aufgeführt.

a) Bunjewatzen

Die Bunjewatzen (*Bunyevácok*) sind eine südslawische Ethnie, deren Mitglieder überwiegend römisch-katholischer Konfession sind und die bunjewakische Sprache, einen ikavisch-štokavischen Dialekt, sprechen. Sie leben vornehmlich in der historischen Region Batschka, welche in der heutigen Vojvodina im nördlichen Serbien liegt.[654] Ein Teil von ihnen siedelt jedoch auch auf ungarischem Staatsgebiet im Dreieck Baja-Subotica-Sombor. In Ungarn werden die nur einige hundert Personen zählenden Bunjewatzen jedoch nicht als eigene Volksgruppe, sondern als Teil der kroatischen Minderheit angesehen. Aus diesem Grund hat es das ungarische Parlament letztmalig im Jahr 2011 auch abgelehnt, den Bunjewatzen den Status einer Minderheit zu verleihen.[655]

---

654 Vgl. *Todosijević, B.*, Why Bunjevci did not Become a Nation: A Case Study, in: East Central Europe, Vol. 29, No. 1–2, S. 59 ff.

655 Vgl. Abstimmungsergebnis im Ungarischen Parlament vom 16.5.2011, online unter: http://www.parlament.hu/internet/plsql/ogy_szav.szav_lap_egy?p_szavdatum=2011.05.16.17%3A30%3A21&p_szavkepv=I&p_szavkpvcsop=I&p_ckl=39 [aufgerufen am 2.3.2015].

b) Hunnen

Im Jahr 2005 beantragten in Ungarn knapp 2.400 Personen im Rahmen eines Volksinitiativverfahrens, als Minderheit der Hunnen (*Hunok*) staatlich anerkannt zu werden. Der Antrag wurde vom ungarischen Parlament abgelehnt.[656] Die Antragsteller behaupteten, direkte Nachfahren der Hunnen zu sein, die während der Völkerwanderung ab dem 4. Jahrhundert aus Asien nach Westen gezogen waren und unter ihrem König Attila in Europa ein mächtiges Reich vom Kaukasus bis zur Loire errichtet hatten. Attila, dessen Namen noch heute viele Ungarn tragen, starb im Jahr 453 im heutigen Ungarn. Ebenso wie vom ungarischen Parlament wird die Existenz einer hunnischen Ethnie und Kultur in Ungarn von Wissenschaftlern bestritten.[657]

c) Juden

Die Juden (*Zsidók*) in Ungarn sind vom ungarischen Staat offiziell nicht als Minderheit anerkannt. Stattdessen werden sie als Religionsgemeinschaft anerkannt, deren individuelle und kollektive Religionsfreiheit sich aus Art. VII I UGG ergibt. Aus den Kreisen der in Ungarn lebenden Juden gab es jedoch bereits im Jahr 2006 Bestrebungen, im Rahmen eines Volksinitiativverfahrens nach § 148 III UNatG die Anerkennung als Minderheit im Sinne des Nationalitätengesetzes zu beantragen. Dieser von der *Gesellschaft für die Minderheit Ungarischer Juden* initiierte Antrag erreichte jedoch nicht die für ein Volksinitiativverfahren erforderliche Mindestanzahl von Unterschriften. Insbesondere wurde der Antrag von den Oberhäuptern der jüdischen Gemeinden in Ungarn nicht unterstützt, da sie sich selbst nicht als Ethnie, sondern als Religionsgemeinschaft betrachten.[658] Demzufolge erstrebt die jüdische Religionsgemeinschaft in Ungarn keine Minderheitenrechte, sondern sieht sich durch die verfassungsrechtlich garantierte Religionsfreiheit ausreichend geschützt. Als Religionsgemeinschaft besitzen die Juden in Ungarn neben ihren religiösen Aktivitäten auch eine ausgeprägte Infrastruktur mit der *Ungarisch-Jüdischen Kulturvereinigung*, der monatlich

---

656 Vgl. *Kindhauser, E.*, Attila, in: Die Weltwoche, Ausgabe 17/2005 vom 27.4.2005, online unter: http://www.weltwoche.ch/ausgaben/2005-17/artikel-2005-17-attila.html [aufgerufen am 3.2.2015].

657 Vgl. *Wagner, H.*, Die Hunnen, in: Eurasisches Magazin vom 31.3.2005, online unter: http://www.eurasischesmagazin.de/artikel/DIE-HUNNEN/20050313 [aufgerufen am 3.2.2015].

658 Vgl. *Halász, I.*, National and Ethnic Minorities and Minority Laws in Central Europe, in: Minorities Research No. 10 (2008), S. 139.

erscheinende Zeitung *Szombat*, dem Magazin *Uj Élet* und der Vierteljahresschrift *Mult és Jövö*.[659] Daneben gibt es an der Universität Budapest und der Ungarischen Akademie der Wissenschaften Abteilungen für Jüdische Studien und für Hebräisch.[660] Im musikalischen Bereich habe es einige jüdische Volksmusikensembles sogar zu landesweiter Bekanntheit gebracht.[661]

d) Russen

Am signifikantesten ist in den vergangenen Jahren die russische Bevölkerungsgruppe in Ungarn gewachsen. In der Volkszählung von 2011 bezeichneten sich 6.170 Personen als ethnische Russen (*Orosok*).[662] Damit hat sich die Anzahl der Russen in Ungarn seit Beginn des neuen Jahrtausends mehr als verzweieinhalbfacht.[663] Über die Hälfte von ihnen wohnt in Budapest, ein anderer nicht unerheblicher Teil am Plattensee. Die Angehörigen der russischen Volksgruppe sind fast alle im erwerbsfähigen Alter und stellen demzufolge eine sehr junge Bevölkerungsgruppe dar.[664] Daher fehlt es ihnen auch am jahrhundertelangen dauerhaften Aufenthalt im ungarischen Staat, um als eigenständige Minderheit staatlicherseits anerkannt zu werden. Zudem gibt es in Ungarn noch recht wenig kulturelle Institutionen der Russen. Kulturelle Veranstaltungen werden in der Regel vom mit der Russischen Botschaft eng verbundenen *Russischen Kulturzentrum* organisiert. Daneben erscheint für die Russen in Ungarn sowie in Österreich alle zwei Wochen der *Rossiysky Kurier* in russischer Sprache.

2. Staatlich nicht anerkannte Minderheiten in der Türkei

In der Türkei gibt es eine Vielzahl staatlich nicht anerkannter Minderheiten. Dies hängt zum einen mit dem allein auf nicht-muslimische Minderheiten beschränkten türkischen Minderheitenbegriff zusammen. Demzufolge werden sämtliche auf türkischem Staatsgebiet siedelnden ethnischen, nationalen, sprachlichen und

---

659 Vgl. *Patai, R.*, The Jews of Hungary: History, Culture, Psychology, Detroit 1996, S. 643.

660 Vgl. *Patai*, S. 641.

661 Vgl. *Patai*, S. 642.

662 Vgl. *Hungarian Central Statistical Office*, Hungarian population census 2011, Table 1.1.6.2.

663 Vgl. *Hungarian Central Statistical Office*, Hungarian population census 2011, Table 1.1.6.2.

664 Vgl. *Zsuppán, A.*, Growing Russian presence in Hungary – Many settle down permanently, in: Budapest Telegraph vom 11.4.2013, online unter: http://www.budapest telegraph.com/news/333/ growing_russian_ presence_in_hungary_%E2%80%93_ many_settle_down_permanently_ [aufgerufen am 3.2.2015].

muslimisch-religiösen Gruppen vom türkischen Staat nicht als Minderheiten anerkannt. Zum anderen legt die Türkei den Minderheitenbegriff des Lausanner Vertrages aber auch hinsichtlich der von ihm umfassten nicht-muslimischen Minderheiten zu restriktiv aus, so dass er sogar nicht-muslimischen Religionsgemeinschaften den offiziellen Status als Minderheit verwehrt. Im Folgenden werden die vom türkischen Staat nicht anerkannten Minderheiten - unabhängig von ihrer begrifflichen Einordnung als ethnische, religiöse oder sprachliche Minderheit - in alphabetischer Reihenfolge vorgestellt.

a) Aleviten

Die größte muslimische Religionsgemeinschaft der Türkei nach den Sunniten sind die Aleviten (*Aleviler*).[665] Zur Anzahl der Aleviten in der Türkei gibt es keine gesicherten Angaben. Jedoch gibt es einige Schätzungen, die von 5–25 Millionen[666] Aleviten bzw. einem Bevölkerungsanteil der Aleviten in der Türkei von 8–25 Prozent[667] ausgehen. In der Praxis befinden sich die Aleviten in der Türkei in einer schwierigen Lage, denn sie werden von den Sunniten häufig als Ketzer angesehen. Die Wurzeln dieser feindseligen Haltung liegen bereits im Osmanischen Reich. Schon damals waren die Aleviten Diskriminierungen ausgesetzt und konnten keine Ämter in der Armee oder im Staatsdienst bekleiden.[668] Sie wurden von den sunnitischen Osmanen, die keine zweite islamische Glaubensrichtung neben der ihren tolerierten, als Ungläubige angesehen.[669]

---

665 Vgl. *Aydın*, Das ethnische Mosaik der Türkei, S. 87; *Kurban*, Confronting Equality: The Need for Constitutional Protection of Minorities on Turkey's Path to the European Union, S. 181; *Zentrum für Türkeistudien*, S. 32.

666 Vgl. *EU-Kommission*, Türkei Fortschrittsbericht 2005, online unter: http://www.europa.eu.int/comm/ enlargement/report_2005/pdf/package/sec_1426_final_de_progress_report_tr.pdf [aufgerufen am 3.3.2015], S. 39; *Seufert, G.*, Ethnien und Ethnizität: Die Kurden und andere Minderheiten, in: *Steinbach, U. (Hrsg.)*, Länderbericht Türkei, S. 252; *U. S. Department of State*.

667 Vgl. *Erder, N.*, Türkiye'de siyasi parti seçmenleri ve toplum düzeni, Istanbul 1999, S. 14; *Massicard, É.*, L'Islam En Turquie, Pays "Musluman Et Laïc", in: *Roy, O. (Éd.)*, La Turquie Aujourd'Hui, Paris 2004, S. 59; *Oehring*, Zur Lage der Menschenrechte - Die Türkei auf dem Weg nach Europa - Religionsfreiheit?, S. 11; *Oehring, O.*, Länderberichte Religionsfreiheit: Türkei, Aachen 2012, S. 13.

668 Vgl. *Aringberg-Laanatza, M.*, Alevis in Turkey - Alevis in Syria: Similarities and Differences, in: *Olsson, T./ Özdalga, E./ Raudvere, C. (Ed.)*, Alevi Identity, Istanbul 1998, S. 154.

669 Vgl. *Bilici, F.*, The Function of Alevi-Bektashi Theology in Modern Turkey, in: *Olsson, T./ Özdalga, E./ Raudvere, C. (Ed.)*, Alevi Identity, Istanbul 1998, S. 60;

Auch in der heutigen Türkei werden die Aleviten noch häufig diskriminiert und vom türkischen Staat nicht als eigene Religionsgemeinschaft anerkannt.[670] Von Seiten des Präsidiums für religiöse Angelegenheiten ist sogar in Zweifel gezogen worden, ob es sich bei den Aleviten überhaupt um Muslime handelt.[671] Dennoch müssen alevitische Kinder in der Schule am obligatorischen sunnitisch-muslimischen Religionsunterricht teilnehmen und lernen dort nichts über die Besonderheiten ihrer eigenen Religionsgemeinschaft.[672] Mittlerweile ist aber zumindest die kulturelle Identität der Aleviten in der Türkei politisch anerkannt, so dass seit 2003 Vereine die Bezeichnung „alevitisch" führen dürfen und vereinzelt auch alevitische Einrichtungen staatlich alimentiert werden.[673] Die alevitischen Gebetshäuser, die sog. *Cem-Häuser*, werden staatlich hingegen nicht unterstützt, da nach Ansicht des Präsidiums für religiöse Angelegenheiten Moscheen die einzigen Gotteshäuser im Islam sind.[674] Aus diesem Grund dürfen die *Cem-Häuser* auch offiziell nicht als Gebetsstätten deklariert und genutzt werden.[675]

b) Araber

Die Araber (*Araplar*) in der Türkei bilden eine relativ große ethnische Gruppe mit ca. 365.000 Angehörigen.[676] Der überwiegende Teil von ihnen lebt traditionell in den süd- bzw. südostanatolischen Provinzen. Religiös lassen sich drei Gruppen der in der Türkei lebenden Araber unterscheiden: sunnitische,

---

Minderjahn, B., Cem-Häuser statt Moscheen und Beten zum Nachbarn statt gen Mekka, in: *Bundeszentrale für politische Bildung (Hrsg.)*, Weltreligion Islam, Bonn 2002, S. 80 f.; *Zeidan, D.*, The Alevi of Anatolia, in: MERIA Vol. 3, No. 4 (1999), S. 80.

670 Vgl. *EU-Kommission*, Türkei Fortschrittsbericht 2005, S. 49, 135, 170; *EU-Kommission*, Türkei Fortschrittsbericht 2006, S. 23; *Oehring*, Länderberichte Religionsfreiheit: Türkei, S. 13; *U. S. Department of State*.

671 Vgl. *Oehring*, Länderberichte Religionsfreiheit: Türkei, S. 13.

672 Vgl. *EU-Kommission*, Türkei Fortschrittsbericht 2005, S. 37, 39; *EU-Kommission*, Türkei Fortschrittsbericht 2006, S. 19; *Oehring*, Länderberichte Religionsfreiheit: Türkei, S. 13; *U. S. Department of State*.

673 *Yaman, A.*, Türk siyasi tarihinde Alevilik, in: *Dönmez, R. Ö./ Enneli, P./ Altuntaş, N. (Eds.)*, Türkiye'de kesişen-çatışan dinsel ve etnik kimlikler, Istanbul 2010, S. 129.

674 Vgl. *European Commission*, Turkey 2014 Progress Report, S. 55.

675 Vgl. *Oehring*, Länderberichte Religionsfreiheit: Türkei, S. 13.

676 Vgl. *Pan/ Pfeil*, Die Volksgruppen in Europa, S. 169.

alevitische und christliche Araber.[677] Der überwiegende Teil der türkischen Araber ist sunnitischen Glaubens, der mit Abstand kleinste Teil sind Christen, die überwiegend der griechisch-orthodoxen Kirche angehören.[678] Diese Religionsgruppen, die selbst wieder in den großen Religionsgruppen der Sunniten, Aleviten und Christen aufgehen, bieten den türkischen Arabern ihre Primäridentität. Ein ausgeprägtes Zusammengehörigkeits- und Solidaritätsgefühl aller Araber in der Türkei besteht nicht.[679]

c) Assyrer

Obwohl die christliche Religionsgemeinschaft der Assyrer (*Süryaniler*) die Kriterien des Minderheitenbegriffs des Lausanner Vertrages erfüllt, wird sie von der Türkei nicht als nicht-muslimische Minderheit anerkannt. Dies liegt jedoch nicht nur an der Türkei, sondern mag auch damit zusammenhängen, dass der damalige syrisch-orthodoxe Patriarch Ilyas Shakir Alkan im Jahr 1923 entschieden hatte, sich nicht als Minderheit nach dem Lausanner Vertrag exponieren zu wollen.[680] Seit Beginn des Ersten Weltkrieges hat sich die Anzahl der Assyrer auf dem Gebiet der Türkei erheblich verringert. Die gegenwärtige Größe der assyrischen Bevölkerung in der Türkei wird auf ca. 12.000–20.000 Personen geschätzt.[681] Von diesen leben etwa zwei Drittel in den Großstädten Istanbul, Ankara und Izmir, der Rest in ihrem ursprünglichen Siedlungsgebiet im Südosten der Türkei in der Provinz Mardin, in Midyat und den Dörfern des Tur Abdin (Berg der Gottesknechte).[682]

---

677 Vgl. *Şener*, Türkiye'de Yaşayan Etnik ve Dinsel Gruplar, S. 68; *Zentrum für Türkeistudien*, S. 121.

678 Vgl. *Baum*, S. 182; *Karimova, N./ Deverell, E.*, Minorities in Turkey, in: *The Swedish Institute of International Affairs*, Occasional Papers 19, Stockholm 2001, S. 15; *Şener*, Türkiye'de Yaşayan Etnik ve Dinsel Gruplar, S. 70 ff.; *Zentrum für Türkeistudien*, S. 122 ff.

679 Vergleiche dazu insbesondere die zwischen Sunniten und Aleviten bestehenden Spannungen (siehe oben unter 2. a)).

680 Vgl. *Hermann*, Die Türkei auf dem Weg nach Europa, S. 88 f.

681 Vgl. *Baum*, S. 175, 184; *Brenneisen, A.*, Diskriminierung christlicher Minderheiten, in: Vielfalt 43, Zeitschrift für bedrohte Völker, Bern 2002, S. 9; *EU-Commission*, S. 12; *U. S. Department of State*.

682 Vgl. *Anschütz, H.*, Christliche Gruppen in der Türkei, in: *Andrews, P. A.*, Ethnic Groups in the Republic of Turkey, Wiesbaden 1989, S. 460 ff.; *Baum*, S. 175 f., 183 f. 186; *Gesellschaft für bedrohte Völker (Hrsg.)*, Die Assyrer. Ein vergessenes Volk in der Türkei, Bern 2001, S. 6.

Als Religionsgemeinschaft genießen die Assyrer in der Türkei keinerlei Rechte, verfügen kaum über Gebetsstätten und dürfen z. B. keine neuen Einrichtungen eröffnen, keine eigenen Schulen und kein Predigerseminar unterhalten und sind vom Staatsdienst ausgeschlossen.[683] Gegenwärtig gibt es noch neun assyrische Gemeindestiftungen in der Türkei.[684] Ins Ausland ausgewanderte Assyrer sehen sich bei einer Rückkehr in ihre Heimatdörfer im Südosten der Türkei mit den Problemen konfrontiert, dass ihre unbewohnten Häuser beschlagnahmt wurden, sie ihr Eigentum nach dem Verlust der türkischen Staatsangehörigkeit im Zuge der Landregistrierung nicht mehr eintragen lassen können und sie nach wie vor von Dorfschützern drangsaliert werden.[685] Erst nach einem entsprechenden Aufruf des damaligen türkischen Ministerpräsidenten Bülent Ecevit Anfang 2001 begannen einige nach Europa geflüchtete Assyrer allmählich wieder, in ihre in den 1990er Jahren entvölkerten Dörfer im Tur Abdin zurückzukehren. Seit Mitte 2008 gab es jedoch Streit: Mehrere Dorfvorsteher ärmlicher muslimischer Nachbardörfer hatten Prozesse gegen das im Jahr 397 erbaute Kloster Mor Gabriel, das religiöse Zentrum der Assyrer in der Region, mit dem Vorwurf angestrengt, illegal Land besetzt zu haben. Mit Hilfe der türkischen Gerichte wollten sie den Abriss der äußeren Klostermauer sowie die Enteignung des Klostergeländes erreichen. Tatsächlich ging es in den Prozessen gegen das Kloster aber nur vordergründig um Grund und Boden. Seitdem die vor einigen Jahren nach Europa geflüchteten und dort zu Wohlstand gelangten Assyrer vermehrt in ihre Heimatdörfer im Tur Abdin zurückkehrten und sich der dortigen Herrschaft der regionalen Clans nicht mehr unterordnen wollten, neideten die muslimischen Nachbardörfer den christlichen Rückkehrern ihren Wohlstand und forderten daran ihren Anteil. Da sich die von der EU unterstützen Rückkehrer aber weigerten, weiterhin in Form von „Schutzgeldern“ für ihre Sicherheit zu bezahlen, oblag die Entscheidung des Machtkampfes im Tur Abdin den Gerichten.[686] Lediglich 12 Parzellen Land wurden dem Kloster nach Intervention der türkischen

---

683 Vgl. *Del Valle, A./ Razavi, E.*, Le Dilemme turc, Paris 2005, S. 61, 66; *EU-Commission*, S. 13; *EU-Kommission*, Türkei Fortschrittsbericht 2005, S. 39, 45; *European Commission*, Turkey 2014 Progress Report, S. 55; *Gesellschaft für bedrohte Völker*, S. 14 ff.; *Hermann*, Die Türkei auf dem Weg nach Europa, S. 96 ff.

684 Vgl.*Kurban/ Tsitselikis*, S. 34.

685 Vgl. *EU-Kommission*, Türkei Fortschrittsbericht 2005, S. 49, 135, 170; *EU-Kommission*, Türkei Fortschrittsbericht 2006, S. 23; *European Commission*, Turkey 2014 Progress Report, S. 60.

686 Vgl. *Gent, A. van*, Streit um Land des Klosters Mor Gabriel in der Türkei, in: NZZ vom 20.12.2008, online unter: http://www.nzz.ch/nachrichten/international/streit_

Regierung im Oktober 2013 zugesprochen. Verfahren wegen weiterer 18 Parzellen liegen derzeit noch bei den Verwaltungsgerichten zur Entscheidung.[687]

d) Bulgaren

Die gegenwärtig in der Türkei lebenden Bulgaren (*Bulgarlar*) bilden eine eigene ethnische Gruppe, die sich größtenteils aus Pomaken und anderen slawisch-muslimischen Gemeinschaften zusammensetzt. Nur ein kleiner Teil dieser ethnischen Gruppe sind bulgarisch-orthodoxe Christen. Die gegenwärtig etwa 600.000 in der Türkei siedelnden Pomaken sind allesamt Muslime und sprechen als Muttersprache Bulgarisch.[688] Die Mehrheit von ihnen ist jedoch weitgehend assimiliert und spricht fast ausschließlich Türkisch.[689] Die Anzahl der bulgarisch-orthodoxen Bulgaren in der Türkei beträgt nur noch etwa 500.[690]

Die bulgarischstämmige Minderheit in der Türkei wird nicht als nicht-muslimische Minderheit anerkannt, da die Minderheitenschutzbestimmungen des Lausanner Vertrages laut Protokoll zum türkisch-bulgarischen Freundschaftsvertrag von 1925 lediglich entsprechend auf die bulgarischstämmigen türkischen Staatsangehörigen in der Türkei anwendbar sind, ohne diesen in irgendeiner Form den Minderheitenstatus zuzugestehen.[691]

---

um_land_des_klosters_mor_gabriel_in_der_ tuerkei _1.1521002.html [aufgerufen am 4.3.2015]; *Strittmatter, K.*, Trutzburg der Christen, in: SZ vom 24.12.2008, S. 4.

687 Vgl. *European Commission*, Turkey 2014 Progress Report, S. 60.

688 Vgl. *Apostolov, M.*, The Pomaks. A Religious Minority in the Balkans, in: Nationalities Papers, Vol. 24, No. 4, 1996, S. 727; *Liotta, P. H.*, Religion and War: Fault Lines in the Balkan Enigma, in: *Thomas, R. G. C. (Ed.)*, Yugoslavia Unraveled: Sovereignty, Self-Determination, Intervention, Lanham 2003, S. 105.

689 Vgl. *Hürriyet Daily News*, Trial sheds light on shades of Turkey, in: Hürriyet Daily News vom 10.6.2008, online unter: http://www.hurriyetdailynews.com/default.aspx?pageid=438&n=trial-sheds-light-on-shades-of-turkey-2008-06-10 [aufgerufen am 28.1.2015].

690 Vgl. *Dörler, E.*, Die Vielfalt der Kirchen der Türkei heute, April 2007, online unter: http://www.sg.org.tr/gemeinde/index.php?id=1450 [aufgerufen am 28.1.2015].

691 Vgl. *Çavuşoğlu*, Azınlık Hakları: Avrupa Standartları ve Türkiye Bir Karşılaştırma, S. 124; *Lütem, Ö. E.*, The Past and Present State of Turkish-Bulgarian Relations, in: Foreign Policy Quarterly, Vol. XXIII (1999), S. 66; *Oehring, O.*, Zur Lage der Menschenrechte in der Türkei – Laizismus = Religionsfreiheit?, missio – Menschenrechte 5, 2. Auflage, Aachen 2002, S. 22; *Pircher*, S. 138 f.

e) *Dschafariten*

Die Dschafariten (*Caferi*) sind eine muslimische Religionsgruppe, die vornehmlich aus ethnisch aserbaidschanischen Türken besteht und einer Schule des schiitischen Islam folgt.[692]

In der Türkei leben insgesamt zwischen einer und drei Millionen Dschafariten. Der Großteil von ihnen ist in der Provinz Iğdir, dem ursprünglichen Siedlungsgebiet der Dschafariten, und in Istanbul ansässig. In Istanbul wohnt die Mehrzahl der dort ansässigen etwa 500.000 Dschafariten im Zeynebiye-Viertel, einem Ghetto am Stadtrand, das sie Ende der 1970er Jahre selbst gegründet hatten.[693]

Ebenso wie die Aleviten werden die Dschafariten in der Türkei häufig diskriminiert und vom türkischen Staat nicht als eigene Religionsgemeinschaft anerkannt. Daher sind sie auch mit keinem Repräsentanten im Präsidium für religiöse Angelegenheiten vertreten.[694] Auch werden dschafaritische Kinder in der Schule zur Teilnahme am obligatorischen sunnitisch-muslimischen Religionsunterricht gezwungen, in dem ihre Religion keine Erwähnung findet, sondern als Teil der sunnitisch-hanafitischen Mehrheitsreligion mit vereinnahmt wird.[695]

Die Dschafariten in der Türkei definieren sich selbst als schiitische Religionsgruppe und fühlen sich primär dieser zugehörig. Mit *Caferider*, der nationalen Vereinigung der Dschafariten, verfügen sie auch über eine eigene Organisation in der Türkei.[696]

f) *Georgier*

Die Georgier (*Gürcüler*), die zur Gruppe der Südwestkaukasier gehören und mit den Lazen verwandt sind, bilden eine eigene ethnische Gruppe in der Türkei.[697] Sie stammen von der Schwarzmeerküste, wo ihre Siedlungsgebiete im 16. Jahrhundert von den Osmanen erobert wurden.[698] Danach konvertierten sie zum

692 Vgl. *Minority Rights Group International*, Caferis, online unter: http://www.minorityrights.org/4408/ turkey/caferis.html [aufgerufen am 6.2.2015].

693 Vgl. *Minority Rights Group International*, Caferis.

694 Vgl.*Minority Rights Group International*, Caferis.

695 Vgl. *Oehring*, Länderberichte Religionsfreiheit: Türkei, S. 21.

696 Vgl.*Minority Rights Group International*, Caferis.

697 Vgl. *Aydın*, Das ethnische Mosaik der Türkei, S. 99.

698 Vgl. *Zentrum für Türkeistudien*, S. 99.

islamischen Glauben.[699] Die Georgier selbst bezeichnen sich in der Türkei als *Çveneburi*.[700]

Heute leben die Georgier vorwiegend in der ostanatolischen Schwarzmeerprovinz Artvin. Auch in anderen Gebieten der Schwarzmeerregion findet sich eine größere Anzahl georgischer Dörfer.[701]

Über die Anzahl der in der Türkei lebenden Georgier gibt es keine verlässlichen Schätzungen. Während bei der Volkszählung 1965 noch ca. 83.000 Personen das Georgische als Mutter- oder Zweitsprache angaben,[702] nennen Schätzungen aus den 1980er Jahren eine Zahl von 60.000 Georgiern,[703] neuere gehen von 500.000–600.000,[704] georgische Schätzungen sogar von 1.000.000–1.500.000 Menschen georgischer Herkunft[705] aus.

Die Georgier sind mittlerweile integraler Bestandteil der türkischen Gesellschaft. Sie begreifen sich gleichzeitig als Georgier, Muslime und türkische Bürger, wobei sie durch ihre soziokulturellen Werte und die gemeinsame Religion weitgehend in der türkischen Nationalidentität aufgegangen sind.[706] Erst ab Mitte der 1980er Jahre kam es – durch die Auflösung der Sowjetunion und die Öffnung Georgiens bedingt – zu einer Rückbesinnung auf die georgischen Wurzeln.[707]

g) Kurden

Nach den Türken bilden die Kurden (*Kürtler*) die größte ethnische Volksgruppe in der Türkei. Schätzungen über die Anzahl der Kurden gehen weit auseinander. Sie gehen von einem kurdischen Bevölkerungsanteil von 12-20 Prozent aus. In Zahlen sind das ca. 6,5 bis 14 Millionen Angehörige der kurdischen

699 Vgl. *Zentrum für Türkeistudien*, S. 100.

700 Vgl. *Aydın*, Das ethnische Mosaik der Türkei, S. 100.

701 Vgl. *Zentrum für Türkeistudien*, S. 98.

702 Vgl. *Aydın*, Das ethnische Mosaik der Türkei, S. 99.

703 Vgl. *Andrews*, S. 174.

704 Vgl. *Şener*, Türkiye'de Yaşayan Etnik ve Dinsel Gruplar, S. 159 f.

705 Vgl. *Çiloğlu, F.*, Dilden Dine, Edebiyattan Sanata Gürcülerin Tarihi, Istanbul 1993, S. 13.

706 Vgl. *Magnarella, P. J.*, The Peasant Venture. Tradition, Migration and Change among Georgian Peasants in Turkey, Cambridge/ Mass. 1979, S. 116; *Zentrum für Türkeistudien*, S. 100.

707 Vgl. *Aydın*, Das ethnische Mosaik der Türkei, S. 100; *Kurban, D.*, Unravelling a Trade-Off: Reconciling Minority Rights and Full Citizenship in Turkey, in: EYMI, Vol. 4, 2004/5, S. 364; *Zentrum für Türkeistudien*, S. 100 f.

Volksgruppe.[708] Mittlerweile leben etwa zwischen 50 und 60 Prozent der Kurden außerhalb ihrer traditionellen Siedlungsgebiete in Ostanatolien und sind in die Großstädte im Westen der Türkei abgewandert.[709] Ursachen für diese ausgeprägte Binnenmigration sind die Umsiedlungspolitik des Osmanischen Reiches, die ökonomisch schlechte Lage in Südostanatolien, die bewaffneten Auseinandersetzungen zwischen der PKK und den türkischen Sicherheitskräften im Kurdengebiet sowie die damit verbundene Räumung und Zerstörung zahlreicher kurdischer Dörfer.[710]

Die Kurden in der Türkei sprechen z. T. unterschiedliche Sprachen. Kurdisch ist lediglich der Oberbegriff für mehrere, teilweise erheblich differierende Dialekte.[711] In der Türkei gibt es drei kurdische Sprachgruppen: Kurmanci, Zaza und Sorani. Die weitaus größte Verbreitung hat dabei das Kurmanci.[712] Auch in religiöser Hinsicht sind die Kurden ein heterogenes Volk. So leben in der Türkei sunnitische und alevitische Kurden, aber auch Yeziden und christliche Kurden. Der überwiegende Teil von ihnen ist sunnitisch-muslimischen Glaubens, gefolgt von dene alevitischen Glaubens.[713]

Aus Gründen der nationalen Einheit war die Bezeichnung „Kurde“ in der Türkei seit der Republikgründung ein Tabuwort und die Existenz von Kurden wurde offiziell geleugnet. Im offiziellen Sprachgebrauch wurden die Kurden in der

---

708 Vgl. *Aydın*, Das ethnische Mosaik der Türkei, S. 82; *Ergil, D.*, The Kurdish Question in Turkey, in: Journal of Democracy, Volume 11, Number 3 (2000), S. 125; *Matthews, O.*, Who Lost Turkey?, in: Newsweek, December 11/2006, S. 36; *Oehring*, Zur Lage der Menschenrechte – Die Türkei auf dem Weg nach Europa – Religionsfreiheit?, S. 2; *Şener*, Türkiye'de Yaşayan Etnik ve Dinsel Gruplar, S. 84 ff.; *Somer, M.*, Turkey's Kurdish Conflict: Changing Context and Domestic and Regional Implications, in: The Middle East Journal, Volume 58, Number 2/2004, S. 249; *U. S. Department of State.*

709 Vgl. *Pérouse, J.-F.*, La Turquie en marche, Lonrai 2004, S. 36 f.; *Somer*, S. 249.

710 Vgl. *Ergil, D.*, A Synopsis of the Kurdish Problem, in: The International Spectator, Volume XXXIV, No. 1/1999, S. 21; *Ergil*, The Kurdish Question in Turkey, S. 128; *EU-Kommission*, Türkei Fortschrittsbericht 2005, S. 49, 17.

711 Vgl. *Smutek-Riemer*, S. 23.

712 Vgl. *Aydın*, Das ethnische Mosaik der Türkei, S. 84; *Karimova-Deverell*, S. 13; *MacKenzie, D. N.*, The role of the Kurdish language in ethnicity, in: *Andrews, P. A.*, Ethnic Groups in the Republic of Turkey, Wiesbaden 1989, S. 541; *Wießner, G.*, Ethnicity and Political Identities among the Kurds, in: *Andrews, P. A.*, Ethnic Groups in the Republic of Turkey, Supplement and Index, Wiesbaden 2002, S. 214.

713 Vgl. *Oehring*, Zur Lage der Menschenrechte in der Türkei – Laizismus = Religionsfreiheit?, S. 11; *Pérouse*, S. 37; *Şener*, Türkiye'de Yaşayan Etnik ve Dinsel Gruplar, S. 82; *Vorhoff, K.*, Zwischen Glaube, Nation und neuer Gemeinschaft: Alevitische Identität in der Türkei der Gegenwart, Berlin 1995, S. 32 f.; *Wießner*, S. 214 f.

Türkei stattdessen wegen ihres traditionellen Siedlungsgebietes als „Bergtürken" bezeichnet.[714] Den Tiefpunkt erreichten die kurdisch-türkischen Beziehungen mit dem Verbot der kurdischen Sprache(n) nach dem Militärputsch 1980, mit dem im Jahr 1984 beginnenden bewaffneten Kampf der 1978 gegründeten PKK für eine unabhängige sozialistische Kurdenrepublik und dem von 1987–2002 andauernden Ausnahmezustand in den Kurdenprovinzen. Diese Kämpfe, in denen auf beiden Seiten Tausende ihr Leben ließen und derentwegen hunderttausende Kurden ihre Heimatdörfer verließen, führten dazu, dass sich der türkische und kurdische Nationalismus gegenseitig verstärkten und sich Kurden und Türken immer mehr entfremdeten.[715] Für die Türkei war der Kurdenkonflikt ein Terrorismusproblem und kein ethnisch-soziales Problem, denn der Kurdenkonflikt gefährdete die Sicherheit des türkischen Staates.[716] Weitreichende psychologische Folgen hatte auch das Verbot der kurdischen Sprache(n). Das dadurch empfundene Gefühl der Erniedrigung wirkt bei vielen Kurden bis heute fort.[717]

Erst nachdem Regierungschef Süleyman Demirel 1991 von der „kurdischen Realität" sprach, verlor die Bezeichnung „Kurde" auch in der Türkei seinen Tabu-Charakter und wird seitdem ganz selbstverständlich benutzt.[718] Mittlerweile können die Kurden in der Türkei ganz offen über ihre kurdische Identität reden. Auch ist die kurdische Sprache seit 1991 im Privatbereich wieder erlaubt, das Sprachenverbotsgesetz von 1983 mit der Verfassungsänderung von 2001 aufgehoben. Seit Juni 2004 gibt es in der Türkei staatliche Rundfunk- und Fernsehsendungen in kurdischer Sprache, seit dem Jahreswechsel 2008/2009 auch den ganztägig auf Kurdisch sendenden staatlichen Kanal „Ses" (auf Kurdisch: Sechs). Darüber hinaus hat sich seit Anfang der 1990er Jahre in der Türkei eine immer umfangreichere kurdische Infrastruktur mit kurdischen Institutionen, Organisationen, Publikationen, Zeitschriften und Musikproduktionen entwickelt.[719]

---

714 Vgl. *Burdy*, S. 184; *Franz, E.*, Kurden und Kurdentum, Hamburg 1986, S. 26 f.; *Kirişci*, S. 239, 242.

715 Vgl. *Gumpel, W.*, Die Türkei zwischen den Konfliktstaaten, in: Südosteuropa Mitteilungen 2003/Nr. 1, S. 24 f.; *Somer*, S. 241 f.

716 Vgl. *Ergil, D.*, Aspects of the Kurdish Problem in Turkey, in: *Lovatt, D. (Ed.)*, Turkey since 1970. Politics, Economics and Society, Basingstoke 2001, S. 171 ff.; *Oran, B.*, Thoughts on the State and Kurdish Identity in Turkey, in: Zeitschrift für Türkeistudien 1/97, S. 114 f.

717 Vgl. *Ergil*, Aspects of the Kurdish Problem in Turkey, S. 169.

718 Vgl. *Aydın*, Das ethnische Mosaik der Türkei, S. 84 ff.; *Pérouse*, S. 30, 202; *Somer*, S. 246 ff.

719 Vgl. *Pérouse*, S. 33 ff.

Obwohl die Türkei die Kurden bislang nicht als staatsrechtlich zu schützende Minderheit anerkannt hat, wird staatlicherseits seit einigen Jahren zumindest eine „eigene ethnische und kulturelle Identität der Kurden“[720] anerkannt. Kurden werden im Alltag und im Beruf nicht diskriminiert, solange sie sich nicht offen zu ihrer kurdischen Identität bekennen.[721] Bei entsprechendem Bekenntnis zum Türkentum stehen Kurden sogar die höchsten Ämter im Staat offen.[722] Im Juli 2009 kündigte die AKP-Regierung unter dem Begriff „kurdische Öffnung“ eine Initiative zur Lösung der Kurdenfrage an. Mitte November 2009 wurden diesbezüglich seitens der Regierung genauere Inhalte bekanntgegeben. Entsprechend der Ankündigungen des damaligen Innenministers Beşir Atalay im Parlament sollten u. a. alle noch bestehenden Einschränkungen hinsichtlich der kurdischen Sprache abgeschafft sowie ein Antidiskriminierungskomitee und ein unabhängiges Gremium eingerichtet werden, welches sich mit Beschwerden über die türkischen Sicherheitskräfte befasst. Öffentlich diskutiert wurden außerdem die Zulassung von Kurdisch als Wahlfach an Schulen, die Einrichtung von Abteilungen für kurdische Sprache und Literatur an den Universitäten in Mardin und Diyarbakır, die erleichterte Zulassung privater Kurdisch-Sprachkurse sowie die Umbenennung ehemals turkisierter kurdischer Orte in ihre ursprünglichen kurdischen Ortsnamen.[723] Die zögerliche bzw. fehlende Umsetzung zahlreicher dieser Ankündigungen ließ jedoch zunächst an der Ernsthaftigkeit der öffentlichkeitswirksam propagierten „kurdischen Öffnung“ zweifeln. Erst im September 2012 wurde beispielsweise Kurdisch als Wahlfach an Schulen in den Lehrplan aufgenommen.[724] Schließlich wurde am 2. März 2014, bezeichnenderweise kurz vor den Kommunalwahlen, die als Stimmungstest für eine Kandidatur

---

720 *Rumpf, C.*, Die Kurdenfrage in der Türkei, in: Zeitschrift für Türkeistudien 2/92, S. 216.

721 Vgl. *Bozarslan*, Les minorités en Turquie, S. 102; *Somer*, S. 248.

722 Vgl. *Somer*, S. 248. 1989 bekannte sich sogar der damalige Staatspräsident Özal gegenüber einer US-Delegation zu seinen kurdischen Wurzeln.

723 Vgl. *Kramer, H.*, Mutige Öffnung in der türkischen Innen- und Außenpolitik, in: SWP-Aktuell 54/2009, S. 1; *Seibert, T.*, Türkei stärkt Rechte der Kurden, in: Tagesspiegel vom 14.11.2009, online unter: http://www.tagesspiegel.de/politik/international/regierungsprogramm-tuerkei-staerkt-rechte-der-kurden/1632692.html [aufgerufen am 4.3.2015]; *Söyler, M.*, Der demokratische Reformprozess in der Türkei, in: Aus Politik und Zeitgeschichte, 39–40/2008, S. 7.

724 Vgl. *Spiegel-Online*, Neue Lehrpläne: Türkei führt Kurdisch als Wahlfach ein, in: Spiegel-Online vom 12.9.2012, online unter: http://www.spiegel.de/schulspiegel/wissen/tuerkei-fuehrt-kurdisch-als-wahlfach-an-schulen-ein-a-855417.html [aufgerufen am 25.1.2015].

des damals amtierenden Ministerpräsidenten Erdoğan für das Amt des Staatspräsidenten galten, vom türkischen Parlament ein umfangreiches Demokratisierungspaket verabschiedet, dessen Inhalt vor allem der kurdisch-stämmigen Bevölkerung, auf deren Stimmen Erdoğan bei einer möglichen Kandidatur angewiesen war, zugutekommen sollte: Kulturellen Minderheiten wurde darin zugestanden, Privatschulen zu gründen und die dortigen Schüler in ihrer Muttersprache zu unterrichten, Wahlkampfveranstaltungen auf kommunaler und nationaler Ebene durften fortan in anderen Sprachen als Türkisch abgehalten werden, das strafbewährte Verbot der kurdischen Buchstaben X, Q und W wurde aufgehoben sowie Dörfern und Städten bis zu einer bestimmten Größe das Recht zugestanden, ihre alten (kurdischen) Ortsnamen wieder zu benutzen.[725] Dagegen ist der Gebrauch des Kurdischen bei Inanspruchnahme von Dienstleistungen öffentlicher Stellen in den vornehmlich von Kurden besiedelten Provinzen trotz entsprechender Ankündigung vom Januar 2013 noch nicht realisiert worden.[726]

h) Lazen

Die Lazen (*Lazlar*) bilden eine eigene Ethnie, die der südkaukasischen Bevölkerungsgruppe zuzurechnen ist. Im allgemeinen türkischen Sprachgebrauch werden jedoch alle Bewohner der Schwarzmeerküste als „Lazen" bezeichnet. In Abgrenzung dazu nennen sich die ethnischen Lazen daher selbst „Lazi" oder „Mohti-Lazen".[727]

Etwa die Hälfte der ethnischen Lazen[728] lebt heute noch in ihrem Stammgebiet an der nordöstlichen Schwarzmeerküste, vornehmlich in den Provinzen Rize und Artvin. Der andere Teil ist in die Großstädte abgewandert.[729] Nach der Eroberung ihrer Siedlungsgebiete Anfang des 16. Jahrhunderts traten die Lazen allmählich zum Islam über.[730]

---

725 Vgl. *European Commission*, Turkey 2014 Progress Report, S. 17, 62.

726 Vgl. *European Commission*, Turkey 2014 Progress Report, S. 10.

727 Vgl. *Benninghaus, R.*, The Laz: An Example of Multiple Identification, in: *Andrews, P. A.*, Ethnic Groups in the Republic of Turkey, Wiesbaden 1989, S. 497; *Zentrum für Türkeistudien*, S. 87.

728 Siehe ausführlich zur Geschichte der Lazen: *Vanilişi, M./ Tandilava, A.*, Lazlar'ın Tarihi, Istanbul 2005, S. 15–86.

729 Vgl. *Aydın*, Das ethnische Mosaik der Türkei, S. 97 f.; *Karimova/ Deverell*, S. 16; *Şener, C.*, Lazlar, in: *Vanilişi, M./ Tandilava, A.*, Lazlar'ın Tarihi, Istanbul 2005, S. 5; *Şener*, Türkiye'de Yaşayan Etnik ve Dinsel Gruplar, S. 133 f.; *Vanilişi/ Tandilava*, S. 82 ff.

730 Vgl. *Vanilişi/ Tandilava*, S. 54 ff.; *Zentrum für Türkeistudien*, S. 90.

Das Lazische (*Lazuri* oder *Lazuri Nena*) gehört zur Gruppe der südkaukasischen Sprachen und ist mit dem Georgischen verwandt.[731] Es unterteilt sich in vier verschiedene Hauptdialekte. Als Schriftsprache existiert das Lazische erst seit 1984, als eigens ein lazisches Alphabet eingeführt wurde.[732] Alle Lazen sprechen mittlerweile Türkisch, das sich unter ihnen als Hauptsprache durchgesetzt hat.[733]

Zur Anzahl der in der Türkei lebenden Lazen gehen die Angaben weit auseinander. Bei der Volkszählung 1965 gaben ca. 26.000 Personen an, Lazisch als Muttersprache zu sprechen, ca. 59.000 sprachen Lazisch als Zweitsprache.[734] Heute geht man davon aus, dass 240.000–1.000.000 Menschen in der Türkei Lazisch sprechen.[735]

Erst ab Ende der 1980er/Anfang der 1990er Jahre ist bei einigen Lazen die Rückbesinnung auf ihre lazischen Wurzeln zu erkennen. Dies äußert sich in verschiedenen Aktivitäten, deren Anliegen die Bewahrung der lazischen Kultur und Sprache ist.[736]

i) Roma

In der Türkei leben ca. 500.000–2.000.000 Roma (*Çingene*).[737] Neben den Roma, die eine nomadische Lebensweise führen, gibt es auch eine große Anzahl sesshaft gewordener Roma, die über die ganze Türkei verstreut siedeln, vornehmlich aber

---

731 Vgl. *Karimova/ Deverell*, S. 16; *Şener*, Türkiye'de Yaşayan Etnik ve Dinsel Gruplar, S. 137 f.

732 Vgl. *Zentrum für Türkeistudien*, S. 88 f.

733 Vgl. *Zentrum für Türkeistudien*, S. 89.

734 Vgl. *Andrews*, S. 177.

735 Vgl. *Özgün, M. R.*, Lazlar, Istanbul 1996, S. 107; *Genç, S.*, Die Lazen, in: *Kutscher, S./ Mattissen, J./ Wodarg, A. (Hrsg.)*, Das Mutafi-Lazische, Köln 1995, S. 4; *Vanilişi/ Tandilava*, S. 93.

736 Vgl. *Kurban*, Unravelling a Trade-Off: Reconciling Minority Rights and Full Citizenship in Turkey, S. 364; *Zentrum für Türkeistudien*, S. 91 f.

737 Vgl. *EU-Kommission*, Regelmäßiger Bericht 2004 über die Fortschritte der Türkei auf dem Weg zum Beitritt, online unter: http://www.europa.eu.int/comm/enlargement/report_2004/pdf/rr_tk_final_de.pdf [aufgerufen am 20.1.2015], S. 50; *EU-Kommission*, Türkei Fortschrittsbericht 2005, S. 46 (Fn. 18); *EU-Kommission*, Türkei Fortschrittsbericht 2006, S. 25; *Minority Rights Group (Ed.)*, World Directory of Minorities, Harlow 1990, S. 214; *Şener*, Türkiye'de Yaşayan Etnik ve Dinsel Gruplar, S. 206.

in Thrakien und Istanbul.[738] Angaben über die zahlenmäßige Größe der nomadischen und der sesshaften Roma existieren nicht.

Die meisten Roma in der Türkei sprechen neben Türkisch auch noch Romani, die Sprache der Roma. Diese gehört zur indo-germanischen Sprachfamilie. Im Laufe der Jahrhunderte sind jedoch verschiedene Dialekte entstanden, die Lehnwörter aus ihrem jeweiligen sprachlichen Umfeld aufgenommen und sich so teilweise zu Mischsprachen entwickelt haben.[739]

Der Großteil der türkischen Roma sind Muslime, nur ein kleiner Teil sind Christen.[740]

Aufgrund ihrer eigentümlichen Lebensweise, die sich sehr von derjenigen der türkischen Mehrheitsbevölkerung unterscheidet, sind die Roma in der Türkei vielen diskriminierenden Vorurteilen ausgesetzt.[741] Da sie nicht national organisiert sind, haben die Roma auch keine überregionale Vertretung, die sich für ihre gemeinsamen Interessen einsetzen kann.[742] Erst seit wenigen Jahren gibt es in nunmehr fünf türkischen Städten jeweils eine regionale Interessenvertretung der Roma.[743] Aufgrund der insbesondere zwischen den nomadischen und sesshaften Roma bestehenden Heterogenität[744] und den wenigen Verbindungen zwischen einzelnen nomadisierenden Roma-Familien ist es fraglich, ob die Roma in der Türkei als Minderheit qualifiziert werden können. Sie stellen zwar eine eigene ethnisch-kulturelle Volksgruppe dar. Über deren Zusammengehörigkeits- und Solidaritätsgefühl müssten aber erst genauere Untersuchungen durchgeführt werden.

j) Tscherkessen

Eine zahlenmäßig relativ große Bevölkerungsgruppe in der Türkei bilden die verschiedenen Ethnien nordkaukasischer Herkunft, die generell unter der Bezeichnung „Tscherkessen“ (*Çerkesler*) zusammengefasst werden. Zwar sind Tscherkessen

---

738 Vgl. *Karimova/ Deverell*, S. 14; *Minority Rights Group*, World Directory of Minorities, S. 214; *Zentrum für Türkeistudien*, S. 129.

739 Vgl. *Karimova/ Deverell*, S. 14; *Zentrum für Türkeistudien*, S. 130.

740 Vgl. *Karimova/ Deverell*, S. 14.

741 Vgl. *EU-Kommission*, Türkei Fortschrittsbericht 2006, S. 25; *Karimova/ Deverell*, S. 14; *Pérouse*, S. 30; *Zentrum für Türkeistudien*, S. 130.

742 Vgl. *Karimova/ Deverell*, S. 14; *Minority Rights Group*, World Directory of Minorities, S. 215.

743 Vgl. *EU-Kommission*, Türkei Fortschrittsbericht 2005, S. 46; *EU-Kommission*, Türkei Fortschrittsbericht 2006, S. 25.

744 Vgl. *Andrews*, S. 140; *Pérouse*, S. 30.

genau genommen nur eine dieser nordkaukasischen Gruppen, jedoch wird diese Bezeichnung auch von den Angehörigen der verschiedenen nordkaukasischen Ethnien als Eigenbezeichnung verwendet und hat sich in der Türkei als Sammelbegriff für diese durchgesetzt.[745]

Als Folge der russischen Eroberung des Kaukasus wanderte ein Großteil dieser ethnischen Gruppen ins damalige Osmanische Reich aus und ließ sich dauerhaft dort nieder.[746] Die Anzahl der Tscherkessen in der Türkei betrug zur Zeit der Volkszählung von 1965 ca. 60.000, aktuell wird sie auf etwa 1.100.000 Menschen geschätzt.[747] Fast alle sind Muslime.[748]

Neben der Nordwestgruppe mit den ethnischen Tscherkessen, zu denen auch Adige, Kabardiner, Ubychen und Abchasen gehören, gibt es noch die Nordostgruppe mit den Tschetschenen und den Inguschen.[749] Auch sprachlich lassen sich die Nordwestgruppe (Tscherkessisch, Adigisch, Abchasisch) und die Nordostgruppe (Tschetschenisch, Ingurisch) der kaukasischen Sprachen unterscheiden.[750] Mittlerweile sprechen aber alle türkischen Tscherkessen fast ausschließlich Türkisch.[751]

Nach der Unabhängigkeit bzw. Eigenstaatlichkeit der nordkaukasischen Republiken im Zuge des Zusammenbruchs der Sowjetunion fand in der Türkei eine zunehmende Ausdifferenzierung der einzelnen nordkaukasischen Ethnien statt, die sich auch in eigenen Vereinsgründungen niederschlug.[752] Andererseits integrierten sich auch viele Nordkaukasier in die türkische Gesellschaft, so dass sich ihre Zugehörigkeit zur nordkaukasischen Bevölkerungsgruppe auf eine „symbolische Ethnizität“[753] reduziert hat.

---

745 Vgl. *Aydın*, Das ethnische Mosaik der Türkei, S. 91 f.

746 Vgl. *Aydın*, Das ethnische Mosaik der Türkei, S. 92; *Şener*, Türkiye'de Yaşayan Etnik ve Dinsel Gruplar, S. 147 ff.

747 Vgl. *Andrews*, S. 167; *Özbek, B.*, Tscherkessen in der Türkei, in: *Andrews, P. A.*, Ethnic Groups in the Republic of Turkey, Wiesbaden 1989, S. 590.

748 Vgl. *Zentrum für Türkeistudien*, S. 114 f.

749 Vgl. *Aydın*, Das ethnische Mosaik der Türkei, S. 92; *Zentrum für Türkeistudien*, S. 112 ff.

750 Vgl. *Andrews*, S. 172; *Zentrum für Türkeistudien*, S. 113 ff.

751 Vgl. *Zentrum für Türkeistudien*, S. 113 f., 116.

752 Vgl. *Aydın*, Das ethnische Mosaik der Türkei, S. 93, 96.

753 Vgl. *Zentrum für Türkeistudien*, S. 114.

k) Yeziden

Die Yeziden (*Yezidiler*) bilden eine eigenständige muslimische Religionsgruppe, in der synkretistisch Elemente und Bräuche verschiedener orientalischer Religionen verschmolzen sind: das islamische Ritualgebet, das Fasten, die Almosen und die Pilgerfahrt, die alevitischen kultischen Tänze, die christliche Taufe und die aus dem Judentum stammende Religionszugehörigkeit qua Abstammung.[754] Das islamische Element ist in dieser Religion jedoch vorherrschend. Allerdings wurden sie bereits im Osmanischen Reich nicht als eigenständige Religionsgruppe, sondern als vom Weg abgekommene Sünder angesehen. Auch in der modernen Türkei stehen die Yeziden in der religiösen Hierarchie ganz unten.[755]

Ethnisch werden die Yeziden den Kurden zugerechnet und sprechen einen dem Kurmanci sehr ähnlichen Dialekt.[756] Sie verstehen sich sogar als die „eigentlichen Kurden".[757] Aufgrund ihrer primär ethnisch-kurdisch definierten Gruppenidentität sind sie daher nicht als eigenständige religiöse Minderheit zu betrachten, sondern als Untergruppe der ethnischen Minderheit der Kurden.

l) Zaza

Obwohl Zaza (*Zaza*) als eine Unterart des Kurdischen gilt, wird es teilweise auch als eigene Sprache angesehen, da eine gegenseitige Kommunikation zwischen den sich in der Mehrzahl befindenden Kurmanci-Sprechern und Zaza-Sprechern nicht möglich ist.[758] Gegenwärtig sprechen in der Türkei ca. 3.000.000 Menschen Zaza.[759] Die meisten von ihnen sind Aleviten, der Rest Sunniten.[760]

Bei den Zaza-Sprechern überwiegt aber nicht die Selbstwahrnehmung als sprachliche Minderheit, sondern sie fühlen sich eher ihrer ethnischen oder religiösen Identität entsprechend, den Kurden oder Aleviten zugehörig.[761]

---

754 Vgl. *Gökçen, A.*, Yezidiler/Êzîdî, Istanbul 2008, S. 11; *Zentrum für Türkeistudien*, S. 77.

755 Vgl. *Seufert*, Ethnien und Ethnizität: Die Kurden und andere Minderheiten, S. 257.

756 Vgl. *Kleinert, C.*, Eine Minderheit in der Türkei: Die Yeziden, in: Zeitschrift für Türkeistudien 2/93, S. 224; *Seufert*, Ethnien und Ethnizität: Die Kurden und andere Minderheiten, S. 258; *Zentrum für Türkeistudien*, S. 77.

757 Vgl. *Zentrum für Türkeistudien*, S. 78.

758 Vgl. dazu m. w. N.: *Zentrum für Türkeistudien*, S. 70 sowie *Paul, L.*, Zaza(ki) – Dialekt, Sprache, Nation?, in: *Andrews, P. A.*, Ethnic Groups in the Republic of Turkey, Supplement and Index, Wiesbaden 2002, S. 190 ff.

759 Vgl. *Karimova/ Deverell*, S. 15.

760 Vgl. *Karimova/ Deverell*, S. 15.

761 Vgl. *Bruinessen, M. van*, The Ethnic Identity of the Kurds, in: *Andrews, P. A.*, Ethnic Groups in the Republic of Turkey, Wiesbaden 1989, S. 613.

V. Rolle der Minderheiten im Staat

Die Rolle der Minderheiten innerhalb des Staates unterscheidet sich in Ungarn und der Türkei gravierend. Während die Minderheiten in Ungarn als integraler Bestandteil des Staates angesehen werden, werden sie vom türkischen Staat als nicht zur türkischen Nation zählender Fremdkörper betrachtet.

1. Rolle der Minderheiten in Ungarn

Art. XXIX I des Ungarischen Grundgesetzes (UGG) erklärt die in Ungarn lebenden Minderheiten zu "staatsbildenden Faktoren". Damit macht das Ungarische Grundgesetz die Minderheiten ausdrücklich zu Teilhabern der Volkssouveränität. Etwas detaillierter formuliert das Nationalitätengesetz die Bedeutung der Minderheiten im ungarischen Staat. Nach der Präambel des UNatG sind die Minderheiten nicht nur staatsbildende Faktoren, sondern auch expliziter Teil der ungarischen politischen Gesellschaft. Ferner werden die durch die Minderheiten geschaffenen kulturellen Werte ausdrücklich als "Bestandteil des kulturellen Erbes Ungarns" bezeichnet, was die staatsbildende Funktion der Minderheiten nochmals näher beschreibt, zugleich aber auch deren historisch gewachsenen Wert für das Ungarn in seiner gegenwärtigen Form herausstellt.

Durch diese Formulierungen im Ungarischen Grundgesetz und Nationalitätengesetz wird an exponierter Stelle die „überindividuelle Bedeutung der Minderheiten“[762] als Volksgruppen hervorgehoben. Zugleich werden die in Ungarn ansässigen Minderheiten aber auch als „organischer Teil des Staatsvolkes“[763] anerkannt.

Hinsichtlich der Bedeutung des Inhalts der verfassungsrechtlich normierten „staatsbildenden Funktion“ der Minderheiten in Ungarn gibt es verschiedene Interpretationen. Nach der minderheitenfreundlichen und normativen Auslegung bedeutet die Formulierung nichts anderes, als dass sich die Republik Ungarn von der starren Nationalstaatsdoktrin verabschiedet und sich stattdessen einem gewissen ethnischen Pluralismus zugewandt habe.[764] Nach anderer Auslegung wird der Formulierung lediglich deklaratorischer Charakter zugeschrieben. Danach habe sie keine konkreten verfassungsrechtlichen Konsequenzen und aus

762 *Brunner/ Küpper*, Minderheitenschutz im östlichen Europa. Ungarn, S. 30.

763 *Brunner/ Küpper*, Minderheitenschutz im östlichen Europa. Ungarn, S. 31.

764 Vgl. *Kaltenbach, J.*, Rights of Minorities in the Third Republic of Hungary (1990–2006), in: Acta Juridica at Politica, Tomus LXIX, Fasciculus 21., Szeged 2007, S. 336.

ihr folge auch kein bestimmtes Verfassungsmodell.[765] Nach wiederum anderer Auslegung seien nicht die in Ungarn ansässigen Minderheiten Adressaten dieses Passus, sondern die Nachbarstaaten Ungarns, in denen Angehörige der ungarischen Minderheiten leben.[766] Demnach sei der Zweck der Formulierung, die ungarischen Nachbarstaaten gemäß des Reziprozitätsgedankens dazu anzuhalten, der dort lebenden ungarischen Minderheit einen vergleichbaren verfassungsrechtlichen oder einfachgesetzlichen Status zukommen zu lassen. Insofern könnte man in diesem Passus auch den Versuch sehen, das „Trianon-Trauma" von Seiten des ungarischen Staates außenpolitisch zu verarbeiten.

Welcher Interpretation man auch folgt: Die verfassungsrechtliche Bezeichnung der in Ungarn lebenden Minderheiten als "staatsbildende Faktoren" zeigt, welche bedeutende Rolle den Minderheiten im gesamtstaatlichen Gebilde Ungarns zukommt. Dadurch, dass die derzeit offiziell vom ungarischen Staat anerkannten und im Anhang 1 UNatG aufgeführten 13 Minderheiten keinen abschließenden und endgültigen Katalog von Minderheiten darstellen, können in Zukunft auch noch weitere Minderheiten in den Kreis der integralen Bestandteile des ungarischen Staates aufgenommen werden, sofern sie das Volksinitiativverfahren zur offiziellen Anerkennung als Minderheit nach § 148 III UNatG erfolgreich bestritten haben.

Die besondere Rolle der Minderheiten für die Republik Ungarn wird auch daran deutlich, dass den Minderheiten in der Ungarischen Verfassung und im Nationalitätengesetz politische Partizipation in Form der örtlichen und Landesselbstverwaltungen zugestanden wird.[767] In Art. 2 UGG wird den Minderheiten zudem eine allerdings erst durch ein entsprechendes Schwerpunktgesetz zu regelnde Teilnahme an der Arbeit des ungarischen Parlaments zugesagt. Nach dem Ungarischen Wahlgesetz von 2011 (UWahlG)[768] werden die Minderheiten bei den Parlamentswahlen dahingehend privilegiert, dass ihre Kandidaten von den landesweiten Minderheitenlisten der Minderheiten nur ein Viertel der Stimmen benötigen, die normalerweise für ein Abgeordnetenmandat erforderlich sind.[769]

Als Zeichen seiner besonderen Wertschätzung der Minderheiten auf seinem Staatsgebiet hat der ungarische Staat diesen sogar einen besonderen Tag

765 Vgl. *Kaltenbach*, Rights of Minorities in the Third Republic of Hungary (1990–2006), S. 337.

766 Vgl. *Kaltenbach*, Rights of Minorities in the Third Republic of Hungary (1990–2006), S. 337.

767 Art. XXIX II, III UGG, § 50 UNatG.

768 Gesetz Nr. CCIII/2011 über die Wahlen der Parlamentsabgeordneten.

769 §§ 14 III, 16 d UWahlG.

der Minderheiten gewidmet. Dieser Tag der Minderheiten ist weltweit einzigartig und wird in Ungarn jedes Jahr am 18. Dezember gefeiert, dem Tag, an dem die Generalversammlung der UN im Jahr 1992 die Deklaration über die Rechte von Personen, die zu nationalen oder ethnischen, religiösen oder sprachlichen Minderheiten gehören, verabschiedet hat.[770]

2. Rolle der Minderheiten in der Türkei

Aufgrund des besonderen türkischen Minderheitenverständnisses muss hinsichtlich der Beurteilung der Rolle der Minderheiten im Staat zwischen den offiziell anerkannten nicht-muslimischen Minderheiten und den vom türkischen Staat nicht anerkannten muslimischen und nicht-muslimischen Minderheiten unterschieden werden.

Die auf seinem Territorium lebenden Minderheiten waren dem türkischen Staat von Anfang an ein ungewolltes, aber notwendiges Übel. Die Vielfalt an ethnischen Volksgruppen und muslimischen Religionsgemeinschaften stellte für den gerade territorial saturierten und sich im Innern konstituierenden türkischen Nationalstaat ein explosives Bevölkerungsgemisch dar. Daher wehrte sich der türkische Staat auch vehement und letztendlich erfolgreich gegenüber den alliierten Siegermächten des Ersten Weltkriegs gegen die Anerkennung weiterer, insbesondere ethnischer oder muslimisch-religiöser Minderheiten. Die Garantie von Minderheitenrechten für all diese potentiellen Minderheiten hätte nämlich schon bald zum Verlust der staatlichen Einheit und zu einem schnellen Ende der Republik Türkei führen können.[771] Da sich die europäischen Mächte als Schutzmächte der im Osmanischen Reich lebenden christlichen Minderheiten begriffen und sich als solche immer mehr in die Innenpolitik des Osmanischen Reiches eingemischt hatten, wurden diese Minderheiten auch nach Gründung der Türkei als Kolonie der sie schützenden Staaten auf dem Staatsgebiet der Türkei wahrgenommen. Insbesondere die christlichen Minderheiten wurden und werden immer noch als Verräter angesehen und für den Untergang des Osmanischen Reiches mit verantwortlich gemacht.[772] Die als „Sèvres-Komplex“ und „Sèvres-Syndrom“ bekannt

770 Vgl. *Küpper*, Das neue Minderheitenrecht in Ungarn, S. 316.

771 Vgl. *Oran*, Linguistic Minority Rights in Turkey, the Kurds and Globalization, S. 151.

772 Vgl. *Aktar*, S. 57; *Duncker*, Die Situation der christlichen Minderheiten in der Türkei, S. 83; *Hofmann, T.*, Christliche Minderheiten in der Türkei, online unter: http://www.gfbv.de/bestell/pogrom/texte/226_ armenier.htm [aufgerufen am 4.3.2015]; *Hibbeler*, S. 3; *İçduygu/ Toktaş/ Soner*, S. 365; *Kurban*, Unravelling a Trade-Off: Reconciling Minority Rights and Full Citizenship in Turkey, S. 344; *Oran*, Linguistic Minority

gewordene Furcht des türkischen Staates vor einer Spaltung durch ausländische Mächte bestimmt bis heute die türkische Minderheitenpolitik. Als Verantwortliche für den Untergang des Osmanischen Reiches werden die Nicht-Muslime (Europäer, Griechen, Armenier) – trotz ihrer geringen Anzahl von gerade einmal etwas über 100.000 – staatlicherseits als „Feinde im Innern"[773], die eine Bedrohung für die territoriale Integrität und Einheit der türkischen Nation darstellen, angesehen.[774] Da in den Augen der Kemalisten das Ideal einer homogenen Nation nur in Form unteilbarer Einheit von Staatsgebiet und Staatsvolk erreicht werden konnte, waren ihnen die auf türkischem Staatsgebiet ansässigen Minderheiten beim Prozess der Nationsbildung von Anfang an ein Dorn im Auge.[775] Hatte doch schon das Osmanische Reich gezeigt, dass in einem Vielvölkerstaat mit weitgehend autonomen und privilegierten Minderheiten kein Nationalbewusstsein und keine nationale Identität entstehen konnte. Aus diesem Grund erfüllt der türkische Staat

---

Rights in Turkey, the Kurds and Globalization, S. 152; *Steinbach, U.*, Geschichte der Türkei, 3. Auflage, München 2003, S. 19.

773 *Bozarslan*, Les minorités en Turquie, S. 106; *Laurent, A.*, L'Europe Malade De La Turquie, Paris 2005, S. 137.

774 Vgl. *Aktar*, S. 57; *Del Valle/ Razavi*, S. 152; *Gottschlich/ Zaptçıoğlu*, S. 175 f.; *Keyder*, Die Türkei zwischen Europa und Amerika, S. 275; *Köhne, G.*, Willkommen im Club, in: DIE ZEIT Nr. 13/2006 vom 23.3.2006, S. 53; *Kramer, H.*, Die Türkei und die Kopenhagener Kriterien, SWP-Studie 39/2002, Berlin 2002, S. 35; *Kuniholm, B.*, Sovereignty, Democracy and Identity: Turkey's Kurdish Problem and the West's Turkish Problem, in: Mediterranean Politics, Volume 1, Number 3/1996, S. 367; *Kurban*, Unravelling a Trade-Off: Reconciling Minority Rights and Full Citizenship in Turkey, S. 343 ff., 348; *Zaptçioğlu/ Gottschlich*, S. 1140 f.
Auch in aktuellen Schulbüchern, insbesondere Geschichtsbüchern, finden sich noch Passagen, in denen die Minderheiten als unzuverlässige Verräter und Staatsfeinde dargestellt werden (vgl. dazu: *EU-Kommission*, Türkei Fortschrittsbericht 2005, S. 45; *EU-Kommission*, Türkei Fortschrittsbericht 2006, S. 22; *Karataş, İ.*, Ulus-Devlet Ve Farklılıklar: Din, in: *Helsinki Yurttaşlar Derneği*, Modernleşme ve Çokkültürlülük, Istanbul 2001, S. 109 ff.; *Kurban*, Unravelling a Trade-Off: Reconciling Minority Rights and Full Citizenship in Turkey, S. 351; *Radikal-çevrimiçi (Yay.)*, Çocuğa devletin görevi böyle mi öğretilmeli, in: Radikal vom 5.2.2005, online unter : http://www.radikal.com.tr/haber.php?haberno=142512 [aufgerufen am 18.1.2015]). Gleiches gilt für Bestseller der zeitgenössischen türkischen Literatur wie *„Şebeke: gizli Yahudiler"* („Netzwerk: die Kryptojuden"), *„Efendi: beyaz Türklerin büyük sırrı"* („Der Herr: das große Geheimnis der türkischen Elite") und *„Şu çılgın Türkler"* („Diese zu allem bereiten Türken"). Vgl. dazu: *Seufert, G./ Kubaseck, C.*, Die Türkei, Bonn 2006, S. 213 f.

775 Vgl. *Oran*, Linguistic Minority Rights in Turkey, the Kurds and Globalization, S. 152; *Oran*, Türkiye'de Azınlıklar: Kavramlar, Lozan, İç Mevzuat, İçtihat, Uygulama, S. 48 f.

seine Minderheitenschutzverpflichtungen nur widerwillig und unzureichend und lässt die Angehörigen der offiziell anerkannten Minderheiten von staatlicher Seite durch diskriminierende Regelungen und Rechtspraxis spüren, dass sie in der Türkei nicht willkommen sind. Gleiches gilt für die offiziell nicht anerkannten nicht-muslimischen Minderheiten wie die Assyrer. Bis heute werden alle nicht-muslimischen Minderheiten vom türkischen Staat als Fremdkörper und störende „ausländische Elemente"[776] angesehen.

Insgesamt kommt den von der Türkei offiziell anerkannten Minderheiten eine Doppelrolle zu: Zum einen dienen die offiziell anerkannten Minderheiten der Armenier, Griechen und Juden dem türkischen Nationalismus zur Identität stiftenden Abgrenzung nach innen, da Armenier, Griechen und Juden zugleich auch für andere Völker bzw. Länder stehen. Zum anderen werden diese Minderheiten aber auch häufig nach außen – insbesondere in den Beitrittsverhandlungen mit der EU – als lebender Beweis für die Säkularität und Rechtsstaatlichkeit des türkischen Staates angeführt, der (sogar) Minderheiten in seiner Mitte zulässt.[777]

Bei der Rolle der vom türkischen Staat offiziell nicht anerkannten Minderheiten muss zwischen muslimischen und nicht-muslimischen Minderheiten unterschieden werden. Die Andersartigkeit muslimischer Religionsgemeinschaften wie die der Aleviten, die nicht dem staatlichen geförderten sunnitisch-hanafitischen Islam folgen, wird vom türkischen Staat grundsätzlich negiert. Als Minderheit spielen sie offiziell keine Rolle, da der türkische Staat sie einfach mit dem Siegel des Islam versieht und ihre konfessionellen Eigenarten zwar stillschweigend toleriert, sie aber offiziell nicht in Erscheinung treten lässt.[778] Nach wie vor ist auch die Artikulation sunnitisch-muslimisch-religiöser Unterschiede streng verboten.[779] Abgesehen von den Kurden spielen ethnische und sprachliche Minderheiten wie Araber, Georgier, Lazen, Roma und Tscherkessen wegen ihrer geringen Größe, gering ausgeprägten Gruppenidentität und größtenteils

---

776 Vgl. *Kizilkan-Kisacik*, S. 125.

777 Vgl. auch: *Neumann, C. K.*, „Our Other". Minorities in Turkish Identity Politics from the Ottoman Empire to the Republic, Vortragsmanuskript des gleichnamigen Vortrages auf der 9th Annual Convention of the Association for the Study of Nationalities vom 15.-17.4.2004 in New York, S. 10.

778 Beispielsweise findet der alevitische Glaube im islamischen Religionsunterricht keine Erwähnung und auch dessen Gebetsstätten (Cem-Häuser) werden nicht als muslimische Gebetsstätten anerkannt (vgl. *EU-Kommission*, Türkei Fortschrittsbericht 2005, S. 37, 39; *EU-Kommission*, Türkei Fortschrittsbericht 2006, S. 19; *Oehring*, Länderberichte Religionsfreiheit: Türkei, S. 13; *U. S. Department of State*).

779 Vgl. *Kizilkan-Kisacik*, S. 124.

guter Integration in die türkische Gesellschaft im Staat so gut wie keine Rolle. Sie können ihre kulturellen Eigenarten und Traditionen bewahren und erhalten in den staatlichen Medien – wenn auch nur mit äußerst geringer Sendezeit – eine Plattform, mit Programmen in ihrer Muttersprache in Erscheinung zu treten.[780] Da die Kurden die größte ethnisch nicht-türkische Bevölkerungsgruppe im Land stellen und die Kurdenfrage nach wie vor ein politisch sensibles Thema ist, kommt den Kurden als ethnische und zugleich sprachliche Minderheit eine Sonderrolle zu. Als einzige Minderheit besitzt sie mit der HDP auch ein politisches Sprachrohr im Parlament. Deren Vorgängerpartei BDP (bis Dezember 2009 DTP und ab Juli 2014 DBP)[781] war bereits seit zwei Legislaturperioden mit über zwei Dutzend kurdischen Abgeordneten, die dann im April 2014 nahezu geschlossen zur HDP übertraten, im türkischen Parlament vertreten.[782] Öffentlich tritt die kurdische Minderheit auch mit eigenen Fernsehprogrammen in kurdischer Sprache in Erscheinung.[783] Darüber hinaus hat der türkische Staat Kurdisch als Wahlfach an Schulen in den Lehrplan aufgenommen, Abteilungen für kurdische Sprache und Literatur an einigen Universitäten eingerichtet, die Zulassung kurdischer Sprachkurse erleichtert sowie in begrenztem Maß die Wiedereinführung alter kurdischer Ortsnamen zugelassen.[784]

Generell gilt für alle muslimischen Minderheiten, dass sie – abgesehen von den Kurden – im türkischen Staat keine besondere Aufmerksamkeit genießen. Solange sie sich zu ihrer staatsbürgerlichen Oberidentität als muslimische Türken bekennen, und sich nicht in einer größeren Gruppe organisieren und nicht in der Öffentlichkeit als eine Einheit mit eigener Gruppenidentität in Erscheinung treten, bleiben sie vom türkischen Staat weitgehend unbehelligt. Beginnen sie jedoch, ihre Gruppenidentität über ihre Identität als Türke zu stellen und

---

780 Vgl. *Kizilkan-Kisacik*, S. 222 f.

781 Nachdem die im Parlament vertretene Kurdenpartei DTP am 11.12.2009 vom türkischen Verfassungsgericht verboten worden war, traten deren Abgeordnete der neu gegründeten pro-kurdischen Partei BDP bei, die dann wiederum im April 2014 zur nicht mehr dediziert allein pro-kurdischen HDP übertraten. Die BDP blieb zunächst weiter bestehen und änderte auf dem dritten Parteikongress im Juli 2014 ihren Namen in DBP (vgl. *Aydın, Y.*, Demokratische Partei der Völker/Partei für Frieden und Demokratie (BDP/HDP), online unter: http://www.bpb.de/internationales/europa/tuerkei/188973/hdp-bdp [aufgerufen am 25.1.2015].

782 Vgl. *Künnecke, A./ Gieler, W.*, Jahrbuch Türkei 2011, Bonn 2012, S. 62 f.; *Seufert*, Ethnien und Ethnizität: Die Kurden und andere Minderheiten, S. 246 ff.

783 Vgl. *Kizilkan-Kisacik*, S. 222 f.

784 Vgl. *European Commission*, Turkey 2014 Progress Report, S. 17, 62; *Spiegel-Online*, Neue Lehrpläne: Türkei führt Kurdisch als Wahlfach ein.

entsprechend nach außen zu proklamieren, stellen sie als Gruppe eine potentielle Gefahr für das nach dem türkischen Nationalismusprinzip homogene Staatsvolk dar. Aus diesem Grund ist es ihnen auch verboten, ihre religiöse, kulturelle oder sprachliche Andersartigkeit politisch zu artikulieren.[785] So verbietet das Parteiengesetz ausdrücklich die Schaffung von Minderheiten.[786] Damit wird beispielsweise eine reine Kurdenpartei ausgeschlossen: Die Kurden werden in der Türkei nicht als Minderheit anerkannt und dürfen demnach weder eine kurdische Identität repräsentieren noch für spezielle Kurdenrechte eintreten.[787] Über das Parteiengesetz hinaus sorgt die 10-Prozent-Hürde bei Parlamentswahlen dafür, dass mangels zahlenmäßig ausreichender ethnisch-kurdischer Wählerschaft eine pro-kurdische Partei auf regulärem Weg ins Parlament einziehen kann.[788]

VI. Ansehen der Minderheiten in der einheimischen Bevölkerung

Im Gegensatz zur Rolle der Minderheiten im Staat, die ihr von Seiten des Staates zugewiesen wird, betrifft das Ansehen der Minderheiten die Einstellung der einheimischen Bevölkerung gegenüber den in ihrem Land lebenden Minderheiten. Hierbei geht es darum, welches Ansehen und welche Stellung die Minderheiten innerhalb der nationalen Mehrheitsbevölkerung genießen. Ähnlich der ihnen offiziell vom Staat zugewiesenen Rolle, genießen Minderheiten – mit Ausnahme der Juden und der Roma – in Ungarn relativ hohe Wertschätzung in der ungarischen Bevölkerung, wohingegen die Angehörigen von Minderheiten in der Türkei von der türkischen Bevölkerung argwöhnisch betrachtet und als Fremdkörper im Staat wahrgenommen werden. Die ungarische Bevölkerung hat ihr "Trianon-Trauma" somit zumindest hinsichtlich ihrer Einstellung gegenüber den unter ihnen lebenden Minderheiten überwunden. Im Gegensatz dazu wirkt das "Sèvres-Syndrom" in der türkischen Bevölkerung weiter fort und ist einer der Gründe für die ausgrenzende Behandlung der Minderheiten.

---

785 Vgl. *İçduygu/ Soner*, S. 46.

786 § 81 a, b TPartG.

787 Vgl. *Künnecke*, Eine Hürde auf dem Weg zur EU-Mitgliedschaft? – Der unterschiedliche Minderheitenbegriff der EU und der Türkei, S. 183.

788 Zur Umgehung dieser 10-Prozent-Hürde traten die pro-kurdischen Parteien DTP und BDP bei den Parlamentswahlen 2007 und 2011 jeweils nicht als Partei an, sondern schickten ihre Kandidaten als unabhängige Kandidaten ins Rennen (vgl. *Künnecke/ Gieler*, Jahrbuch Türkei 2011, S. 38).

1. Ansehen der Minderheiten in der ungarischen Bevölkerung

Generell ist die Einstellung der ungarischen Bevölkerung gegenüber den in Ungarn lebenden Minderheiten positiv.[789] Ebenso wenig wie vom ungarischen Staat werden die dort lebenden Minderheiten von der ungarischen Bevölkerung als Bedrohung angesehen. Die rechtliche Stellung der Minderheiten als integraler Bestandteil des Staates spiegelt sich auch in der Gesellschaft wieder. So werden die Angehörigen der Minderheiten - trotz ihrer kulturellen und sprachlichen Unterschiede – ganz selbstverständlich als Teil der ungarischen Gesellschaft akzeptiert. Zu Diskriminierungen von Minderheitenangehörigen aufgrund ihrer Sprache oder Ethnizität kommt es relativ selten.[790] Allerdings wurden die Juden und Roma auch in letzter Zeit immer wieder Opfer von politisch motiviertem offenen Antisemitismus und aggressiver Fremdenfeindlichkeit.[791] So kommt es seitens rechter Politiker und Publizisten regelmäßig zu antisemitischen Ausfällen. Aber auch innerhalb der ungarischen Gesellschaft sind antisemitische und antijüdische Anspielungen an der Tagesordnung.[792] Gegenüber den Roma entladen sich Abneigung und vereinzelt sogar Hass der ungarischen Mehrheitsbevölkerung des Öfteren in Aggression und Gewalt. Verantwortlich dafür sind einerseits frustrierte und zumeist arbeitslose Verlierer der marktwirtschaftlichen Entwicklung des Landes, andererseits aber auch rechtsradikale Vereinigungen, welche die Bewohner von Roma-Siedlungen terrorisieren.[793] Für internationales Aufsehen sorgte insbesondere der Fall eines Roma-Familienvaters aus der Stadt

789 Vgl. *Küpper*, Das neue Minderheitenrecht in Ungarn, S. 317.

790 Vgl. *Nolte*, S. 501; *Seewann, G.*, Die nationalen Minderheiten in Ungarn. Alte und neue Probleme in der jungen Demokratie, in: *Brunner, G./ Lemberg, H. (Hrsg.)*, Volksgruppen in Ostmittel- und Südosteuropa, Baden-Baden 1994, S. 142; *Wofart, J.*, Bericht zur Lage der Volksgruppen in Ungarn, in: *Ermacora, F./ Tretter, H./ Pelzl, A. (Hrsg.)*, Volksgruppen im Spannungsfeld von Recht und Souveränität in Mittel- und Osteuropa, Wien 1993, S. 64.

791 Vgl. *Amnesty International (Hrsg.)*, Amnesty Report 2013 : Ungarn, online unter : http://www.amnesty.de/jahresbericht/2013/ungarn [aufgerufen am 26.1.2015]; *Küpper*, Das neue Minderheitenrecht in Ungarn, S. 319; *Mihok*, S. 156; *Schnellbach*, S. 104; *Vetter*, S. 110, 112, 141; *Vizi*, S. 130.

792 Vgl. *Vetter*, S. 110. Einer Studie aus den 1990ern zufolge ist ein Viertel der ungarischen Bevölkerung antisemitisch eingestellt, ein knappes Drittel hegt Vorurteile gegenüber Juden (vgl. dazu: *Kovács, A.*, The Strength of Antisemitism in Present-Day Hungary, in: *Phalet, K./ Örkeny, A. (Ed.)*, Ethnic Minorities and Inter-Ethnic Relations in Context. A Dutch-Hungarian comparison, Aldershot 2001, S. 175).

793 Vgl. *Vetter*, S. 112.

Tatárszentgyörgy, der im Jahr 2009 zusammen mit seinem vierjährigen Sohn von Rechtsradikalen grausam ermordet wurde.[794]

Dass zwischen der ungarischen Bevölkerung und den im Land lebenden Minderheiten kaum Berührungsängste herrschen, wird daran deutlich, dass es weder in den Dörfern noch in den Städten irgendwelche Minderheitenviertel oder -ghettos gibt. Über ganz Ungarn verteilt wohnen Angehörige der ungarischen Mehrheit und der verschiedenen Minderheiten friedlich neben- und miteinander.[795] Die einzige Ausnahme bilden hier die Roma. Diese siedeln häufig in bestimmten Vierteln am Stadtrand oder Straßenzügen, wo sie in hoher Konzentration in sog. Zigeunerghettos anzutreffen sind.[796] Grund dafür ist neben der durch die hohe Arbeitslosigkeit unter den Roma bedingten sozialen Schlechterstellung und Ausgrenzung auch die in den 1960er und 1970er Jahren im Rahmen der Sesshaftmachung der Roma begonnene Praxis der behördlichen Wohnungszuweisung.[797]

Hinsichtlich des Ansehens der Minderheiten in der ungarischen Bevölkerung gibt es jedoch Unterschiede. Während – wie bereits erwähnt – Roma und Juden am unteren Ende der minoritären Beliebtheitsskala stehen, genießt die deutsche Minderheit in Ungarn das höchste Ansehen. Die weitgehend in die ungarische Gesellschaft integrierten oder sogar assimilierten Deutschen sind zum einen als Minderheit gut organisiert und zeichnen sich zum anderen durch die von der ungarischen Bevölkerung hoch geschätzten deutschen Tugenden aus. So wird den Deutschen aus der ungarischen Bevölkerung große Achtung und Wertschätzung entgegen gebracht.[798] Die übrigen in Ungarn lebenden Minderheiten werden von der übrigen Bevölkerung ebenfalls respektiert und geschätzt, allerdings nicht in gleichem Maße wie die deutsche Minderheit.[799]

Für die – abgesehen von Juden und Roma – geradezu vorbildliche Behandlung der Minderheiten durch die ungarische Mehrheitsbevölkerung sind vornehmlich zwei Gründe verantwortlich: Zum einen beträgt der Anteil der Minderheiten in der ungarischen Bevölkerung nur etwa 4–10 Prozent.[800] Aufgrund ihrer

794 Vgl. *Vetter*, S. 112.

795 Vgl. *Doncsev*, S. 31 f.; *Küpper*, Das neue Minderheitenrecht in Ungarn, S. 318.

796 Vgl. *Küpper*, Das neue Minderheitenrecht in Ungarn, S. 318; *Mihok*, S. 59; *Vetter*, S. 112 f.

797 Vgl. *Küpper*, Das neue Minderheitenrecht in Ungarn, S. 318; *Mihok*, S. 149, 153.

798 Vgl. *Brunner/ Küpper*, Minderheitenschutz im östlichen Europa. Ungarn, S. 27; *Küpper*, Das neue Minderheitenrecht in Ungarn, S. 318; *Vetter*, S. 111.

799 Vgl. *Küpper*, Das neue Minderheitenrecht in Ungarn, S. 318.

800 Vgl. *Vetter*, S. 106.

zahlenmäßig geringen Anzahl und ihrer in weiten Teilen guten Integration in die ungarische Gesellschaft treten sie im öffentlichen und politischen Leben kaum in Erscheinung. Daher stellen sie keinerlei Gefahr für die magyarisch-nationalstaatliche Einheit Ungarns dar.[801] Zum anderen erhofft sich die ungarische Bevölkerung, dass durch die eigene gute Behandlung der Minderheiten in ihrer Mitte auch die ungarischen Nachbarstaaten dazu bewegt werden können, die Lage der dort lebenden ungarischen Minderheit zu verbessern.[802] Somit besteht auch eine direkte Verbindung zwischen der – bis auf einige Ausnahmen – vorbildlichen Behandlung der Minderheiten durch die ungarische Bevölkerung und den Lebensbedingungen der durch die Weltkriege von ihrem Heimatland getrennten ungarischen Minderheiten im Ausland, als deren Anwalt sich nicht nur der ungarische Staat, sondern auch das ungarische Volk versteht. Insofern kann in der guten Behandlung der Minderheiten in Ungarn durch die ungarische Bevölkerung noch eine positive Spätfolge der Friedensverträge von Trianon 1920 und Paris 1947 gesehen werden: der gemeinsame innergesellschaftliche Versuch der Verarbeitung des „Trianon-Traumas“.

2. Ansehen der Minderheiten in der türkischen Bevölkerung

In der türkischen Bevölkerung genießen die im Land lebenden Minderheiten nur ein sehr geringes Ansehen. Dies hängt zum einen mit dem türkischen Begriff der Minderheit selbst zusammen, zum anderen mit der retrospektiven Wahrnehmung der Geschichte der Minderheiten im Osmanischen Reich und der Türkei durch die türkische Bevölkerung.

Der Begriff „Minderheit“(„*azınlık*“) ist in der türkischen Gesellschaft durchweg negativ besetzt. Gründe dafür sind das türkische Nationsverständnis und das durch das „Sèvres-Syndrom“ geprägte Geschichtsverständnis. „Minderheiten“ sind im Türkischen ein Synonym für Andersartigkeit, die stets als eine Gefahr empfunden wird: Muslimische Türken sehen in dieser Andersartigkeit der Minderheiten zunächst eine Gefahr für die Einheit ihres türkisch-nationalen Staatsvolkes und darüber hinaus auch eine Gefahr für die territoriale Einheit ihres Landes.[803] Daher begegnen sie der Andersartigkeit der Minderheiten mit dem Reflex der Ausgrenzung. Minderheitenangehörige werden, sofern sie aufgrund ihrer praktizierten oder in ihren Ausweisdokumenten verzeichneten

---

801 Vgl. *Küpper*, Das neue Minderheitenrecht in Ungarn, S. 320.

802 Vgl. *Küpper*, Das neue Minderheitenrecht in Ungarn, S. 320.

803 Vgl. *Künnecke*, Eine Hürde auf dem Weg zur EU-Mitgliedschaft? – Der unterschiedliche Minderheitenbegriff der EU und der Türkei, S. 127.

nicht-muslimischen Religion als solche zu erkennen sind, an den Rand der türkischen Gesellschaft gedrängt. Ihnen fehlt nach dem Verständnis der überwiegenden türkischen Bevölkerungsmehrheit ein entscheidendes Merkmal, was nach deren geläufigen Verständnis der türkischen Nation unbedingt zum Türkischsein dazu gehört: die islamische Religionszugehörigkeit. Angehörige einer nicht-muslimischen Minderheit werden von der muslimisch-türkischen Bevölkerungsmehrheit als „minderwertig" angesehen.[804] Mangels des „richtigen" Glaubens können sie trotz ihres türkischen Passes kein vollwertiges Mitglied der Staatsnation sein. Von Gründung der Republik bis in die Gegenwart blieben sie gesellschaftliche Fremdkörper.[805]

Insbesondere die Angehörigen der christlichen Minderheiten (Armenier und Griechen) werden von der Mehrheit der türkischen Bevölkerung nicht nur als Fremde, sondern sogar als Verräter betrachtet.[806] Das Misstrauen ihnen gegenüber ist in der türkischen Gesellschaft bis heute sehr stark ausgeprägt. So ist die Vorstellung, dass sich die Christen im Lande durch Missionierung immer weiter ausbreiten und dadurch die türkischen Werte gefährden würden in weiten Teilen der türkischen Bevölkerung verbreitet.[807] Die Auswüchse dieser „Verschwörungstheorien"[808] waren in den vergangenen Jahren deutlich sichtbar. So wurden Christen Opfer von Hetze, Drohungen, Anschlägen oder sogar grausamen Morden. Im Februar 2006 wurde der katholische Priester Andrea Santoro in seiner Kirche in Trabzon umgebracht, im Januar 2007 der armenischstämmige Journalist Hrant Dink auf offener Straße vor seinem Büro in Istanbul erschossen und im April 2007 drei als „Missionare" verunglimpfte Christen im mittelanatolischen Malatya gefoltert und anschließend ermordet.[809] Die Täter stammten

---

804 Vgl. *Akyol, T.*, Azınlık meselesi…, in: Milliyet.com.tr vom 14.10.2004, online unter: http://www.milliyet.com/2004/10/14/yazar/akyol.html [aufgerufen am 26.1.2015]; *Fırat, Ü.*, Ulus Devlet Ve Farklılıklar, in: *Helsinki Yurttaşlar Derneği*, Modernleşme ve Çokkültürlük, Istanbul 2001, S. 94; *Rumpf*, Die rechtliche Stellung der Minderheiten in der Türkei, S. 467.

805 Vgl. *Kizilkan-Kisacik*, S. 125; *Kurban, D./ Hatemi, K.*, The Story of Alien(ation): Real Estate Ownership Problems of Non-Muslim Foundations and Communities in Turkey, Istanbul 2009, S. 20.

806 Vgl. *Dietert, A.*, Menschenrechte in der Praxis von Justiz und Polizei, in: *Steinbach, U.*, Länderbericht Türkei, Bonn 2012, S. 159.

807 Vgl. *Dietert*, S. 160.

808 *Landwehr, S.*, Christen in der Türkei, in: *Steinbach, U.*, Länderbericht Türkei, Bonn 2012, S. 229.

809 Vgl. *Künnecke, A.*, Die Situation der Minderheiten in der Türkei, in : Südosteuropa Mitteilungen 03/2011, S. 25.

allesamt aus türkisch-nationalistischen Kreisen. Darüber hinaus gab es zahlreiche weitere Angriffe auf Christen und ihre Gotteshäuser, die allerdings in der türkischen Bevölkerung für kein großes Aufsehen sorgten.[810]

Die Hauptursache für die Geringschätzung und Ausgrenzung der Minderheiten ist auch nach nunmehr fast 100 Jahren immer noch der sog. „Sèvres-Komplex“ bzw. das „Sèvres-Syndrom“: die Furcht, dass es das Ausland nur darauf anlege, die Türkei zu spalten. Diese Furcht ist dank der staatlicherseits zum inneren Zusammenhalt der türkischen Nation an Schulen und Universitäten vermittelten und Minderheiten diskreditierenden türkischen Geschichtsschreibung noch bis heute dergestalt fest im Geschichtsbewusstsein der türkischen Bevölkerung verankert, dass die Nicht-Muslime (Europäer, Griechen, Armenier) für den Untergang des Osmanischen Reiches verantwortlich gemacht und als „Feinde im Innern“[811], die eine Bedrohung für die territoriale Integrität und Einheit der türkischen Nation darstellen, angesehen werden.[812] Ganz unschuldig sind die alliierten Siegermächte des Ersten Weltkrieges daran nicht. Als selbsternannte Schutzmächte der nicht-muslimischen Minderheiten im Osmanischen Reich sind sie mit ihrer kurzsichtigen Imperialismuspolitik, die ihren Niederschlag in den für die Türkei erniedrigenden Bestimmungen des Friedensvertrages von Sèvres gefunden hatte, auch fast ein Jahrhundert nach dem Friedensdiktat noch in gewisser Weise für das in der heutigen Türkei noch immer gegenüber den nicht-muslimischen Minderheiten herrschende Misstrauen mitverantwortlich.[813] Insofern wirkt das „Sèvres-Syndrom“ – durch den türkischen Staat politisch geschickt zur Wahrung der inneren Einheit der Nation und zur Abgrenzung nach außen instrumentalisiert – in der türkischen Bevölkerung noch immer fort und führt zur Ausgrenzung und Diskriminierung der in der Türkei lebenden Minderheiten.

---

810 Vgl. *Dietert*, S. 160.

811 *Bozarslan*, Les minorités en Turquie, S. 106; *Laurent*, S. 137.

812 Vgl. *Aktar*, S. 57; *Del Valle/ Razavi*, S. 152; *Gottschlich/ Zaptçıoğlu*, S. 175 f.; *Keyder, C.*, Die Türkei zwischen Europa und Amerika, in: *Leggewie, C. (Hrsg.)*, Die Türkei und Europa, Frankfurt a. M. 2004, S. 275; *Köhne*, S. 53; *Kramer*, Die Türkei und die Kopenhagener Kriterien, S. 35; *Kuniholm*, S. 367; *Kurban*, Unravelling a Trade-Off: Reconciling Minority Rights and Full Citizenship in Turkey, S. 343 ff., 351; *Zaptçioğlu/ Gottschlich*, S. 1140 f.

813 Vgl. *Künnecke*, Die Situation der Minderheiten in der Türkei, S. 29.

VII. Unterzeichnung internationaler Minderheitenschutzdokumente

Sowohl Ungarn als auch die Türkei sind Teil des internationalen Minderheitenschutzsystems. Beide Länder haben sowohl multilaterale als auch bilaterale Abkommen, welche den Schutz von Minderheiten und ihren Abgehörigen zum Inhalt haben, unterzeichnet und ratifiziert. Dabei hat sich Ungarn international als ein Staat mit hohen Minderheitenschutzstandards etabliert, der – sowohl in multilateralen als auch in bilateralen Minderheitenschutzinstrumenten – für einen möglichst umfangreichen Schutz von Minderheiten eintritt. Die Türkei hingegen hat wesentliche internationale Minderheitenschutzdokumente nicht unterzeichnet oder nur mit dem Vorbehalt ratifiziert, dass sie den darin verwendeten Minderheitenbegriff für sich nur im Sinne des auf nicht-muslimische Minderheiten beschränkten Minderheitenbegriffs des Lausanner Vertrages interpretieren und anwenden werde.

1. Multilateral

Während Ungarn alle wesentlichen multilateralen Abkommen zum Minderheitenschutz unterzeichnet und ratifiziert hat, ist die Türkei nur Vertragspartner solcher internationaler Abkommen geworden, in denen der Schutz von Minderheitenangehörigen individualrechtlich gewährleistet wird. Dabei hat die Türkei diese multilateralen Abkommen jedoch stets nur mit dem Vorbehalt ratifiziert, dass sie den darin erwähnten Begriff der Minderheit lediglich auf die im Lausanner Vertrag erwähnten nicht-muslimischen Minderheiten beziehe. Über den individualrechtlich gewährleisteten Schutz der Menschenrechte hinausgehende spezifische multilaterale Minderheitenschutzabkommen hat die Türkei hingegen nicht unterzeichnet.

a) Von Ungarn unterzeichnete multilaterale Minderheitenschutzabkommen

Auf universaler Ebene ist Ungarn – wie alle übrigen Staaten im Einflussbereich der Sowjetunion – dem Internationalen Pakt über Bürgerliche und Politische Rechte (IPBPR) von 1966 mit Wirkung vom 23. März 1976 beigetreten. Hervorzuheben ist hierbei, dass sich Ungarn noch zu Zeiten des Kalten Krieges am 7. September 1988 der Staatenbeschwerde des Art. 41 IPBPR unterworfen hat sowie am 7. Dezember 1988 dem Fakultativprotokoll zum IPBPR mit der Individualbeschwerde zum Menschenrechtsausschuss beigetreten ist.

Von den Vereinten Nationen (UN) ist Ungarn am 14. Dezember 1955 aufgenommen worden und danach auch der Allgemeinen Erklärung der Menschenrechte von 1948 beigetreten. Den Internationalen Pakt für wirtschaftliche, soziale und kulturelle Rechte von 1966 hat Ungarn am 25. März 1969 unterzeichnet und am 17. Januar 1974 ratifiziert. Der Deklaration über die Rechte der Mitglieder von nationalen oder ethnischen, religiösen und sprachlichen Minderheiten von 1992 hat Ungarn ebenfalls umgesetzt.

Auf regionaler Ebene hat Ungarn als Mitglied der KSZE/OSZE die Schlussdokumente von Helsinki 1975, Wien 1989, Kopenhagen 1990, Paris 1990, Moskau 1991 und Helsinki 1992 als Mitglied unterzeichnet.

Das Übereinkommen über die Rechte des Kindes von 1989[814] hat Ungarn am 14. März 1990 unterzeichnet und am 7. Oktober 1991 ratifiziert.

Am 6. November 1990 ist Ungarn als erster Staat des ehemaligen Ostblocks in den Europarat aufgenommen worden und hat die Europäische Menschenrechtskonvention (EMRK) von 1950 unterzeichnet, die in Ungarn am 5. November 1992 in Kraft getreten ist. Bereits mit der Ratifikation am 29. September 1992 hatte Ungarn die Zuständigkeit der Europäischen Kommission für Menschenrechte sowie des Europäischen Gerichtshofs für Menschenrechte (EGMR) für Individualbeschwerden anerkannt.

Als einziger osteuropäischer Staat hat Ungarn mit den übrigen Vertragsparteien am 5. November 1992 die Europäische Charta für Regional- und Minderheitensprachen sofort unterzeichnet. Die Charta wurde am 26. April 1992 vom ungarischen Parlament mit der Maßgabe ratifiziert, dass Deutsch, Kroatisch, Rumänisch, Serbisch, Slowakisch und Slowenisch als Sprachen von den Bestimmungen der Charta geschützt werden sollten. Erst im Juni 2008 verabschiedete das ungarische Parlament ein Gesetz, mit dem der Anwendungsbereich der Charta auch auf die Sprachen der Roma, Romanes und Béas, ausgedehnt wurde.[815]

Das bereits am 1. Februar 1995 unterzeichnete Rahmenübereinkommen zum Schutz nationaler Minderheiten wurde in Ungarn am 25. September 1995 ratifiziert und trat am 1. Februar 1998 in Kraft.

---

814 Text siehe: GAOR 44th Sess. Resolutions, S. 166 ff. bzw. BGBl. 1992 II, S. 122 ff.

815 Gesetz XLIII aus 2008.

b) *Von der Türkei unterzeichnete multilaterale Minderheitenschutzabkommen*

Auf universaler Ebene hat die Türkei den Internationalen Pakt über Bürgerliche und Politische Rechte (IPBPR) von 1966 erst am 15. August 2000 unterzeichnet und schließlich am 23. September 2003 mit einem Vorbehalt bezüglich Art. 27 IPBPR ratifiziert. Dieser Vorbehalt zu Art. 27 IPBPR lautet wie folgt:

> „Die Republik Türkei behält sich das Recht vor, die Bestimmungen des Artikel 27 des Internationalen Pakts über bürgerliche und politische Rechte in Übereinstimmung mit den einschlägigen Bestimmungen und Vorschriften der Verfassung der Republik Türkei und des Vertrages von Lausanne vom 24. Juli 1923 sowie dessen Anhängen zu interpretieren und anzuwenden."[816]

Das Übereinkommen über die Rechte des Kindes von 1989 hat die Türkei am 14. September 1990 unterzeichnet und am 4. März 1995 ratifiziert. Dabei behielt sie sich jedoch vor, die Artikel 17, 29 und 30, welche u. a. bestimmen, dass zu ethnischen, religiösen oder sprachlichen Minderheiten gehörende Kinder das Recht auf Bildung, Pflege ihrer eigenen Kultur, Ausübung ihrer Religion und Verwendung ihrer eigenen Sprache haben, gemäß dem Text und dem Geist der Türkischen Verfassung und des Lausanner Vertrages auszulegen und anzuwenden.[817]

Als Gründungsmitglied der Vereinten Nationen (UN) hat die Türkei die Allgemeine Erklärung der Menschenrechte (AEMR) von 1948 mit verabschiedet. Den Internationalen Pakt für wirtschaftliche, soziale und kulturelle Rechte von 1966 hat die Türkei erst am 15. August 2000 unterzeichnet, ihn aber bislang noch nicht ratifiziert. Die Deklaration über die Rechte der Mitglieder von nationalen oder ethnischen, religiösen und sprachlichen Minderheiten von 1992 hat die Türkei nicht umgesetzt.

Auf regionaler Ebene hat die Türkei die KSZE/OSZE Schlussdokumente von Helsinki 1975, Wien 1989, Kopenhagen 1990, Paris 1990, Moskau 1991 und Helsinki 1992 als Mitglied unterzeichnet. Jedoch hat sie dabei jeweils ihren Vorbehalt geltend gemacht, dass sie den Begriff „nationale Minderheit" lediglich auf die im Vertrag von Lausanne erwähnten religiösen Minderheiten beziehe.[818]

Als Mitglied des Europarates hat die Türkei die Europäische Menschenrechtskonvention (EMRK) von 1950 bereits im Jahr 1950 unterzeichnet und

---

816 Text siehe: http://www.ohchr.org/english/countries/ratification/4_1.htm [aufgerufen am 28.1.2015].

817 Text des Vorbehaltes siehe: http://www.ohchr.org/english/countries/ratification/11.htm [aufgerufen am 28.1.2015].

818 Vgl. *Kirişci/ Winrow*, S. 46; *The Human Rights Advisory Board*, S. 1 f.

einschließlich des ersten Protokolls im Jahr 1954 ratifiziert. Erst Ende 2003 ratifizierte sie das 6. Protokoll zur EMRK von 1983 über die Abschaffung der Todesstrafe. Im Jahr 1987 erkannte die Türkei das Recht der Europäischen Menschenrechtskommission zur Annahme von Individualbeschwerden nach Art. 25 EMRK a. F. an und unterwarf sich im Jahr 1989 der Rechtsprechung des Europäischen Gerichtshofs für Menschenrechte (EGMR) nach Art. 46 EMRK a. F.[819]

Bislang nicht unterzeichnet hat die Türkei die Europäische Charta für regionale und Minderheitensprachen von 1992, das Rahmenübereinkommen zum Schutz nationaler Minderheiten von 1995 sowie das 12. Protokoll zur EMRK von 2000.

2. Bilateral

Nach Wiedererlangung seiner staatlichen Unabhängigkeit hat Ungarn im Rahmen seiner reziproken Minderheitenpolitik mit all seinen Nachbarstaaten, in denen es eine ungarische Minderheit gab, bilaterale Abkommen geschlossen, die auch den wechselseitigen Schutz von Minderheiten zum Gegenstand hatten. Die Türkei hingegen schloss nach ihrer Staatsgründung als Ergänzung zum Lausanner Vertrag lediglich mit Bulgarien und Griechenland bilaterale Abkommen, die u. a. den Schutz der auf dem jeweils eigenen Staatsgebiet lebenden Bevölkerungsgruppe der anderen Vertragspartei regelte.

a) Bilaterale Minderheitenschutzabkommen Ungarns

Das Ungarische Grundgesetz enthält in Art. D die Formulierung, dass der ungarische Staat

> „Verantwortung für das Schicksal der außerhalb seiner Landesgrenzen lebenden Ungarn [trägt], [...] den Fortbestand und die Entwicklung ihrer Gemeinschaften [fördert], [...] ihre Bemühungen zur Wahrung ihres Ungarntums, zur Geltendmachung ihrer individuellen und kollektiven Rechte, zur Schaffung von Selbstverwaltungsorganen für ihre Gemeinschaften, zu ihrem Wohlergehen im Lande ihrer Geburt [unterstützt] und [...] ihre Zusammenarbeit miteinander und mit Ungarn [fördert]“[820].

---

819 Vgl. *Rumpf, C.*, Die Anerkennung des Individualbeschwerderechts gemäß Art. 25 EMRK durch die Türkei, in: ZaöRV 47 (1987), S. 778 ff. (Text der türkischen Erklärung: S. 805); *Rumpf, C.*, Die Anerkennung der Zuständigkeit des Europäischen Gerichtshofs für Menschenrechte gem. Art. 46 EMRK durch die Türkei, in: EuGRZ 1990, S. 53 ff.; *Özbudun/ Yazıcı*, S. 25.

820 Art. D UGG.

In Erfüllung dieser verfassungsrechtlichen Verpflichtung versucht(e) Ungarn, die nationale und kulturelle Identität der im angrenzenden Ausland lebenden Ungarn bestmöglich zu bewahren und zu fördern. Aus diesem Grund hat der ungarische Staat mit sämtlichen Nachbarstaaten bilaterale Abkommen geschlossen, die auch den Schutz von Minderheiten zum Gegenstand haben. Diese bilateralen Minderheitenschutzabkommen mit seinen Nachbarn schloss Ungarn in zwei Perioden ab: 1991/1992 und 1995/1996.

aa) Ungarisch-Ukrainischer Nachbarschaftsvertrag von 1991

Bereits unmittelbar nach dem Zusammenbruch der Sowjetunion und dem Zerfall Jugoslawiens schloss Ungarn mit der Ukraine am 31. Mai 1991 die Ungarisch-Ukrainische Deklaration über die Prinzipien der Zusammenarbeit bei gleichzeitiger Garantie der Rechte nationaler Minderheiten[821]ab, deren Inhalt einige Monate später in der Minderheitenschutzklausel des Ungarisch-Ukrainischen Nachbarschaftsvertrages vom 6. Dezember 1991[822] völkerrechtsverbindlich festgelegt wurde. Konkret festgeschrieben wurden die Förderungswürdigkeit der Identität nationaler Minderheiten, deren individualrechtlicher Schutz in minderheitenspezifischer Ausformung, wie beispielsweise das Recht auf freien Gebrauch der Minderheitensprache, sowie eine Zusammenarbeit in den Bereichen Bildung und Kultur. Hervorzuheben ist, dass nicht nur die ukrainische Minderheit in Ungarn und die ungarische Minderheit in der Ukraine in den Schutzbereich dieser Abkommen fallen, sondern die Garantie der Minderheitenrechte für alle in den Vertragsstaaten lebenden Minderheiten gilt. Zur Kontrolle der Umsetzung der bilateralen Verpflichtungen und zur besseren Zusammenarbeit ist eine gemischte Kommission eingesetzt worden, der Regierungsvertreter beider Seiten, Repräsentanten der grenznahen Verwaltungsbezirke sowie Vertreter der jeweiligen Minderheiten angehören.[823]

bb) Ungarisch-Polnischer Kooperationsvertrag von 1991

Am 6. Oktober 1991 schloss Ungarn mit Polen einen Kooperationsvertrag[824]. Dieser enthält eine sog. Minderheitenförderklausel, die wegen einer fehlenden

821 Text siehe: *Brunner, G. / Tontsch, G. H.*, Der Minderheitenschutz in Ungarn und Rumänien, Bonn 1995, S. 110 ff.

822 Text siehe: *Arp, B.*, International norms and standards for the protection of national minorities, Leiden 2008, S. 279 f.; *Brunner/ Tontsch*, S. 115 f.

823 Vgl. *Brunner/ Küpper*, Minderheitenschutz im östlichen Europa. Ungarn, S. 74.

824 Text siehe: Dz. U. 1992 Nr. 59 Pos. 298.

ungarischen Minderheit in Polen in der Praxis allerdings nur der kleinen polnischen Minderheit in Ungarn zugutekommt.

cc) Ungarisch-Russischer Freundschaftsvertrag von 1991

Am 6. Dezember 1991 wurde der Ungarisch-Russische Freundschaftsvertrag[825] unterzeichnet, in dessen Art. 8 auch die Minderheitenpolitik Erwähnung fand. Allerdings war dieser Minderheitenschutzartikel lediglich die Deklaration guten Willens, da es weder in Ungarn eine russische Minderheit noch in Russland eine ungarische Minderheit gab, die von dieser Bestimmung hätte profitieren können.

dd) Ungarisch-Deutscher Kooperationsvertrag von 1992

Am 6. Februar 1992 schloss Ungarn einen Kooperationsvertrag mit Deutschland.[826] In Art. 19 enthält dieser eine Minderheitenschutzklausel, in der die KSZE-Minderheitenschutzstandards erstmals in einem internationalen Vertrag als rechtsverbindlich anerkannt werden. Da es in Deutschland keine ungarische Minderheit gibt, verpflichtet diese Klausel, die u. a. das Recht auf Identität, das Recht auf freien Gebrauch der Muttersprache sowie das Recht zur nationalen Bekenntnisfreiheit enthält, einseitig den ungarischen Staat, die deutsche Minderheit in Ungarn zu fördern. Deutschland wird darin das Recht zugestanden, ebenfalls positive Förderungsmaßnahmen zugunsten der deutschen Minderheit in Ungarn zu ergreifen.

ee) Ungarisch-Slowenisches Minderheitenschutzabkommen und Freundschaftsvertrag von 1992

Am 6. November 1992 unterzeichnete Ungarn mit Slowenien ein Minderheitenschutzabkommen[827], das durch den am 1. Dezember 1992 geschlossenen Ungarisch-Slowenischen Freundschaftsvertrag[828] ergänzt wurde. Beide Staaten hatten aus Gründen der Reziprozität großes Interesse an möglichst großzügigem Schutz der auf ihrem Territorium lebenden Minderheiten, um einen entsprechenden Schutz der Angehörigen ihrer eigenen Nation als nationale Minderheit auch in anderen Staaten einfordern zu können.[829] Gemeinsam bilden das Ungarisch-Slowenische

---

825 Text siehe: *Brunner/ Tontsch*, S. 124 ff.

826 Text siehe: Europa-Archiv 10/92, D 377–385.

827 Text siehe: *Brunner/ Tontsch*, S. 117 ff.

828 Text siehe: *Brunner/ Tontsch*, S. 122 ff.

829 Vgl. *Constantin, S./ Lantschner, E.*, Comparing the Legislative Framework for Minority Protection in Central European Countries, in: *Lantschner, E./ Constantin, S./*

Minderheitenschutzabkommen und der beiderseitige Freundschaftsvertrag das umfangreichste bilaterale ungarische Minderheitenschutzinstrument. Darin wurden die KSZE-Minderheitenschutzstandards als rechtsverbindlich anerkannt, die gegenseitige Gewährung von kollektiven und individuellen Minderheitenrechten zugesichert sowie staatliche Förderungsmaßnahmen für die slowenische Minderheit in Ungarn und die ungarische Minderheit in Slowenien vereinbart. Zudem ist in diesen Verträgen explizit eine enge Kooperation beider Staaten zur Förderung der jeweils aus dem anderen Vertragsstaat stammenden Minderheit im Bildungswesen festgeschrieben worden. Als weitere Besonderheit haben beide Staaten zur effektiveren Verwirklichung der in ihren bilateralen Verträgen festgelegten Ziele im Minderheitenschutz eine zwischenstaatliche Minderheitenkommission eingerichtet. Dieser gehören neben Regierungsvertretern beider Länder auch Vertreter der slowenischen und ungarischen Minderheit an.

ff) Ungarisch-Kroatischer Freundschaftsvertrag von 1992 und Minderheitenschutzabkommen von 1995

Am 16. Dezember 1992 wurde der Ungarisch-Kroatische Freundschaftsvertrag[830] unterzeichnet, in dessen Minderheitenschutzklausel die KSZE-Minderheitenschutzstandards für rechtsverbindlich erklärt wurden. Am 5. April 1995 wurde der Freundschaftsvertrag durch ein gesondertes Minderheitenschutzabkommen zwischen Ungarn und Kroatien[831] ergänzt, dessen Inhalt sich am Ungarisch-Slowenischen Minderheitenschutzabkommen orientiert, d. h. die gegenseitige Gewährung von kollektiven und individuellen Minderheitenrechten sowie staatliche Förderungsmaßnahmen für die jeweilige Minderheit des Nachbarlandes garantiert. In Art. 10 des Minderheitenschutzabkommens verpflichten sich beide Vertragsparteien zudem dazu, auf eine Rückkehr der während des jugoslawischen Bürgerkriegs nach Ungarn geflüchteten Kroaten hinzuwirken.

gg) Ungarisch-Slowakischer Nachbarschaftsvertrag von 1995

Am 19. März 1995 unterzeichnete Ungarn mit der Slowakei einen Nachbarschaftsvertrag[832], der wegen Kontroversen um die Ratifikation allerdings erst ein gutes Jahr später in Kraft trat. Dieser enthält in Art. 15 eine umfangreiche

---

Marko, J. (Eds.), Practice of Minority Protection in Central Europe, Baden-Baden 2012, S. 17.

830 Text siehe: *Brunner/ Tontsch*, S. 127 ff.

831 Text siehe: *Arp*, S. 353.

832 Text siehe: *Arp*, S. 348.

Minderheitenschutzklausel. Darin werden Minderheitenrechte den Angehörigen der jeweils anderen Minderheit jedoch lediglich individualrechtlich zugesichert. Zudem nimmt der Nachbarschaftsvertrag Bezug auf die Empfehlung Nr. 1201 der Parlamentarischen Versammlung des Europarates vom 1. Februar 1993, deren Anwendung als rechtsverbindlich festgeschrieben wird. Besonders umstritten ist die darin in Art. 11 enthaltene Formulierung, dass Minderheitenangehörigen in Minderheitengebieten ein Recht auf Autonomie gewährt wird, welches von den betreffenden Staaten gesetzlich näher auszugestalten ist. Daraus würde sich für die Slowakei die Verpflichtung ergeben, der ungarischen Minderheit auf ihrem Staatsgebiet eine ähnliche Autonomie zu gewähren, wie dies in Ungarn durch die Errichtung von Minderheitenselbstverwaltungen für die slowakische Minderheit geschehen ist. Eine derartige Interpretation des Vertragswerks wird von der Slowakei hingegen mit dem Argument, dass die Empfehlung Nr. 1201 vertragsgemäß lediglich zum Schutz der Rechte der Minderheitenangehörigen anzuwenden sei und man diesen darüber hinaus keine zusätzlichen Privilegien zu gewähren habe, strikt abgelehnt.[833]

hh) Ungarisch-Rumänischer Kooperationsvertrag von 1995

Am 16. September 1996 schloss Ungarn nach schwierigen Verhandlungen auch mit Rumänien einen Kooperationsvertrag[834].[835] Dieser beinhaltet in Art. 15 eine dem ungarisch-slowakischen Nachbarschaftsvertrage ähnliche umfangreiche Minderheitenschutzklausel, die hinter jener allerdings geringfügig zurückbleibt. Ebenso wie der Ungarisch-Slowakische Nachbarschaftsvertrag nimmt der Kooperationsvertrag mit Rumänien Bezug auf die Empfehlung Nr. 1201 der Parlamentarischen Versammlung des Europarates vom 1. Februar 1993, deren Anwendung als rechtsverbindlich festgeschrieben wird. Um Streitigkeiten um die Gewährung von Autonomien für die ungarische Minderheit zu vermeiden, ließ Rumänien hingegen eine Fußnote mit in den Vertrag aufnehmen, wonach sich die Vertragsparteien durch die Bezugnahme auf die Empfehlung Nr. 1201

833 Vgl. *Brunner/ Küpper*, Minderheitenschutz im östlichen Europa. Ungarn, S. 76.

834 Text siehe: http://www.regione.taa.it/biblioteca/normativa/bilaterali/trattato%20ungherese-rumeno%20 verisone%20inglese.pdf [aufgerufen am 4.3.2015].

835 Vergleiche zu den Kontroversen um die Verhandlungen, Unterzeichnungen und Ratifizierungen der ungarischen Nachbarschaftsverträge: *Bessenyey-Williams, M.*, European Integration an Minority Rights: The Case of Hungary and its Neighbors, in: *Linden, R. H. (Hrsg.)*, Norm and Nannies. The Impact of International Organizations on the Central and East European States, Oxford 2002, S. 234 ff.

gerade nicht dazu verpflichten, der Minderheit der anderen Vertragspartei im eigenen Land Territorialautonomie zu gewähren.[836]

b) *Bilaterale Minderheitenschutzabkommen der Türkei*

In Ergänzung des Lausanner Vertrages schloss die Türkei mit Griechenland und Bulgarien bilaterale Abkommen, die Minderheitenfragen zum Gegenstand hatten. Nach der Phase der Republikgründung wurden keine weiteren bilateralen Abkommen zum Minderheitenschutz geschlossen.

aa) *Türkisch-Griechisches Abkommen zum Bevölkerungsaustausch von 1923*

Im Anschluss an den Türkisch-Griechischen Krieg von 1919–1922 schlossen die Türkei und Griechenland am 30. Januar 1923 in Lausanne ein Abkommen über einen gegenseitigen Bevölkerungsaustausch[837]. Gegenstand des Abkommens war die am 1. Mai 1923 beginnende gleichzeitige zwangsweise Umsiedlung von griechisch-orthodoxen Christen aus der Türkei nach Griechenland und von türkischen Muslimen aus Griechenland in die Türkei. Ausgenommen vom Umsiedlungszwang waren gemäß Art. 2 des Abkommens lediglich die in Istanbul lebenden Griechen und die in West-Thrakien lebenden Türken.[838] Insgesamt mussten im Rahmen dieses Bevölkerungsaustausches etwa 1,5 Millionen Griechen die Türkei und zwischen 350.000 und 500.000 Türken Griechenland verlassen.[839]

bb) *Türkisch-Bulgarischer Freundschaftsvertrag von 1925*

Am 18. Oktober 1925 wurde zwischen der Türkei und Bulgarien der Türkisch-Bulgarische Freundschaftsvertrag[840] geschlossen. Diesem Freundschaftsvertrag wurde ein Protokoll beigefügt, das ebenfalls Vertragsbestandteil geworden ist. Darin ist festgelegt, dass die Türkei alle einschlägigen Bestimmungen des Lausanner Vertrages, d. h. die Artikel zum Schutz der Minderheiten in Abschnitt 3,

---

836 Vgl. *Brunner/ Küpper*, Minderheitenschutz im östlichen Europa. Ungarn, S. 76; *Kovács, P.*, International Law and Minority Protection, Budapest 2000, S. 116 f.

837 Text siehe: L.N.T.S. 32, S. 76.

838 Vgl. zum Inhalt und zur schwierigen Umsetzung des Abkommens: *Leontiades, L.*, Der griechisch-türkische Bevölkerungsaustausch, in: ZaöRV 1935, S. 546–576.

839 Vgl dazu: *Belli*, S. 30 ff., 55 ff., 94 ff.; *Bozarslan*, Les minorités en Turquie, S. 105; *Fest*, S. 309; *Franz*, Population Policy in Turkey, S. 247; *Ludwig*, S. 157; *Pircher*, S. 130 ff.; *Shaw/ Shaw*, Osmanlı Imparatorluğu ve Modern Türkiye, S. 437; *The Ministry of Culture of the Turkish Republic*, S. 52; *Weithmann*, S. 147.

840 Text siehe: L.N.T.S. 54, S. 125.

auch auf die in der Türkei lebenden Angehörigen der bulgarischen Minderheit anzuwenden hat. Im Gegenzug verpflichtet sich Bulgarien in diesem Protokoll, die einschlägigen Bestimmungen des Vertrages von Neuilly auf die in Bulgarien lebenden Angehörigen der muslimisch-türkischen Minderheit anzuwenden.[841] Somit verweist der türkisch-bulgarische Freundschaftsvertrag von 1925 auf den Lausanner Vertrag und bestätigt damit den dort niedergelegten Minderheitenbegriff, ohne jedoch die bulgarischstämmigen Türken in den Kreis der anerkannten nicht-muslimischen Minderheiten aufzunehmen. Vielmehr regelt der türkisch-bulgarische Freundschaftsvertrag lediglich die entsprechende Anwendung der Minderheitenschutzartikel des Lausanner Vertrages auf die bulgarischstämmigen türkischen Staatsangehörigen in der Türkei.

VIII. Verfassungsrechtlicher Minderheitenschutz

Der verfassungsrechtliche Schutz von Minderheiten findet sich in Ungarn im Ungarischen Grundgesetz von 2011 (UGG)[842] und in der Türkei in der Türkischen Verfassung von 1982 (TV)[843]. Im Gegensatz zur bis zum Jahr 2011 geltenden Ungarischen Verfassung von 1949 sind die nunmehr im Ungarischen Grundgesetz von 2011 garantierten Minderheitenrechte nicht mehr notstandsfest. Nach § 8 IV UV durften nämlich die in § 68 UV gewährleisteten Minderheitenrechte in keiner von der Verfassung vorgesehenen Notlagen ausgesetzt oder eingeschränkt werden. Eine derartige Notstandsfestigkeit der Minderheitenrechte gibt es nach dem neuen Ungarischen Grundgesetz nicht mehr, da die Minderheitenrechte nicht mit in Art. 54 I UGG als in Zeiten einer besonderen Rechtsordnung unantastbare Grundrechte aufgeführt werden.

---

841 Vgl. *Çavuşoğlu*, Azınlık Hakları: Avrupa Standartları ve Türkiye Bir Karşılaştırma, S. 124; *Lütem*, S. 66; *Oehring*, Zur Lage der Menschenrechte in der Türkei – Laizismus = Religionsfreiheit?, S. 22; *Pircher*, S. 138 f.

842 Vgl. zur Kontinuität des neuen Ungarischen Grundgesetzes im Vergleich zur davor geltenden Ungarischen Verfassung: *Jakab, A./ Sonnevend, P.*, Kontinuität mit Mängeln: Das neue ungarische Grundgesetz, in: ZaöRV 72 (2012), S. 79–102.
Die deutsche Übersetzung des Ungarischen Grundgesetzes findet sich unter: http://www.pesterlloyd.net/Grundgesetz_Ungarns_2011.pdf [aufgerufen am 28.1.2015].

843 http://www.tbmm.gov.tr/anayasa/anayasa_2011.pdf [aufgerufen am 28.1.2015].
Die deutsche Übersetzung der Türkischen Verfassung von 1982 in ihrer aktuellen Fassung findet sich unter: http://www.tuerkei-recht.de/downloads/verfassung.pdf [aufgerufen am 28.1.2015].

Im Folgenden werden die im Ungarischen Grundgesetz und der Türkischen Verfassung garantierten Minderheitenrechte getrennt nach individuellen, kollektiven und autonomen Minderheitenrechten erörtert.

1. Individuelle Minderheitenrechte

a) Recht auf Gebrauch der eigenen Sprache

Während das Ungarische Grundgesetz jedem Angehörigen einer in Ungarn anerkannten Minderheit das individuelle Recht zum Gebrauch seiner Muttersprache zugesteht, gewährt die Türkische Verfassung den Angehörigen der dort anerkannten Minderheiten kein Recht, ihre eigene Sprache zu benutzen.

aa) Ungarn

Nach Art. XXIX I 2 UGG hat jeder ungarische Staatsangehörige, der Angehöriger einer in Ungarn anerkannten Minderheit ist, das verfassungsrechtlich gewährleistete Recht, seine Muttersprache zu gebrauchen. Damit ist in erster Linie garantiert, dass Minderheitenangehörige in Ungarn im privaten wie im öffentlichen Bereich unbehelligt und uneingeschränkt ihre Minderheitensprache benutzen dürfen. Zulässigkeit und Umfang des Gebrauchs der Minderheitensprache vor öffentlichen Einrichtungen, d. h. vor der Verwaltung, vor Gericht und in der Schule, sind einfachgesetzlich geregelt.

Ausdrücklich garantiert ist jedem Minderheitenangehörigen in Art. XXIX I 2 UGG auch das Recht auf individuellen Namensgebrauch in seiner Muttersprache. Dies bedeutet, dass es keinem Angehörigen einer in Ungarn anerkannten Minderheit untersagt werden darf, seinen Vor- und Nachnamen in der ursprünglichen Form seiner Muttersprache zu benutzen. Somit dürfen Vor- und Nachnamen in der Minderheitensprache nicht magyarisiert, d. h. ins Ungarische übertragen werden. Dieses Recht auf Namensführung in der eigenen Sprache stellt ein subjektives Grundrecht jedes Minderheitenangehörigen dar.[844]

bb) Türkei

Ein Recht auf Gebrauch der eigenen Sprache wird in der Türkischen Verfassung nicht gewährt. Stattdessen wird Türkisch in Art. 3 I 2 TV i. V. m. Art. 4 TV unabänderlich als offizielle Sprache der Türkei festgeschrieben. Die ehemals im Rahmen der Meinungs- und Pressefreiheit (Art. 26 und Art. 28 TV) als verfassungsrechtliche Grundrechtsschranke verankerte und die das – allein gegen das

844 Vgl. *Brunner/ Küpper*, Minderheitenschutz im östlichen Europa. Ungarn, S. 31.

Kurdische abzielende – Sprachenverbotsgesetz von 1983 rechtfertigende Formulierung „gesetzlich verbotene Sprache“ wurde durch die Verfassungsänderung im Jahr 2001 ersatzlos gestrichen.[845]

b) Religionsfreiheit

Die individuelle Religionsfreiheit wird sowohl im Ungarischen Grundgesetz als auch in der Türkischen Verfassung garantiert. Dabei umfasst sie sowohl das Recht eines jeden auf freie Wahl als auch auf freie Ausübung seiner Religion.

aa) Ungarn

Im Ungarischen Grundgesetz wird die individuelle Religionsfreiheit in Art. VI I UGG gewährt. Diese ist als Individualgrundrecht konzipiert und steht als Jedermann-Grundrecht auch den Angehörigen der in Ungarn lebenden Minderheiten zu. Die Religionsfreiheit umfasst gemäß Art. VII I 2 UGG die freie Wahl, Änderung, Offenbarung, Ausübung und Lehre der Religion. Niemand kann danach gezwungen werden, eine bestimmte Religion zu wählen, abzulegen oder seine Religionszugehörigkeit zu offenbaren. Somit dürfen beispielsweise weder der Staat im Rahmen einer Volkszählung oder bei der Ausstellung von Ausweisdokumenten noch Arbeitgeber in Bewerbungsgesprächen nach der Religionszugehörigkeit fragen. In seiner individuellen Ausprägung schließt die Religionsausübungsfreiheit die Freiheit ein, religiöse Handlungen und Zeremonien sowohl einzeln als auch in Gemeinschaft privat oder öffentlich vorzunehmen. Ebenfalls ausdrücklich geschützt ist die Freiheit eines jeden, seine Religion zu lehren, d. h. Wissen darüber zu verbreiten.

bb) Türkei

In der Türkei ist die Religionsfreiheit verfassungsrechtlich in Art. 24 TV verankert. Nach Art. 24 I TV genießt jedermann die Freiheit des Gewissens, der religiösen Anschauung und Überzeugung. Soweit nicht gegen Art. 14 TV verstoßen wird, sind Gottesdienste, religiöse Zeremonien und Feiern gem. Art. 24 II TV erlaubt, und gem. Art. 24 III TV darf niemand religiösem Zwang unterworfen oder aus religiösen Motiven diskriminiert werden. Eingeschränkt wird die Religionsfreiheit durch Art. 24 V TV i. V. m. Art. 14 TV. Danach darf die Religionsfreiheit nicht dazu missbraucht werden, die unteilbare Einheit von Staatsgebiet und Staatsvolk zu zerstören, die demokratische und laizistische Ordnung zu

---

845 Vgl. *Özbudun/ Yazıcı*, S. 18 f.; *Oran*, Türkiye'de Azınlıklar: Kavramlar, Lozan, İç Mevzuat, İçtihat, Uygulama, S. 114.

beseitigen oder religiöse Gefühle und religiöse Gegenstände anderer auszunutzen. Eine weitere Einschränkung erfährt die Religionsfreiheit dadurch, dass die staatlicher Aufsicht und Kontrolle unterliegende religiöse Kultur- und Sittenlehre gemäß Art. 24 III TV in Primär- und Sekundarschulen Pflichtfach ist. Vor dem Hintergrund, dass Religionsunterricht in der Türkei ausschließlich sunnitisch-islamischen Religionsunterricht bedeutet, ist in dieser Einschränkung eine erhebliche Beschränkung der Religionsfreiheit von Angehörigen nicht-muslimischer Religionsgemeinschaften – wie der christlichen und jüdischen Minderheiten – und nicht hanafitisch-sunnitischer muslimischer Religionsgemeinschaften – wie der Aleviten – zu sehen.[846]

c) Recht auf Anrufung eines Ombudsmanns

In Ungarn hat jeder Minderheitenangehörige das Recht, bei Verletzung seiner verfassungsrechtlich garantierten Minderheitenrechte den Ombudsmann für Grundrechte anzurufen. Mangels verfassungsrechtlich garantierter individueller Minderheitenrechte existiert diese Anrufungsmöglichkeit des Ombudsmanns für Grundrechte durch Minderheitenangehörige in der Türkei nicht.

aa) Ungarn

In Ungarn hat jedermann nach Art. 30 I UGG das Recht, zum Schutz seiner Grundrechte den Ombudsmann für Grundrechte anzurufen. Dieser ist dann gemäß Art. 30 II UGG verpflichtet, die mögliche Grundrechtsverletzung sowie alle ihm in diesem Zusammenhang zur Kenntnis gelangten Missstände zu untersuchen oder untersuchen zu lassen und Maßnahmen zu ihrer Behebung anzuregen. Diese Maßnahmen können lediglich den Einzelfall des Antragstellers betreffen oder allgemeiner Natur sein. Gemäß Art. 30 III 2 UGG wird den Stellvertretern des Ombudsmanns für Grundrechte ausdrücklich die Zuständigkeit für den Schutz der Rechte der in Ungarn lebenden Minderheiten zugewiesen. Somit werden die systematisch im Grundrechtsteil des Ungarischen Grundgesetzes verorteten objektiv-rechtlichen Gewährleistungen der Minderheitenrechte unter den besonderen verfassungsrechtlichen Schutz des Ombudsmanns für Grundrechte gestellt. Jeder Angehörige der staatlich anerkannten Minderheiten in Ungarn kann damit zum Schutz oder bei Verletzung seiner im Grundgesetz garantierten Minderheitenrechte den Ombudsmann für Grundrechte anrufen. Der verfassungsrechtliche Schutz der Angehörigen der anerkannten Minderheiten geht insofern wegen ihrer erweiterten Anrufungsmöglichkeit des

846 Vgl. *Oehring*, Länderberichte Religionsfreiheit: Türkei, S. 21.

Ombudsmanns aufgrund ihrer spezifischen Minderheiten(grund)rechte weiter als der verfassungsrechtliche Schutz von Nicht-Minderheitenangehörigen, die den Ombudsmann lediglich wegen ihrer JedermannGrundrechte anrufen können. Detaillierte Regelungen zum Ombudsmann, seinen Stellvertretern und deren Kompetenzen finden sich im Ombudsmanngesetz.[847]

bb) Türkei

In der Türkei hat gemäß Art. 74 III TV jedermann das Recht auf Information und Zugang zum entsprechend Art. 74 V TV zu wählenden Ombudsmann. An diesen können sich alle Bürger gemäß Art. 74 IV mit Beschwerden im Zusammenhang mit der Verwaltung wenden. Die Einzelheiten zu diesem Recht und zu den Kompetenzen des Ombudsmanns finden sich nach Art. 74 VI in einem gesonderten Ombudsmanngesetz.[848] Danach dient der Ombudsmann für Grundrechte vornehmlich der parlamentarischen Kontrolle der Verwaltung. Er verfügt gerade nicht über die Befugnis, strittige Sachverhalte anstelle der zuständigen Behörden eigenständig zu regeln. Es obliegt ihm lediglich, bei festgestellten Grundrechtsverletzungen oder Missständen bei den zuständigen Behörden auf deren Behebung hinzuwirken. Rechtliche Instrumente zur Umsetzung seiner Anregungen besitzt der Ombudsmann nicht.[849]

d) Diskriminierungsverbot (individuell)

Sowohl im Ungarischen Grundgesetz als auch in der Türkischen Verfassung gibt es ein individualrechtliches Diskriminierungsverbot, das Diskriminierungen u. a. wegen minderheitenspezifischer Merkmale wie Rasse, Hautfarbe, Sprache und Religion verbiet.

aa) Ungarn

Im Ungarischen Grundgesetz findet sich ein individualrechtlich formuliertes allgemeines und umfassendes Diskriminierungsverbot in Art. XV II UGG. Danach stehen die Grundrechte in Ungarn jedermann unabhängig von Rasse, Hautfarbe, Geschlecht, Behinderung, Sprache, Religion, politischer oder anderer Meinung, nationaler oder sozialer Herkunft, Vermögenslage, Geburt oder sonstigen Situationen zu. In Verbindung mit dem Gleichheitssatz des Art. XV I 1 UGG bedeutet

---

847 Gesetz Nr. CXI/2011 über den Beauftragten für die grundlegenden Rechte.

848 Kamu Denetçiliği Kurumu Kanunu (Kanun No. 6328).

849 Vgl. §§ 1, 5 I, 7 I, 20, 22 des Gesetzes Nr. 6328 über den Ombudsmann (TOmbG) vom 14.6.2012, RG Nr. 28338 vom 29.6.2013.

dies, dass die genannten Kriterien zu keinen Kriterien der Ungleichbehandlung oder Diskriminierung von Individuen gemacht werden dürfen. In Bezug auf den besonderen Schutz der Angehörigen von Minderheiten sind die Kriterien Rasse, Hautfarbe, Sprache, Religion und nationale Herkunft von Belang. Entsprechend des ungarischen Minderheitenbegriffs sind nämlich insbesondere Sprache und nationale Herkunft, mit denen auch Rasse, Hautfarbe und Religion in Verbindung stehen können, maßgebliche Kriterien für die Bestimmung einer Minderheit. Insofern garantiert das Ungarische Grundgesetz, dass niemand qua seiner Zugehörigkeit zu einer Minderheit diskriminiert oder schlechter gestellt werden darf.

bb) Türkei

Das individualrechtlich formulierte Diskriminierungsverbot hat in der Türkei im Gleichheitssatz des Art. 10 I TV seinen verfassungsrechtlichen Niederschlag gefunden. Dieser wurde bereits 1961 dem Art. 14 EMRK angepasst, so dass Sprache, Rasse, Hautfarbe, Geschlecht, politische Meinung, Weltanschauung, Religion und Bekenntnis nicht zum Maßstab unterschiedlicher Behandlung gemacht werden dürfen. Art. 10 IV TV verbietet die Bevorzugung irgendeines Individuums, irgendeiner Familie, Gruppe oder Klasse. Mit diesem Absatz wendet sich die Türkische Verfassung somit auch eindeutig gegen die Privilegierung von Minderheiten, die qua ihres Status im Staat eine besondere Gruppe bilden, und denen in den Minderheitenschutzartikeln des Lausanner Vertrages noch ausdrücklich Privilegien zugestanden werden. Da völkerrechtliche Vereinbarungen in der Normenhierarchie aber über der Verfassung stehen, vermag Art. 10 IV TV die Gewährung besonderer Rechte für die anerkannten muslimischen Minderheiten der Armenier, Griechen und Juden nicht einzuschränken.

2. Kollektive Minderheitenrechte

a) Recht auf Existenz

Während das Ungarische Grundgesetz den in seinem Geltungsbereich lebenden Minderheiten zumindest indirekt ein kollektives Existenzrecht garantiert, räumt die Türkische Verfassung den in der Türkei lebenden Minderheiten weder ein Recht auf Existenz noch auf Schutz ihres Fortbestandes ein.

aa) Ungarn

Im Nationalen Bekenntnis des Ungarischen Grundgesetzes, dem Äquivalent zur Präambel, wird den auf ungarischem Staatsgebiet lebenden Minderheiten indirekt ein Recht auf Existenz und Schutz ihres Fortbestandes garantiert. Im siebten Absatz des Nationalen Bekenntnisses leistet die ungarische Nation das Versprechen, „die geistige und seelische Einheit unserer in den Stürmen des vergangenen Jahrhunderts in Stücke gerissenen Nation [zu] bewahren“[850]. Im selben Absatz werden die mit ihr zusammenlebenden Minderheiten als „staatsbildender Teil der ungarischen politischen Gemeinschaft“[851] bezeichnet. Wenn die Minderheiten in Ungarn also ein integraler staatsbildender Teil des ungarischen Staates sind, dessen Einheit bewahrt werden muss, so ist es im Umkehrschluss auch die Aufgabe des ungarischen Staates, die Existenz der auf seinem Territorium lebenden Minderheiten zu garantieren und zu schützen. Gleiches geht auch aus dem achten Absatz des Nationalen Bekenntnisses hervor, worin sich der ungarische Staat verpflichtet, „die Sprache und Kultur der in Ungarn lebenden Nationalitäten [...] zu pflegen und zu bewahren“[852]. Insofern garantiert das Ungarische Grundgesetz in seiner als Nationales Bekenntnis überschriebenen Präambel die Existenz und den Fortbestand der in Ungarn lebenden Minderheiten.

bb) Türkei

Die Türkische Verfassung kennt kein Existenzrecht und auch keinen Bestandsschutz der in der Türkei lebenden Minderheiten. Minderheiten finden in der Türkischen Verfassung keine Erwähnung. Stattdessen wird in der Präambel der Türkischen Verfassung und in weiteren Artikeln stets die Unteilbarkeit von Staatsgebiet und Staatsvolk betont.[853] Zwar wird jedem türkischen Staatsbürger im siebten Absatz der Präambel zugesichert, „von seiner Geburt an das Recht und die Möglichkeit [zu haben], innerhalb der nationalen Kultur-, Zivilisations- und Rechtsordnung ein würdiges Leben zu führen“[854]. Während aber gleichzeitig konstatiert wird, dass „keinerlei Aktivität gegenüber [...] den geschichtlichen und ideellen Werten des Türkentums und dem Nationalismus [...] geschützt wird“[855], so wird deutlich, dass vom Türkentum und türkischer Kultur Abweichendes gerade nicht erwünscht und somit nicht von der Verfassung geschützt ist. Wie bereits oben erwähnt, passen Minderheiten nicht in das Idealbild der homogenen türkischen Nation. Daher sind deren Existenz und kulturelle Eigenarten auch nicht zu schützen. Im Gegenteil: Durch die ausdrückliche Betonung der

850 Nationales Bekenntnis VII 1 UGG.
851 Nationales Bekenntnis VII 2 UGG.
852 Nationales Bekenntnis VIII 1 UGG.
853 Präambel I, VI TV, Art. 3 I TV.
854 Präambel VII TV.
855 Präambel VI TV.

türkisch-nationalen Kultur und den Werten des Türkentums werden durch die Verfassung nur diejenigen Staatsbürger geschützt, die sich zur türkischen Kultur und zum Türkentum bekennen. Aktivitäten zur Pflege einer abweichenden ethnischen, kulturellen oder religiösen Identität genießen daher keinen Schutz und werden durch die starke Betonung der Unteilbarkeit von Staatsgebiet und Staatsvolk – beispielsweise als Grundrechtsschranke für die Ausübung der Meinungs- und Pressefreiheit – unterschwellig als Gefahr für eben diese angesehen.[856]

b) *Religionsfreiheit*

Sowohl das Ungarische Grundgesetz als auch die Türkische Verfassung garantieren die kollektive Religionsfreiheit dahingehend, dass religiöse Gemeinschaften und ihre Angehörigen das Recht haben, ihre Religion gemeinsam und frei auszuüben. Nach der Türkischen Verfassung ist die kollektive Religionsfreiheit jedoch leichter einzuschränken als nach dem Ungarischen Grundgesetz. In beiden Ländern ist die säkulare Trennung von Staat und Religion zudem verfassungsrechtlich festgeschrieben, wobei sich das türkische Verständnis eines säkularen Staates deutlich vom ungarischen unterscheidet. Während die Religionsgemeinschaften in Ungarn tatsächlich vom Staat unabhängig sind und sich dieser ihnen gegenüber neutral verhält, so kontrolliert der türkische Staat in Form einer staatlichen Religionsbehörde die Religionsgemeinschaften und fördert einseitig den sunnitisch-hanafitischen Islam.

aa) *Ungarn*

In seiner kollektiven Form wird die Religionsfreiheit in Art. VII I 2 UGG als Freiheit, die Religion gemeinsam zu offenbaren, auszuüben oder zu lehren, gewährleistet. Die Offenbarung, Ausübung und Lehre der Religion kann gemeinschaftlich durch religiöse Handlungen, Zeremonien oder auf andere Art und Weise sowohl in der Öffentlichkeit als auch im Privaten erfolgen. Zudem darf keine Religionsgruppe gezwungen werden, ihre Religionszugehörigkeit zu offenbaren. Somit ist es beispielsweise dem Staat untersagt, Religionsgruppen und deren Angehörige gegen deren Willen zu registrieren.

Des Weiteren wird die kollektive Religionsfreiheit auch durch Art. VII II UGG garantiert. Dort wird die Trennung von Staat und Kirche verfassungsrechtlich festgeschrieben. Aus dem mit dieser säkularen Trennung verbundenen staatlichen Neutralitätsgebot ergibt sich, dass die Kirchen und andere Religionsgemeinschaften unabhängig vom Staat sind und ihre internen Angelegenheiten

856 Vgl. Art. 14 I, 26 II, 28 IV 1 TV.

ohne staatliche Einmischung selbstständig regeln dürfen. Zur detaillierten Regelung der Kirchenfragen wird in Art. VII III UGG auf ein Schwerpunktgesetz verwiesen, das in Gestalt des Kirchengesetzes[857] erlassen worden ist.

bb) Türkei

Die kollektive Religionsfreiheit wird in der türkischen Verfassung dergestalt garantiert, dass dort in Art. 24 II TV das freie Abhalten von Gottesdiensten, religiösen Feiern und Zeremonien zugesichert wird. Diese kollektive Freiheit ist jedoch durch Art. 24 II i. V. m. Art. 14 TV dahingehend eingeschränkt, dass die kollektive Religionsausübung in den geschilderten Formen nicht gegen die unteilbare Einheit von Staatsgebiet und Staatsvolk gerichtet werden und keine Gefahr für die Demokratie und den Laizismus der Türkischen Republik darstellen darf.

Aus dem in der Präambel der Türkischen Verfassung und in Art. 2 TV festgeschriebenen Laizismusprinzip ergibt sich zudem, dass „heilige religiöse Gefühle [...] auf keine Weise mit den Angelegenheiten und der Politik des Staates vermischt werden [dürfen]“[858]. Seine „institutionelle Absicherung“[859] erfährt das Laizismusprinzip durch das Präsidium für religiöse Angelegenheiten, das gemäß Art. 136 TV „als Bestandteil der allgemeinen Verwaltung im Sinne des laizistischen Prinzips außerhalb aller politischen Ansichten und Auffassungen sowie gerichtet auf die nationale Solidarität und Integration die in einem besonderen Gesetz vorgesehenen Aufgaben“[860] erfüllt.[861] Somit hat das Präsidium für religiöse Angelegenheiten zwei Aufgaben: den Schutz des Laizismus und die Bewahrung der nationalen Einheit. De facto schützt das Präsidium aber nicht den Laizismus, sondern fördert und bevorteilt den sunnitischen Islam[862], der in der

---

857 Gesetz Nr. CCVI/2011 über das Recht der Gewissens- und Religionsfreiheit sowie über die Rechtsstellung der Kirchen, Konfessionen und Religionsgemeinschaften.

858 Präambel VI TV.

859 *Oehring*, Zur Lage der Menschenrechte in der Türkei - Laizismus = Religionsfreiheit?, S. 8.

860 Art. 136 TV.

861 Eine zusätzliche Absicherung erfährt das Präsidium für religiöse Angelegenheiten noch durch das Parteiengesetz, das den politischen Parteien die Forderung nach seiner Abschaffung verbietet (vgl. *Seufert*, Laizismus in der Türkei - Trennung von Staat und Religion?, S. 24).

862 Vergleiche zum Unterschied zwischen sunnitischem und schiitischem Islam: *Schweizer, G.*, Die Vielfalt im türkischen Islam, in: *Gehl, G. (Hrsg.)*, Die Türkei. Nur im Vorhof Europas?, Schriften zur internationalen Kultur- und Geisteswelt 18, Weimar 2001, S. 32 ff.

türkischen Bevölkerung mit einem Anteil von über 70 Prozent vorherrscht.[863] Durch seine rein sunnitisch-hanafitische Interpretation des Islam[864] – andere islamische Strömungen werden nicht berücksichtigt – verletzt der Staat in Gestalt des Präsidiums für religiöse Angelegenheiten seine laizistische Pflicht zu religiöser und weltanschaulicher Neutralität.[865] Nur vor dem Hintergrund, dass nach kemalistisch-staatlicher Logik Pluralismus im religiösen Leben als erster Schritt zu religiösem und ethnischem Separatismus angesehen wird und religiöse Instrumentalisierung die Gefahr einer sprachlichen und konfessionellen Spaltung der Nation in sich birgt, ist diese Praxis verständlich. So hat sich der türkische Staat die einende Kraft des Islam als Basis der nationalen Einheit der Türkei zunutze gemacht.[866] Der kemalistischen Überzeugung nach bietet nämlich nur eine zentral formulierte und durchgesetzte einheitliche Version der Religion die Gewähr für die Bewahrung der staatlichen Einheit und den Schutz vor Instrumentalisierung durch religiöse Fundamentalisten.[867] Aus diesem Grund fungiert der staatlich kontrollierte sunnitisch-hanafitische Islam als „Quasi-Staatsreligion“[868] und führt die gemeinhin als Laizismus bezeichnete institutionelle Trennung von Staat und Religion ad absurdum.

---

863 Vgl. *Duncker*, Die Situation der christlichen Minderheiten in der Türkei, S. 80; *Plessis, L. A. du*, 10 questions sur la Turquie … et 10 résponses qui dérangent, Paris 2005, S. 33; *U.S. Department of State*.

864 Die weit überwiegende Mehrheit der muslimisch-türkischen Bevölkerung ist sunnitisch und bekennt sich zur hanafitischen Rechtsschule, einer der vier großen islamischen Rechtsschulen, die nach ihrem Begründer, dem irakischen Gelehrten Abū Hanīfa (699–767), benannt wurde. Die meisten Kurden und einige hunderttausend Angehörige arabischsprachiger Gruppen in der Türkei sind Anhänger der sunnitisch-şafiitischen, nach dem palästinensischen Gelehrten al-Šāfi'ī (767–820) benannten Rechtsschule. Die Abweichungen zwischen diesen beiden Hauptrichtungen des sunnitischen Islam sind in der Türkei jedoch lediglich noch im Bereich des Kultus von Bedeutung. Vergleiche dazu u. a.: *Benkheira, M. H.*, Le Droit, in: Le Point, Hors-série No. 5, Novembre-Décembre 2005, S. 46 f.; *Burdy*, S. 154, 159; *Kreiser*, Kleines Türkei Lexikon, S. 108; *Massicard*, S. 58, *Ruthven*, S. 115.

865 Vgl. *Göle*, S. 80 f.; *Kummer, J.*, Christen werden diskriminiert, in: Welt am Sonntag vom 15.12.2002, S. 5; *Oehring*, Zur Lage der Menschenrechte in der Türkei – Laizismus = Religionsfreiheit?, S. 40; *Stoll, G.*, Christliche Minderheiten in der Türkei, in: *Neuwirth, A. (Hrsg.)*, Istanbuler Almanach 2/1998, Istanbul 1998, S. 62 f.

866 Vgl. *Taştan*, S. 147 ff., 152 ff.

867 Vgl. *Görlach*, S. 31; *Seufert*, Laizismus in der Türkei – Trennung von Staat und Religion?, S. 25.

868 *Meral*, S. 344. Ähnlich auch: *Hottinger*, S. 92, der die sunnitischen Türken, die Träger der staatlich verordneten Religion, als das „Staatsvolk“ der Türkei bezeichnet.

c) *Recht auf politische Vertretung*

Während den in Ungarn lebenden Minderheiten verfassungsrechtlich das Recht auf politische Vertretung in Form der Einrichtungsgarantie kommunaler Selbstverwaltungen zugestanden wird, kennt die Türkische Verfassung kein Recht auf politische Vertretung von Minderheiten.

aa) Ungarn

Den in Ungarn lebenden Minderheiten wird in Art. XXIX II UGG das Recht zugestanden, örtliche Selbstverwaltungen und Landesselbstverwaltungen zu errichten. Damit wird den Minderheiten als Kollektiv garantiert, zum Zwecke ihrer politischen und administrativen Vertretung als Gruppe auf kommunaler und nationaler Ebene eigene Selbstverwaltungskörperschaften einzurichten. Die Einzelheiten der Errichtung dieser Minderheitenselbstverwaltungen werden jedoch nicht im Ungarischen Grundgesetz geregelt. Stattdessen verweist Art. XXIX III UGG diesbezüglich auf ein Schwerpunktgesetz, das 2011 in Form des Nationalitätengesetzes erlassen worden ist. Dort finden sich in den §§ 22–43, 50–155 UNatG detaillierte Regelungen zur Wahl, den Aufgabenbereichen und Befugnissen der Minderheitenselbstverwaltungen.

bb) Türkei

Die Türkische Verfassung enthält kein Recht auf politische Vertretung von Minderheiten. Einfachgesetzlich wird dieses Recht sogar ausdrücklich ausgeschlossen.

d) *Recht auf eigenen Minderheitenombudsmann*

Während das Ungarische Grundgesetz den Minderheiten einen eigens für sie als Kollektiv zuständigen Minderheitenombudsmann zugesteht, existiert eine derartige Institution in der Türkischen Verfassung nicht.

aa) Ungarn

Gemäß Art. 30 III 2 UGG ist einer der Stellvertreter des Ombudsmanns für Grundrechte ausdrücklich für den Schutz der Rechte der in Ungarn lebenden Minderheiten zuständig. Damit wird verfassungsrechtlich garantiert, dass es für die Minderheiten einen eigenen, ausschließlich für sie als Kollektiv zuständigen Ombudsmann gibt, der nach § 8UNatG für die Durchsetzung ihrer Minderheitenrechte zuständig ist und entsprechend seiner in § 3 II Ombudsmanngesetz

(UOmbG) geregelten Kompetenzen die dazu erforderlichen Maßnahmen ergreifen kann.

bb) Türkei

Neben dem individualrechtlich ausformulierten Recht auf Anrufung des Ombudsmanns kennt die Türkische Verfassung kein kollektives Recht auf Einrichtung oder Anrufung eines Ombudsmanns. Ein Recht auf einen eigenen Minderheitenombudsmann gibt es in der Türkischen Verfassung nicht.

3. Autonome Minderheitenrechte

a) Kommunale Selbstverwaltung

Während das Ungarische Grundgesetz den in Ungarn lebenden Minderheiten ein verfassungsrechtliches Recht auf kommunale Selbstverwaltung garantiert, enthält die Türkische Verfassung keinerlei kommunale Selbstverwaltungsrechte für Minderheiten.

aa) Ungarn

In Art. XXIX II UGG wird den in Ungarn lebenden Minderheiten das Recht zugestanden, örtliche Selbstverwaltungen zu errichten. In Kommunen, in denen eine bestimmte Anzahl von Angehörigen derselben Minderheit siedelt, kann diese Minderheit somit ihre eigene, mit begrenzter personal-territorialer Autonomie ausgestattete administrative Selbstverwaltungskörperschaft einrichten. Die Einzelheiten zu den Kompetenzen und zur Wahl dieser kommunalen Minderheitenselbstverwaltungskörperschaften sind jedoch nicht im Ungarischen Grundgesetz geregelt. Diese finden sich im Nationalitätengesetz, auf das in Art. XXIX III UGG verwiesen wird, und zwar in den §§ 22–43, 50–116 UNatG.

bb) Türkei

Die Türkische Verfassung erkennt den in der Türkei lebenden Minderheiten im kommunalen Bereich keinerlei Formen von Personal- oder Territorialautonomie zu. Im Einklang mit dem die Türkische Verfassung durchziehenden Prinzip der Gleichbehandlung aller Staatsbürger und dem Primat der Unteilbarkeit von Staatsgebiet und Staatsvolk, sollen gerade keiner bestimmten Gruppe etwaige Sonderrechte eingeräumt werden, welche die Einheit der türkischen Nation gefährden könnten.

b) Nationale Selbstverwaltung

Im Gegensatz zum Ungarischen Grundgesetz, das den in Ungarn lebenden Minderheiten auch auf Landesebene ein Recht auf Errichtung von Minderheitenselbstverwaltungen gewährt, gesteht die Türkische Verfassung den in der Türkei lebenden Minderheiten keine autonomen Selbstverwaltungsrechte auf nationaler Ebene zu.

aa) Ungarn

Die auf ungarischem Staatsgebiet lebenden Minderheiten haben nach Art. XXIX II UGG das Recht, Landesselbstverwaltungen zu errichten. Jeder anerkannten Minderheit steht damit grundsätzlich das Recht zu, im Anschluss an die Kommunalwahlen auf gesamtstaatlicher Ebene eine eigene Landesselbstverwaltung zu konstituieren. Allerdings ist die Einrichtung dieser Landesminderheitenselbstverwaltung an bestimmte Voraussetzungen geknüpft, die sich aus den §§ 308–330 des Wahlverfahrensgesetzes (UWVfG)[869] und aus den §§ 50–70 UNatG ergeben, worauf in Art. XXIX III UGG verwiesen wird. Den Landesselbstverwaltungen der Minderheiten stehen umfassende autonome Rechte in den Bereichen Kultur, Bildung und Zugang zu Medien zu, die ebenfalls im Nationalitätengesetz geregelt sind.

bb) Türkei

In der Türkischen Verfassung werden den auf türkischem Territorium lebenden Minderheiten auch auf nationaler Ebene keinerlei autonome Selbstverwaltungsrechte eingeräumt. Selbstverwaltungsrechte für einzelne Minderheitengruppen würden aus Sicht des türkischen Staates auch den Verfassungsprinzipien der Gleichbehandlung aller Staatsbürger und der Bewahrung der unteilbaren Einheit von Staatsgebiet und Staatsvolk zuwiderlaufen. Denn entsprechend der Trias Gruppenrechte-Autonomie-Sezession würden nationale Selbstverwaltungskörperschaften der Minderheiten – insbesondere vor dem Hintergrund der Geschichte des Osmanischen Reiches – territorialen Abspaltungstendenzen Vorschub leisten und somit eine unkontrollierbare Gefahr für die staatliche Einheit der Türkei bedeuten.

---

869 Gesetz Nr. XXXVI/2013 über das Wahlverfahren.

IX. Einfachgesetzlicher Minderheitenschutz

Der einfachgesetzliche Minderheitenschutz findet sich in Ungarn vornehmlich im als minderheitenrechtlichen Rahmengesetz konzipierten Nationalitätengesetz, in der Türkei in den Minderheitenartikeln des Lausanner Vertrages, die gem. Art. 90 V TV Gesetzeskraft besitzen. Darüber hinaus finden sich einfachgesetzliche Minderheitenrechte u. a. in den Medien- und Pressegesetzen, den Schulgesetzen, den Parteiengesetzen, den Wahlgesetzen, den Vereinsgesetzen, den Stiftungsgesetzen, den Baugesetzen sowie den Ombudsmanngesetzen.

1. Individuelle Minderheitenrechte

a) Recht auf nationale und ethnische Identität

In Ungarn wird den dort lebenden Minderheitenangehörigen das Recht auf nationale und ethnische Identität in Form des Prinzips der ethnischen Anonymität gewährleistet. In der Türkei hingegen genießen Angehörige von Minderheiten innerhalb ihres Rechts auf nationale und ethnische Identität gerade keine Anonymität.

aa) Ungarn

In Ungarn ist das Recht auf nationale und ethnische Identität an das Prinzip der ethnischen Anonymität im Minderheitenrecht gekoppelt. Das heißt, dass niemand verpflichtet ist oder gezwungen werden kann, seine ethnische Identität nach außen kundzutun. Dies schließt auch ein, dass es keine wie auch immer geartete Registrierung oder katastermäßige Erfassung von Minderheitenangehörigen geben darf.[870]

bb) Türkei

In der Türkei gibt es im Rahmen des Rechts auf nationale und ethnische Identität keine Anonymität. Obwohl türkische Staatsbürger ihre Religionszugehörigkeit seit 2006 nicht mehr verpflichtend im Einwohnermeldeverzeichnis und im Personalausweis angeben müssen, gibt es dort weiterhin ein eigenes Feld für die Religionszugehörigkeit.[871] Lässt jemand dieses Feld frei, bedeutet dies in

870 Vgl. *Küpper*, Das neue Minderheitenrecht in Ungarn, S. 131.

871 Vgl. *European Commission*, Turkey 2014 Progress Report, S. 55; *Yıldırım, M.*, Höchste Zeit die staatliche Erfassung der Religionszugehörigkeit der Bürger zu beenden, in: *Ceyhan, G./ Oehring, O./ Yıldırım, M.*, Religionsfreiheit in der Türkei? Entwicklungen 2005–2012, Aachen 2012, S. 143.

der Praxis, dass diese Person kein Muslim ist. Damit wird sie regelmäßig Vorurteilen anderer ausgesetzt, wenn sie ihren Personalausweis bei Behörden oder bei anderen Anlässen vorzeigen muss.[872] Will ein türkischer Staatsangehöriger seine Religionszugehörigkeit jedoch freiwillig angeben, so stehen ihm nur eine begrenzte Anzahl von Religionen zur Auswahl: Islam, Christentum, Judentum, Buddhismus, Hinduismus und Parsismus. Die Angabe einer anderen Religion oder Konfession wird nicht akzeptiert. Während bei den Aleviten im Personalausweis von der zuständigen Behörde dann als Religion „Islam" eingetragen wird, wird bei Yeziden im für die Religionszugehörigkeit vorgesehenen Feld ein großes „X" notiert.[873]

b) Recht auf freies Bekenntnis

Während in Ungarn den Angehörigen von Minderheiten das Recht auf freies Bekenntnis in Form der Freiheit, ihre religiöse Überzeugung, Weltanschauung oder Minderheitenzugehörigkeit nach außen kundzutun oder zu verschweigen einfachgesetzlich garantiert wird, werden in der Türkei lediglich positive Bekenntnisfreiheit und Religionsausübungsfreiheit geschützt. Eine Freiheit für Minderheitenangehörige, ihr religiöses, weltanschauliches oder minderheitenspezifisches Bekenntnis nicht zu offenbaren, existiert nach türkischem Recht gerade nicht.

aa) Ungarn

Das ungarische Nationalitätengesetz gewährt den Angehörigen der in Ungarn lebenden Minderheiten im fünften Absatz der Präambel das Recht auf freies Bekenntnis. Damit ist deren Freiheit gemeint, ihrer religiösen Überzeugung, ihrer Weltanschauung oder ihrer Minderheitenzugehörigkeit Ausdruck zu verleihen oder diese zu verschweigen.[874] Zum einen können die Angehörigen der in Ungarn lebenden Minderheiten ihre Überzeugung, Weltanschauung und Zugehörigkeit zu einer Minderheitengruppe öffentlich manifestieren und sogar werbend verbreiten. Zum anderen sind sie berechtigt, diese Dinge nicht zu offenbaren und genießen damit den Schutz des Staates, nicht in Situationen gebracht zu werden,

---

872 Vgl. *Yıldırım*, S. 145.

873 Vgl. *Gökçen*, S. 48 ff.; *Yıldırım*, S. 143.

874 In Form eines Jedermann-Rechts wird die Freiheit des religiösen Bekenntnisses auch noch einfachgesetzlich in § 1 II des Gesetzes Nr. CCVI/2011 über das Recht der Gewissens- und Religionsfreiheit sowie über die Rechtsstellung der Kirchen, Konfessionen und Religionsgemeinschaften garantiert.

in denen ihr diesbezügliches Schweigen persönliche Diskriminierungen für sie mit sich bringt. § 11 I UNatG erhebt die Freiheit, seine Zugehörigkeit zu einer Minderheit zu bekennen, sogar zu einem ausschließlichen und unveräußerlichen Recht des Einzelnen. Dabei bleibt es einer Person sogar gemäß § 11 III UNatG unbenommen, sich der Zugehörigkeit zu mehreren Minderheitengruppen zu bekennen. § 11 II UNatG umschreibt in Ergänzung dazu den negativen Teil der Bekenntnisfreiheit, nämlich dass niemand zur Abgabe einer Erklärung über seine Zugehörigkeit zu einer Minderheit gezwungen werden darf. Wenn sich der Angehörige einer Minderheit jedoch auf die Wahrnehmung von speziellen Minderheitenrechten berufen will, so hat er seine Zugehörigkeit zu einer Minderheit zuvor in irgendeiner Art und Weise kenntlich zu machen. Ausdruck dieser negativen Bekenntnisfreiheit ist auch das behördliche Frageverbot, dass seine Ausgestaltung im Prinzip der ethnischen Anonymität des ungarischen Minderheitenrechts erfährt. Danach darf – allerdings gemäß § 13 I, II UNatG i. V. m. dem Gesetz über das Informations- und Selbstbestimmungsrecht[875] auch nur freiwillig und in anonymisierter Form – nach der Zugehörigkeit zu einer Minderheit nur gefragt werden, wenn davon Rechte und Pflichten abhängen oder gesetzlich angeordnete statistische Erhebungen dies erfordern. Ausschlaggebend war dafür die Prämisse, dass niemand zu einem Minderheitenbekenntnis gezwungen werden sollte und dass katastermäßige Erfassungen und Registrierungen jeglicher Art von Minderheitenangehörigen in jedem Fall ausgeschlossen werden sollten.[876]

bb) Türkei

Eine einfachgesetzliche individuelle Bekenntnisfreiheit für Angehörige von Minderheiten existiert in der Türkei in dieser Form nicht. In Art. 39 III LV wird lediglich festgeschrieben, dass „Unterschiede in Religion, Weltanschauung oder Bekenntnis […] keinen türkischen Staatsbürger bei der Ausübung seiner bürgerlichen oder politischen Rechte […] benachteiligen [dürfen]". Somit wird das Bekenntnis zur religiösen Überzeugung, zur Weltanschauung oder zur Minderheitenzugehörigkeit gerade nicht in Form eines Freiheitsrechts mit positivem und negativem Schutzbereich gewährt. Stattdessen werden Religion, Weltanschauung und Bekenntnis als Kriterien im Rahmen eines Diskriminierungsverbots genannt. Auf diese Art und Weise gibt es für die Angehörigen von Minderheiten gerade keine Freiheit des Bekenntnisses. Vielmehr setzt die

875 Gesetz Nr. CXII/2011 über das Informations- und Selbstbestimmungsrecht.
876 Vgl. *Küpper*, Das neue Minderheitenrecht in Ungarn, S. 131.

Formulierung des Art. 39 III LV gerade denklogisch voraus, dass die Religion, die Weltanschauung oder das (Minderheiten-)Bekenntnis der betreffenden Person bereits anderen Personen bekannt ist, denn sonst hätten diese Charakteristika ja gerade nicht zum Anlass für eine etwaige Diskriminierung genommen werden können. Insofern steht es Angehörigen von Minderheiten in der Türkei – ebenso wie jedem anderen türkischen Staatsangehörigen – nur in positivem Sinne frei, ihre Religion, Weltanschauung und Minderheitenzugehörigkeit aus eigenen Stücken zu offenbaren. Ein negativer Schutzbereich, beispielsweise in Form eines behördlichen Frageverbots, besteht hingegen nicht. Im Gegenteil: Der türkische Staat zwingt seine Bürger etwa in Ausweisdokumenten, ihre Religionszugehörigkeit im dafür vorgesehenen Feld anzugeben. Gibt ein Minderheitenangehöriger darin seine christliche oder jüdische Religionszugehörigkeit an, so ist er sofort als Mitglied der entsprechenden Minderheit erkennbar. Füllt er das Feld hingegen nicht aus, wird er vom türkischen Staat im Umkehrschluss als Nicht-Muslim angesehen und ist damit – trotz des diesbezüglichen Diskriminierungsverbots – in der Praxis potentiellen Diskriminierungen ausgesetzt.

Bei erfolgtem Bekenntnis zu ihrer Religion garantiert Art. 43 I LV den Angehörigen nicht-muslimischer Minderheiten das Recht der freien Religionsausübung sowie das Verbot religiösen Zwangs und stellt in Art. 42 III 1 LV deren Kirchen, Synagogen, Friedhöfe und andere religiöse Einrichtungen unter staatlichen Schutz. Zudem werden in Art. 42 III 2 LV den gegenwärtig in der Türkei bestehenden frommen Stiftungen und den religiösen und gemeinnützigen Einrichtungen Erleichterungen und Genehmigungen gewährt sowie bei Gründung neuer religiöser und gemeinnütziger Einrichtungen notwendige Erleichterungen garantiert, die auch den anderen privaten Einrichtungen dieser Art zugestanden werden.

In der Praxis erfährt die Religionsausübungsfreiheit hingegen erhebliche Einschränkungen. Hauptverantwortlich dafür ist das Präsidium für religiöse Angelegenheiten. Dieses sorgt mit seiner rein sunnitisch geprägten Interpretation des Islam und der einseitigen (finanziellen) Förderung desselben dafür, dass andere muslimische Glaubensrichtungen weder im Religionsunterricht erwähnt werden noch staatliche Förderungen für ihre religiösen oder sozialen Einrichtungen erhalten.[877] Aber auch die anerkannten nicht-muslimischen Minderheiten werden durch das Präsidium für religiöse Angelegenheiten in

---

877 Vgl. *Karimova/ Deverell*, S. 9; *Küçük, M.*, Türkiye'de Din Dersi ve Aleviler, online unter: http://www.alevibektasi.org/murat_kucuk.htm [aufgerufen am 4.3.2015]; *Kurban*, Confronting Equality: The Need for Constitutional Protection of Minorities on Turkey's Path to the European Union, S. 183; *Kurban*, Unravelling a Trade-Off:

ihrer Religionsausübungsfreiheit beeinträchtigt. So erhalten weder die Patriarchate noch das Oberrabbinat feste Einnahmen vom Staat oder der Gemeinde/Stadt. Zudem ist die Ausbildung von Geistlichen und die Beschäftigung von ausländischem Kirchenpersonal unmöglich, da in der Türkei beschäftigte Geistliche und sonstiges kirchliches Personal grundsätzlich die türkische Staatsangehörigkeit besitzen müssen.[878] Die Priesterausbildungsstätten des Armenischen Patriarchats und des Griechisch-Orthodoxen Patriarchats sind beide seit den frühen 1970er Jahren geschlossen. Während die Priesterausbildungsstätte des Armenischen Patriarchats bereits 1970 seine Pforten schließen musste, war das Griechisch-Orthodoxe Patriarchat im Jahr 1971 veranlasst, die seit 1844 auf der Insel Heybeliada bestehende Theologische Schule Halki zu schließen, als die nicht-türkischen Hochschulen in der Türkei nationalisiert wurden. Trotz stetiger Bemühungen seitens der Patriarchate wurden und werden deren Forderungen nach Wiedereröffnung ihrer Priesterausbildungsstätten vom türkischen Staat nicht erhört.[879] Arbeitsgenehmigungen für ausländisches Kirchenpersonal werden, wenn überhaupt, nur sehr restriktiv erteilt.[880] Dies hat dazu geführt, dass es seit den 1970er Jahren von türkischer Seite geduldete Praxis ist, dass alle in der

---

Reconciling Minority Rights and Full Citizenship in Turkey, S. 23 f.; *Oehring*, Zur Lage der Menschenrechte in der Türkei - Laizismus = Religionsfreiheit?, S. 16.

878 Vgl. *Duncker*, Die Situation der christlichen Minderheiten in der Türkei, S. 81 f.; *European Commission*, Turkey 2014 Progress Report, S. 55; *Hofmann, T.*, Armenians in Turkey Today, S. 24. *Kurban*, Confronting Equality: The Need for Constitutional Protection of Minorities on Turkey's Path to the European Union, S. 174; *Oehring*, Zur Lage der Menschenrechte - Die Türkei auf dem Weg nach Europa - Religionsfreiheit?, S. 39, 45 ff.; *Oehring*, Zur Lage der Menschenrechte in der Türkei - Laizismus = Religionsfreiheit?, S. 25.

879 Vgl. dazu: *EU-Kommission*, Türkei Fortschrittsbericht 2005, S. 39; *European Commission*, Turkey 2014 Progress Report, S. 55; *Kurban*, Confronting Equality: The Need for Constitutional Protection of Minorities on Turkey's Path to the European Union, S. 174 sowie die dortigen Fn. 109, 111; *Laurent*, S. 118 f.; *Oehring*, Zur Lage der Menschenrechte - Die Türkei auf dem Weg nach Europa - Religionsfreiheit?, S. 39 f. sowie die dortige Fn. 108 (S. 92).

880 Vgl. dazu: *EU-Commission*, S. 4 f.; *EU-Kommission*, Türkei Fortschrittsbericht 2005, S. 39; *European Commission*, Turkey 2014 Progress Report, S. 16; *Oehring*, Länderberichte Religionsfreiheit: Türkei, S. 19; *Oehring*, Zur Lage der Menschenrechte - Die Türkei auf dem Weg nach Europa - Religionsfreiheit?, S. 45 ff.
Der erste ausländische Geistliche, der mit einer offiziellen Arbeitserlaubnis in die Türkei gekommen und dort bis zu seiner Pensionierung tätig war, war der Pfarrer Rainer Korten, den die Deutsche Katholische Bischofskonferenz im Herbst 2003 als Geistlichen nach Antalya entsandt hatte (vgl. dazu: *Gottschlich/ Zaptçıoğlu*, S. 177;

Türkei arbeitenden ausländischen Theologen offiziell als „Kulturreferenten" o. ä. für ihre jeweiligen diplomatischen Vertretungen arbeiten.[881] Die Regelungen des Gesetzes über die Arbeitsgenehmigungen für Ausländer Nr. 4817 vom 6. März 2003[882] eröffneten ausländischem Kirchenpersonal ebenfalls keine Möglichkeit, eine Arbeitserlaubnis zu erhalten. Nach dem Gesetz gelten diese nämlich arbeitsrechtlich als Unselbständige. Weil die Religionsgemeinschaften bzw. die Kirchen in der Türkei aber gerade keine Rechtspersönlichkeit besitzen, kommen sie somit als Arbeitgeber nicht in Frage.[883]

c) Recht zum Gebrauch der Minderheitensprache

Der Gebrauch der Muttersprache ist für die Angehörigen einer Minderheit von zentraler Bedeutung, um ihre kulturelle Minderheitenidentität zu bewahren. Allerdings messen Ungarn und die Türkei dem Umfang der Gewähr dieses für Minderheitenangehörige essentiellen Rechts unterschiedliche Bedeutung zu. So wird der Gebrauch der Muttersprache für Angehörige der staatlich anerkannten Minderheiten in Ungarn umfassend sowohl im privaten als auch im öffentlichen Bereich (vor Behörden, vor Gericht, in Schulen, in Selbstverwaltungsgremien und im Parlament) gewährt. Die Türkei hingegen erlaubt es den Minderheitenangehörigen über den privaten Bereich hinaus nur in begrenztem Rahmen, ihre Muttersprache zu benutzen, und zwar nur vor Gericht, in Minderheitenschulen, bei der gemeinschaftlichen Religionsausübung und bei Wahlkampfveranstaltungen. Allerdings wird in beiden Ländern nur der Gebrauch bestimmter (Mutter-)Sprachen geschützt. In Ungarn gelten gemäß § 22 I UNatG als Minderheitensprachen nur die Sprachen der staatlich anerkannten Minderheiten, nämlich Armenisch, Bulgarisch, Deutsch, Griechisch, Kroatisch, Polnisch, Romanes, Rumänisch, Ruthenisch, Serbisch, Slowakisch, Slowenisch und Ukrainisch. In der Türkei sind hingegen nur die Sprachen der staatlich anerkannten nicht-muslimischen Minderheiten der Armenier, Griechen und Juden zulässig, sowie diejenigen Sprachen und Dialekte, die türkische Staatsbürger traditionell im Alltag benutzen.

Schidelko, J., „Es gibt kleine Fortschritte in der Türkei", in: HAZ vom 6.10.2004, S. 2; *Zaptçioğlu/ Gottschlich*, S. 1142).

881 Vgl. *EU-Commission*, S. 17; *Duncker*, Die Situation der christlichen Minderheiten in der Türkei, S. 80; *Leuteritz, K.*, Rechtsstatus und tatsächliche Lage der christlichen Minderheiten in der Türkei, in: Zeitschrift für Türkeistudien 1/95, S. 89; *Tibi*, Mit dem Kopftuch nach Europa?, S. 65.

882 RG Nr. 25040 vom 6.3.2003.

883 Vgl. *Oehring*, Zur Lage der Menschenrechte – Die Türkei auf dem Weg nach Europa – Religionsfreiheit?, S. 47 f.

aa) im privaten Bereich

Sowohl in Ungarn als auch in der Türkei wird den Angehörigen von Minderheiten im privaten Bereich einfachgesetzlich das Recht zum freien Gebrauch ihrer Muttersprache gewährt. Im Gegensatz zur Türkei umfasst dieses Recht in Ungarn aber auch noch das Recht zur Erlernen der Muttersprache im privaten Rahmen.

(1) Ungarn

In Ungarn garantiert das Nationalitätengesetz den Minderheitenangehörigen in § 12 I a UNatG das Recht, ihre Muttersprache in Wort und Schrift frei zu benutzen. Somit wird staatlich garantiert, dass jeder Angehörige einer in Ungarn anerkannten Minderheit seine Muttersprache in jeder beliebigen Situation sprechen kann. Dies betrifft vor allem den Gebrauch der Muttersprache im privaten Bereich. So führt § 12 I a UNatG nämlich weiter aus, dass die Muttersprache von Minderheitenangehörigen insbesondere zum Kennenlernen, zur Pflege, sowie zur Bereicherung und Weitergabe ihrer Geschichte, Kultur und Traditionen benutzt werden kann. Damit unterstreicht das Nationalitätengesetz die essentielle Bedeutung der Minderheitensprache für die Bewahrung der Minderheitenidentität, erkennt diese „als einen die Gesellschaft zusammenhaltenden Faktor“[884] an und ermutigt die Angehörigen von Minderheiten in Ungarn ausdrücklich dazu, die ihnen eigentümliche Geschichte, Kultur und Traditionen mittels der Minderheitensprache weiterzugeben. Ausdrücklich wird den Minderheitenangehörigen auch in § 15 UNatG das Recht zugestanden, Familienfeste in ihrer Muttersprache zu begehen.

Aus dem positiven Recht, die Muttersprache zu jeder Zeit und an jedem Ort in Ungarn frei benutzen zu können, lässt sich jedoch kein Recht auf Verstandenwerden ableiten. Das bedeutet, dass niemand, der seine Minderheitensprache spricht, einen Anspruch darauf hat, dass seine Sprache auch im privaten oder öffentlichen Bereich, z. B. bei Ämtern und Behörden, verstanden wird. Aus § 12 I a UNatG ergibt sich nämlich keine Verpflichtung bestimmter Personen oder Stellen, die Muttersprachen der in Ungarn anerkannten Minderheiten selbst zu erlernen oder Bedienstete mit entsprechenden Sprachkenntnissen der Minderheitensprachen zu beschäftigen.[885] Allerdings gibt es auf Grundlage des § 5 UNatG Sonderregelungen, die den Gebrauch der Minderheitensprachen vor Behörden, vor Gericht, im örtlichen Selbstverwaltungsgremium sowie im

---

884 § 22 II 1 UNatG.

885 Vgl. *Küpper*, Das neue Minderheitenrecht in Ungarn, S. 153.

Parlament regeln. Diese werden weiter unten unter den entsprechenden Überschriften behandelt.

Ferner garantiert das Nationalitätengesetz den Minderheitenangehörigen in § 12 I b UNatG das Recht zum Erlernen ihrer Muttersprache. Damit ist zunächst das Erlernen der Minderheitensprache im privaten Bereich innerhalb der Familie gemeint. § 12 I b UNatG geht aber noch weiter und garantiert den Angehörigen der staatlich anerkannten Minderheiten über den privaten Bereich hinaus das Recht auf Teilnahme an muttersprachlicher Erziehung, Schulung und Bildung.

(2) Türkei

In der Türkei sichert Art. 39 IV LV allen türkischen Staatsangehörigen – und somit auch den Angehörigen der nicht-muslimischen Minderheiten – zu, dass ihnen beim Gebrauch irgendeiner Sprache in privaten oder geschäftlichen Beziehungen, im Bereich der Religion, der Presse oder bei Veröffentlichungen jeder Art und bei öffentlichen Versammlungen keinerlei Beschränkungen auferlegt werden. Somit können Minderheitenangehörige ihre Muttersprache im privaten Bereich uneingeschränkt praktizieren. Dies war allerdings nicht immer so. Mit dem Sprachenverbotsgesetz vom 14. Oktober 1983[886] wurde nämlich zeitweise der Gebrauch aller Sprachen verboten, die nicht erste Amtssprache von der Türkei anerkannter Staaten waren. Ohne die kurdische(n) Sprache(n) zu erwähnen, richtete sich dieses Sprachenverbotsgesetz in Zeiten des Aufflammens des durch die PKK initiierten gewaltsamen kurdischen Unabhängigkeitskampfes implizit gegen das Kurdische. Somit war es allen ethnischen Kurden in der Türkei unter Strafandrohung untersagt, im privaten wie im öffentlichen Bereich Kurdisch zu sprechen. Das Sprachenverbotsgesetz wurde erst unter dem türkischen Staatspräsidenten Turgut Özal im Jahr 1991 wieder aufgehoben und erst damit wurde der mündliche Gebrauch der kurdischen Sprache(n) wieder legalisiert.[887] Die Rechtsgrundlage für das Sprachenverbotsgesetz bot die damals im Rahmen der Meinungs- und Pressefreiheit in der Türkischen Verfassung als Grundrechtsschranke verankerte Formulierung „gesetzlich verbotene Sprache“. Diese Grundrechtsschranke wurde erst durch eine Verfassungsänderung im Jahr 2001 ersatzlos gestrichen.[888]

---

886 Gesetz Nr. 2392 vom 14.10.1983. Text siehe: *Karakoç, S.*, T. C. Sicilli Kavanini, Cilt 64, Istanbul 1983, S. 954 ff.

887 Vgl. *Strohmeier, M./ Yalçın-Heckmann, L.*, Die Kurden: Geschichte, Politik, Kultur, 3. Auflage, München 2010, S. 110.

888 Vgl. *Özbudun/ Yazıcı*, S. 18 f.; *Oran*, Türkiye'de Azınlıklar: Kavramlar, Lozan, İç Mevzuat, İçtihat, Uygulama, S. 114.

bb) im religiösen Bereich

Sowohl in Ungarn als auch in der Türkei steht Minderheitenangehörigen das Recht zu, ihre Muttersprache im religiösen Bereich frei und ohne Einschränkungen zu gebrauchen. Darüber hinaus haben Minderheitenangehörige in Ungarn auch noch einen Anspruch auf staatliche Förderung, wenn sie im familiären Bereich religiöse Zeremonien in ihrer Muttersprache abhalten wollen.

(1) Ungarn

In Ungarn wird der Gebrauch der Minderheitensprache im religiösen Bereich im Nationalitätengesetz im Abschnitt über den Gebrauch der Muttersprache nur in § 15 UNatG erwähnt. Danach haben Minderheitenangehörige einen Anspruch darauf, familienbezogene kirchliche Zeremonien wie Taufe, Kommunion, Konfirmation, Hochzeit oder Beerdigung in ihrer Muttersprache abhalten zu dürfen. Die übrigen Regelungen zum Gebrauch der Minderheitensprache im religiösen Bereich finden sich im Abschnitt über kulturelle Nationalitätenselbstverwaltungen. Dies hängt damit zusammen, dass die Minderheiten in Ungarn ethnisch-national bestimmt werden und gerade nicht religiös. Die Angehörigen von in Ungarn praktizierenden Religionsgemeinschaften – wie beispielsweise die Juden – werden nämlich durch die Bestimmungen zur Religionsfreiheit geschützt und nicht durch das Nationalitätengesetz. Nichtsdestotrotz gibt es auch im Nationalitätengesetz Regelungen zum Gebrauch der Minderheitensprache im religiösen Bereich. So findet der Gebrauch der Muttersprache der Angehörigen der in Ungarn anerkannten Minderheiten bei ihren religiösen Aktivitäten in § 42 UNatG, in dem es um die staatliche Förderung identitätswahrender Gegenstände und Aktivitäten geht, Erwähnung. Nach offizieller ungarischer Lesart ist die Religion nämlich nur ein Teil der Gesamtheit der die Identität einer Minderheit ausmachenden Traditionen.[889] In § 42 d UNatG sagt der ungarische Staat seine Förderung der Durchführung der mit den Familienereignissen der einzelnen Minderheiten verbundenen kirchlichen Zeremonien in der jeweiligen Muttersprache bzw. der in der Muttersprache der jeweiligen Minderheit ausgeübten Aktivitäten der Kirchen zu. Das bedeutet, dass die Minderheitenangehörigen ihre Gottesdienste und kirchlichen Familienfeiern wie Taufen, Kommunionen, Konfirmationen, Hochzeiten und Beerdigungen in ihrer jeweiligen Muttersprache begehen dürfen und dazu noch eine wie auch immer geartete staatliche Förderung erhalten.

---

889 Vgl. dazu im Einzelnen: § 2 Nr. 7 und § 2 Nr. 8 UNatG.

(2) Türkei

In der Türkei wird jedem türkischen Staatsbürger in Art. 39 IV LV garantiert, seine Muttersprache im religiösen Bereich frei und ohne Beschränkungen zu gebrauchen. Von diesem Jedermann-Recht sind auch die Angehörigen der in der Türkei lebenden Minderheiten umfasst. Diese dürfen somit bei der Ausübung ihrer Religion, ob allein oder in Gemeinschaft, ihre Minderheitensprache benutzen, d. h., sie dürfen ihre Gottesdienste sowie religiösen Feiern und Zeremonien in ihrer eigenen Muttersprache abhalten und sind dabei keinerlei Einschränkungen unterworfen.

cc) vor Behörden

Während in Ungarn der Gebrauch der Minderheitensprachen vor Behörden einfachgesetzlich zumindest durch Hinzuziehung eines Dolmetschers oder Übersetzers garantiert wird, ist dies in der Türkei verboten.

(1) Ungarn

In Ungarn wird der Gebrauch der Minderheitensprache im Verwaltungsverfahren gemäß § 5 II 2. Alt. UNatG unter Verweis auf die einschlägigen Vorschriften des Verwaltungsverfahrensgesetzes (UVwVfG)[890] einfachgesetzlich gewährleistet. Nach § 2 V 2 UVwVfG hat jedermann vor Verwaltungsbehörden das Recht, sich seiner Muttersprache zu bedienen. Dies gilt selbst, wenn er der ungarischen Sprache in ausreichendem Maße mächtig ist. Anknüpfungspunkt für das Recht zum Gebrauch der Muttersprache im Verwaltungsverfahren sind also nicht fehlende Kenntnisse der ungarischen Sprache, sondern allein das Vorhandensein einer vom Ungarischen abweichenden Muttersprache. Insofern kommen insbesondere die Angehörigen der in Ungarn lebenden Minderheiten in den Genuss dieses Rechtes und können demnach vor allen Verwaltungsbehörden in Ungarn ihre Minderheitensprache gebrauchen. Da jedoch nur ein sehr kleiner Teil des ungarischen Verwaltungsapparates über ausreichende Kenntnisse in den Muttersprachen der in Ungarn lebenden Minderheiten verfügt, sind zur Ausübung des Rechts auf Gebrauch der Muttersprache vor Verwaltungsbehörden in der Regel Dolmetscher bzw. Übersetzer hinzuzuziehen. Mangels einfachgesetzlicher Regelungen zur Kostentragung für die Dolmetscher- und Übersetzerdienste wird in diesen Fällen die Kostentragungspflicht des Staates aus Art. XXIX I UGG i. V. m. dem Gleichheitssatz des Art. XV UGG hergeleitet.

---

890 Gesetz Nr. I/1981 über das Verwaltungsverfahren, geändert durch Gesetz Nr. XXVI/1991.

(2) Türkei

In der Türkei ist der Gebrauch einer vom Türkischen abweichenden Muttersprache vor staatlichen Behörden verboten. Selbst in Gebieten, in denen Angehörige von staatlich anerkannten oder nicht anerkannten Minderheiten in großer Anzahl ansässig sind, oder – wie die Kurden in zahlreichen Städten und Gemeinden im Südosten der Türkei – die Bevölkerungsmehrheit bilden, ist es diesen untersagt, im Verkehr mit Behörden ihre Muttersprache zu benutzen.[891] Ebenso ist es dem Behördenpersonal strengstens untersagt, bei seiner offiziellen Tätigkeit – auch bei Kenntnis der vom Türkischen abweichenden Muttersprache – eine andere Sprache als Türkisch zu verwenden. Das Oberste Verwaltungsgericht (*Danıştay*) hat dies in seinen Entscheidungen damit begründet, dass eine Verwendung einer anderen Sprache als Türkisch vor und durch kommunale oder staatliche Behörden gegen das unabänderliche Verfassungsprinzip der Unteilbarkeit von Staatsgebiet und Staatsvolk (Art. 3 I TV), das Gleichheitsgebot (Art. 10 I, II, V TV) sowie das Gesetz über das Türkische Alphabet verstoße.[892] Die Ankündigung der türkischen Regierung vom Januar 2013, den Gebrauch der kurdischen Sprache bei der Inanspruchnahme von Dienstleistungen öffentlicher Stellen in den vornehmlich von Kurden besiedelten Provinzen zuzulassen, ist bislang noch nicht in die Tat umgesetzt worden.[893]

dd) vor Gericht

Sowohl in Ungarn als auch in der Türkei ist der Gebrauch von Minderheitensprachen vor Gericht erlaubt. In der Türkei ist dieses Recht in der Praxis jedoch erheblich eingeschränkt.

(1) Ungarn

In Ungarn garantiert § 5 II UNatG den Angehörigen der Minderheiten, dass sie vor Gericht ihre Muttersprache gebrauchen dürfen. Diese Recht gilt für alle Gerichtszweige, beispielsweise die Zivilgerichte, die Strafgerichte, die Verwaltungsgerichte und das Verfassungsgericht. Bezüglich der genauen Ausgestaltung des Rechts zum Gebrauch der Muttersprache vor Gericht verweist § 5 II UNatG auf

---

891 Vgl. *European Commission against Racism and Intolerance*, ECRI Report on Turkey (fourth monitoring cycle), Strasbourg 2011, S. 29.

892 Vgl. m. w. N.: *Bayır*, S. 174.

893 Vgl. *European Commission*, Turkey 2014 Progress Report, S. 10.

die entsprechenden Prozessordnungen. So findet sich in § 8 II UZPO[894], § 8 II UStPO[895], § 2 V 2 UVwVfG[896] und § 19 UVerfGG[897] die Regelung, dass jedermann das Recht hat, sich vor dem entsprechenden Gericht seiner Muttersprache zu bedienen, selbst wenn er der ungarischen Sprache in ausreichendem Maße mächtig ist.

(2) Türkei

In der Türkei ist der Gebrauch von Minderheitensprachen vor Gericht grundsätzlich erlaubt. So gewährt Art. 39 V LV den türkischen Staatsbürgern, die eine andere Sprache als Türkisch sprechen, angemessene Erleichterungen für die mündliche Benutzung ihrer eigenen Sprache vor Gerichten. Da dieses Recht ausdrücklich allen türkischen Staatsbürgern zugesprochen wird, dürfen danach auch alle Angehörigen der von der Türkei anerkannten oder auch nicht anerkannten Minderheiten vor Gericht ihre Muttersprache in mündlicher Form gebrauchen. Für das Strafverfahren bestimmt beispielsweise § 202 I der Türkischen Strafprozessordnung (TStPO)[898], dass für diejenigen, die der türkischen Sprache nicht hinreichend mächtig sind, zum Verständnis der wichtigsten Anklagepunkte sowie zur Verteidigung ein Dolmetscher hinzuzuziehen ist, dessen Kosten gemäß § 324 V TStPO die Staatskasse zu tragen hat.

Der schriftliche Gebrauch der Muttersprache vor Gericht, beispielsweise in Form von schriftlichen Anträgen oder Dokumenten, ist in der Türkei gesetzlich nicht zugelassen. Aber auch der mündliche Gebrauch einer anderen Sprache als Türkisch vor Gericht wird in der Praxis erheblich eingeschränkt. In offener Verletzung des Art. 39 V LV werden insbesondere in Prozessen gegen kurdischstämmige Staatsbürger, in denen die kurdische Sprache seitens der Angeklagten als Teil der Verteidigung ihrer kulturellen, sprachlichen und politischen Rechte als Kurden benutzt wird, weder die Verteidigung auf Kurdisch akzeptiert noch die Hinzuziehung eines Dolmetschers zugelassen. So bezeichneten die Gerichte auf Kurdisch getätigte Einlassungen und Kommentare als Äußerungen in einer dem Gericht unbekannten oder nicht verständlichen Sprache.[899] In anderen

894 Gesetz Nr. III/1952 über die Zivilprozessordnung, geändert durch Verordnung mit Gesetzeskraft Nr. 26/1972.

895 Gesetz Nr. I/1973 über das Strafverfahren.

896 Gesetz Nr. I/1981 über das Verwaltungsverfahren, geändert durch Gesetz Nr. XXVI/1991.

897 Gesetz Nr. XXXII/1989 über das Verfassungsgericht.

898 Gesetz Nr. 5271 über den Strafprozess vom 4.12.2004, RG Nr. 25673 vom 17.12.2004.

899 Vgl. m. w. N.: *Bayır*, S. 183.

Fällen fanden die Gerichte hingegen pragmatische Lösungen, indem sie in der Verhandlung entweder vereidigte oder unvereidigte Dolmetscher oder sogar Familienmitglieder der Angeklagten, Gerichtsangestellte und Sicherheitsbeamte inoffiziell mit Dolmetscheraufgaben betrauten.[900]

ee) in Schulen

Während den Angehörigen von Minderheiten in Ungarn ein umfangreiches einfachgesetzliches Recht auf Gebrauch ihrer Muttersprache an öffentlichen Erziehungseinrichtungen zugestanden wird, so ist Minderheitenangehörigen in der Türkei der Gebrauch ihrer Muttersprache nur an den offiziellen Minderheitenschulen gestattet. Aber auch dort ist der Gebrauch der Minderheitensprache in der Praxis Einschränkungen unterworfen. An den übrigen Schulen in der Türkei können Minderheitensprachen lediglich im Rahmen des Wahlfachunterrichts gelehrt werden.

(1) Ungarn

In Ungarn steht jeder zu einer der staatlich anerkannten Minderheiten gehörenden Person nach § 12 I b UNatG das Recht zu, an muttersprachlicher öffentlicher Erziehung, Schulung und Bildung teilzunehmen. Um dieses in der Praxis auch gewährleisten zu können, unterstützt der ungarische Staat die Minderheitengemeinschaften bei der Errichtung und Unterhaltung eines eigenen Netzwerkes von pädagogischen und wissenschaftlichen Einrichtungen in Gestalt von Kindergärten, Schulen und Hochschulen gemäß § 22 II 2, 3 UNatG sowohl finanziell als auch gemäß § 23 IV UNatG durch die Aus- und Fortbildung muttersprachlicher Pädagogen und Lehrkräfte. Kinder von Minderheitenangehörigen haben nach § 22 III 1 UNatG die Möglichkeit, ihre muttersprachliche öffentliche Erziehung an einer muttersprachlichen öffentlichen Bildungsstätte, einer zweisprachigen Minderheitenbildungsstätte, einer die Sprache ihrer jeweiligen Minderheit unterrichtenden Bildungsstätte oder an einer speziellen Bildungsstätte für Roma zu erhalten und somit auch in der Schule ihre Minderheitensprache in ausreichendem Maße frei und ohne Einschränkung zu benutzen. Je nach den örtlichen Begebenheiten wird ihnen die Gelegenheit zum Gebrauch ihrer Minderheitensprache dann entsprechend § 22 IV UNatG entweder in besonderen Minderheitenkindergärten und Minderheitenschulen oder gesonderten Minderheitenschulklassen oder Minderheitengruppen geboten.

---

900 Vgl. m. w. N.: *Bayır*, S. 182 f.

(2) Türkei

In der Türkei muss hinsichtlich des Gebrauchs von Minderheitensprachen an Schulen zwischen staatlichen und privaten türkischen Schulen sowie den Minderheitenschulen unterschieden werden.

Die staatlich anerkannten Minderheiten der Armenier, Griechen und Juden verfügen auf Grundlage ihres in Art. 40 S. 1 LV garantierten Rechts auf Errichtung eigener Schulen, Bildungs- und Erziehungseinrichtungen über eigene Minderheitenschulen. An diesen dürfen die Angehörigen dieser Minderheiten gemäß Art. 40 S. 1 LV auch ihre eigene Muttersprache gebrauchen. Allerdings wird der Gebrauch der Minderheitensprache an den Minderheitenschulen in der Praxis auf zweierlei Weise erheblich eingeschränkt:

Zum einen wird Kindern von Angehörigen der armenischen, griechischen und jüdischen Minderheiten bereits der Zugang zu den Minderheitenschulen und somit die Möglichkeit zur Teilnahme am Unterricht in ihrer Minderheitensprache erschwert. Generell dürfen diese Schulen nur Schüler der eigenen Konfession aufnehmen.[901] Die Einschreibung an einer Minderheitenschule kann jedoch nur nach eingehender Überprüfung seitens des Ministeriums für Nationale Erziehung erfolgen. Dieses verlangt den Nachweis, dass der Vater oder die Mutter des aufzunehmenden Schülers der Religionsgemeinschaft der jeweiligen Minderheitenschule angehört.[902] Der eindeutige Nachweis der Religionszugehörigkeit wird aber dadurch erschwert, dass in türkischen Personalausweisen lediglich die allgemeine Religionszugehörigkeit, nicht jedoch die Konfessionszugehörigkeit vermerkt wird.[903] So bleibt beispielsweise auch dann der Zugang zu einer Minderheitenschule verwehrt, wenn nicht eindeutig nachgewiesen

---

901 Vgl. *Duncker*, Die Situation der christlichen Minderheiten in der Türkei, S. 82; *Duncker, G.*, Zwischen Konstantinopel und Istanbul. Erfahrungen eines deutschen Pfarrers in der Türkei, in: *Spuler-Stegemann, U. (Hrsg.)*, Feindbild Christentum im Islam, Freiburg i. Br. 2004, S. 84 f.

902 Vgl. *EU-Kommission*, Regelmäßiger Bericht 2004 über die Fortschritte der Türkei auf dem Weg zum Beitritt, S. 50.

903 Vgl. *U.S. Department of State*; *Yıldırım*, S. 143 ff.
Seit Anfang des Jahres 2004 bzw. April 2006 ist die Angabe der Religionszugehörigkeit in personenbezogenen Papieren, wie dem türkischen Personalausweis *(Kimlik)*, aber nicht mehr verpflichtend (vgl. *European Commission*, Turkey 2014 Progress Report, S. 55; *EU-Kommission*, Türkei Fortschrittsbericht 2006, S. 18; *Pérouse*, S. 28).

werden kann, ob ein Elternteil des Kindes armenisch-orthodox oder armenisch-katholisch ist.[904]

Zum anderen müssen auch an den Minderheitenschulen – wie in allen anderen Schulen der Türkei – die wesentlichen Fächer, nämlich u. a. Geschichte, Staatsbürgerkunde, Literatur und Geographie, auf Türkisch unterrichtet werden.[905] Die Lehrer dieser Fächer müssen grundsätzlich muslimische Türken sein und werden von dem vom Ministerium für Nationale Erziehung eingesetzten stellvertretenden Schuldirektor der jeweiligen Minderheitenschule eingestellt.

An staatlichen und privaten türkischen Schulen gibt es für Angehörige von in der Türkei lebenden anerkannten oder nicht anerkannten Minderheiten bislang hingegen noch keine Möglichkeit, ihre Muttersprache frei und regelmäßig zu gebrauchen. So ist in Art. 42 IX TV festgelegt, dass türkischen Staatsbürgern in Erziehungs- und Lehranstalten als Muttersprache keine andere Sprache als Türkisch beigebracht und gelehrt werden darf. Dies schließt den Unterricht in Minderheitensprachen jedoch nicht aus, solange an jeder Schule als muttersprachlicher Unterricht ausschließlich Türkisch angeboten wird. Seit dem Schuljahr 2012/2013 wurde im Rahmen des Demokratisierungsprogramms der türkischen Regierung durch den Beschluss Nr. 154/2012 des Bildungsausschlusses des Erziehungsministeriums[906] Kurdisch erstmals als Wahlfach an staatlichen Schulen in den Lehrplan aufgenommen.[907] Neben den kurdischen Sprachen Kurmanci und Zaza werden im Rahmen des zwei Wochenstunden umfassenden Wahlfachunterrichts in lebendigen Sprachen und Dialekten in den Klassen 5–8 der staatlichen Mittel- und Imam-Hatip-Schulen auch noch Abchasisch, Adygeisch, Lazisch und Georgisch angeboten.[908] Zum Abhalten dieser Wahlfächer

---

904 Vgl. *Oehring*, Zur Lage der Menschenrechte in der Türkei – Laizismus = Religionsfreiheit?, S. 30.

905 Vgl. *EU-Commission*, S. 6; *Oehring*, Zur Lage der Menschenrechte in der Türkei – Laizismus = Religionsfreiheit?, S. 31.

906 Beschluss des Bildungsausschusses des Erziehungsministeriums Nr. 154 über das Lehrprogramm des Unterrichts der lebendigen Sprachen und Dialekte (Kurdisch) an Mittelschulen und Imam-Hatip-Schulen vom 07.09.2012.

907 Vgl. *Spiegel-Online*, Neue Lehrpläne: Türkei führt Kurdisch als Wahlfach ein.

908 Siehe: Beschluss des Bildungsausschusses des Erziehungsministeriums Nr. 119 über das Lehrprogramm des Unterrichts der lebendigen Sprachen und Dialekte (Lazisch) an Mittelschulen und Imam-Hatip-Schulen vom 5.9.2012; Beschluss des Bildungsausschusses des Erziehungsministeriums Nr. 153 über das Lehrprogramm des Unterrichts der lebendigen Sprachen und Dialekte (Adygeisch und Abchasisch) an Mittelschulen und Imam-Hatip-Schulen vom 7.9.2012; Beschluss des Bildungsausschusses des Erziehungsministeriums Nr. 154 über das Lehrprogramm des Unterrichts der

in den Minderheitensprachen, müssen mindestens zehn Schüler pro Klasse das Fach gewählt haben.[909] Im Schuljahr 2014/2015 wählten laut Angaben des Türkischen Erziehungsministeriums insgesamt 85.000 Schüler die Wahlfächer Abchasisch, Adygeisch, Georgisch, Kurmanci, Lazisch und Zaza, der Großteil von ihnen die kurdischen Sprachen Kurmanci und Zaza.[910] Weitere Wahlfächer in Minderheitensprachen werden an staatlichen türkischen Schulen derzeit nicht angeboten.

Neben der Möglichkeit der Teilnahme an Wahlfachkursen in ausgewählten Minderheitensprachen können kulturellen Minderheiten angehörige Kinder seit dem Schuljahr 2014/2015 auch an eigens zu diesem Zweck gegründeten Privatschulen innerhalb der durch Art. 42 IX TV gesetzten Grenzen in ihrer Muttersprache unterrichtet werden.[911] Diese Möglichkeit ist derzeit allerdings nur sehr eingeschränkt gegeben, da es türkeiweit gerade einmal drei private Grundschulen gab, an denen neben Türkisch auch in einer Sprache einer kulturellen Minderheit – in diesen Fällen auf Kurdisch – unterrichtet werden sollte.[912] Wegen Verstoßes gegen Art. 42 IX TV wurden diese Schulen aber bereits direkt nach ihrer Eröffnung wieder vom Staat geschlossen.[913]

---

lebendigen Sprachen und Dialekte (Kurdisch) an Mittelschulen und Imam-Hatip-Schulen vom 7.9.2012; Beschluss des Bildungsausschusses des Erziehungsministeriums Nr. 189 über das Lehrprogramm des Unterrichts der lebendigen Sprachen und Dialekte (Georgisch) an Mittelschulen und Imam-Hatip-Schulen vom 17.9.2012.

909 Vgl. Rundschreiben 2012/37 des Erziehungsministers über den Wahlfachunterricht (B.08.0.TEG.0.04.00.00-100/(03)/2668) vom 31.8.2012.

910 Vgl. *Hürriyet*, Yaşayan diller ve lehçeler dersini 85 bin öğrenci seçti, in: Hürriyet vom 25.1.2015, online unter: http://www.hurriyet.com.tr/egitim/28045465.asp [aufgerufen am 28.2.2015].

911 Vgl. *European Commission*, Turkey 2014 Progress Report, S. 17, 62.

912 Vgl. *Today's Zaman*, 3 schools providing education in Kurdish language open in Southeast, in: Today's Zaman vom 15.9.2014, online unter: http://www.todayszaman.com/anayasa_3-schools-providing-education-in-kurdish-language-open-in-southeast_358827.html [aufgerufen am 28.2.2015].

913 Vgl. *Oral, M.*, Kürtçe restleşmesi, in: Cumhuriyet Gazetesi vom 16.9.2014, online unter: http://www.cumhuriyet.com.tr/haber/turkiye/120155/Kurtce_restlesmesi.html [aufgerufen am 28.2.2015].

ff) in Selbstverwaltungsgremien

Während die als Abgeordnete in Selbstverwaltungsgremien sitzenden Minderheitenangehörigen in Ungarn das Recht haben, in den Selbstverwaltungsorganen ihre Muttersprache zu benutzen, ist dies den Minderheiten in der Türkei nicht gestattet.

(1) Ungarn

In Ungarn können Angehörige der staatlich anerkannten Minderheiten im Abgeordnetengremium der örtlichen Selbstverwaltung gemäß § 5 IV 1 UNatG ihre Muttersprache verwenden. Um sicherzustellen, dass der in einer Minderheitensprache gehaltene Redebeitrag auch für alle Abgeordneten der örtlichen Selbstverwaltung sowie für die Kommunalaufsichtsbehörde verständlich ist, muss von diesem gemäß § 5 IV UNatG eine Abschrift in ungarischer Sprache dem Sitzungsprotokoll beigefügt werden. Zudem muss in Gemeinden mit einem im Rahmen der Volkszählung registrierten Anteil von 20 Prozent Angehörigen einer bestimmten Minderheit das Abgeordnetengremium gemäß § 5 V UNatG auf Antrag der entsprechenden örtlichen Minderheitenselbstverwaltung seine Protokolle und Beschlüsse neben dem Ungarischen auch in der Sprache dieser Minderheit führen und abfassen, wobei in Zweifelsfällen der ungarische Wortlaut maßgeblich ist. In Gemeinden, in denen eine staatlich anerkannte Minderheit einen durch in der Volkszählung nachgewiesenen Bevölkerungsanteil von mindesten zehn Prozent besitzt, ist die örtliche Selbstverwaltung nach § 6 I a-c UNatG verpflichtet sicherzustellen, dass Verordnungen und deren Bekanntmachungen, im Verwaltungsverfahren verwendete Formulare sowie Behördenschilder und Hinweise auf deren Dienstleistungen auch in der entsprechenden Minderheitensprache verfasst werden. Um sicherzustellen, dass in Gemeinden mit einem in der Volkszählung registrierten Bevölkerungsanteil einer staatlich anerkannten Minderheit von mindestens 20 Prozent auf deren Belange auch in deren Muttersprache hinreichend eingegangen werden kann, müssen diese Gemeinden gemäß § 6 II UNatG auf Antrag der betroffenen örtlichen Minderheitenselbstverwaltung bei der Einstellung von kommunalen Beamten und Angestellten sowie des Notars und Gerichtsvollziehers neben deren fachlicher Eignung auch darauf achten, dass diese über ausreichende Kenntnisse der entsprechenden Minderheitensprache verfügen. Nach § 6 V UNatG kann das Abgeordnetengremium der örtlichen Selbstverwaltung der Gemeinde die genannten Rechte zum Gebrauch der Minderheitensprache aber auch selbstständig gewähren, wenn sie sich durch die in ihrer Gemeinde lebenden Minderheitenangehörigen, deren Anzahl unter den in § 6 I, II UNatG genannten Mindestgrößen liegt, dazu veranlasst sieht.

(2) Türkei

In der Türkei ist Angehörigen von Minderheiten, die als Abgeordnete in Selbstverwaltungen sitzen, der Gebrauch ihrer Minderheitensprache nicht gestattet. Dieses Verbot gilt sogar, wenn – wie in zahlreichen Städten und Gemeinden mit mehrheitlich kurdischen Abgeordneten – die Abgeordneten der Selbstverwaltung mehrheitlich einer Minderheit angehören. Ähnlich wie das Verbot des Gebrauchs von Minderheitensprachen vor Behörden, wird dieses damit begründet, dass der Gebrauch einer Minderheitensprache in Abgeordnetengremien der Selbstverwaltungen gegen die Türkische Verfassung verstoße, und zwar gegen das unabänderliche Prinzip der Unteilbarkeit von Staatsgebiet und Staatsvolk des Art. 3 I TV sowie das Gleichbehandlungsgebot des Art. 10 I, IV, V TV.[914]

gg) im Parlament

Während die einer Minderheit angehörenden Abgeordneten im ungarischen Parlament ihre Minderheitenspreche benutzen dürfen, ist dies den Abgeordneten der Großen Türkischen Nationalversammlung verboten.

(1) Ungarn

Gemäß § 5 III UNatG können sowohl die zu einer staatlich anerkannten Minderheit gehörenden Abgeordneten als auch der Sprecher der Minderheit im ungarischen Parlament ihre Muttersprache benutzen. Regelungen zu den dadurch notwendig werdenden Übersetzungen für die anderen Parlamentarier finden sich nicht im Nationalitätengesetz, sondern im Gesetz über die Landesversammlung (ULVG)[915]. Danach sind gemäß § 38/B I ULVG zwar grundsätzlich alle parlamentarischen Beratungen in ungarischer Sprache zu führen. Aber ein Abgeordneter, dessen Muttersprache nicht Ungarisch ist, kann gemäß § 38/B II, III ULVG nach vorheriger Ankündigung in seiner Muttersprache reden und offizielle Schriftstücke in seiner Muttersprache einreichen. Er muss dieses jedoch gemäß § 38/B III, V ULVG einen Tag zuvor ankündigen, da die Parlamentsverwaltung diesen Vorlauf benötigt, um für den erforderlichen Dolmetscher sorgen zu können. Zudem stellt die Parlamentsverwaltung für Abgeordnete, die eine andere Muttersprache als Ungarisch haben, einen ständigen Dolmetscherdienst zur Verfügung, der u. a. amtliche Schriftstücke und Dokumente auf deren Antrag in ihre jeweilige Muttersprache übersetzt.[916]

914 Vgl. *Bayır*, S. 173 f.

915 Gesetz Nr. XXXVI/2012 über die Landesversammlung.

916 Vgl. *Küpper*, Das neue Minderheitenrecht in Ungarn, S. 154.

(2) Türkei

Im türkischen Parlament, der Großen Nationalversammlung der Türkei, ist der Gebrauch einer Minderheitensprache nicht erlaubt. Als die kurdischstämmige Politikerin Leyla Zana im Jahr 1991 bei ihrer Vereidigung als Abgeordnete im türkischen Parlament direkt im Anschluss an ihre auf Türkisch vorgetragene Eidesformel auf Kurdisch zur Verbrüderung von Türken und Kurden aufrief, wurde ihre parlamentarische Immunität aufgehoben, sie wurde vor Gericht gestellt und wegen Unterstützung der als Terrororganisation eingestuften PKK zu einer 15-jährigen Haftstrafe verurteilt.[917] Mittlerweile ist der Gebrauch von anderen Sprachen als Türkisch im türkischen Parlament zwar immer noch verboten, zieht jedoch keine strafrechtlichen Konsequenzen mehr nach sich. So haben kurdischstämmige Parlamentsabgeordnete sowohl im Fraktionssaal als auch im Plenum des türkischen Parlaments wiederholt ihre kurdische Muttersprache benutzt, ohne dass diese dafür strafrechtlich belangt worden sind.[918]

d) Recht auf Namensführung in der Minderheitensprache

Sowohl in Ungarn als auch in der Türkei haben Minderheitenangehörige das Recht, ihre Vor- und Nachnamen in der Minderheitensprache zu führen, sofern diese aus Buchstaben des ungarischen bzw. türkischen Alphabets bestehen. In der Türkei gilt dieses Recht jedoch uneingeschränkt nur für neu eingebürgerte Minderheitenangehörige. Bereits in der Türkei lebende Angehörige von Minderheiten durften ihren ursprünglichen Nachnamen aus der Minderheitensprache hingegen nicht weiterführen und erhielten bei Eintragung in das Personenstandsregister einen türkischen Nachnamen.

aa) Ungarn

In Ungarn haben Angehörige der staatlich anerkannten Minderheiten gemäß § 16 I UNatG das Recht, ihren Familien- und Nachnamen in ihrer eigenen Muttersprache zu benutzen. Diese Namen sind auch amtlich entsprechend anzuerkennen. Bevor der Vor- und Nachname jedoch benutzt werden können, müssen Kinder von Minderheitenangehörigen erst einmal ihren in der Muttersprache ihrer Minderheit gebräuchlichen Vornamen erhalten, und dann muss dieser

---

917 Vgl. *Güsten, S.*, „Türken und Kurden sollen sich verbrüdern", in: Der Tagesspiegel vom 22.4.2011, online unter: http://www.tagesspiegel.de/meinung/portraet-leyla-zana-kurdischepolitikerin-tuerken-und-kurden-sollen-sich-verbruedern-/4092780.html [aufgerufen am 7.2.2015].

918 Vgl. *Güsten*.

mitsamt ihrem Nachnamen in das örtliche Standesregister eingetragen werden. Um dies zu gewährleisten, garantiert § 16 II 1 UNatG den einer Minderheit angehörenden Eltern, den Vor- und Nachnamen ihres Kindes entsprechend ihrer eigenen Minderheitentradition zu wählen und dann in ihrer Minderheitensprache in das örtliche Standesregister eintragen zu lassen. Sollten einzelne Buchstaben des Kindesnamens in der Minderheitensprache von der in Ungarn gebräuchlichen lateinischen Schrift abweichen, so hat der Standesbeamte den Kindesnamen zugleich in phonetischer Schreibweise in lateinische Buchstaben zu übertragen.

Auf Antrag sind die Einträge ins Personenstandsregister sowie sonstige persönliche Dokumente – wie beispielsweise Personalausweis oder Reisepass – nach § 16 III UNatG auch zweisprachig auszustellen, d. h. sowohl auf Ungarisch als auch in der Sprache der Minderheit.

bb) Türkei

Einfachgesetzliche Regelungen zur Namensführung in Minderheitensprachen finden sich in der Türkei im Nachnamensgesetz samt zugehöriger Verordnung sowie im Standesamtsgesetz.

Das heute immer noch gültige Nachnamensgesetz von 1934 (TNNG)[919] diente dazu, den bis dahin nur Vornamen gebrauchenden türkischen Staatsbürgern auch türkische Nachnamen zu geben. Nach der Intention des Gesetzgebers sollten jedoch nicht beliebige Nachnamen ausgewählt werden können, sondern lediglich türkische Begriffe als Nachnamen zugelassen werden. So wurde in § 3 TNNG der Gebrauch des Namens von Stämmen, fremden Rassen oder Nationen als Nachnamen ausdrücklich untersagt, da dies dem Ideal der nationalen Einheit schaden würde.[920] Näher definiert sind Beschränkungen hinsichtlich der Nachnamensgebung in § 5 der Nachnamenverordnung (TNNVO)[921]. Dieser bestimmt, dass neue Nachnamen aus der türkischen Sprache entnommen werden müssen. § 7 TNNVO verbietet den Gebrauch von Namen ausländischer Rassen und Nationen als Nachnamen, § 8 TNNVO die Verwendung von Namen, die die Zugehörigkeit zu einem Stamm oder Clan signalisieren. Den Angehörigen der anerkannten nicht-muslimischen Minderheiten verbietet § 8 TNNVO die Wiederannahme ihrer bestehenden Nachnamen, da diese ebenfalls die Zugehörigkeit zu einem von der türkischen Nation verschiedenen Stamm oder Clan

919 Gesetz Nr. 2525 über die Nachnamen vom 21.6.1934.

920 Vgl. *Bayır*, S. 104.

921 Verordnung Nr. 2/1759 über die Nachnamen vom 24.12.1934, RG Nr. 2891 vom 27.12.1934.

kenntlich machen und somit dem Verordnungszweck der Schaffung einer homogenen türkischen Nation im Wege stehen würden. Wurden aber dennoch fälschlicherweise verbotene Nachnamen in die Personenstandsregister eingetragen, so konnte der Amtsleiter die Löschung des verbotenen Nachnamens verlangen und ihn ohne Gerichtsbeschluss durch einen neuen, türkischen Nachnamen ersetzen. Somit konnten letztendlich alle türkischen Staatsbürger – die Angehörigen der in der Türkei lebenden Minderheiten eingeschlossen – nur türkische Nachnamen wählen bzw. bekommen. Die Rechtsprechungspraxis des Kassationsgerichts (*Yargıtay*) entwickelte schließlich zweierlei Beurteilungsmaßstäbe: In Einbürgerungsfällen wurde den neuen türkischen Staatsbürgern in liberaler Auslegung der gesetzlichen Bestimmungen die Beibehaltung ihres alten Nachnamens gestattet, sofern dieser nicht auch als Bezeichnung einer fremden Rasse oder Nation gebraucht wurde und sofern er ausschließlich aus im türkischen Alphabet vorkommenden Buchstaben bestand. In Fällen, in denen der Antragsteller einer Minderheitengruppe angehörte und bereits die türkische Staatsbürgerschaft besaß, wurden nicht-türkische Nachnamen in restriktiver Auslegung der Gesetzesbestimmungen hingegen nicht akzeptiert.[922] Das Türkische Verfassungsgericht sah in dieser Rechtsprechungspraxis auch keinen Verstoß gegen das Gleichheitsprinzip des Art. 10 TV. Es sah im Verbot der Führung von nicht-türkischen Nachnamen für Minderheitenangehörige gerade keine Ungleichbehandlung, sondern die Vermeidung einer Ungleichbehandlung von Minderheitenangehörigen im Interesse der sprachlichen Identität der Türkei und der Vereinigung aller türkischen Staatsbürger unter der nationalen und sprachlichen türkischen Identität.[923]

Die Einschränkungen bei der Namensgebung betreffen aber nicht nur die Nachnamen, sondern auch die Vornamen. Bis zu seiner Außerkraftsetzung im Jahr 2006 verbot das Personenstandsgesetz von 1972[924] in seinem § 16 IV alle Vornamen, die nicht in Einklang mit der nationalen Kultur, den nationalen Moralvorstellungen, Bräuchen und Traditionen waren oder die das öffentliche Gewissen belasteten. Ein Rundschreiben des Innenministeriums vom 23. September 2003 an das Generaldirektorat der Personenstandsämter[925] wies zudem alle Personenstandsämter – in Einklang mit § 2 des Gesetzes über das

922 Vgl. m. w. N.: *Bayır*, S. 175.
923 Vgl. m. w. N.: *Bayır*, S. 176.
924 Gesetz Nr. 1587 über den Personenstand vom 5.5.1972, RG Nr. 14189 vom 16.5.1972.
925 Runderlass des Innenministeriums Nr. 2003/37 vom 24.9.2003.

Türkische Alphabet[926], welches ausschließlich den Gebrauch des türkischen Alphabets im öffentlichen und privaten Bereich erlaubt – an, nur solche Vornamen zu registrieren, die vollständig aus Buchstaben des türkischen Alphabets bestehen. Demnach wurden keine Vornamen registriert, welche die (im kurdischen Alphabet vorkommenden) Buchstaben „q", „x" und „w" enthielten. Trotz der de iure Außerkraftsetzung der Beschränkungen für die Registrierung von Vornamen durch das Gesetz über die Aufgaben der Personenstandsbehörden von 2006[927] wird das nun nicht mehr bestehende Verbot nicht-türkischer Vornamen von zahlreichen Standesämtern und Gerichten in der Praxis weiterhin umgesetzt.[928]

Nach entsprechender standesamtlicher Registrierung können Angehörige der staatlich anerkannten nicht-muslimischen Minderheiten ihre Vor- und Nachnamen ohne Einschränkung benutzen. Bei behördlichen Anträgen oder der Ausstellung offizieller Dokumente kommt es jedoch wegen der im türkischen Alphabet unterschiedlichen phonetischen Schreibweise bestimmter Buchstaben und Laute regelmäßig zu fehlerhaften Übertragung der Namen.[929] Insbesondere werden die lateinischen Buchstaben „c", „g", „i" und „s" gerne als „ç", „ğ", „ı" und „ş" ins Türkische übertragen, oder es wird seitens des Sachbearbeiters die phonetisch-türkische Schreibweise „ş" für das deutsche „sch" bzw. für das englische „sh" gewählt.

e) Recht auf Teilnahme an minderheitensprachlichem Unterricht

Sowohl in Ungarn als auch in der Türkei haben Kinder von Angehörigen einer staatlich anerkannten Minderheit das einfachgesetzliche Recht, am Schulunterricht in ihrer jeweiligen Minderheitensprache teilzunehmen. Während die Gewährleistung dieses Rechts in Ungarn von Seiten des Staates institutionell und finanziell gefördert wird, unterliegt die Teilnahme am muttersprachlichen Unterricht in der Türkei in der Praxis erheblichen Einschränkungen.

926 Gesetz Nr. 1353 über das Türkische Alphabet vom 1.11.1928, RG Nr. 1030 vom 3.11.1928.

927 Gesetz Nr. 5490 über die Aufgaben der Personenstandsbehörden vom 25.4.2006, RG Nr. 26153 vom 29.4.2006.

928 Vgl. *Bayır*, S. 181.

929 Vgl. zur Aussprache der türkischen Buchstaben: *Künnecke, A./ Gieler, W.*, Jahrbuch Türkei 2012, Bonn 2013, S. XXVII.

aa) Ungarn

In Ungarn soll jedes einer Minderheit zugehörige Kind nach § 22 III 1 UNatG – entsprechend der Entscheidung seiner Eltern und ab Vollendung des 14. Lebensjahrs in gemeinsamer Entscheidung mit diesen – die Möglichkeit haben, seine muttersprachliche öffentliche Erziehung an einer muttersprachlichen öffentlichen Bildungseinrichtung, einer zweisprachigen Minderheitenbildungseinrichtung, einer die Sprache seiner jeweiligen Minderheit unterrichtenden Bildungseinrichtung oder an einer speziellen Bildungseinrichtung für Roma zu erhalten. In diesen Erziehungseinrichtungen kann das Minderheitenkind dann am Unterricht in seiner Muttersprache teilnehmen. Je nach örtlichen Gegebenheiten und Ansprüchen kann die muttersprachliche Erziehung der Minderheitenkinder gemäß § 22 IV UNatG entweder in Minderheitenkindergärten, Minderheitenschulen, speziellen Schulklassen für Minderheitenkinder oder gesonderten Minderheitengruppen stattfinden. Für die Kinder der Roma gilt gemäß § 22 III 2 UNatG eine Sonderregelung, wonach – weil der Großteil der Roma-Kinder mittlerweile hauptsächlich Ungarisch spricht – deren Erziehung auch ausschließlich in ungarischer Sprache erfolgen kann. Allerdings hat der Träger der Bildungseinrichtung mit einem bestimmten Anteil von Roma-Kindern auf Wunsch von deren Eltern auch den Unterricht in Romanes sicherzustellen.

Um die Gewähr des den staatlich anerkannten Minderheiten im Kapitel über die „Selbstverwaltung der Nationalitäten im Bereich Bildungswesen" ausdrücklich garantierten Unterrichts in ihrer Minderheitensprache auch in der Praxis umsetzen zu können, fördert der ungarische Staat gemäß § 22 II 2 UNatG den Gebrauch der in § 22 I UNatG aufgelisteten Sprachen der 13 staatlich anerkannten Minderheiten in Ungarn an öffentlichen Bildungseinrichtungen, unabhängig, wer Träger dieser Einrichtungen ist. Neben dem Staat und privaten Einrichtungen wird in Ungarn auch den Selbstverwaltungen der staatlich anerkannten Minderheiten in § 24 I UNatG das Recht zugestanden, eigene öffentliche Erziehungseinrichtungen zu errichten bzw. die Trägerschaft für bestehende Erziehungseinrichtungen zu übernehmen, an denen der Unterricht dann ganz oder zum Teil in der Minderheitensprache erteilt wird. Die durch die Eröffnung und Unterhaltung von Minderheitenkindergärten und Minderheitenschulen sowie durch die zusätzliche Einrichtung von muttersprachlichem Unterricht in den 13 Minderheitensprachen anfallenden Mehrkosten werden nach § 22 II 3 UNatG vom ungarischen Staat getragen. Zur Sicherung der Qualität des Unterrichts in den Minderheitensprachen sorgt der ungarische Staat gemäß § 23 IV UNatG auch für die Aus- und Fortbildung des entsprechenden Lehrpersonals und garantiert gemäß § 31 UNatG die Herausgabe und Herstellung von Schulbüchern und Unterrichtsmaterialien für den Minderheitenunterricht.

Der muttersprachliche Unterricht für Kinder von Minderheitenangehörigen an Minderheitenkindergärten oder -schulen hat in Ungarn nicht nur den Zweck der Vermittlung der jeweiligen Minderheitensprache als integralem Bestandteil der Minderheitenidentität. Vielmehr bestimmt der ungarische Gesetzgeber in § 23 II UNatG und § 10 III b des Ungarischen Bildungsgesetzes (UBildG)[930], dass den Minderheitenkindern in ihren Erziehungseinrichtungen in jedem Fall auch volkskundliche Kenntnisse über ihre eigene Minderheit vermittelt werden müssen. So gehören das Kennenlernen der Geschichte, Literatur, Geographie, der kulturellen Werte und Traditionen ihrer Minderheit und ihres Mutterlandes, ihrer Minderheitenrechte sowie des institutionellen Systems ihrer Minderheit in Ungarn nach § 23 II UNatG zu den obligatorischen Lehr- und Lerninhalten des muttersprachlichen oder zweisprachigen Unterrichts.

bb) Türkei

Armenier, Griechen und Juden verfügen als gemäß dem Lausanner Vertrag in der Türkei anerkannte nicht-muslimische Minderheiten über eigene Schulen.[931] Demnach besteht zumindest theoretisch für alle armenischen, griechischen und jüdischen Kinder die Möglichkeit, dort ihre Muttersprache, d. h. eine Sprache, die von ihnen als türkischen Staatsangehörigen im Alltag gesprochen wird, zu erlernen und zu praktizieren.[932] Kinder anderer Volksgruppen und Religionsgemeinschaften, deren Muttersprache nicht Türkisch ist, haben diese Möglichkeit nicht, da sie keine eigenen Schulen unterhalten dürfen. Allerdings beklagen die Angehörigen der armenischen und griechischen Minderheiten, dass die Erziehung ihrer Kinder in ihrer Muttersprache an den Minderheitenschulen in der Praxis aufgrund des Mangels an Lehrpersonal und Lehrbüchern deutlich erschwert wird.[933]

---

930 Gesetz Nr. LXXIX/1993 über das öffentliche Bildungswesen.

931 Die armenische Minderheit unterhält insgesamt 17 (13 armenisch-orthodoxe Schulen, 4 armenisch-katholische Schulen), die griechische Minderheit insgesamt 15 Schulen (9 Grundschulen, 3 Mittelschulen, 3 Gymnasien) und die jüdische Minderheit lediglich eine. Zu den Zahlen vergleiche: *EU-Commission*, S. 8, 9, 12.

932 In der Praxis ist dies jedoch nicht gewährleistet, da sich alle Minderheitenschulen in Istanbul befinden und somit die Kinder von Minderheitenangehörigen aus anderen Städten oder weit von der Schule entfernten Istanbuler Stadtteilen am Besuch einer Schule ihrer eigenen religiösen Minderheit und Sprache gehindert sind.

933 Vgl. *European Commission against Racism and Intolerance*, S. 8.

In Art. 42 IX TV ist festgelegt, dass türkischen Staatsbürgern in Erziehungs- und Lehranstalten als Muttersprache keine andere Sprache als Türkisch beigebracht und gelehrt werden darf. Dies schließt den Unterricht in Minderheitensprachen jedoch nicht aus, solange an jeder Schule als muttersprachlicher Unterricht ausschließlich Türkisch angeboten wird.

In der Praxis unterliegt bereits der Zugang zu den Minderheitenschulen und somit die Möglichkeit zur Teilnahme am Unterricht in der Sprache der eigenen Minderheit starken Einschränkungen. Allgemein dürfen diese Schulen ausschließlich Schüler der eigenen Konfession aufnehmen.[934] Die Schuleinschreibung kann jedoch nur nach eingehender Überprüfung seitens des Ministeriums für Nationale Erziehung erfolgen. Dieses verlangt den Nachweis, dass der Vater oder die Mutter des aufzunehmenden Schülers der Religionsgemeinschaft der jeweiligen Minderheitenschule angehört.[935] Bis Mai 2004 kam es ausschließlich auf die Religionszugehörigkeit des Vaters an, so dass Kindern aus gemischtreligiösen Ehen mit lediglich nicht-muslimischer Mutter der Zugang zu einer Minderheitenschule bis zu diesem Zeitpunkt verwehrt blieb. Ebenso endete bei umgekehrten Konstellationen das Recht zum Besuch einer Minderheitenschule nach bis Mai 2004 gültiger Rechtslage mit dem Tod des nicht-muslimischen Vaters.[936] Der eindeutige Nachweis der Religionszugehörigkeit wird aber dadurch erschwert, dass in den neuen türkischen Personalausweisen lediglich die allgemeine Religionszugehörigkeit, nicht jedoch die Konfessionszugehörigkeit vermerkt wird.[937] So bleibt beispielsweise auch dann der Zugang zu einer Minderheitenschule verwehrt, wenn nicht eindeutig nachgewiesen werden kann, ob ein Elternteil des Kindes armenisch-orthodox oder armenisch-katholisch ist.[938]

Für alle Kinder von Minderheitenangehörigen, die eine der wenigen Minderheitenschulen besuchen, ist der in Art. 40 LV garantierte freie Gebrauch der Minderheitensprache an der Minderheitenschule durch zusätzliche staatliche Bestimmungen eingeschränkt. So müssen die wesentlichen Fächer, u. a.

934 Vgl. *Duncker*, Die Situation der christlichen Minderheiten in der Türkei, S. 82; *Duncker*, Zwischen Konstantinopel und Istanbul. Erfahrungen eines deutschen Pfarrers in der Türkei, S. 84 f.

935 Vgl. *EU-Kommission*, Regelmäßiger Bericht 2004 über die Fortschritte der Türkei auf dem Weg zum Beitritt, S. 50.

936 Vgl. *EU-Commission*, S. 6 f.; *Oehring*, Zur Lage der Menschenrechte in der Türkei – Laizismus = Religionsfreiheit?, S. 30.

937 Vgl. *U.S. Department of State*; *Yıldırım*, S. 143 ff.

938 Vgl. *Oehring*, Zur Lage der Menschenrechte in der Türkei – Laizismus = Religionsfreiheit?, S. 30.

Geschichte, Staatsbürgerkunde, Literatur und Geographie, in allen Schulen der Türkei – und somit gemäß § 8 des Gesetzes zu Privaten Erziehungseinrichtungen (TPrivErzG) und § 1 des Gesetzes über die Lehrkräfte für Türkischunterricht und Unterricht in türkischer Kultur an Minderheitenschulen[939] auch an den Minderheitenschulen – in Übereinstimmung mit Art. 41 I 2 LV obligatorisch auf Türkisch unterrichtet werden.[940] Die türkischen Lehrer dieser Fächer werden von dem vom Ministerium für Nationale Erziehung eingesetzten stellvertretenden Schuldirektor der jeweiligen Minderheitenschule eingestellt und bleiben auch während ihrer Lehrtätigkeit der Aufsicht des der jeweiligen Minderheit zugehörigen Schuldirektors entzogen.[941]

Kulturellen Minderheiten wie den Kurden wurde mit der im März 2014 im Rahmen eines weiteren Demokratisierungspakets[942] erfolgten Ergänzung des § 2 a) des Gesetzes über Unterweisung und Unterricht in Fremdsprachen und das Erlernen von anderen Sprachen und Dialekten der türkischen Staatsbürger (TFSpG)[943] zugestanden, Privatschulen zu gründen und die dortigen Schüler innerhalb der durch Art. 42 IX TV gesetzten Grenzen in ihrer Muttersprache zu unterrichten.[944] Die Sprachen, die dort unterrichtet werden, müssen gemäß § 2 a) S. 6 TFSpG vom Ministerrat festgelegt werden. Detaillierte Bestimmungen zur Eröffnung, Führung und Beaufsichtigung dieser Minderheitenprivatschulen sind dann in die Verordnung des Erziehungsministeriums zum Unterricht und zur Unterweisung in Fremdsprachen[945] aufzunehmen. Bislang liegt aber weder ein entsprechender Ministerratsbeschluss vor noch ist die einschlägige Verordnung des Erziehungsministeriums entsprechend geändert worden. Zu Beginn des Schuljahres 2014/2015 gab es landesweit gerade einmal drei private

---

939 Gesetz Nr. 6581 über die Lehrkräfte für Türkischunterricht und Unterricht in türkischer Kultur an Minderheitenschulen vom 20.5.1955, RG Nr. 9013 vom 27.5.1955.

940 Vgl. *EU-Commission*, S. 6; *Oehring*, Zur Lage der Menschenrechte in der Türkei – Laizismus = Religionsfreiheit?, S. 31.

941 Vgl. *EU-Kommission*, Türkei Fortschrittsbericht 2005, S. 45; *EU-Kommission*, Türkei Fortschrittsbericht 2006, S. 22 f.; *Oehring*, Zur Lage der Menschenrechte in der Türkei – Laizismus = Religionsfreiheit?, S. 31.

942 Gesetz Nr. 6529 zur Änderung verschiedener Gesetze zur Entwicklung der Grundrechte und Freiheiten vom 2.3.2014, RG Nr. 28940 vom 13.3.2014.

943 Gesetz Nr. 2923 über Unterweisung und Unterricht in Fremdsprachen und das Erlernen von anderen Sprachen und Dialekten der türkischen Staatsbürger vom 14.10.1983, RG Nr. 18196 vom 19.10.1983.

944 Vgl. *European Commission*, Turkey 2014 Progress Report, S. 17, 62.

945 Verordnung des Erziehungsministeriums über Unterweisung und Unterricht in Fremdsprachen, RG Nr. 26184 vom 31.5.2006.

Grundschulen, die in den Bezirken Bağlar (Provinz Diyarbakır), Cizre (Provinz Şırnak) und Yüksekova (Provinz Hakkâri) in der Südosttürkei Schulerziehung auf Kurdisch anboten.[946] Ebenso wie an den staatlich anerkannten Minderheitenschulen und allen anderen staatlichen und privaten Schulen in der Türkei, muss an diesen Schulen im Einklang mit Art. 42 IX TV als muttersprachlicher Unterricht jedoch ausschließlich Türkisch angeboten werden. Da die zuständigen Behörden bei diesen Schulen jedoch einen Verstoß gegen die Bestimmungen des Art. 42 IX TV festgestellt hatten, wurden sie noch am Tag ihrer Eröffnung polizeilich geschlossen.[947]

f) (Eltern-)Recht auf Wahl minderheitensprachlichen Unterrichts für die Kinder

Sowohl in Ungarn als auch in der Türkei haben die einer staatlich anerkannten Minderheit angehörenden Eltern das Recht, darüber zu entscheiden, ob ihr Kind an minderheitensprachlichem Unterricht teilnimmt. Während die Gewährleistung dieses Rechts in Ungarn sogar staatlich gefördert wird, stehen seiner praktischen Realisierung in der Türkei häufig Hindernisse gegenüber.

aa) Ungarn

In Ungarn dürfen die Eltern eines einer Minderheit zugehörigen Kindes gemäß § 22 III 1 UNatG entscheiden, ob ihr Kind an muttersprachlichem oder zweisprachigem Unterricht (Muttersprache und Ungarisch) teilnimmt. Hat das Kind das 14. Lebensjahr bereits vollendet, haben die Eltern diese Entscheidung gemäß § 22 III 3 UNatG gemeinsam mit ihrem Kind zu treffen. Minderheitenangehörige im Heranwachsendenalter sind nämlich nach der Rechtsprechung des Ungarischen Verfassungsgerichts in dem Maße an solchen, für ihre persönliche und berufliche Zukunft wesentlichen Entscheidung zu beteiligen, soweit ihre Einsichtsfähigkeit reicht.[948] Um die Teilnahme des Kindes am muttersprachlichen oder zweisprachigen Unterricht auch in der Praxis sicherzustellen, bestimmt § 66 II 3 UBildG, dass jedes einer Minderheit angehörende Kind – sofern es die jeweiligen Aufnahmekriterien erfüllt – das Recht hat, an

---

946 Vgl. *Today's Zaman*, 3 schools providing education in Kurdish language open in Southeast.

947 Vgl. *Oral*.

948 Vgl. Urteil des Ungarischen Verfassungsgerichts 4/1993 (II. 12.) AB, Magyar Közlöny 1993/702 ff.

den für die jeweilige Minderheit bestehenden Erziehungseinrichtungen auch aufgenommen zu werden.

Je nach Bedarf und den Gegebenheiten vor Ort wird der muttersprachliche oder zweisprachige Unterricht nach § 22 IV UNatG in besonderen Minderheitenkindergärten und -schulen oder in gesonderten Minderheitenklassen oder -gruppen angeboten. Wenn die Eltern von acht zur gleichen Minderheit gehörenden Kindern dies beim Träger der Erziehungsanstalt beantragen, muss in deren Kommune für diese Kinder eine der in § 22 IV UNatG genannten besonderen Lerngruppen eingerichtet und aufrechterhalten werden. Sollte der Betrieb dieser Minderheitenlerngruppe im Heimatort der Minderheitenkinder nicht möglich sein, so ist die zuständige Schulbehörde gemäß § 22 V 2 UNatG auf Initiative der entsprechenden Landesminderheitenselbstverwaltung verpflichtet, für Abhilfe zu sorgen. Aber auch die Landesminderheitenselbstverwaltung der betroffenen Minderheit kann die muttersprachliche Erziehung dieser Minderheitenkinder nach § 22 V 3 UNatG in Eigenregie organisieren. Sind Minderheitenkinder wegen der in ihrem Wohnort fehlenden besonderen Erziehungseinrichtungen für Minderheitenangehörige gezwungen, ihre öffentliche Minderheitenerziehung an einer weiter entfernt gelegenen Erziehungsanstalt wahrzunehmen – was aufgrund der verstreuten Siedlungsweise vieler Minderheiten in Ungarn nicht selten vorkommt –, so sorgt der ungarische Staat gemäß §§ 3 III, 32 a UBildG für eine finanziell tragbare Unterbringung der Minderheitenkinder in extra dafür eingerichteten Schülerwohnheimen.

bb) Türkei

Grundsätzlich haben die Eltern eines einer anerkannten nicht-muslimischen Minderheit zugehörigen Kindes entsprechend Art. 40, 41 I LV das Recht, ihre Kinder auf eine Schule ihrer eigenen Minderheit zu schicken, an der die Kinder dann auch in ihrer Muttersprache unterrichtet werden. Allerdings gibt es in der Praxis häufig Hindernisse, die einer Anmeldung der Minderheitenkinder an einer von ihrer eigenen Minderheit betriebenen Minderheitenschule entgegenstehen. So dürfen die Schulen einer bestimmten nicht-muslimischen Minderheit nur Schüler der eigenen Religionsgemeinschaft aufnehmen.[949] Die entsprechende Religionszugehörigkeit des Kindes ist also das zentrale Zulassungskriterium für den Besuch einer Minderheitenschule und wird vom türkischen Ministerium

949 Vgl. *Duncker*, Die Situation der christlichen Minderheiten in der Türkei, S. 82; *Duncker*, Zwischen Konstantinopel und Istanbul. Erfahrungen eines deutschen Pfarrers in der Türkei, S. 84 f.

für Nationale Erziehung eingehend überprüft. An der Minderheitenschule eingeschrieben werden dürfen nach erfolgter staatlicher Überprüfung nur diejenigen Kinder, deren Vater oder Mutter derjenigen Religionsgemeinschaft angehört, die die Minderheitenschule betreibt. In vielen Fällen wird der eindeutige Nachweis der Religionszugehörigkeit aber dadurch erschwert oder sogar unmöglich gemacht, dass im türkischen Einwohnermelderegister und den türkischen Personalausweisen lediglich die allgemeine Religionszugehörigkeit, nicht jedoch die Konfessionszugehörigkeit vermerkt wird.[950] So wird beispielsweise Kindern von Angehörigen der armenischen Minderheit die Einschreibung an einer armenisch-orthodoxen Minderheitenschule verweigert, wenn gegenüber dem Ministerium nicht eindeutig nachgewiesen werden kann, dass (zumindest) ein Elternteil des Kindes armenisch-orthodox und nicht armenisch-katholisch ist.[951]

An staatlichen Mittelschulen oder an Privatschulen haben die Eltern minderjähriger Kinder, die kulturellen Minderheiten angehören, das Recht, ihre Kinder am Wahlfach "Lebendige Sprachen und Dialekte" teilnehmen zu lassen. Derzeit bieten staatliche Mittelschulen dieses Fach in den Klassen 5–8 in Abchasisch, Adygeisch, Georgisch, Kurmanci, Lazisch und Zaza an.[952] Zudem können Eltern kultureller Minderheiten ihre minderjährigen Kinder an einer Privatschule anmelden, an der neben dem muttersprachlichen Unterricht auf Türkisch auch in einer Sprache oder einem Dialekt, welche(n) türkische Staatsbürger traditionell im Alltag benutzen, unterrichtet wird. Bislang existieren in der Türkei jedoch keine dieser Schulen. Mit dem Schuljahr 2014/2015 wollten landesweit die ersten drei Grundschulen – allesamt im Südosten der Türkei – ihren Schulbetrieb

950 Vgl. *U.S. Department of State.*

951 Vgl. *Oehring*, Zur Lage der Menschenrechte in der Türkei – Laizismus = Religionsfreiheit?, S. 30.

952 Vgl. Beschluss des Bildungsausschusses des Erziehungsministeriums Nr. 119 über das Lehrprogramm des Unterrichts der lebendigen Sprachen und Dialekte (Lazisch) an Mittelschulen und Imam-Hatip-Schulen vom 5.9.2012; Beschluss des Bildungsausschusses des Erziehungsministeriums Nr. 153 über das Lehrprogramm des Unterrichts der lebendigen Sprachen und Dialekte (Adygeisch und Abchasisch) an Mittelschulen und Imam-Hatip-Schulen vom 7.9.2012; Beschluss des Bildungsausschusses des Erziehungsministeriums Nr. 154 über das Lehrprogramm des Unterrichts der lebendigen Sprachen und Dialekte (Kurdisch) an Mittelschulen und Imam-Hatip-Schulen vom 7.9.2012; Beschluss des Bildungsausschusses des Erziehungsministeriums Nr. 189 über das Lehrprogramm des Unterrichts der lebendigen Sprachen und Dialekte (Georgisch) an Mittelschulen und Imam-Hatip-Schulen vom 17.9.2012.

aufnehmen und neben Türkisch auch auf Kurdisch unterrichten.[953] Wegen Verstoßes gegen Art. 42 IX TV wurden diese Schulen jedoch noch am Tag ihrer Eröffnung staatlicherseits wieder geschlossen.[954]

g) Recht auf Anrufung des Minderheitenombudsmanns

Während das ungarische Ombudsmanngesetz für die Angehörigen der in Ungarn lebenden Minderheiten einen eigenen Ombudsmann bereitstellt, existiert eine derartige Institution nach dem türkischen Ombudsmanngesetz nicht.

aa) Ungarn

Gemäß § 8 UNatG verfolgt der für den Schutz der in Ungarn lebenden Minderheiten zuständige Stellvertreter des Kommissars für Grundrechte, der sog. Minderheitenombudsmann, die Durchsetzung der Rechte dieser in Ungarn lebenden Minderheiten und ergreift die dazu erforderlichen Maßnahmen. Die Einzelheiten zu seinen Kompetenzen sind im Ombudsmanngesetz (UOmbG)[955] geregelt.

Nach § 18 UOmbG kann sich jeder Minderheitenangehörige kostenfrei an den Minderheitenombudsmann wenden, wenn sein Grundrecht nach dem 23. Oktober 1989 durch die Tätigkeit oder Unterlassung einer Behörde - dazu zählen u. a. alle Verwaltungsorgane, die örtliche und Landesselbstverwaltung der Minderheiten sowie alle öffentliche Leistungen gewährenden Organe - verletzt oder direkter Gefahr einer Verletzung ausgesetzt ist. Bevor ein Angehöriger einer Minderheit jedoch den Minderheitenombudsmann anrufen kann, muss er die ihm zur Verfügung stehenden verwaltungsmäßigen Rechtsmittel ausgeschöpft haben.[956]

Der Minderheitenombudsmann hat sodann den Sachverhalt zu untersuchen (§§ 20–27 UOmbG), einen Bericht darüber zu verfassen (§ 28 UOmbG), geeignete Maßnahmen gemäß §§ 31–39 UOmbG zu ergreifen und den Antragsteller darüber in Kenntnis zu setzen (§ 29 UOmbG). Zu den vom Minderheitenombudsmann zu ergreifenden Maßnahmen zählen die Abgabe von Empfehlungen an die übergeordneten Stellen zur Abstellung der Grundrechtsverletzung (§ 31 UOmbG), die direkte Empfehlung an die zuständige Stelle zur Abstellung der

953 Vgl. *Today's Zaman*, 3 schools providing education in Kurdish language open in Southeast.

954 Vgl. *Oral*.

955 Gesetz Nr. CXI/2011 über den Beauftragten für die grundlegenden Rechte.

956 Vgl. § 18 UOmbG.

Grundrechtsverletzung (§ 32 UOmbG), die Einleitung eines Rechtsaufsichtsverfahrens (§ 33 UOmbG), die Anrufung des Verfassungsgerichts (§ 34 UOmbG), die Einleitung strafrechtlicher Ermittlungen im Fall des Verdachts des Vorliegens einer Straftat (§ 35 UOmbG) oder die Anrufung des Parlaments (§ 38 UOmbG). Weisungsbefugnisse stehen dem Minderheitenombudsmann nicht zu. Er hat lediglich die Befugnis, im gesetzlich vorgegebenen Rahmen seine Untersuchungen durchzuführen, andere Organe zu beteiligen und Empfehlungen auszusprechen.

bb) Türkei

In der Türkei gibt es keinen eigenen, speziell für Minderheitenrechte zuständigen Ombudsmann. Demzufolge haben Angehörige von in der Türkei lebenden Minderheiten auch keine Möglichkeit, wegen der Verletzung minderheitenspezifischer Rechte den Ombudsmann anzurufen. Gemäß §§ 1, 5 des Türkischen Ombudsmanngesetzes (TOmbG)[957] hat der Ombudsmann die Aufgabe, Akte und Handeln der Verwaltung sowie die diesen zugrunde liegenden Entscheidungsgrundlagen und Überzeugungen auf ihre Grundrechtskonformität, Rechtmäßigkeit und Fairness hin zu erforschen, zu untersuchen und bei festgestellten Verletzungen der Rechte des Antragstellers, entsprechende Empfehlungen an die zuständige Verwaltung abzugeben. Insofern können auch Minderheitenangehörige in der Türkei den Ombudsmann wegen der Verletzung ihrer minderheitenunspezifischen Grundrechte oder anderer Rechte anrufen. Der Ombudsmann kann festgestellte Missstände aber gerade nicht selbst beheben (lassen), sondern hat nur die Befugnis, Empfehlungen zu deren Behebung an die Verwaltung abgeben. Ein gewisses Druckmittel gegenüber der Verwaltung besteht dennoch, denn der Ombudsmann kann festgestellte und nicht behobene Missstände gemäß § 22 TOmbG entweder in öffentlichen Erklärungen oder in seinem Jahresbericht öffentlich machen.

h) Recht auf grenzüberschreitende Kontaktpflege (individuell)

Sowohl in Ungarn als auch in der Türkei haben die Angehörigen der dort ansässigen Minderheiten das Recht auf grenzüberschreitende Kontaktpflege. Während diese in Ungarn ausdrücklich auch die über die Landesgrenzen hinausgehende uneingeschränkte Kontaktpflege zu ausländischen Organisationen und Institutionen umfasst, wird dieses Recht in der Türkei einfachgesetzlich lediglich in Form von Reise- und Ausreisefreiheit gewährleistet.

---

957 Gesetz Nr. 6328 über den Ombudsmann (TOmbG) vom 14.6.2012, RG Nr. 28338 vom 29.6.2013.

aa) Ungarn

In Ungarn wird den Angehörigen der staatlich anerkannten Minderheiten in § 4 II UNatG das Recht zugestanden, Kontakt mit staatlichen und nicht-staatlichen Einrichtungen ihres Mutterlandes und ihrer Sprachnation sowie mit in anderen Ländern lebenden Minderheiten zu pflegen. Somit können alle Minderheitenangehörigen in Ungarn ohne Einschränkung grenzüberschreitende Kontakte zu ausländischen Organisationen und Institutionen unterhalten. Dadurch wird insbesondere den Angehörigen zahlenmäßig kleiner und auf ungarischem Staatsgebiet verstreut lebender Minderheiten die Möglichkeit eingeräumt, mittels grenzüberschreitender Kontakte ihre Identität und Sprache zu pflegen und sich damit aktiv jedweder Assimilierungstendenzen in die ungarischen Mehrheitsgesellschaft zu entziehen.[958]

bb) Türkei

In der Türkei sichert Art. 38 III LV den Angehörigen nicht-muslimischer Minderheiten vorbehaltlich der für alle türkischen Staatsbürger geltenden Ausnahmen volle Reise- und Ausreisefreiheit zu. Diese Freiheit ist auch in Art. 23 TV verfassungsrechtlich verankert und normiert dort Fälle, in denen die für alle türkischen Staatsbürger geltende Reisefreiheit eingeschränkt werden kann. Verfassungsrechtlich ergänzt wird die Reisefreiheit durch die in Art. 22 I TV garantierte Kommunikationsfreiheit. Diese ist territorial nicht begrenzt und gibt Minderheitenangehörigen somit das Recht, über die Staatsgrenzen der Türkei hinaus ungehindert mit anderen Angehörigen ihrer oder anderer Minderheiten zu kommunizieren.

i) Diskriminierungsverbot (individuell)

Während einfachgesetzliche individuelle Diskriminierungsverbote in Ungarn eine Ungleichbehandlung ausdrücklich auch aufgrund der Zugehörigkeit zu einer Minderheit verbieten, wird die Minderheitenzugehörigkeit in einfachgesetzlichen Diskriminierungsverboten in der Türkei nicht als verbotenes Ungleichbehandlungskriterium aufgeführt.

aa) Ungarn

Ein allgemeines einfachgesetzliches Diskriminierungsverbot für Minderheitenangehörige in Ungarn findet sich in § 7 UNatG. Danach darf niemand wegen

958 Vgl. *Küpper*, Das neue Minderheitenrecht in Ungarn, S. 144.

seiner Zugehörigkeit zu einer Minderheit ungleich behandelt werden. Spezielle einfachgesetzliche Diskriminierungsverbote existieren im Erziehungsbereich. So verbietet § 4 VII UBildG jede Art von Diskriminierung aufgrund der nationalen oder ethnischen Zugehörigkeit sowie der nationalen, ethnischen oder gesellschaftlichen Herkunft. Implizit wird auch im Hochschulbereich eine Diskriminierung von Minderheitenangehörigen untersagt. § 82 des Ungarischen Hochschulgesetzes (UHochschulG)[959] gewährt nämlich allen ungarischen Staatsgehörigen – wozu qua Minderheitendefinition ja auch alle Angehörigen der in Ungarn staatlich anerkannten Minderheiten gehören – ein gleiches und nur von der eigenen Befähigung abhängiges Recht des Zugangs zur Hochschulbildung.

Angehörige der in Ungarn lebenden Minderheiten werden individuell auch unter den besonderen Schutz des Ungarischen Strafgesetzbuchs (UStGB)[960] gestellt. So ist nach § 216 UStGB die Gewalt gegen ein Mitglied einer Gemeinschaft strafbar. Konkret stellt § 216 I UStGB asoziales Verhalten gegenüber einer anderen Person u. a. wegen deren tatsächlicher oder vermuteter Zugehörigkeit zu einer nationalen, ethnischen, rassischen oder religiösen Gruppe unter Strafe, § 216 II UStGB einen tätlichen Angriff auf eine andere Person aus Gründen deren tatsächlicher oder vermuteter Zugehörigkeit zu einer nationalen, ethnischen, rassischen oder religiösen Gruppe. Da Minderheitenangehörige in Ungarn einer nationalen oder ethnischen Gruppe angehören, werden sie somit durch § 216 I, II UStGB auch strafrechtlich geschützt.

bb) Türkei

Art. 39 LV garantiert den Angehörigen nicht-muslimischer Minderheiten in Absatz 1 die gleichen bürgerlichen und politischen Rechte wie muslimischen Türken und formuliert in Absatz 3 ein Diskriminierungsverbot bei der Ausübung dieser Rechte.

Weitere einfachgesetzliche Diskriminierungsverbote finden sich im Türkischen Arbeitsgesetz (TArbG)[961] und im Türkischen Strafgesetzbuch (TStGB)[962]. In § 5 I TArbG wird im Arbeitsbereich jede Diskriminierung aufgrund von Sprache, Rasse, Geschlecht, politischer Meinung, philosophischer Überzeugung, Religion, Konfession oder aus ähnlichen Gründen untersagt. § 122 TStGB stellt es unter Strafe, beim öffentlichen Verkauf von beweglichem oder unbeweglichem

959 Gesetz Nr. CXXXIX/2005 über das Hochschulwesen.

960 Gesetz Nr. C/2012 über das Strafgesetz.

961 Gesetz Nr. 4857 vom 22.5.2003.

962 Gesetz Nr. 5237 vom 26.9.2004.

Vermögen, bei öffentlichen Dienstleistungen, bei der Besetzung von Arbeitsstellen und bei wirtschaftlichen Aktivitäten Unterschiede aufgrund von Sprache, Rasse, Hautfarbe, Geschlecht, Behinderung, politischer Meinung, philosophischer Überzeugung, Religion, Konfession oder aus ähnlichen Gründen zu machen. § 312 II TStGB kriminalisiert die öffentliche Sicherheit gefährdende Volksverhetzung aufgrund von Klasse, Rasse, Religion, Konfession oder regionalen Unterschieden. Im Gegensatz zu § 122 TStGB schützt § 312 II TStGB aber gerade nicht die Angehörigen bestimmter (Minderheiten-)Gruppen, sondern ausschließlich die öffentliche Sicherheit.

2. Kollektive Minderheitenrechte

a) Recht auf Existenz

Während Minderheiten in Ungarn im Nationalitätengesetz ausdrücklich auch ein kollektives Existenzrecht zugestanden wird, gibt es in der Türkei kein einfachgesetzliches Recht, welches den Minderheiten ihre Existenz als Kollektiv garantiert.

aa) Ungarn

Das Existenzrecht jeder Minderheit auf ungarischem Staatsgebiet ist in § 3 UNatG normiert. Danach ist jede Minderheit dazu berechtigt, als Minderheitengemeinschaft zu existieren und fortzubestehen. Systematisch ist das Existenzrecht der Minderheiten in Ungarn im Kapitel II verortet, in dem die grundlegenden Rechte der Minderheiten niedergelegt sind. Demnach kommt dem Existenzrecht und dem Bestandsschutz der Minderheiten auf ungarischem Territorium übergeordnete Bedeutung zu. Dies wird auch durch die Präambel des Nationalitätengesetzes unterstrichen. Dort wird im sechsten Absatz – ebenso wie im Ungarischen Grundgesetz – die Rolle der Minderheiten als staatsbildende Faktoren und als Teil der ungarischen politischen Gemeinschaft hervorgehoben und im achten Absatz die durch sie geschaffenen kulturellen Werte als Bestandteil des kulturellen Erbes Ungarns gewürdigt. Im zehnten Absatz der Präambel wird den Minderheiten zudem allgemeiner Schutz zugesichert, von dem in seiner grundlegendsten Form auch die Existenzgarantie der einzelnen Minderheiten umfasst ist.

bb) Türkei

In einfachgesetzlichen Normen der Türkei findet sich kein Existenzrecht für auf türkischem Staatsgebiet lebende Minderheiten. Abgesehen vom Lausanner

Vertrag werden den Minderheiten in der Türkei auch keine grundlegenden kollektiven Rechte eingeräumt. Aber selbst im Lausanner Vertrag wird die Existenz und der Fortbestand von Minderheiten in der Türkei nicht gruppenrechtlich garantiert. Dort gibt es lediglich ein individualrechtlich formuliertes Existenzrecht für Angehörige der in der Türkei lebenden Minderheiten, ohne diese jedoch als Minderheitenangehörige ausdrücklich zu benennen. In Art. 38 I LV wird stattdessen „allen Bewohnern der Türkei ohne Ansehen der Herkunft, Nationalität, Sprache oder Religion" umfassender „Schutz des Lebens und der Freiheit" garantiert. Als Bewohner und Staatsbürger der Türkei sind somit auch die Angehörigen der in der Türkei lebenden Minderheiten vom Schutzbereich dieses Lebensschutzes mit umfasst. Allerdings bezieht sich ihr Existenzrecht nur auf ihre Existenz als Individuum und gerade nicht auf die Existenz und den Fortbestand der Minderheitengruppe, der sie angehören. Demzufolge gewährt die Türkei den auf ihrem Territorium siedelnden Minderheiten gerade keine Existenzgarantie. Da die Türkei das Rahmenübereinkommen zum Schutz nationaler Minderheiten von 1995 nicht unterzeichnet hat, lässt sich ein Existenzrecht der Minderheiten in der Türkei auch nicht aus diesem Dokument ableiten. Mangels einer Existenzgarantie für Minderheiten in der Türkei bleibt es dem türkischen Staat somit unbenommen, die auf seinem Territorium lebenden Minderheiten bis zum vollständigen Verlust ihrer Identität und zum völligen Aufgehen in der türkischen Nation zu assimilieren.

b) Recht auf Identität

Während jeder Minderheit in Ungarn als Kollektiv ein unveräußerliches Recht auf Wahrung ihrer Identität zugesprochen wird, ist die kollektive Identitätswahrung einer Minderheit in der Türkei gesetzlich nicht geschützt.

aa) Ungarn

In Ungarn wird der Minderheit als Kollektiv in § 17 a UNatG ein unveräußerliches gemeinschaftliches Recht auf Wahrung, Pflege, Stärkung und Vererbung ihrer Identität garantiert. Dadurch, dass die Minderheitenidentität als solche anerkannt und nicht bloß in individualrechtlichem Rahmen erwähnt wird, unterstreicht das Nationalitätengesetz, dass jede staatlich anerkannte Minderheit in Ungarn als solche über die individuellen Rechte ihrer Angehörigen hinaus besondere Schutzwürdigkeit genießt. Da jede Minderheit somit mehr ist als die bloße Summe ihrer Angehörigen, steckt in § 17 a UNatG quasi eine Institutsgarantie jeder Minderheit an sich. Als Bestandteile dieser kollektiven Identität jeder Minderheit werden dann in § 17 b UNatG noch ausdrücklich die Wahrung und Entwicklung ihrer historischen Traditionen und Sprache sowie die Pflege und Bereicherung ihrer sachlichen und geistigen Kultur geschützt.

Fraglich ist jedoch, wer Träger dieses Kollektivrechts auf Minderheitenidentität ist. Schließlich hat keine der 13 staatlich anerkannten Minderheiten in Ungarn eine eigene Rechtspersönlichkeit. Da im Nationalitätengesetz selbst kein Rechtsträger der im Kapitel IV garantierten kollektiven Minderheitenrechte benannt wird, könnte § 17 a UNatG als objektiv-rechtliche Gewährleistung verstanden werden. Dann würde sich daraus lediglich eine Garantie der Minderheitenidentität ableiten lassen, die von jedem Minderheitenangehörigen allein oder gemeinsam mit anderen Angehörigen derselben Minderheit realisiert werden könnte. Damit würde die Garantie einer kollektiven Minderheitenidentität des § 17 a UNatG aber nicht weiter gehen als die im Kapitel III des Nationalitätengesetzes erwähnten individuellen Minderheitenrechte. Bestenfalls ließe sich daraus bei drohender Gefahr des Verlusts der Identität einer Minderheit noch eine staatliche Pflicht zur Förderung oder Bewahrung der Minderheitenidentität ableiten. Eine derartige Beschränkung des Schutzbereichs würde aber der systematischen Stellung des § 17 a UNatG im Kapitel über „kollektive Nationalitätenrechte" widersprechen. Daher ist § 17 a UNatG i. S. d. Art. XXIX UGG dahingehend minderheitenfreundlich auszulegen, dass sowohl jeder einzelne Minderheitenangehörige, der von ihm im Rahmen der Minderheitengruppe oder zumindest mit weiteren Angehörigen derselben Minderheit Gebrauch macht, Träger des Rechts auf Minderheitenidentität ist als auch jede von Angehörigen derselben Minderheit zum Zwecke der Pflege ihrer Minderheitenidentität gegründete Vereinigung, unabhängig davon, ob sie eine eigene Rechtspersönlichkeit besitzt oder nicht.[963]

bb) Türkei

In der Türkei existiert kein kollektives Recht auf Minderheitenidentität. Weder den staatlich anerkannten nicht-muslimischen Minderheiten noch den offiziell nicht als solche anerkannten Minderheiten wird ein gemeinschaftliches Recht zugestanden, ihre Gruppenidentität zu bewahren, zu pflegen, zu stärken oder zu vererben. So kann sich beispielsweise die in der Türkei zahlenmäßig vom Aussterben bedrohte griechische Minderheit dem türkischen Staat gegenüber auf kein Recht zur Sicherung ihres Überlebens als Minderheit in der Türkei berufen.

963 Vgl. *Küpper*, Das neue Minderheitenrecht in Ungarn, S. 146.

c) *Recht auf Kulturpflege*

Während den staatlich anerkannten Minderheiten in Ungarn das Recht zur Pflege ihrer eigenen Kultur auch als kollektives Recht zuerkannt wird, wird dieses Recht den Minderheiten in der Türkei nur individualrechtlich garantiert.

aa) Ungarn

In Ungarn garantiert das Nationalitätengesetz den staatlich anerkannten Minderheiten in § 36 UNatG das Recht, kulturelle Aktivitäten durchzuführen und zu diesem Zweck im Rahmen der Gesetze kulturelle Einrichtungen ihrer Minderheit einzurichten, zu unterhalten oder zu übernehmen. Zu den kulturellen Einrichtungen einer Minderheit zählen gemäß § 2 V UNatG öffentliche Bildungseinrichtungen der Minderheit (Kindergärten, Schulen, Hochschulen), öffentliche Sammlungen der Minderheit (Bibliotheken, Archive, Museen, Bild- und Tonarchive) sowie gemeinschaftliche Schauplätze der Minderheit (Theater, Verlage, Kulturhäuser und -zentren). Diese kulturellen Einrichtungen einer Minderheit genießen entsprechend § 39 IV UNatG finanzielle Unterstützung durch den ungarischen Staat. Insbesondere fördert der ungarische Staat dabei gemäß § 42 UNatG die Sammlung von Kulturdenkmälern der einzelnen Minderheiten (§ 42 a UNatG), die Verlagstätigkeit der Minderheiten unter besonderer Berücksichtigung der Veröffentlichung von Minderheitenperiodika, (§ 42 b UNatG), die Bekanntmachung von Gesetzen und Mitteilungen in den Minderheitensprachen (§ 42 c UNatG) und die Durchführung religiöser Aktivitäten der Minderheitenangehörigen und ihrer Kirchen (§ 42 d UNatG) sowie gemäß § 31 UNatG die Herstellung von Schulbüchern und Unterrichtsmaterialien in den Minderheitensprachen.

Im Rahmen der Kulturpflege wird zudem jeder einzelnen Minderheit in § 41 I, II UNatG garantiert, dass die Versorgung mit Literatur in ihrer jeweiligen Minderheitensprache durch ein Netz von Minderheitenbibliotheken auf kommunaler, regionaler und Landesebene sichergestellt ist. Auf kommunaler Ebene erfolgt die Versorgung der örtlichen Minderheiten mit entsprechender Literatur in ihrer Minderheitensprache in der Praxis zumeist dadurch, dass die öffentlichen Bibliotheken eine eigene Abteilung mit minderheitensprachlicher Literatur unterhalten.[964]

Schließlich wird durch § 43 UNatG sichergestellt, dass im digitalen Zeitalter auch das kulturelle Erbe und die Werte der einzelnen in Ungarn lebenden Minderheiten zur dauerhaften Bewahrung digitalisiert und archiviert werden.

---

964 Vgl. *Küpper*, Das neue Minderheitenrecht in Ungarn, S. 178.

bb) Türkei

In der Türkei wird weder den staatlich anerkannten nicht-muslimischen Minderheiten noch den nicht anerkannten Minderheiten als Kollektiv ein spezifisches Recht zur Kulturpflege zugestanden. In den Bereich der Pflege der eigenen Minderheitenkultur fallende Aktivitäten sowie die zu diesem Zweck notwendige Einrichtung oder Unterhaltung sozialer, religiöser und wohltätiger Einrichtungen, einschließlich Bildungs- und Erziehungseinrichtungen, werden den staatlich anerkannten nicht-muslimischen Minderheiten in Art. 39 IV, 40, 41 I LV nur individualrechtlich garantiert. Als Kollektiv kann sich die Minderheit aber gerade nicht auf diese zur Kulturpflege zählenden Rechte berufen. Lediglich in Art. 41 II, III, 42 I LV finden Minderheiten als Kollektiv Erwähnung. Die ihnen in diesen Artikeln zugesicherten Rechte lassen sich im weiten Sinn auch der Pflege der jeweiligen Minderheitenkultur zuordnen: So wird den staatlich anerkannten nicht-muslimischen Minderheiten in Art. 41 II LV in den Städten und Bezirken, in denen sie in nicht unerheblicher Anzahl siedeln, garantiert, einen gerechten Anteil öffentlicher Zuwendungen des Staates oder der Kommune für erzieherische, religiöse oder wohltätige Zwecke zu erhalten. In Art. 42 I LV verpflichtet sich der türkische Staat, in Fragen des Familien- und Personenstandsrechts auf die Gewohnheiten der jeweiligen Minderheit Rücksicht zu nehmen. Beide Garantien existieren jedoch nur auf dem Papier: So lässt der türkische Staat – in bewusster Missachtung seiner in Art. 41 II LV normierten Pflicht – den erzieherischen, religiösen oder wohltätigen Einrichtungen der armenischen, griechischen und jüdischen Minderheit keinerlei finanzielle staatliche Unterstützung zuteilwerden. Auf das Familien- und Personenstandsrecht dieser Minderheiten nimmt der türkische Staat in der Praxis ebenfalls keine Rücksicht. Dies ist aber nicht dem türkischen Staat, sondern den Minderheiten selbst anzulasten, da diese durch ihre religiösen Oberhäupter auf ihr in Art. 42 I LV zugesichertes Privileg bei Einführung des Türkischen Zivilgesetzbuches (TZGB)[965] im Jahr 1926 selbst ausdrücklich verzichtet haben.[966]

d) Recht auf Sprachpflege

Sowohl in Ungarn als auch in der Türkei wird den dort lebenden Minderheiten die Pflege ihrer eigenen Muttersprache als kollektives Recht einfachgesetzlich garantiert.

---

965 Gesetz Nr. 743 über das Zivilrecht vom 17.2.1926, RG Nr. 339 vom 4.4.1926.

966 Vgl. *Alexandris, A.*, The Greek Minority of Istanbul and Greek-Turkish relations 1918–1974, Athens 1983, S. 135 ff.; *Weiker*, S. 242 ff.

aa) Ungarn

In Ungarn wird die herausragende Bedeutung der Pflege und Entwicklung der Minderheitensprachen für die dort lebenden Minderheiten bereits in der Präambel des Nationalitätengesetzes besonders hervorgehoben. In § 2 I a UNatG werden Pflege, Wahrung und Bereicherung der Muttersprache als öffentliche Angelegenheit einer Minderheit bezeichnet, zu deren Wahrnehmung der Staat den staatlich anerkannten Minderheiten die erforderlichen organisatorischen, personellen und finanziellen Bedingungen schaffen muss. Um dieser Aufgabe gerecht zu werden, werden im Nationalitätengesetz verschiedene Instrumente zur kollektiven Sprachpflege der einzelnen staatlich anerkannten Minderheiten bereitgestellt. Ausdrücklich wird jedem Minderheitenangehörigen in § 12 I a, b UNatG das individuelle Recht garantiert, seine Muttersprache zu erlernen und jederzeit in Wort und Schrift frei zu benutzen. Um dieses Recht auch in der Praxis zu gewährleisten, haben alle Minderheitenangehörigen nach § 12 I b UNatG das Recht auf Teilnahme an muttersprachlicher öffentlicher Erziehung, Schulung und Bildung. Diese erfolgt primär in den der jeweiligen Minderheit zugehörigen öffentlichen Erziehungs-, Schulungs- oder Bildungseinrichtungen, an denen die eigene Minderheitensprache gelehrt und praktiziert wird. Aber auch im Kapitel IV über die kollektiven Minderheitenrechte wird den staatlich anerkannten Minderheiten in § 17 b UNatG als Kollektiv das Recht garantiert, ihre eigene Muttersprache zu bewahren und zu entwickeln. Da der ungarische Staat die Muttersprache einer Minderheit in § 22 II 1 UNatG als einen die Minderheitengemeinschaft zusammenhaltenden Faktor anerkennt, fördert er nach § 22 II UNatG die Pflege der Minderheitensprache in der öffentlichen Bildung der jeweiligen Minderheit, sei es im Kindergarten, in Schulen, Hochschulen, Schülerheimen, Sprachkursen, Bibliotheken, Archiven oder Mehrzweckeinrichtungen. Aber auch Druckerzeugnisse, Presseprodukte und Mediendienste in den Minderheitensprachen sowie der Zugang zu diesen werden vom ungarischen Staat gemäß §§ 42 d, 48 I UNatG gefördert. Auf diese Weise ist sichergestellt, dass die Minderheitensprachen in allen Bereichen des täglichen Lebens möglichst umfassend und ohne Einschränkungen benutzt und somit auch gepflegt werden können.

Neben diesen sich in der Öffentlichkeit abspielenden Bereichen der kollektiven Minderheitensprachpflege, wird die Pflege der Minderheitensprache aber auch im privaten Bereich geschützt. So fördert der ungarische Staat nach §§ 15, 42 d UNatG das Abhalten von Familienfeiern und damit verbundenen religiösen Zeremonien in der Minderheitensprache. Dem privaten Bereich der Minderheitensprachpflege ist auch das Recht zuzurechnen, als Angehöriger einer

Minderheit seinen Vor- und Nachnamen gemäß § 16 UNatG in seiner jeweiligen Minderheitensprache zu wählen und eintragen zu lassen.

bb) Türkei

Die Türkei garantiert die Sprachpflege der auf ihrem Gebiet anerkannten und auch nicht als solche anerkannten Minderheiten auf verschiedene Art und Weise. Zum einen existiert seit Mitte 2002 eine einfachgesetzliche Grundlage für Sprachkurse bzw. Sprachunterricht in den Sprachen der in der Türkei lebenden Volksgruppen, deren Muttersprache nicht Türkisch ist. In § 2 a) des Gesetzes über Unterweisung und Unterricht in Fremdsprachen und das Erlernen von anderen Sprachen und Dialekten der türkischen Staatsbürger (TFSpG)[967] heißt es, dass in Erziehungs- und Unterrichtseinrichtungen besondere (Sprach-)Kurse, die dem Erlernen anderer Sprachen und Dialekte dienen, welche türkische Staatsbürger traditionell im Alltag benutzen, sofern sie nicht gegen Verfassungsgrundsätze verstoßen, unter Berücksichtigung der Vorschriften des Gesetzes über die privaten Erziehungseinrichtungen (TPrivErzG)[968] angeboten werden dürfen.

Zum anderen ist das kollektive Recht auf Sprachpflege seit dem Jahr 2002 durch die Änderung des Gesetzes über den Aufbau und die Sendungen von Rundfunk- und Fernsehanstalten (TRuFG)[969] ausgeweitet worden.[970] Nach der neuen Fassung des § 4 I 4 TRuFG können öffentliche und private Rundfunk- und Fernsehanstalten auch Sendungen in anderen Sprachen und Dialekten, die türkische Staatsbürger traditionell im Alltag benutzen, ausstrahlen.[971] Somit sind nunmehr auch Rundfunk- und Fernsehsendungen in Minderheitensprachen

---

967 Gesetz Nr. 2923 über Unterweisung und Unterricht in Fremdsprachen und das Erlernen von anderen Sprachen und Dialekten der türkischen Staatsbürger vom 14.10.1983, RG Nr. 18196 vom 19.10.1983.

968 Gesetz Nr. 625 über die privaten Erziehungseinrichtungen, RG Nr. 12026 vom 18.6.1965.

969 Gesetz Nr. 3984 über den Aufbau und die Sendungen von Rundfunk- und Fernsehanstalten vom 13.4.1994, RG Nr. 21911 vom 20.4.1994.

970 Das staatliche Rundfunk- und Fernsehmonopol in der Türkei wurde Anfang der 1990er Jahre aufgehoben. Mittlerweile gibt es in der Türkei eine Vielzahl privater Radiosender und Fernsehkanäle (vgl. *Kuru, A. T.*, Globalization and Diversification of Islamic Movements: Three Turkish Cases, in: Political Science Quarterly, Volume 120, Number 2, Summer 2005, S. 259).

971 Eine Gegenüberstellung des alten und neuen Textes des § 4 des Gesetzes Nr. 3984 über den Aufbau und die Sendungen von Rundfunk- und Fernsehanstalten findet sich bei: *Oran*, Türkiye'de Azınlıklar: Kavramlar, Lozan, İç Mevzuat, İçtihat, Uygulama, S. 239.

möglich. Dieses Recht gilt gem. Art. 4 I 5 TRuFG jedoch nur, solange die Sendungen fundamentalen Prinzipien der Türkischen Republik und der unteilbaren Einheit des Staates nicht widersprechen.

e) Recht auf gemeinschaftliche Religionsausübung

Sowohl Ungarn als auch die Türkei garantieren den auf ihrem Gebiet siedelnden Minderheiten ein einfachgesetzliches Recht auf gemeinschaftliche Religionsausübung.

aa) Ungarn

Das Recht auf gemeinschaftliche Religionsausübung wird in Ungarn im Kirchengesetz (UKG)[972] in den §§ 1 I, II, 3 I UKG garantiert. In § 1 II UKG wird die in § 1 I UKG jedermann zugestandene Religionsfreiheit definiert und deren Schutzbereich in Form der Freiheit zur Religionsausübung ausdrücklich auch auf die gemeinschaftliche Religionsausübungsfreiheit ausgedehnt. § 3 I UKG führt zusätzlich aus, dass die Ausübung der Religionsfreiheit an Institutionen für Bildung, Gesundheitsfürsorge, Soziales, Familie, Kinder und Jugendschutz nicht nur individuell sondern auch als Gruppenrecht gewährleistet wird. Somit ist in Ungarn sichergestellt, dass die Angehörigen der dortigen Minderheiten ihre Religion auch gemeinschaftlich ausüben dürfen. Diese gemeinschaftliche Religionsausübungsfreiheit kann gemäß § 1 IV UKG nur auf Grundlage des Art. I III UGG beschränkt werden.

bb) Türkei

In der Türkei wird die gemeinschaftliche Religionsausübung in Art. 40 S. 2 LV garantiert. Darin wird den Angehörigen nicht-muslimischer Minderheiten das Recht zugestanden religiöse Einrichtungen zu errichten und ihre eigene Religion dort frei auszuüben. Dem Wortlaut nach ist Art. 40 S. 2 LV individualrechtlich ausgestaltet, da es das Recht auf Errichtung religiöser Einrichtungen und die dortige Religionsausübung den türkischen Staatsangehörigen gewährt, die nicht-muslimischen Minderheiten angehören. Allerdings ist dieser Artikel weit auszulegen, da die Errichtung religiöser Einrichtungen wie Kirchen oder Synagogen zum einen in der Regel nicht von einer Einzelperson getragen werden kann und diese Einrichtungen zum anderen gerade der gemeinschaftlichen Religionsausübung dienen und nicht etwa als Ort individueller Religionsausübung geschaffen werden. Die religiösen Einrichtungen der vom türkischen Staat

---

972 Gesetz Nr. CCVI/2011 über das Recht der Gewissens- und Religionsfreiheit sowie über die Rechtsstellung der Kirchen, Konfessionen und Religionsgemeinschaften.

anerkannten nicht-muslimischen Minderheiten, d. h. Kirchen und Synagogen, sind nämlich primär zum Zwecke der kollektiven Religionsausübung errichtet worden. In ihnen finden auch regelmäßig Gottesdienste statt. Die Möglichkeit zur individuellen Religionsausübung in Form des Gebets oder der Beichte ist dort zwar auch gegeben, stellt aber nicht den Hauptzweck der Gotteshäuser dar. Somit ist Art. 40 S. 2 LV dem Normzweck entsprechend dahingehend auszulegen, dass darin auch die gemeinschaftliche Religionsausübung (der Minderheitenangehörigen) geschützt wird.

f) Recht auf Minderheitenschulen

Sowohl in Ungarn als auch in der Türkei haben die dort staatlich anerkannten Minderheiten das kollektive Recht, eigene autonome Minderheitenschulen einzurichten und zu unterhalten. Während in Ungarn die kommunalen Selbstverwaltungen neben den Minderheitenselbstverwaltungen dazu verpflichtet sind, für eine ausreichende Versorgung an Minderheitenschulen zu sorgen, wird die einfachgesetzlich garantierte Antonomie der Minderheitenschulen in der Türkei in der Praxis erheblich eingeschränkt.

aa) Ungarn

In Ungarn gehört das Minderheitenbildungswesen entsprechend der Unterüberschrift des Kapitels V des Nationalitätengesetzes zum Selbstverwaltungsbereich der Minderheiten. Nach § 23 III UNatG sind die Minderheitenselbstverwaltungen daher zur Mitwirkung an der Unterrichtsverwaltung verpflichtet und können gemäß § 24 I 1 UNatG eigene Erziehungseinrichtungen für ihre Minderheit gründen, unterhalten und übernehmen. Grundsätzlich ist es in Ungarn jedoch nach § 86 I UBildG Aufgabe der kommunalen Selbstverwaltungen, d. h. der Gemeinden, Städte und Hauptstadtbezirke, für eine ausreichende Versorgung an Kindergärten und allgemeinbildenden Schulen zu sorgen, an denen eine Erziehung auch in den Minderheitensprachen angeboten wird. Für höhere Schulen ist nach § 86 III UBildG das Komitat bzw. die Hauptstadt als Ganzes zuständig. Kommunale und regionale Selbstverwaltungen können nach § 89 b UBildG zur besseren Gewährleistung der Unterrichtsversorgung Verwaltungsvereinbarungen schließen. Um die Unterrichtsversorgung auch entsprechend den Ansprüchen der einzelnen staatlich anerkannten Minderheiten sicherstellen zu können, arbeiten die staatlichen Stellen gemäß § 23 III UNatG mit den Minderheitenselbstverwaltungen zusammen. Denn nur diese haben einen genauen Überblick über den Bedarf an Erziehungs- und Unterrichtsplätzen für die Kinder ihrer Minderheitenangehörigen. Auf übergeordneter Ebene ist die

Hauptabteilung für Nationalitäten im Bildungsministerium für die Koordination des Minderheitenunterrichts und die entsprechende Verteilung staatlicher Gelder in diesem Bereich zuständig.[973]

Für den Betrieb von Bildungseinrichtungen zur Erziehung ihres eigenen Minderheitennachwuchses am besten qualifiziert sind natürlich die Minderheiten selbst. Daher wird – wie bereits erwähnt – den Minderheitenselbstverwaltungen in Ungarn auch in § 24 I 1, 1. Alt. UNatG ausdrücklich das Recht zugestanden, öffentliche Erziehungseinrichtungen selbst einzurichten und zu unterhalten. Dazu zählen gemäß § 2 Nr. 4 UNatG Kindergärten, Schulen, Schülerheime und sonstige Einrichtungen des Erziehungswesens. Entsprechend ihres örtlichen Zuständigkeitsbereichs obliegt den kommunalen Minderheitenselbstverwaltungen dabei die Aufgabe, Kindergärten und allgemeine Schulen von bloß örtlichem Interesse zu betreiben. Den regionalen Minderheitenselbstverwaltungen und Landesminderheitenselbstverwaltungen obliegt der Betrieb von weiterführenden Schulen mit regionalem Einzugsbereich sowie den Landesminderheitenselbstverwaltungen die Einrichtung von Hochschulen mit landesweitem Einzugsbereich. Die rechtlichen Voraussetzungen zur Gründung dieser Minderheitenerziehungseinrichtungen hat gemäß § 4 V UBildG der ungarische Staat zu schaffen, einschließlich der Sicherstellung von deren Finanzierung aus dem Staatshaushalt nach § 4 VI UBildG. Um auch an den Erziehungseinrichtungen der Minderheiten gewisse Mindeststandards zu garantieren, unterliegen auch diese nach § 79 UBildG der staatlichen Genehmigungspflicht. Neben dem Gebrauch ihrer Muttersprache muss nach § 23 II UNatG und § 10 III b UBildG auch sichergestellt sein, dass den Minderheitenkindern in ihren Erziehungseinrichtungen auch volkskundliche Kenntnisse über ihre eigene Minderheit vermittelt werden. Dazu gehören das Kennenlernen der Geschichte, Literatur, Geographie, der kulturellen Werte und Traditionen ihrer Minderheit und ihres Mutterlandes, ihrer Minderheitenrechte sowie des institutionellen Systems ihrer Minderheit in Ungarn.

Anstelle der Gründung einer neuen Erziehungseinrichtung für die Angehörigen der eigenen Minderheit, können die Minderheitenselbstverwaltungen gemäß § 24 I 1, 2. Alt. UNatG auch die Trägerschaft einer bestehenden öffentlichen Erziehungseinrichtung übernehmen. Die Übernahme einer bereits bestehenden Erziehungseinrichtung durch eine Minderheitenselbstverwaltung kann aber nur erfolgen, wenn dadurch keine Umstrukturierung der Einrichtung vorgenommen wird (§ 24 I 2 UNatG) und damit keine Verschlechterung des bisherigen Niveaus der Einrichtung verbunden ist (§ 84 V UNatG). Dadurch soll verhindert

---

973 Vgl. *Küpper*, Das neue Minderheitenrecht in Ungarn, S. 163.

werden, dass ein autonomes Unterrichts- und Bildungssystem einzelner Minderheiten zulasten erreichter Standards errichtet wird. Der Bestandsschutz des Niveaus und der Leistungsfähigkeit einer Erziehungseinrichtung geht also dem Interesse einer Minderheitenselbstverwaltung an der Übernahme einer solchen Einrichtung vor.[974] Die staatliche finanzielle Unterstützung der Erziehungseinrichtung wird entsprechend § 4 VI UBildG auch nach der Übernahme durch eine Minderheitenselbstverwaltung in gleichem Maße fortgeführt.

Die Trägerschaft einer bereits bestehenden staatlichen Erziehungseinrichtung muss gemäß § 25 I UNatG auf Antrag der Landesminderheitenselbstverwaltung an diese übertragen werden, wenn die Einrichtung laut Gründungsurkunde Aufgaben der Minderheit übernimmt, Schüler aus einer Region oder dem gesamten Land dort eingeschult werden, mindestens 75 Prozent der Schüler an der dortigen Minderheitenerziehung teilnehmen und die Übernahme im Einvernehmen mit der Eltern- und Schülervertretung sowie der örtlichen und regionalen Minderheitenselbstverwaltung der die Einrichtung übernehmenden Minderheit erfolgt. Eine kommunale Minderheitenselbstverwaltung kann die Trägerschaft einer staatlichen Erziehungseinrichtung im Einvernehmen mit ihrer Landesminderheitenselbstverwaltung übernehmen, wenn die Einrichtung laut Gründungsurkunde Aufgaben der Minderheit übernimmt, alle dort eingeschriebenen Kinder an der Minderheitenerziehung teilnehmen und die Übernahme im Interesse des Eltern- und Schülerrates erfolgt. Ein Rechtsanspruch auf Übernahme der Einrichtung durch die kommunale Minderheitenselbstverwaltung besteht in diesem Fall hingegen nicht. Ebenso kann die Landesminderheitenselbstverwaltung im besonderen Fall des § 25 IV UNatG mit Zustimmung des Bildungsministers eine örtliche Erziehungseinrichtung übernehmen, wenn dort alle Schüler an der Minderheitenerziehung teilnehmen und die Einrichtung für die betreffende Minderheit von besonderer Bedeutung ist.

Sowohl neu errichtete als auch übernommene Minderheitenerziehungseinrichtungen müssen im Interesse der dort unterrichteten Kinder gemäß § 29 UNatG auch Unterricht in ungarischer Sprache sicherstellen. Zudem sind sie in Kommunen, in denen die Angehörigen ihrer Minderheit die zahlenmäßige Mehrheit bilden, verpflichtet, für die Kinder der lokalen ungarischen oder einer anderen Minderheit zugehörigen Bevölkerung in ausreichendem Maß muttersprachlichen oder zweisprachigen Unterricht anzubieten. Dadurch soll verhindert werden, dass andere Bevölkerungsgruppen durch den Besuch einer Erziehungsanstalt der sich lokal in der Mehrheit befindlichen Minderheit

974 Vgl. *Küpper*, Das neue Minderheitenrecht in Ungarn, S. 165.

assimiliert werden. Um die Erziehungseinrichtungen der Minderheiten nicht gänzlich vom normalen öffentlichen Erziehungssystem abzukoppeln, sollen Minderheitenkindergärten und -schulen nach § 28 UNatG auch Nicht-Angehörigen der sie unterhaltenden Minderheit offenstehen, allerdings nur sofern nach Befriedigung der Bedürfnisse der Angehörigen der Minderheit selbst noch freie Kapazitäten zur Verfügung stehen.

Gegenwärtig gibt es in Ungarn etwa 250 Kindergärten und 300 Schulen, die von den 13 staatlich anerkannten Minderheiten betrieben werden. Von den Minderheitenschulen sind etwa 90 Prozent Primär- und zehn Prozent Sekundarschulen.[975] Aber auch außerhalb der von ihnen betriebenen Erziehungseinrichtungen können die Selbstverwaltungen der Minderheiten Einfluss auf Inhalte der öffentlichen Erziehungsanstalten nehmen. So stehen den Landesminderheitenselbstverwaltungen gemäß §§ 23 I, 162 I UNatG Mitwirkungsrechte bzgl. der Schulverwaltung und des Lehrstoffs zu. So ist beispielsweise im Landesminderheitenausschuss, dessen Zustimmung in Fragen des Schulunterrichts für Minderheitenkinder nach § 8 X, XI UBildG erforderlich ist, jede Landesminderheitenselbstverwaltung mit je einem Repräsentanten vertreten. Ebenso können die interessierten kommunalen Minderheitenselbstverwaltungen gemäß § 60 III c UBildG einen Repräsentanten in das Aufsichts- und Konsultationsgremium einer nicht von ihr unterhaltenen Schule entsenden.

bb) Türkei

In der Türkei haben die staatlich anerkannten nicht-muslimischen Minderheiten das Recht, eigene Minderheitenschulen zu errichten und zu unterhalten. So gesteht Art. 40 LV den Angehörigen nicht-muslimischer Minderheiten im Rahmen der rechtlichen und tatsächlichen Gleichbehandlung mit den übrigen türkischen Staatsangehörigen das Recht zu, „auf eigene Kosten wohltätige, religiöse und soziale Einrichtungen jeder Art sowie Schulen und andere Bildungs- und

---

975 Vgl. dazu: *Human Rights Working Group*, Ethnic Armenians in Hungary; *Human Rights Working Group*, Ethnic Bulgarians in Hungary; *Human Rights Working Group*, Ethnic Croats in Hungary; *Human Rights Working Group*, Ethnic Germans in Hungary; *Human Rights Working Group*, Ethnic Greeks in Hungary; *Human Rights Working Group*, Ethnic Poles in Hungary; *Human Rights Working Group*, Ethnic Romanians in Hungary; *Human Rights Working Group*, Ethnic Serbs in Hungary; *Human Rights Working Group*, Ethnic Slovaks in Hungary; *Human Rights Working Group*, Ethnic Slovenes in Hungary; *Human Rights Working Group*, Ethnic Ukrainians in Hungary; *Human Rights Working Group*, The Roma of Hungary; *Human Rights Working Group*, The Rusyns of Hungary.

Erziehungseinrichtungen jeder Art zu errichten, zu leiten und zu kontrollieren, mit dem Recht, dort ihre eigene Sprache zu gebrauchen und ihre eigene Religion frei auszuüben“[976]. Detaillierte Regelungen darüber finden sich in der aktuellen Fassung des Gesetzes über private Erziehungseinrichtungen (TPrivErzG)[977].

Art. 41 I, II LV sichert den Angehörigen nicht-muslimischer Minderheiten in Städten und Bezirken, in denen sie einen erheblichen Teil der Bevölkerung bilden, einen gerechten Anteil öffentlicher Mittel des Staats- oder Gemeindehaushaltes oder anderer Budgets für erzieherische, religiöse oder wohltätige Zwecke zu, damit deren Kinder an öffentlichen Grundschulen in ihrer eigenen Sprache unterrichtet werden können.

In der Praxis wird die in diesen Bestimmungen garantierte Autonomie der Minderheitenschulen durch den türkischen Staat jedoch erheblich eingeschränkt. So änderte das Erziehungsgesetz (TErzG)[978] von 1961 den Status der Minderheitenschulen der Armenier, Griechen und Juden zu Privatschulen und unterstellte sie der direkten Aufsicht des Erziehungsministeriums. Dadurch wurde der Charakter der Minderheitenschulen als Gemeinschaftseinrichtungen der jeweiligen Minderheit beendet.[979] Das Gesetz über private Erziehungseinrichtungen (TPrivErzG)[980] von 1965 bestimmte dann in § 24 TPrivErzG, dass der stellvertretende Schuldirektor sowie die Lehrer der die türkische Kultur betreffenden Fächer, auf deren Auswahl die Minderheitenschule selbst keinen Einfluss hatte, (muslimische) Türken sein mussten.[981] Eine identische Vorschrift findet sich auch in § 8 des neuen Gesetzes über private Erziehungseinrichtungen (TPrivErzG)[982] von 2007. Der stellvertretende Schuldirektor ist direkter Dienstvorgesetzter der vom Staat eingesetzten Lehrer für Geschichte, Staatsbürgerkunde, Literatur und Geographie und untersteht seinerseits nicht dem Schuldirektor. Dies führt zu einer Doppelhierarchie mit staatlicher Kontrolle der

976 Art. 40 S. 2 LV.

977 Gesetz Nr. 5580 über Private Erziehungseinrichtungen vom 8.2.2007, RG Nr. 26434 vom 14.2.2007.

978 Gesetz Nr. 222 über Grundschulausbildung und Erziehung vom 12.1.1961.

979 Vgl. *Yannas, P.*, The Human Rights Condition of the Rum Orthodox, in: *Kabasakal Arat, Z. F. (Ed.)*, Human Rights in Turkey, Philadelphia 2007, S. 65.

980 Gesetz Nr. 625 über private Erziehungseinrichtungen vom 8.6.1965.

981 Vgl. *Kurban*, A Quest for Equality: Minorities in Turkey, S. 16. Zu den an den Minderheitenschulen unterrichteten Fächern siehe: *Taşdemirci, E.*, Türk Eğitim Tarihinde Azınlık Okulları ve Yabancı Okullar, in: Erciyes Üniversitesi Sosyal Bilimler Enstitüsü Dergisi, Sayı: 10, 2001, S. 14 ff.

982 Gesetz Nr. 5580 über Private Erziehungseinrichtungen vom 8.2.2007, RG Nr. 26434 vom 14.2.2007.

Minderheitenschule und damit zu häufigen Kompetenzstreitigkeiten.[983] Somit ist die in Art. 40 LV garantierte Autonomie der Minderheitenschulen de facto außer Kraft gesetzt und die Minderheitenschulen sind der Kontrolle des türkischen Staates unterworfen. Hinzu kommen Schwierigkeiten der Minderheiten, die Benutzung bestimmter – insbesondere der aus dem Ausland stammenden – Lehrmaterialien vom türkischen Staat genehmigt zu bekommen, die Abschlüsse des im Ausland ausgebildeten Lehrpersonals anerkennen zu lassen und dieses dann auch an der Minderheitenschule beschäftigen zu dürfen.[984] Zudem ist es Minderheitenschulen untersagt, Kinder von anderen nicht-muslimischen Minderheiten aufzunehmen. So verlangt das Ministerium für nationale Erziehung den Nachweis, dass der Vater oder die Mutter des aufzunehmenden Schülers der Religionsgemeinschaft der jeweiligen Minderheitenschule angehört.[985]

Existierten zur Zeit des Osmanischen Reiches noch insgesamt 2.596 Minderheitenschulen, so sind heute davon – entsprechend der Liste der Gemeindestiftungen – in der Türkei als Erziehungseinrichtungen der staatlich anerkannten nicht-muslimischen Minderheiten der Armenier, Griechen und Juden nur noch zwei Kindergärten, 33 Grundschulen und neun Gymnasien übrig geblieben.[986] Allerdings sind von diesen Minderheitenschulen derzeit de facto nur noch 22 in Betrieb: 16 armenische, fünf griechische und eine jüdische Minderheitenschule.[987]

g) *Recht auf Errichtung religiöser Minderheiteneinrichtungen*

Während den in Ungarn staatlich anerkannten Minderheiten kein kollektives Recht auf Errichtung religiöser Einrichtungen zugestanden wird, ermöglichen das türkische Bau- und Stiftungsgesetz den in der Türkei staatlich anerkannten Minderheiten, ihre eigenen Gebetsstätten zu errichten.

---

983 Vgl. *Akgül, E.*, Azınlık Okulları: Sorunlar ve Talepler, in Bianet Haber Merkezi vom 21.3.2013, online unter: http://www.bianet.org/bianet/insan-haklari/145285-azinlik-okullari-sorunlar-ve-talepler [aufgerufen am 5.3.2015]; *Duncker*, Zwischen Konstantinopel und Istanbul. Erfahrungen eines deutschen Pfarrers in der Türkei, S. 85; *EU-Commission*, S. 6; *EU-Kommission*, Türkei Fortschrittsbericht 2005, S. 45; *EU-Kommission*, Türkei Fortschrittsbericht 2006, S. 22 f.; *Oehring*, Zur Lage der Menschenrechte in der Türkei – Laizismus = Religionsfreiheit?, S. 31.

984 Vgl. *Akgül*; *Kizilkan-Kisacik*, S. 150.

985 Vgl. *EU-Kommission*, Regelmäßiger Bericht 2004 über die Fortschritte der Türkei auf dem Weg zum Beitritt, S. 50.

986 Vgl. dazu: *Kurban/ Tsitselikis*, S. 30 ff.

987 Vgl. *Akgül*.

aa) Ungarn

In Ungarn wird den staatlich anerkannten Minderheiten kein eigenes Recht zugestanden, religiöse Einrichtungen für ihre jeweilige Minderheit zu errichten. Der Grund dafür ist, dass die Minderheiten in Ungarn nicht religiös, sondern allein ethnisch, kulturell und sprachlich bestimmt werden. Den Minderheiten steht zwar gemäß § 19 a UNatG das Recht zu, im gesetzlichen Rahmen Einrichtungen zu errichten, zu betreiben und zu übernehmen. Der für die in Ungarn lebenden staatlich anerkannten Minderheiten geltende gesetzliche Rahmen beinhaltet jedoch entsprechend § 2 UNatG nur die Errichtung von kulturellen Einrichtungen (§ 2 Nr. 5 UNatG), öffentlichen Bildungseinrichtungen (§ 2 Nr. 4 UNatG), wissenschaftlichen Einrichtungen (§ 2 Nr. 6 UNatG), gemeinnützigen Vereinen (§ 2 Nr. 14 UNatG) sowie Minderheitenselbstverwaltungen (§ 2 Nr. 2 UNatG). Religiöse Einrichtungen sind davon gerade nicht erfasst. Dessen Errichtung obliegt in Ungarn allein den jeweiligen Religionsgemeinschaften.

Zwar werden generell das Glaubensleben betreffende Traditionen und kirchliche Traditionen in § 2 Nr. 7 UNatG explizit zum religiösen Erbe einer Minderheit gezählt, Denkmäler sowie der Bewahrung religiöser Traditionen dienende kulturelle Güter in § 2 Nr. 8 UNatG explizit zum baulichen und gegenständlichen kulturellen Erbe einer Minderheit. Zu diesem Erbe zählende religiöse Einrichtungen wie Kirchen, Kapellen oder Friedhöfe werden aber dem Wortsinn des Begriffs „Erbe“ entsprechend im Nationalitätengesetz lediglich unter Bestandsschutz gestellt. Der ungarische Staat garantiert den Minderheiten, dass er die bereits bestehenden und zum kulturellen und religiösen Erbe ihrer jeweiligen Minderheit gehörenden religiösen Einrichtungen erhalten und bewahren wird. Denn nur etwas Bestehendes kann auch Bestandteil eines Erbes sein. Die Errichtung neuer religiöser Einrichtungen, die in Zusammenhang mit den religiösen Traditionen einer Minderheit stehen, wird den staatlich anerkannten Minderheiten in Ungarn als solchen hingegen nicht garantiert. Das Recht zur Errichtung neuer religiöser Einrichtungen steht im säkularen Ungarn aufgrund der strikten Trennung von Staat und Kirche nach dem Kirchengesetz (UKG) allein den durch das Ungarische Parlament anerkannten Kirchen, Konfessionen und Religionsgemeinschaften zu, denen gemäß § 7 I, II UKG als religiöse Selbstverwaltungskörperschaft mit eigener Rechtspersönlichkeit ein autonomer Status zukommt.

bb) Türkei

In der Türkei garantiert Art. 42 III LV den frommen Stiftungen, religiösen und gemeinnützigen Einrichtungen der Minderheiten Schutz und Gleichbehandlung mit anderen privaten Einrichtungen dieser Art.

Konkretisiert werden diese Rechte der nicht-muslimischen Minderheiten jedoch im Bau- und Stiftungsgesetz:

Durch das 6. EU-Harmonierungsgesetz vom 15. Juli 2003 wurde im Türkischen Baugesetz (TBauG)[988] der Ausdruck „Moschee" durchgehend durch den Ausdruck „Gebetsstätte" ersetzt. Ergänzend wurde der Zusatzartikel 2 TBauG dahingehend geändert, dass

> „bei der Aufstellung der Bebauungspläne [...] unter Berücksichtigung der Gegebenheiten der Ortschaften und Regionen, für die ein Plan zu erstellen ist, sowie des künftigen Bedarfs [Platz für] Gebetsstätten vorgesehen [wird]. In Regierungsbezirken, Landkreisen und Provinzstädten können mit Zustimmung des Leiters der Zivilverwaltung und unter der Bedingung, dass dies im Einklang mit dem Baurecht steht, Gebetsstätten errichtet werden, [wobei] eine Gebetsstätte [...] nicht im Widerspruch zum Baurecht anders genutzt werden [darf]"[989].

Damit wurde die Baufreiheit erweitert, so dass nunmehr in Bebauungsplänen grundsätzlich nicht mehr nur Platz für Moscheen, sondern auch für Gebetsstätten, also z. B. christliche Kirchen, jüdische Synagogen, aber auch alevitische Cem-Häuser ist. Nach einem Runderlass des Türkischen Innenministeriums[990], der an die Provinzgouverneure in Adana, Ankara, Bursa, Gaziantep, Hatay, Istanbul, Izmir, Kocaeli und Mersin versandt wurde, soll es nach Maßgabe des neuen Baurechts möglich sein, Gebetsstätten nach vorheriger Genehmigung durch die zuständigen Behörden zu bauen und zu eröffnen, wobei der örtliche bzw. regionale Bedarf zu berücksichtigen ist.[991] Erst im Januar 2015 wurde jedoch die erste Genehmigung für den Neubau einer Kirche in der Türkei erteilt.[992] Die

---

988 Baugesetz Nr. 3194 vom 3.5.1985, RG Nr. 18749 vom 9.5.1985.

989 Zusatzartikel 2 TBauG.

990 Runderlass Nr. B.05.1.EGM.0.12.05.05.9293–17236 über die Gebetsstätten vom 24.9.2003.

991 Vgl. *Ministry of Foreign Affairs of the Republic of Turkey (Ed.)*, Political Reforms in Turkey, Ankara 2004, S. 25; *Oehring*, Zur Lage der Menschenrechte – Die Türkei auf dem Weg nach Europa – Religionsfreiheit?, S. 37.

992 So soll im Istanbuler Stadtteil Yeşilköy auf städtischem Grund und Boden ein syrisch-orthodoxes Gotteshaus errichtet werden (vgl. dazu: *Spiegel-Online*, Religionsfreiheit: Türkei genehmigt erstmals Neubau christlicher Kirche, in: Spiegel-Online vom 3.1.2015, online unter: http://www.spiegel.de/politik/ausland/

Errichtung und das Betreiben von Ausbildungsstätten für das geistliche Personal der staatlich anerkannten nicht-muslimischen Minderheiten bleibt diesen hingegen nach der Schließung der griechisch-orthodoxen und armenisch-orthodoxen Priesterausbildungsstätten Anfang der 1970er Jahre weiterhin untersagt.[993]

Aufgrund ihrer fehlenden Rechtspersönlichkeit können die anerkannten nicht-muslimischen Minderheiten nur in Form sog. Gemeindestiftungen (*cemaat vakıfları*) das Eigentum an Liegenschaften erwerben und behalten oder Privatpersonen als Eigentümer der Gebetsstätten ins Grundbuch eintragen lassen.[994] Durch die Änderungen des Stiftungsgesetzes (TStiftungsG)[995] vom 5. Juni 1935 im 3. EU-Harmonisierungsgesetz vom 3. August 2002[996] und im 4. EU-Harmonisierungsgesetz vom 2. Januar 2003[997] wurde den Gemeindestiftungen das Recht zugestanden,

> „unabhängig davon, ob es entsprechende Stiftungsurkunden gibt, mit Genehmigung der Stiftungsdirektion (*Vakıflar Genel Mürdürlüğü*) zur Befriedigung ihrer Bedürfnisse auf dem Gebiet der Religion, der Wohlfahrt, des Sozialwesens, des Bildungswesens, des Gesundheitswesens und der Kultur Liegenschaften [zu] erwerben und über [ihre] Liegenschaften [zu] verfügen“[998].

Die dazu gehörige Ausführungsverordnung über den Erwerb von Liegenschaften durch Gemeindestiftungen, ihre Verfügung über diese und die Registrierung der in ihrer Verfügung befindlichen Liegenschaften vom 24. Januar 2003[999] legt in § 2 fest, dass damit nur Liegenschaften gemeint sind, „die nach Maßgabe des Stiftungsgesetzes Rechtspersönlichkeit erlangt haben“[1000].

Gemäß § 10 Stiftungsgesetz können Gemeindestiftungen von ihnen nicht mehr benötigte Gebäude einer anderen Stiftung mit dem gleichen Stiftungszweck zur Nutzung überlassen.

---

tuerkei-genehmigt-zum-ersten-mal-neubau-christlicher-kirche-a-1011126.html [aufgerufen am 16.1.2015].

993 Vgl. *European Commission*, Turkey 2014 Progress Report, S. 55.

994 Vgl. *EU-Commission*, S. 3; *Oehring*, Zur Lage der Menschenrechte – Die Türkei auf dem Weg nach Europa – Religionsfreiheit?, S. 35.

995 Gesetz Nr. 2762 über Stiftungen vom 5.6.1935, RG Nr. 3027 vom 13.6.1935.

996 RG Nr. 24841 vom 9.8.2002.

997 RG Nr. 24990 vom 11.1.2003.

998 § 1 VI TStiftungsG.

999 RG Nr. 25003 vom 24.1.2003.

1000 § 2 der Ausführungsverordnung über den Erwerb von Liegenschaften durch Gemeindestiftungen, ihre Verfügung über diese und die Registrierung der in ihrer Verfügung befindlichen Liegenschaften vom 24.1.2003.

h) Recht auf Minderheitenmedien

Während den staatlich anerkannten Minderheiten in Ungarn unter Sicherstellung staatlicher Förderung umfangreiche Rechte auf Einrichtung und Unterhaltung minderheiteneigener Medien gewährt werden, existiert für die in der Türkei ansässigen Minderheiten kein minderheitenspezifisches Recht auf eigene Medien. Allerdings können die Minderheiten in der Türkei nach den allgemeinen Gesetzen Medien aller Art in ihrer eigenen Sprache betreiben und herausgeben.

aa) Ungarn

In Ungarn werden den staatlich anerkannten Minderheiten umfangreiche Rechte in Bezug auf die Unterhaltung und Nutzung von Mediendiensten zugestanden. So findet sich im Nationalitätengesetz in den §§ 44–49 UNatG ein eigener Abschnitt zu den Rechten der Minderheiten im Zusammenhang mit Mediendienstinhalten. Nach § 44 I UNatG haben die staatlich anerkannten Minderheiten in Ungarn das Recht auf freien Zugang zu Informationen in ihrer Minderheitensprache sowie zu deren Weitergabe in ihrer Minderheitensprache. Ferner steht ihnen das Recht zu, sich mittels Massenkommunikationsmitteln wie Radio, Fernsehen und Internet in ihrer Minderheitensprache zu informieren und informieren zu lassen, Zugang zu Mediendiensten und Presseerzeugnissen zu haben sowie diese auch selbst zu verbreiten. § 44 II UNatG garantiert den Minderheiten zudem, dass ein öffentlich-rechtlicher Mediendienst in Ungarn auch immer dem Zweck zu dienen hat, die Gemeinschaft der einzelnen staatlich anerkannten Minderheiten in Ungarn zu bewahren und zu stärken, ihre jeweilige Muttersprache und Kultur zu pflegen und zu bereichern sowie ihren kulturellen Bedarf zu befriedigen. Detaillierte Regelungen zur Sicherstellung dieser Anforderungen finden sich im Gesetz über Mediendienste und Massenkommunikation (UMedG)[1001], auf das in § 45 UNatG verwiesen wird.

§ 99 UMedG regelt die Berücksichtigung von staatlich anerkannten Minderheiten in öffentlichen Mediendiensten. Nach § 99 I UMedG haben alle staatlich anerkannten Minderheiten in Ungarn das Recht, zur Bewahrung und Pflege ihrer Muttersprache und Kultur durch öffentliche Mediendienste regelmäßig in Form besonderer Programme in ihrer Minderheitensprache informiert zu werden. Diese Versorgung haben die öffentlichen ungarischen Mediendienste gemäß § 99 II UMedG entweder durch landesweit empfangbare Radio- und Fernsehprogramme oder – bei in bestimmten Regionen und

1001 Gesetz Nr. CLXXXV/2010 über die Mediendienste und die Massenkommunikation vom 20.12.2010.

Ortschaften schwerpunktmäßig siedelnden Minderheiten – auch durch nur lokal empfangbare Radio- und Fernsehprogramme sicherzustellen. Diese Programme können entweder in der Minderheitensprache, mit Untertiteln in der Minderheitensprache oder zweisprachig (in Ungarisch und in der Minderheitensprache) ausgestrahlt werden. Die Landesminderheitenselbstverwaltungen haben gemäß § 99 III UMedG i. V. m. § 117 I d UNatG ein Mitspracherecht bei der Verteilung der Sendezeiten. Aufgrund der Pressefreiheit haben sie jedoch keinen Einfluss auf die Inhalte der Programme. Zudem sind die staatlich anerkannten Minderheiten – ebenso wie die Juden als Religionsgemeinschaft – im paritätisch besetzten Mediengremium des Kuratoriums des Öffentlichen Dienstes i. S. d. § 97 UMedG mit einem Repräsentanten ihrer Landesminderheitenselbstverwaltung gemäß Annex Nr. 1 UMedG vertreten und haben so – wenn auch nur in begrenztem Maß – Einfluss auf den übergeordneten Rahmen der öffentlich-rechtlichen Programmgestaltung. Gemäß § 45 a-b UNatG hat § 99 UMedG zudem in Bezug auf die Minderheitenprogramme u. a. sicherzustellen, dass die Radio- und Fernsehprogramme in der jeweiligen Minderheitensprache regelmäßig und zu einem Zeitpunkt gesendet werden, der sie für den Großteil der Angehörigen der jeweiligen Minderheit zugänglich und verfügbar macht. Darüber hinaus haben die öffentlichen Mediendienste gemäß § 45 c-e UNatG dafür Sorge zu tragen, dass sie für die Erstellung der Minderheitenprogramme ein eigenes Organisationsteam samt Budget besitzen, dass sie die Minderheitenprogramme entsprechend den Bedürfnissen der jeweiligen Minderheit laufend weiterentwickeln und dass sie für die Archivierung, Verarbeitung und dauerhafte Zugänglichkeit der ausgestrahlten Minderheitenprogramme ausreichende Kapazitäten bereithalten.

Auch in der Praxis wird die rechtlich garantierte Medienversorgung der staatlich anerkannten Minderheiten vom ungarischen Staat großzügig sichergestellt. So erfüllt der ungarische Staat seine in § 83 I e, l UMedG formulierte Zielsetzung im Mediendienstbereich, die medienbezogenen Bedürfnisse der Minderheiten durch Präsentation ihrer Kultur und Pflege ihrer Muttersprache nicht nur innerhalb Ungarns, sondern auch in Europa und in der Welt zu befriedigen, auf verschiedene Art und Weise. Im Bereich des Rundfunks gibt es in der Senderfamilie der öffentlich-rechtlichen Hörfunkgesellschaft *Magyar Rádió* (MR) den Minderheitensender *MR4*, der für die staatlich anerkannten Minderheiten in Ungarn Radiosendungen in deren Minderheitensprache produziert diese und aus vier verschiedenen Regionalstudios (Marcali, Szolnok, Lakihegy und Pécs) sendet.[1002] So werden auf *MR4* – je nach Bedarf der einzelnen

1002 Vgl. *Tóth, B.*, Minorities in the Hungarian media, S. 17.

Minderheiten – täglich oder wöchentlich in einer Länge von 20–120 Minuten tagsüber zwischen 8 Uhr und 20 Uhr Sendungen auf Armenisch, Bulgarisch, Deutsch, Griechisch, Kroatisch, Polnisch, Romanes, Rumänisch, Ruthenisch, Serbisch, Slowakisch und Ukrainisch ausgestrahlt. Zwischen 20 Uhr abends und 8 Uhr morgens werden diese Sendungen wiederholt.

Im Bereich des Fernsehens hatte bislang der öffentlich-rechtliche TV-Sender *Duna TV* die Aufgabe, als nationaler Kultursender die Grundversorgung mit Fernsehprogrammen für die staatlich anerkannten Minderheiten in Ungarn sicherzustellen. Dazu wurden – je nach Relevanz – wöchentlich oder monatlich 25-minütige Sendungen in den Sprachen der einzelnen Minderheiten ausgestrahlt oder für diese auch zweisprachige bzw. mit Untertiteln versehene Magazine gesendet. Im auf *Duna TV* monatlich ausgestrahlten halbstündigen Minderheitenmagazin *Rondó* waren die kleineren Minderheiten der Armenier, Bulgaren, Griechen und Polen anteilig mit etwa sechs bis acht Minuten Sendezeit in ihrer Muttersprache vertreten.[1003] Ab Mitte März 2015 wurden die öffentlich-rechtlichen Fernsehsender in Ungarn jedoch grundlegend umstrukturiert. So übernahm der bisherige Kulturkanal *Duna TV* die Rolle des ehemaligen Hauptsenders *M1*, der nun zu einem 24-Stunden-Nachrichtenkanal umfunktioniert wurde.[1004] Trotz dieser Umstrukturierung sind die staatlich anerkannten Minderheiten in Ungarn aber weiterhin im ungarischen Staatsfernsehen mit ihren eigenen Sendungen vertreten.

Im Bereich der Print- und Onlinemedien beschränkt sich die staatliche Sicherstellung der minderheitlichen Grundversorgung auf die finanzielle Förderung der einzelnen Presseerzeugnisse der jeweiligen staatlich anerkannten Minderheiten.[1005] Dabei wird zumindest eine regelmäßig erscheinende Zeitung oder Zeitschrift jeder Minderheit vom Staat gefördert. Der Großteil der Minderheitenpresse wird aber von den jeweiligen Minderheiten auf privater Basis oder durch ihre Minderheitenselbstverwaltungen selbst finanziert.[1006]

Neben der Ausstrahlung von Programmen in den Sprachen der staatlich anerkannten Minderheiten trifft die öffentlichen Mediendienste in Ungarn aber

1003 Vgl. *Human Rights Working Group*, Ethnic Armenians in Hungary; *Human Rights Working Group*, Ethnic Poles in Hungary; *Küpper*, Das neue Minderheitenrecht in Ungarn, S. 288; *Tóth, B.*, Minorities in the Hungarian media, S. 17 f.

1004 Vgl. *Pester Lloyd*, Umstrukturierungen beim ungarischen Staatsfernsehen, in: Pester Lloyd vom 7.1.2015, online unter: http://www.pesterlloyd.net/html/1501m1dunatv36direkt.html [aufgerufen am 1.3.2015].

1005 Vgl. *Constantin/ Lantschner*, S. 38.

1006 Vgl. *Brunner/ Küpper*, S. 57 f.

gemäß § 46 UNatG auch die Pflicht, die restliche Bevölkerung im Rahmen ihrer übrigen Programme regelmäßig in ungarischer Sprache in vielseitiger und authentischer Art und Weise über das Leben und die Eigenarten der in Ungarn lebenden Minderheiten zu informieren.

In § 48 UNatG wird dem ungarischen Staat die Pflicht auferlegt, den Zugang der staatlich anerkannten Minderheiten zu Massenmedien sowie deren Betreiben durch diese zu ermöglichen (§ 48 I a UNatG), die Grundversorgung der Minderheiten mit sie ansprechenden Radio- und Fernsehprogrammen sowie Presseerzeugnissen (§ 48 I b UNatG), die Erstellung von Spiel- und Dokumentarfilmen für und über die einzelnen Minderheiten (§ 48 I c UNatG), die Erstellung von Fernsehprogrammen in den einzelnen Minderheitensprachen (§ 48 I d UNatG) und von Radio- und Fernsehprogrammen in den einzelnen Minderheitengemeinschaften (§ 48 I e UNatG) unter Beachtung der Meinungs- und Pressefreiheit zu fördern. Der Umfang der staatlichen Unterstützung wird dabei aufgrund der hohen Produktionskosten von Radio- und Fernsehsendungen nach der Größe der einzelnen Minderheit gestaffelt bemessen.[1007]

Schließlich fördert der ungarische Staat im Rahmen der minderheitlichen Medienversorgung gemäß § 49 UNatG in den von den staatlich anerkannten Minderheiten bewohnten Gebieten Ungarns auch den Empfang von Radio- und Fernsehprogrammen aus dem Mutterland der jeweiligen Minderheit. Dazu kann der ungarische Staat beispielsweise internationale Verträge abschließen. Grundvoraussetzung für den Empfang von Radio- und Fernsehprogrammen aus dem Mutterland der einzelnen Minderheiten auf ungarischem Gebiet sind aber neben der Kooperationsbereitschaft dieser Nachbarstaaten und den sendelizenzrechtlichen Genehmigungen auch das Vorhandensein der technischen Empfangsmöglichkeiten dieser Programme. Da der ungarische Staat diese Unwägbarkeiten nicht in jedem Fall lösen kann, ist die staatliche Förderungspflicht des § 49 UNatG dahingehend weit auszulegen, dass der ungarische Staat lediglich verpflichtet ist, durch seine zuständigen Organe nachweisbar Anstrengungen zu unternehmen, um den Empfang dieser Programme zu ermöglichen. Diese Anstrengungen hat die ungarische Regierung unternommen.[1008] Aber selbst ohne die entsprechenden Abschlüsse von Rundfunk- und Fernsehkooperationsverträgen mit seinen Nachbarländern sind aufgrund der geographischen Nähe Ungarns zu den Mutterländern der auf seinem Staatsgebiet beheimateten Minderheiten derzeit zahlreiche Rundfunk- und Fernsehprogramme aus diesen

---

1007 Vgl. *Küpper*, Das neue Minderheitenrecht in Ungarn, S. 289.
1008 Vgl. *Küpper*, Das neue Minderheitenrecht in Ungarn, S. 147 f.

Ländern in Ungarn frei empfangbar, sei es über Antenne, Satellit, Kabel oder Internet.

Neben den staatlicherseits gewährten Förderungen beim Zugang zu Mediendienstleistungen können die einzelnen staatlich anerkannten Minderheiten in Ungarn entsprechend § 48 I a UNatG aber auch eigene Medien gründen und unterhalten. Betreibt eine Minderheit ihr eigenes Medium (Presse, Radio, Fernsehen), so steht ihr dabei gemäß § 48 I, II UNatG eine (finanzielle) staatliche Förderung zu. In Kommunen, in denen der Bevölkerungsanteil einer Minderheit mindestens zehn Prozent beträgt, hat der durch die kommunale Selbstverwaltung betriebene oder finanzierte örtliche Mediendienstleister oder Presseanbieter auf Antrag der kommunalen Minderheitenselbstverwaltung oder eines örtlichen Vereins dieser Minderheit in seinem Medium gemäß § 6 III UNatG auch ein regelmäßiges Programm in der Minderheitensprache anzubieten.

Für alle Medien in Ungarn – egal ob staatlich, privat oder in Minderheitenhand – gilt die presserechtliche Verpflichtung aus § 11 des Gesetzes zur Pressefreiheit und den Grundregeln der Medieninhalte (UPMG)[1009]. Danach sind alle öffentlichen Mediendienste u. a. verpflichtet, die nationalen, familiären, ethnischen und religiösen Gemeinschaften zu bewahren, ihre Sprachen und ihre Kultur zu fördern sowie deren Informationsbedürfnisse zu befriedigen. In Ergänzung dazu verbietet es § 17 UPMG, zu Hass gegen eine dieser Gemeinschaften anzustacheln sowie eine nationale, ethnische, sprachliche, religiöse Gruppe oder andere Minderheit in der Medienberichterstattung zu ignorieren.

bb) Türkei

Für die Minderheiten in der Türkei gibt es kein spezifisch gewährtes Recht auf Minderheitenmedien. Sowohl die staatlich anerkannten nicht-muslimischen Minderheiten als auch die kulturellen Minderheiten können aber nach den allgemeinen Gesetzen Rundfunk- und Fernsehsendungen in ihrer eigenen Sprache senden als auch Presseerzeugnisse in ihrer Minderheitensprache herausgeben.

Das Gesetz über den Aufbau und die Sendungen von Rundfunk- und Fernsehanstalten (TRuFG)[1010] erlaubt die Ausstrahlung von Sendungen in anderen Sprachen als Türkisch. In § 4 I 4 TRuFG wird öffentlichen und privaten Rundfunk- und Fernsehanstalten das Recht zugestanden, Rundfunk- und Fernsehsendungen in anderen Sprachen und Dialekten, die türkische Staatsbürger

1009 Gesetz Nr. CIV/2010 über die Pressefreiheit und die Grundregeln der Medieninhalte.

1010 Gesetz Nr. 3984 über den Aufbau und die Sendungen von Rundfunk- und Fernsehanstalten vom 13.4.1994, RG Nr. 21911 vom 20.4.1994.

traditionell im Alltag benutzen, auszustrahlen, solange diese Sendungen gemäß § 4 I 5 TRuFG nicht fundamentalen Prinzipien der Türkischen Republik und der unteilbaren Einheit des Staates widersprechen. Mit den Sprachen und Dialekten, die türkische Staatsbürger traditionell im Alltag benutzen, sind die Sprachen der in der Türkei lebenden ethnischen, religiösen und kulturellen Minderheiten gemeint.

Dieses Recht auf Ausstrahlung von Sendungen in Minderheitensprachen erfuhr jedoch in der Praxis durch ein Ausführungsgesetz zunächst erhebliche Einschränkungen.[1011] Danach waren sowohl Sendezeit als auch Inhalt der Rundfunk- und Fernsehsendungen in Minderheitensprachen deutlich beschränkt und für jede Sendung in Minderheitensprachen war eine staatliche Genehmigung erforderlich.[1012] Ab Juni 2004 gab es dann im türkischen Staatsfernsehen *TRT* die ersten Fernsehsendungen in arabischer, bosnischer, kirgisischer und kurdischer Sprache. Ab 2006 erlaubte die Oberste Rundfunkbehörde (*RTÜK*) erstmals privaten Rundfunk- und Fernsehsendern zeitlich begrenzt – pro Tag maximal 60 Minuten im Radio und 45 Minuten im Fernsehen – Nachrichten, Musik oder Kulturprogramme in den genannten Minderheitensprachen zu senden.[1013] Im Jahr 2006 wurden dann die zeitlichen Beschränkungen für Musik- und Filmprogramme aufgehoben. Am 1. Januar 2009 ging mit dem staatlichen Sender *TRT 6* in der Türkei der erste Fernsehsender auf Sendung, der sein Programm 24 Stunden täglich in kurdischer Sprache ausstrahlte, ohne dafür allerdings eine hinreichende Rechtsgrundlage zu besitzen.[1014] Die Rechtsgrundlage für ein uneingeschränktes Radio- und Fernsehprogramm in Minderheitensprachen wurde dann schließlich im November 2009 mit der Verordnung über Radio- und Fernsehprogramme in Sprachen und Dialekten, die türkische Staatsbürger traditionell im Alltag benutzen[1015] geschaffen, die mittlerweile

1011 Vgl. *EU-Kommission*, Türkei Fortschrittsbericht 2005, S. 34, 46, 94, 170.

1012 Vgl. *EU-Kommission*, Türkei Fortschrittsbericht 2006, S. 23, 49.

1013 Vgl. *Bayır*, S. 170; *Bozarslan*, La Question Kurde: Est-Elle Soluable Dans L'Europe?, S. 88; *Çavuşoğlu*, 2004 AB İlerleme Raporu ve Azınlık kavramı çerçevesinde Kültürel Haklara ilişkin sorunlar, S. 5; *EU-Kommission*, Türkei Fortschrittsbericht 2006, S. 23, 49; *Gürbey. G.*, Die türkische Kurdenpolitik im Kontext des EU-Beitrittsprozess und der Kopenhagener Kriterien, in: Südosteuropa Mitteilungen 02/2000, S. 51; *Kurban*, Confronting Equality: The Need for Constitutional Protection of Minorities on Turkey's Path to the European Union, S. 203; *Oran*, Türkiye'de Azınlıklar: Kavramlar, Lozan, İç Mevzuat, İçtihat, Uygulama, S. 120 f.

1014 Vgl. *Bayır*, S. 170; *Kizilkan-Kisacik*, S. 222.

1015 Verordnung über Radio- und Fernsehprogramme in Sprachen und Dialekten, die türkische Staatsbürger traditionell im Alltag benutzen, RG Nr. 27405 vom 13.11.2009.

durch die Verordnung über Verfahrensregeln für Rundfunk- und Fernsehanstalten (TRuFVO)[1016] ersetzt worden ist. Auf dieser rechtlichen Grundlage nahm dann *Dünya TV* als erster landesweit 24 Stunden täglich in kurdischer Sprache sendender privater Fernsehsender im Juni 2010 seinen Sendebetrieb auf.[1017] Im selben Jahr begannen noch 15 weitere private Sendeanstalten mit Sendungen in Minderheitensprachen, darunter Armenisch, Kirgisisch und Lazisch.[1018] Nunmehr können also von der Obersten Rundfunkbehörde (*RTÜK*) genehmigte Programme in anderen Sprachen und Dialekten, die türkische Staatsbürger traditionell im Alltag benutzen, gemäß § 7 der TRuFVO ohne inhaltliche oder zeitliche Beschränkungen sowie ohne das Erfordernis von Untertiteln oder einer Konsekutivübersetzung gesendet werden.[1019] Einen Anspruch auf Gewähr staatlicher Förderung zur Ausstrahlung von Programmen in Minderheitensprachen existiert in der Türkei nicht.

Presseerzeugnisse können von Minderheiten und ihren Angehörigen ebenso wie von jeder anderen juristischen oder natürlichen Person unter den Voraussetzungen des Türkischen Pressegesetzes (TPrG)[1020] publiziert werden. Nach entsprechender Anzeige der Veröffentlichung einer Zeitung oder Zeitschrift beim örtlichen Büro des leitenden Staatsanwalts gemäß § 7 I TPrG kann deren Eigentümer diese frei herausgeben, sofern er die formellen Voraussetzungen des § 7 II TPrG erfüllt. Beschränkungen hinsichtlich der Publikationssprache gibt es nicht. Nach Art. 39 IV LV dürfen nämlich keinem türkischen Staatsbürger Beschränkungen hinsichtlich des Gebrauchs irgendeiner Sprache im Bereich der Presse oder bei Veröffentlichungen jeglicher Art auferlegt werden. Somit können die in der Türkei ansässigen Minderheiten ihre eigenen Druckerzeugnisse in ihrer Minderheitensprache oder zweisprachig (auf Türkisch und in der Minderheitensprache) veröffentlichen. Ein Recht auf finanzielle staatliche Förderungen ihrer Presseerzeugnisse haben weder die staatlich anerkannten nicht-muslimischen Minderheiten noch kulturelle Minderheiten. Insofern müssen sich Presseerzeugnisse der Minderheiten – ebenso wie deren Rundfunk- und Fernsehprogramme – selbst tragen.

1016 Verordnung über die Verfahrensregeln für Rundfunk- und Fernsehanstalten, RG Nr. 28103 vom 2.11.2011.

1017 Vgl. dazu auch: *Bayır*, S. 170 f.

1018 Vgl. *Kizilkan-Kisacik*, S. 223.

1019 Vgl. *European Commission*, Turkey 2014 Progress Report, S. 33.

1020 Gesetz Nr. 5187 über die Presse vom 9.6.2004, RG Nr. 25504 vom 26.6.2004.

i) Recht auf Vereinigung

Während den staatlich anerkannten Minderheiten in Ungarn das kollektive Recht auf Vereinigung in Form von Vereinen, Organisationen und Parteien zusteht, existiert in der Türkei keine gesetzlich garantierte minderheitenspezifische Vereinigungsfreiheit. Stattdessen unterliegt die Vereinigungsfreiheit für Minderheiten in der Türkei nach den allgemeinen Gesetzen besonderen Einschränkungen.

aa) Ungarn

In Ungarn wird den Minderheiten und ihren Angehörigen in § 14 UNatG das Recht zugestanden, im Rahmen der Gesetze Vereine und Parteien zu gründen. Im Rahmen der Vereinsgründungsfreiheit ist zwischen zwei Formen von Minderheitenvereinen zu unterscheiden: Zum einen einer Minderheitenorganisation, die gemäß § 2 Nr. 14 UNatG als ein gemeinnütziger Verein definiert wird, dessen satzungsmäßig festgelegter Zweck die Vertretung der ihn gründenden Minderheit ist, zum anderen einem Minderheitenverein, der gemäß § 2 Nr. 15 UNatG ein ethnischer Verein ist, der nach seiner Satzung die Interessenvertretung, -verteidigung oder eine mit der kulturellen Autonomie der von ihm vertretenen Minderheit unmittelbar zusammenhängenden Tätigkeit wahrnimmt.

Die allgemeinen Gründungsvoraussetzungen dieser Minderheitenvereinigungen finden sich im Ungarischen Vereinsgesetz (UVereinsG)[1021] von 1989. So können gemäß § 2 I UVereinsG natürliche Personen, juristische Personen und deren Organisationen Vereine gründen. Darunter fallen also auch Minderheiten, deren Angehörige und deren Organisationen.

Minderheitenvereinen i. S. d. § 2 Nr. 15 UNatG werden im Nationalitätengesetz an mehreren Stellen besondere Kompetenzen zur Wahrung der Rechte der von ihr vertretenen Minderheit eingeräumt. So ist ein Minderheitenverein in Kommunen mit einem Anteil der betreffenden Minderheit von mindestens zehn Prozent berechtigt, nach § 6 III UNatG bei der kommunalen Selbstverwaltung, die in dieser Kommune Presse- oder Medienprodukte herausgibt oder finanziert, zu beantragen, ein muttersprachliches Minderheitenprogramm mit in deren Presse- und Medienerzeugnisse aufzunehmen. Im Übrigen stehen den Minderheitenvereinen in den die eigene Minderheit betreffenden Fragen der kulturellen Dienstleistungen, sozialen Grundversorgung, Bildungs-, Bibliotheks- und Museumseinrichtungen, Information sowie Medien gemäß §§ 6 IV, 10 V, 165 VI UNatG jeweils Mitwirkungsrechte zu, soweit diese mangels einer

1021 Gesetz Nr. II/1989 über die Rechte von Vereinen.

vor Ort vorhandenen Minderheitenselbstverwaltung nicht durch diese wahrgenommen werden können. Nach § 10 VI b UNatG sollen die Minderheitenselbstverwaltungen auch eng mit den in ihrem örtlichen Zuständigkeitsbereich tätigen Minderheitenvereinen zusammenarbeiten.

Minderheitenorganisationen i. S. d. § 2 Nr. 14 UNatG werden im Nationalitätengesetz ebenfalls besondere Rechte garantiert. So steht diesen gemäß § 58 UNatG das Recht zu, bei den Wahlen zu den kommunalen Minderheitenselbstverwaltungen ihrer eigenen Minderheit - entweder allein oder gemeinsam mit einer anderen Minderheitenorganisation derselben Minderheit - Kandidaten aufzustellen. Bei den Wahlen zur regionalen Minderheitenselbstverwaltung oder zur Landesminderheitenselbstverwaltung ihrer Minderheit dürfen sie unter bestimmten Voraussetzungen gemäß §§ 60, 61, 62, 70 UNatG - einzeln oder gemeinsam - Kandidatenlisten aufstellen. Zudem steht den Minderheitenorganisationen nach § 21 UNatG das Recht zu, umfassende und unmittelbare internationale Kontakte aufzubauen und zu unterhalten. Für die Arbeit der einzelnen Minderheitenorganisationen sind §§ 151 d, 152 b UNatG besonders wichtig: Diese ermöglichen es ihnen, von den zuständigen Ministern aus dem Staatshaushalt finanzielle Unterstützung zu erhalten.

Das den staatlich anerkannten Minderheiten in § 14 UNatG garantierte Recht zur Gründung einer eigenen Minderheitenpartei ist im Parteiengesetz (UPartG)[1022] geregelt. Nach § 2 II UPartG haben nur wahlberechtigte natürliche Personen das Recht, eine politische Partei zu gründen. Somit steht das Recht zur Parteigründung nur Angehörigen der in Ungarn staatlich anerkannten Minderheiten zu, aber nicht einer einzelnen Minderheit als Kollektiv.

bb) Türkei

In der Türkei gibt es neben der in Art. 33 I TV für jedermann garantierten Vereinsgründungsfreiheit kein minderheitenspezifisches Recht auf Vereinigung. Minderheitenangehörige können sich - wie jeder andere türkische Staatsbürger auch - auf Grundlage des Art. 33 IV TV nach den allgemeinen Gesetzen zusammenschließen und vereinigen.

Allerdings erfährt die verfassungsrechtlich garantierte Vereinsgründungsfreiheit im Türkischen Vereinsgesetz (TVereinsG)[1023] für Minderheiten und deren Angehörige eine Einschränkung. Obwohl auch der Gebrauch der

1022 Gesetz Nr. XXXIII/1989 über die Funktionsweise und die Finanzverwaltung Politischer Parteien.

1023 Gesetz Nr. 5253 über Vereine vom 4.11.2004, RG Nr. 25649 vom 23.11.2004.

Minderheitensprachen in Art. 39 IV LV uneingeschränkt garantiert wird, wird dieses Recht für Vereine dahingehend eingeschränkt, dass gem. § 31 TVereinsG die offizielle Korrespondenz in türkischer Sprache erfolgen muss.[1024] Dies sind aber die einzigen Einschränkungen, mit denen Vereine der Minderheiten in der Türkei leben müssen. Nach der alten Fassung des § 5 Nr. 6 TVereinsG[1025] waren nämlich noch solche Vereine verboten, die rassische, regionale, sprachliche religiöse und konfessionelle Unterschiede in der Türkei propagierten und entsprechende Minderheiten schufen. Nach dem neuen Vereinsgesetz sind laut § 30 b TVereinsG hingegen nur noch solche Vereine verboten, deren Zweck gegen die Verfassung oder die Gesetze verstößt. Wegen des in der Türkischen Verfassung an verschiedenen Stellen betonten Schutzes der Unteilbarkeit von Staatsgebiet und Staatsvolk, bleibt es den türkischen Gerichten bei weiter Auslegung dieser Schutzbestimmungen aber auch weiterhin unbenommen, Vereine zu verbieten, bei deren Vereinszweck und -aktivitäten sie ein die unteilbare Einheit des türkischen Staatsgebietes und Staatsvolkes gefährdendes Tätigwerden – beispielsweise durch das Propagieren ethnischer, sprachlicher, religiöser und konfessioneller Unterschiede – konstatieren. Da die Gefahr eines Verbots gerade den Vereinen und Vereinigungen von in der Türkei lebenden Minderheiten droht, ist deren Vereinigungsfreiheit in der Praxis noch eingeschränkt. Obwohl sich inzwischen einige Vereinigungen, die auf Grundlage der Zugehörigkeit zu einer Rasse, Volksgruppe, Religion, Sekte, Region oder zu einer anderen Minderheitengruppe gegründet wurden, als Verein eintragen lassen konnten, wird in der Praxis Vereinigungen, die sich die Förderung einer bestimmten kulturellen oder religiösen Identität zum Ziel gesetzt haben, auch nach Inkrafttreten des neuen Vereinsgesetzes oft noch die offizielle Eintragung als Verein verweigert.[1026]

Grundsätzlich steht es den Minderheiten in der Türkei im Rahmen der allgemeinen Vereinigungsfreiheit auch offen, politische Parteien zu gründen. Allerdings ist deren Gründung durch das Parteiengesetz (TPartG)[1027] erheblichen Einschränkungen unterworfen. So verbietet es § 81 a TPartG politischen Parteien zu behaupten, dass auf dem Gebiet der Türkei Minderheiten existieren, die auf nationalen, religiösen, konfessionellen, rassischen oder sprachlichen Unterschieden beruhen. Nach § 81 b TPartG dürfen politische Parteien auch nicht

1024 Vgl. *Ministry of Foreign Affairs of the Republic of Turkey*, S. 5.

1025 des Gesetzes Nr. 2908 über Vereine in der Fassung vom 30.7.2003, RG Nr. 25192 vom 7.8.2003.

1026 Vgl. dazu: *EU-Kommission*, Türkei Fortschrittsbericht 2005, S. 34 ff., 135.

1027 Gesetz Nr. 2820 über die Politischen Parteien vom 22.4.1983, RG Nr. 18027 vom 24.4.1983.

das Ziel verfolgen, durch Pflege, Entwicklung und Verbreitung anderer Sprachen und Kulturen als der türkischen, auf türkischem Staatsgebiet Minderheiten zu schaffen, die nationale Einheit zu zerstören oder in dieser Hinsicht tätig zu sein. § 81 c TPartG schreibt den politischen Parteien zudem vor, in ihrem Parteiprogramm, auf Parteikongressen, anderen Parteiveranstaltungen oder in von ihnen verbreiteten Materialien keine andere Sprache als Türkisch zu verwenden. Die einzige Ausnahme dazu findet sich seit April 2010 im Kontext der Wahlen im Gesetz zu den Grundlegenden Bestimmungen der Wahlen und des Wählerverzeichnisses (§ 58 TWWG)[1028]. Nach der geänderten Fassung des § 58 TWWG ist der Gebrauch einer anderen Sprache als Türkisch nunmehr im Wahlkampf, d. h. bei Wahlkampfveranstaltungen, auf Wahlplakaten oder bei Wahlwerbespots im Radio und Fernsehen, nicht mehr verboten. Stattdessen muss der Gebrauch der türkischen Sprache bei Wahlpropaganda nach § 58 TWWG nur noch „wesentlich“[1029] sein. Somit können die pro-kurdischen Parteien ihren Wahlkampf seit den Parlamentswahlen im Jahr 2011 zielgerichtet auf ihre zumeist kurdischstämmigen Wähler zumindest teilweise auch in kurdischer Sprache bestreiten.

j) Recht auf Vertretung im Parlament

In Ungarn werden den staatlich anerkannten Minderheiten bei den Parlamentswahlen gesetzlich besondere Privilegien eingeräumt, die eine Vertretung jeder dieser Minderheiten im Parlament entweder in Form eigener Abgeordneten oder eines eigenen Landesminderheitensprechers garantieren. In der Türkei haben die dort ansässigen Minderheiten hingegen kein Recht auf Vertretung im Parlament. Vielmehr existieren sogar gleich mehrere gesetzliche Regelungen, die einer Minderheit ihre Repräsentanz im türkischen Parlament nahezu unmöglich machen.

aa) Ungarn

In Ungarn wird das Recht der Minderheiten auf parlamentarische Vertretung in Art. 2 II UGG garantiert. Dieser verweist zur Regelung der Teilnahme der staatlich anerkannten Minderheiten an der Arbeit des Parlaments auf ein Schwerpunktgesetz. Im Nationalitätengesetz finden sich dazu jedoch – abgesehen von der Garantie des Gebrauchs der Muttersprache durch Minderheitenabgeord-

---

1028 Gesetz Nr. 298 über die Grundlegenden Bestimmungen der Wahlen und des Wählerregisters vom 26.4.1961, RG Nr. 10796 vom 2.5.1961.

1029 § 58 TWWG.

nete und Minderheitensprecher im Parlament gemäß § 5 III UNatG – keine Regelungen. Die Details der Vertretung der staatlich anerkannten Minderheiten im Ungarischen Parlament finden sich stattdessen im Ungarischen Parlamentsabgeordnetenwahlgesetz (UWahlG)[1030].

Den Parlamentswahlen in Ungarn liegt ein besonderes Wahlsystem zugrunde, das auch als „Grabenwahlsystem mit kompensatorischen Elementen"[1031] bezeichnet wird. Dieses System ist ein gemischtes Wahlsystem, das sowohl Elemente der Direktwahl als auch der Verhältniswahl enthält. Jeder Wahlberechtigte hat dabei gemäß § 12 I UWahlG zwei Stimmen: die Erststimme für einen Direktkandidaten im Wahlkreis, die Zweitstimme für die Landesliste einer Partei. Von den insgesamt 199 Abgeordnetenmandaten werden nach §§ 3 II, 13 UWahlG 106 Mandate an Direktkandidaten vergeben, die in ihren Komitatswahlkreisen die Mehrheit der Erststimmen auf sich vereinigen konnten. Die verbleibenden 93 Mandate werden nach den Grundsätzen der Verhältniswahl nach §§ 3 II, 14, 16 UWahlG durch die Landeslisten der Parteien und Minderheiten besetzt, die mehr als fünf Prozent der gültigen Zweitstimmen erreicht haben. Schließlich werden die dadurch entstandenen Ungleichgewichte nach §§ 15, 16 UWahlG teilweise wieder kompensiert.

Den Minderheiten stehen bei den Wahlen der Parlamentsabgeordneten gewisse Sonderrechte zu. So kann jede Landesminderheitenselbstverwaltung einer staatlich anerkannten Minderheit in Ungarn gemäß §§ 7, 9 I UWahlG eine eigene Minderheitenlandesliste aufstellen. Diese Minderheitenlandesliste darf nur Kandidaten enthalten, die im Wahlregister derselben Minderheit eingetragen sind (§ 9 III UWahlG), muss mindestens drei Kandidaten beinhalten (§ 9 II UWahlG) und von mindestens einem Prozent der landesweit wahlberechtigen Angehörigen derselben Minderheit – aber nicht mehr als 1.500 Personen – unterstützt werden (§ 9 II UWahlG). Wird diese Minderheitenlandesliste dann zu den Parlamentswahlen zugelassen, dürfen die im Wählerverzeichnis derselben Minderheit registrierten wahlberechtigen Minderheitenangehörigen ihre Zweitstimme gemäß § 12 II UWahlG für die Landesliste ihrer Minderheit abgeben. Entfallen mehr als fünf Prozent aller landesweit gültigen Stimmen der Parlamentswahl auf diese Minderheitenlandesliste, so entsendet diese Minderheit entsprechend ihres prozentualen Zweitstimmenanteils Abgeordnete von ihrer Liste ins Parlament. Da die staatlich anerkannten Minderheiten in Ungarn jedoch jeweils weniger als fünf Prozent aller landesweit Wahlberechtigten stellen, ist diese Art eines Man-

1030 Gesetz Nr. CCII/2011 über die Wahlen der Abgeordneten des Parlaments.
1031 *Dieringer*, S. 244.

datsgewinns für sie praktisch irrelevant. Vielmehr bietet § 14 III i. V. m. § 16 d-g UWahlG für die einzelnen Minderheiten die Möglichkeit der Erringung eines Vorzugsmandats. Die für dieses Vorzugsmandat erforderliche Zweitstimmenanzahl berechnet sich nach § 16 d UWahlG wie folgt: Zunächst muss die Gesamtzahl der gültigen Zweitstimmen durch 93 (Gesamtzahl der durch Landeslisten zu besetzenden Abgeordnetenmandate) geteilt und dieses Ergebnis wiederum durch vier geteilt werden. Die ganze Zahl des errechneten Quotienten bezeichnet dann die Anzahl der Stimmen, die zur Erlangung eines Vorzugsmandats einer Minderheitenlandesliste erforderlich sind. Mit anderen Worten: Den Minderheitenlandeslisten reicht etwa ein Viertel der Stimmen, die normalerweise für ein Abgeordnetenmandat erforderlich sind, um einen Kandidaten ihrer Landesliste ins Parlament zu entsenden. Jede Minderheit, die die genannte Anzahl von Wählerstimmen erreicht, kann jedoch gemäß § 16 e UWahlG nur eines dieser Vorzugsmandate in Anspruch nehmen. Die Vorzugsmandate der Minderheiten werden sodann von den insgesamt 93 durch Landeslisten zu besetzenden Abgeordnetenmandaten abgezogen. Die verbleibenden Mandate werden nun nach § 16 f UWahlG entsprechend ihres prozentualen Zweitstimmenanteils und gemäß der in § 16 g UWahlG festgelegten Prozedur unter den die 5-Prozent-Hürde überschreitenden Landeslisten aufgeteilt. Sollte eine Minderheitenlandesliste die 5-Prozent-Hürde ebenfalls übersprungen haben, so findet sie bei dieser Verteilung der Mandate gemäß § 16 f b) UWahlG ebenfalls Berücksichtigung.

Sollte eine Minderheit, die mit einer eigenen Minderheitenlandesliste an den Parlamentswahlen teilgenommen hat, weder die für ein reguläres Abgeordnetenmandat noch die für ein Vorzugsmandate erforderliche Stimmenanzahl erreicht haben, so garantiert das Wahlgesetz dieser Minderheit in § 18 UWahlG dennoch eine Vertretung im Parlament, und zwar in Gestalt des Landesminderheitensprechers. Das Amt des Landesminderheitensprechers einer Minderheit fällt automatisch dem Kandidaten zu, der auf dem ersten Listenplatz der Landesminderheitenliste steht. Im Gegensatz zu normalen Abgeordneten haben die Landesminderheitensprecher der einzelnen Minderheiten gemäß § 29 II ULVG im Parlament kein Stimmrecht. Um sicherzustellen, dass die Belange der von ihnen repräsentierten Minderheit auch im Parlament Gehör finden und beachtet werden, steht ihnen – ähnlich wie dem Minderheitensprecher auf kommunaler Ebene – gemäß § 29 III, IV, VI ULVG lediglich das Recht zu, an Parlaments- und Ausschusssitzungen teilzunehmen und bei den ihre Minderheit betreffenden Themen gehört zu werden. Bei ihre Minderheit betreffenden Themen steht ihnen das Rederecht im Plenum nach § 38/B II ULVG auch in ihrer Minderheitensprache zu. Ihre Redezeit bemisst sich dabei nach den §§ 37 II, 63 III der

Parlamentsresolution 10/2014 über bestimmte (parlamentarische) Verfahrensbestimmungen[1032].

Im Übrigen bleibt es Angehörigen von in Ungarn lebenden Minderheiten unbenommen, als Kandidat einer ungarischen politischen Partei auf deren Landesliste als Abgeordneter ins Parlament einzuziehen. Darüber hinaus erlaubt § 14 UNatG den staatlich anerkannten Minderheiten in Ungarn auch die Gründung eigener Parteien. Wegen der geringen Größe der Minderheiten in Ungarn und den daraus folgenden äußerst geringen Erfolgschancen, in Form ihrer eigenen politischen Partei erfolgreich an Wahlen teilzunehmen und Abgeordnete ins Parlament zu entsenden, ist die Möglichkeit der Gründung eigener Minderheitenparteien eher theoretischer Natur und unterstreicht eher noch einmal die den Minderheiten vom ungarischen Staat zugeschriebene integrale Rolle im politischen und gesellschaftlichen Leben. Nichtsdestotrotz gab es seit dem Ende der 1980er Jahre in Ungarn einige – vornehmlich aus dem Lager der Roma stammenden – Minderheitenparteien, die jedoch allesamt politisch irrelevant blieben.[1033]

bb) Türkei

Minderheiten haben in der Türkei kein Recht auf parlamentarische Vertretung. Im Gegenteil: Der türkische Staat hat gleich mehrere gesetzliche Schranken installiert, um die Repräsentanz einer Minderheit bzw. einer speziellen Minderheitenpartei im Parlament zu verhindern. Parteien ist es laut Parteiengesetz (TPartG)[1034] sogar verboten, die Existenz von Minderheiten herauszustellen oder zu fördern. Nach § 81 a TPartG dürfen politische Parteien nicht behaupten, dass auf dem Gebiet der Republik Türkei Minderheiten bestehen, die auf Unterschieden in der nationalen oder religiösen Kultur, in Konfession, Rasse oder Sprache beruhen. Nach § 81 b TPartG dürfen sie nicht das Ziel verfolgen, durch Pflege, Entwicklung und Verbreitung anderer Sprachen und Kulturen als der türkischen

---

1032 Parlamentsresolution Nr. 10/2014 über bestimmte (parlamentarische) Verfahrensbestimmungen vom 24.2.2014.

1033 Vgl. dazu: *Küpper*, Das neue Minderheitenrecht in Ungarn, S. 298; *Segert, D./ Machos, C.*, Parteien in Osteuropa, Opladen 1995, S. 323 f.; *Sterbling, A.*, Ethnische Strukturen und ethnische Parteien in Südosteuropa, in: Südosteuropa 45/1996, S. 562 f.

1034 Gesetz Nr. 2820 über die Politischen Parteien vom 22.4.1983, RG Nr. 18027 vom 24.4.1983.

Sprache und Kultur auf dem Gebiet der Türkei Minderheiten zu schaffen und die Integrität der Nation zu zerstören oder in dieser Richtung aktiv zu sein.[1035]

Dieser Artikel macht es derzeit auch unmöglich, dass sich in der Türkei Parteien muslimischer oder ethnischer Minderheiten bilden können. Insbesondere wird damit faktisch die Gründung einer reinen Kurdenpartei ausgeschlossen, da die Kurden in der Türkei gerade nicht als Minderheit anerkannt sind und somit gemäß § 81 TPartG weder eine kurdische Identität repräsentieren noch für spezielle Kurdenrechte eintreten dürfen. Separatistische Orientierungen, die unter anderem aus § 81 TPartG hergeleitet worden waren, wurden daher im Laufe der türkischen Parteiengeschichte auch oft dazu verwendet, pro-kurdische Parteien durch das Verfassungsgericht zu verbieten und ihre führenden Politiker mit einem politischen Betätigungsverbot zu belegen.[1036]

Das türkische Wahlsystem bei den Parlamentswahlen, die gemäß Art. 77 I TV und § 6 des Abgeordnetenwahlgesetzes (TWahlG)[1037] alle vier Jahre staatfinden, ist eine gemischtes System. Es baut primär auf dem Prinzip der Verhältniswahl auf, enthält aber auch Elemente der Direktwahl. Jeder Wähler hat gemäß § 28 II TWahlG nur eine Stimme, die er in seinem Wahlkreis entweder einer Partei oder einem unabhängigen Kandidaten geben kann. Aus jedem der gemäß §§ 4, 5 TWahlG vor der Wahl festzulegenden Wahlkreise wird dann zunächst ein Direktkandidat ins Parlament entsandt, der in seinem Wahlkreis die Mehrheit der gültigen Wählerstimmen auf sich vereinigen konnte. Wenn der Kandidat mit den meisten Stimmen im Wahlkreis einer Partei angehört, die landesweit nicht mindestens zehn Prozent aller Wählerstimmen erreichen konnte, so bleibt ihm der Einzug ins Parlament nach § 33 I TWahlG verwehrt. Dies gilt nicht für unabhängige Kandidaten, die nicht auf der Wahlliste einer Partei erscheinen. Für deren Einzug ins Parlament ist nach § 33 I TWahlG allein entscheidend, dass sie in ihrem Wahlkreis die Stimmenmehrheit aller Kandidaten erlangen. Die übrigen der nach Art. 75 TV und § 3 TWahlG insgesamt 550 Abgeordnetensitze der

---

1035 Eine ähnliche Formulierung in § 5 Nr. 6 TVereinsG, die es verbot, „andere Sprachen und Kulturen als die türkische Sprache und Kultur zu schützen, weiterzuentwickeln und zu verbreiten, oder zu behaupten, dass es auf rassischen, religiösen, kulturellen oder sprachlichen Unterschieden basierende Minderheiten gibt“, wurde mit den Reformgesetzen des 2. EU-Harmonisierungspaketes im April 2002 und dem neuen Vereinsgesetz vom November 2004 aufgehoben (vgl. *Ministry of Foreign Affairs of the Republic of Turkey*, S. 5.).

1036 Vgl. zur Verbotsgeschichte pro-kurischer Parteien: *Seufert*, Ethnien und Ethnizität: Die Kurden und andere Minderheiten, S. 247 f.

1037 Abgeordnetenwahlgesetz Nr. 2839 vom 10.6.1983, RG Nr. 18076 vom 13.6.1983.

Großen Türkischen Nationalversammlung werden dann im Verhältnis ihres Gesamtstimmenanteils an die einzelnen Parteien verteilt, welche landesweit mindestens zehn Prozent der gültigen Stimmen errungen haben. Diese entsenden dann von ihrer jeweiligen Parteiliste so viele Abgeordnete ins Parlament, wie ihr nach ihrem Gesamtstimmenanteil zustehen.

Eine nahezu unüberwindbare Schranke, die pro-kurdischen Parteien bislang den Weg ins Parlament versperrt hat, ist die in § 33 I TWahlG festgeschriebene 10-Prozent-Hürde bei Parlamentswahlen. Danach muss eine Partei landesweit mehr als zehn Prozent der Wählerstimmen erreichen, um ins Parlament einzuziehen, und gleichzeitig im Wahlbezirk mehr Stimmen erhalten als die Summe der abgegebenen Stimmen geteilt durch die Zahl der zu vergebenen Parlamentsmandate. Diese im Vergleich zu anderen Sperrklauseln sehr hohe 10-Prozent-Hürde dient vor dem Hintergrund der politischen Instabilität der 1970er Jahre offiziell der Funktionsfähigkeit des Parlaments, soll eine Parteienzerplitterung im Parlament verhindern und eine Regierungsbildung vereinfachen. Hinter dieser vordergründigen Rechtfertigung steckt allerdings vielmehr die Intention des Gesetzgebers, den Einzug einer pro-kurdischen Partei ins türkische Parlament zu verhindern.[1038]

Die einzigen Möglichkeiten, als Minderheitenangehöriger ins Parlament einzuziehen, bestehen in der Türkei darin, sich – wie im Fall der pro-kurdischen Parteien bei den letzten Parlamentswahlen praktiziert – als unabhängiger Direktkandidat im Wahlkreis mit der Mehrheit der dortigen Wählerstimmen unmittelbar ins Parlament wählen zu lassen oder einen Listenplatz bei einer der etablierten türkischen Parteien zu erlangen, der entsprechend deren Gesamtstimmenanteils noch zum Einzug ins Parlament berechtigt.[1039]

k) Recht auf Verwendung topographischer Bezeichnungen in der Minderheitensprache

Sowohl in Ungarn als auch in der Türkei können topographische Bezeichnungen in der Sprache der mit ihnen in Verbindung stehenden Minderheit benannt und verwendet werden. Während die Minderheiten in Ungarn einen entsprechenden Rechtsanspruch haben, ist die Verwendung von Ortsnamen in einer Minderheitensprache in der Türkei von einer behördlichen Genehmigung abhängig.

1038 Vgl. *Hibbeler, S./ Meier, M.*, Die Türkei vor den Parlamentswahlen, Berlin 2011, S. 4.
1039 Vgl. *Künnecke/ Gieler*, Jahrbuch Türkei 2011, S. 64.

aa) Ungarn

In Ungarn ist es den staatlich anerkannten Minderheiten erlaubt, topographische Bezeichnungen auch in ihrer jeweiligen Minderheitensprache zu verwenden. So wird jeder Minderheit in § 18 UNatG garantiert, ihre historisch entstandenen Gemeinde- und Straßennamen sowie sonstige, für ihre Gemeinschaft bestimmte geographische Bezeichnungen zu benutzen. In Gemeinden, in denen laut Volkszählung mindestens zehn Prozent der Einwohner derselben Minderheit angehören, sind die kommunalen Selbstverwaltungen nach § 6 I d UNatG sogar verpflichtet, die Namen auf den Orts- und Straßenschildern auf entsprechenden Antrag dieser Minderheit neben Ungarisch auch in der Sprache bzw. Schreibweise der Minderheit zu schreiben. Nach § 6 I der Ministerialverordnung Nr. 71/1989 (VII.4) MT über die amtlichen geographischen Namen in Ungarn sind bei topographischen Bezeichnungen u. a. der lebende Sprachgebrauch der betroffenen Bevölkerung und eventuell vor Ort lebenden Minderheiten zu berücksichtigen. Unter Beachtung der verschiedenen dort aufgeführten Kriterien können topographische Bezeichnungen, zu denen auch Orts- und Straßennamen zählen, dann gemäß § 4 der Ministerialverordnung durch die örtliche Selbstverwaltung oder eine interministeriale Kommission auch in der Minderheitensprache oder zweisprachig festgelegt werden.[1040]

bb) Türkei

In der Türkei existiert das Recht auf Verwendung topographischer Bezeichnungen in anderen Sprachen als Türkisch erst seit 2014. Zuvor war es generell verboten, nicht-türkische Ortsbezeichnungen zu verwenden. Mit dem in der Öffentlichkeit als fünftes Demokratisierungspaket bekannten Gesetz Nr. 6529[1041] vom März 2014 wurde § 2 I d des Provinzverwaltungsgesetzes (TProVerwG)[1042] dahingehend geändert, dass Orte nunmehr – nach entsprechender positiver Stellungnahme des ständigen Ausschusses des zuständigen Provinzgouverneurs – auch nicht-türkische Ortsnamen tragen dürfen. Dies betrifft vor allem diejenigen Ortschaften im Südosten der Türkei, deren ursprünglich kurdische, alevitische oder aramäische Ortsnamen mit dem Erlass des Provinzverwaltungsgesetzes von 1949 durch türkische Ortsnamen ersetzt wurden. Somit können

1040 Vgl. *Brunner/ Küpper*, Minderheitenschutz im östlichen Europa. Ungarn, S. 54.

1041 Gesetz Nr. 6529 zur Änderung verschiedener Gesetze zur Entwicklung der Grundrechte und Freiheiten vom 2.3.2014, RG Nr. 28940 vom 13.3.2014.

1042 Gesetz Nr. 5442 über die Provinzverwaltungen vom 10.6.1949, RG Nr. 7236 vom 18.6.1949.

diese Ortschaften jetzt beim zuständigen Provinzgouverneur die Wiedereinführung ihres alten Ortsnamens beantragen. Da die Wiederverwendung des alten, nicht-türkischen Ortsnamens jedoch von der Zustimmung des ständigen Ausschusses des Provinzgouverneurs abhängig ist, besteht gerade kein Rechtsanspruch der Minderheiten für die offizielle Verwendung der Ortsnamen in ihrer Minderheitensprache. Zudem sind Städte von dieser Regelung ausgeschlossen, so dass symbolträchtigen Großstädten wie Diyarbakır oder Tunceli die Wiedereinführung ihrer alten Namen Amed und Dersim nicht gestattet ist. Andere topographische Bezeichnungen außer Ortsnamen sind nach wie vor ausschließlich in türkischer Sprache zulässig.

l) Recht auf staatliche (finanzielle) Förderung

Während den in Ungarn ansässigen staatlich anerkannten Minderheiten gesetzlich eine möglichst umfassende (finanzielle) staatliche Förderung garantiert und tatsächlich auch gewährt wird, besteht das Recht der staatlich anerkannten nicht-muslimischen Minderheiten in der Türkei auf staatliche Förderung nur auf dem Papier. In der Praxis gewähren weder der türkische Staat noch seine Kommunen den Minderheiten irgendeine Form von Förderung.

aa) Ungarn

In Ungarn garantiert der Staat den staatlich anerkannten Minderheiten im Rahmen seiner finanziellen Möglichkeiten eine möglichst umfassende Förderung. Im Nationalitätengesetz finden sich an verschiedenen Stellen Regelungen, auf deren Grundlage die einzelnen Minderheiten Ansprüche auf (finanzielle) staatliche Förderung haben. So fördert der ungarische Staat nach § 22 II 1 UNatG öffentliche Bildungseinrichtungen der einzelnen Minderheiten, in denen deren jeweilige Minderheitensprache gelehrt und weitergegeben wird. Gemäß § 22 II 2 UNatG werden die für das Angebot der Minderheitenspracherziehung erforderlichen Mehrkosten – beispielsweise für Gebäude, Lehrkräfte und Lehrmaterialien – vom Staat getragen. Von den Minderheitenselbstverwaltungen betriebene Kultureinrichtungen fördert der ungarische Staat nach § 39 VI UNatG aus dem Staatshaushalt.

Einen Katalog der durch den ungarischen Staat auch finanziell zu fördernden öffentlichen Angelegenheiten der staatlich anerkannten Minderheiten enthält § 42 UNatG. Darin enthalten sind u. a. die Sammlung von Kulturgegenständen und die Errichtung und Erweiterung von Archiven, Bibliotheken, Museen sowie Bild- und Tonarchiven (§ 42 a UNatG), die Verlagstätigkeit und Veröffentlichung von Periodika in den Minderheitensprachen (§ 42 b UNatG), die

Bekanntmachung von Gesetzen und amtlichen Mitteilungen in den Minderheitensprachen (§ 42 c UNatG) und die minderheitensprachliche Durchführung von kirchlichen Zeremonien in Bezug auf Familienfeiern und religiöse Aktivitäten der einzelnen Minderheiten (§ 42 d UNatG).

Im Bereich der Medien sichert ein weiterer Katalog den einzelnen staatlich anerkannten Minderheiten in § 48 I UNatG folgende staatliche Förderung zu: Sicherstellung des Zugangs zu Massenmedien und deren eigener Betrieb (§ 48 I a UNatG), Erzeugung und Verbreitung von die Minderheiten betreffenden und sie informierenden Radio- und Fernsehprogrammen sowie Presseerzeugnissen in ungarischer Sprache (§ 48 I b UNatG), Erstellung von Spielfilmen und Dokumentationen über Leben, Kultur und Traditionen der einzelnen Minderheiten (§ 48 I c UNatG), Erstellung von speziellen Minderheitenfernsehprogrammen in der Muttersprache der einzelnen Minderheiten (§ 48 I d UNatG), Erstellung und Verbreitung von Radio- und Fernsehprogrammen innerhalb der einzelnen Minderheitengemeinschaften (§ 48 I e UNatG). Entsprechend § 48 II UNatG wird die finanzielle Förderung der Medienversorgung der Minderheiten durch den ungarischen Staat nur den Medien gewährt, die in Einklang mit der Presse- und Meinungsfreiheit ein ausgewogenes und unparteiisches Programm anbieten. Im Rahmen seiner finanziellen und technischen Möglichkeiten ist der ungarische Staat nach § 49 UNatG auch angehalten, in den von Minderheiten bewohnten Gebieten Ungarns für den Empfang von Rundfunk- und Fernsehsendern aus den Mutterländern und in der Sprache der Minderheiten zu sorgen.

Schließlich garantiert der ungarische Staat den einzelnen Minderheitenselbstverwaltungen in §§ 126–128 UNatG die Bereitstellung zweckungebundener sowie zweckgebundener Fördermittel. Nach § 126 I a UNatG werden die Minderheitenselbstverwaltungen zweckungebunden aus dem Staatshaushalt unterstützt. § 126 II UNatG enthält Regelungen über zweckgebundene staatliche Fördermittel an die Minderheitenselbstverwaltungen aus dem Zentralhaushalt, und zwar zur Erfüllung der öffentlichen Aufgaben der Minderheitenselbstverwaltungen (§ 126 II a UNatG), für Bildung und Kultur (§ 126 II b UNatG) sowie als Anschubfinanzierung für die Entwicklung kultureller Autonomie (§ 126 II c UNatG). Diese staatlichen Fördermittel sind nicht unbegrenzt, sondern dienen gemäß § 128 I UNatG lediglich der finanziellen Deckung der im Nationalitätengesetz aufgeführten Pflichtaufgaben der Minderheitenselbstverwaltungen. Somit garantieren sie als finanzielle Grundsicherung die Arbeitsfähigkeit und ordnungsgemäße Aufgabenerfüllung aller Minderheitenselbstverwaltungen. Sollten über diese Grundsicherung hinaus für einzelne Minderheitenselbstverwaltungen spezielle aufgabenbezogene Zuwendungen erforderlich sein, so haben sie diese für das kommende Haushaltsjahr gemäß § 128 II UNatG vorab zu beantragen, damit im Staatshaushalt entsprechende Posten bereitgehalten werden können. Detaillierte Regelungen zu dieser Aufgabenfinanzierung werden durch Regierungsverordnungen festgelegt. Schließlich können aber auch der für Minderheitenpolitik zuständige Minister sowie die nach Aufgaben und Befugnissen zuständigen Minister den Minderheitenselbstverwaltungen und Minderheitenorganisationen gemäß § 151 d UNatG bzw. § 152 b UNatG unter bestimmten Bedingungen zweckgebundene finanzielle Unterstützung gewähren. Einrichtungen, in Trägerschaft der Landesminderheitenselbstverwaltung, werden gemäß § 127 UNatG vom Staat nach den gleichen Kriterien wie wohltätige kirchliche Einrichtungen unterstützt.

Die Höhe und der Umfang der den staatlich anerkannten Minderheiten aus dem Staatshaushalt gewährten finanziellen Förderung für deren kommunale, regionale und Landesminderheitenselbstverwaltungen richtet sich im Einzelnen nach der Größe und Förderungsbedürftigkeit der jeweiligen Minderheit und ihrer öffentlichen Angelegenheiten. Somit werden allen 13 staatlich anerkannten Minderheiten Förderungsmittel in unterschiedlicher Höhe aus dem Staatshaushalt gewährt.[1043] Insgesamt wurden im ungarischen Staatshaushalt für das Jahr 2015 für die Minderheitenselbstverwaltungen und deren Angelegenheiten 2.500 Millionen HUF bereitgestellt.[1044]

Neben der garantierten finanziellen Unterstützung durch den ungarischen Staat erhalten viele Minderheitenselbstverwaltungen aber auch Zuwendungen durch die kommunalen Selbstverwaltungen und die Komitate.[1045] Diese Unterstützung der örtlichen Minderheitenselbstverwaltungen und Minderheitenorganisationen wird von den kommunalen und regionalen Selbstverwaltungen jedoch freiwillig geleistet und steht allein im Ermessen von deren Abgeordnetenkörperschaft. Einen Rechtsanspruch auf finanzielle Förderung aus den Haushalten der Kommunen und Komitate haben die einzelnen Minderheitenselbstverwaltungen oder Minderheitenorganisationen nicht. So gibt es örtlich und regional erhebliche Unterschiede: Einige Minderheitenselbstverwaltungen erhalten von ihren Kommunen und Komitaten erhebliche finanzielle Unterstützung, andere nur geringe und wieder andere überhaupt keine.[1046]

1043 Vgl. *Küpper*, Das neue Minderheitenrecht in Ungarn, S. 233.

1044 § 38 des Gesetzes C/2014 über den Staatshaushalt 2015 verweist hinsichtlich der genauen Aufschlüsselung der Haushaltsposten für die Minderheitenselbstverwaltungen auf die Anhänge 2 und 3.

1045 Vgl. *Küpper*, Das neue Minderheitenrecht in Ungarn, S. 232.

1046 Vgl. *Küpper*, Das neue Minderheitenrecht in Ungarn, S. 232 f.

bb) Türkei

In der Türkei sichert Art. 41 I, II LV den Angehörigen nicht-muslimischer Minderheiten in Städten und Bezirken, in denen sie einen erheblichen Teil der Bevölkerung bilden, einen gerechten Anteil öffentlicher Mittel des Staats- oder Gemeindehaushaltes oder anderer Budgets für erzieherische, religiöse oder wohltätige Zwecke zu, damit deren Kinder an öffentlichen Grundschulen in ihrer eigenen Sprache unterrichtet werden können. Allerdings besteht dieses Recht der staatlich anerkannten nicht-muslimischen Minderheiten nur auf dem Papier. Tatsächlich gewähren – in kontinuierlicher Verletzung der Bestimmungen des Lausanner Vertrages – weder der türkische Staat noch Kommunen, in denen eine größere Anzahl von Angehörigen der armenischen, griechischen oder jüdischen Minderheit ansässig ist, diesen in irgendeiner Form finanzielle oder materielle Unterstützung.[1047]

m) Recht auf grenzüberschreitende Kontaktpflege (kollektiv)

Während den staatlich anerkannten Minderheiten in Ungarn einfachgesetzlich ein kollektives Recht auf grenzüberschreitende Kontaktpflege zugestanden wird, existiert ein derartiges Recht für Minderheiten in der Türkei nicht.

aa) Ungarn

In Ungarn wird den staatlich anerkannten Minderheiten und ihren Organisationen in § 21 UNatG das Recht zugestanden, umfassende und unmittelbare internationale Kontakte auszubauen und aufrechtzuerhalten. Dadurch wird es den Minderheiten in Ungarn ermöglicht, ohne jegliche Einschränkungen Kontakte ins Ausland zu unterhalten. Primär dient die Ausübung dieses Rechts den in Ungarn lebenden Minderheiten dazu, den Kontakt mit ihrem Mutterland oder ihrer Sprachnation zu pflegen. Darüber hinaus nutzen die Minderheiten in Ungarn ihr Recht zur grenzüberschreitenden Kontaktpflege aber auch dazu, Verbindungen zu Schwesterorganisationen ihrer eigenen Minderheit außerhalb Ungarns und ihres Mutterlandes aufzubauen und zu intensivieren.[1048]

1047 Vgl. *Oehring*, Zur Lage der Menschenrechte in der Türkei – Laizismus = Religionsfreiheit?, S. 25.

1048 Vgl. *Küpper*, Das neue Minderheitenrecht in Ungarn, S. 150.

bb) Türkei

In der Türkei wird den Minderheiten kein kollektives Recht auf grenzüberschreitende Kontaktpflege zugestanden. Aufgrund der Furcht der Türkei vor einer Gefährdung der unteilbaren Einheit von Staatsgebiet und Staatsvolk und damit verbundenen sezessionistischen Tendenzen wäre die Einräumung eines derartiges Rechts für die Minderheiten auch nicht im Sinne des türkischen Staates. Insbesondere im Fall der kurdischen Minderheit in der Türkei würde eine Garantie ihrer offiziellen Kontakte zu Kurdenorganisationen im Irak oder Syrien ein erhebliches Risiko für die territoriale Integrität der Türkei darstellen und eventuell sogar der Gründung eines eigenen Kurdenstaates Vorschub leisten. In Einklang mit § 31 TVereinsG, der lediglich für offizielle Korrespondenzen die Verwendung der türkischen Sprache vorschreibt, sind Vereinen internationale Kontakte und inoffizielle Korrespondenzen auch in anderen Sprachen als Türkisch gestattet. Allerdings ist hierbei die Einschränkung zu beachten, dass Vereine, deren Vereinszweck oder deren Aktivitäten eine Gefahr für die verfassungsmäßig geschützte Unteilbarkeit von Staatsgebiet und Staatsvolk darstellen, gemäß § 30 b TVereinsG gerade nicht gegründet werden dürfen. Damit obliegt es den zuständigen Behörden und den Gerichten, darüber zu entscheiden, ob es den sich auf ihre religiöse Andersartigkeit (zu) gründenden Vereinen der staatlich anerkannten nicht-muslimischen Minderheiten gestattet ist, in dieser Funktion grenzüberschreitende Kontakte zu ihrem Mutterland oder anderen Organisationen ihrer eigenen Religion zu pflegen.

n) Diskriminierungsverbot (kollektiv)

Während die Diskriminierung einer Minderheit als Kollektiv in Ungarn ausdrücklich durch Gesetz verboten ist, kennt das türkische Recht kein kollektives Diskriminierungsverbot für Minderheiten.

aa) Ungarn

Einfachgesetzlich ist ein Diskriminierungsverbot für Minderheiten und ihre Angehörigen in Ungarn in seiner kollektiven Ausprägung in § 7 UNatG normiert. Danach ist wegen der Zugehörigkeit zu einer Minderheit jedwede Verletzung der Anforderungen der Gleichbehandlung verboten. Dies bedeutet, dass neben Einzelpersonen auch Gruppen von Angehörigen einer Minderheit aufgrund ihrer Zugehörigkeit zu einer Minderheit nicht ungleich behandelt werden dürfen. Dieses kollektive Diskriminierungsverbot geht somit über ein rein individualrechtlich ausgestaltetes Diskriminierungsverbot hinaus, auf das sich lediglich Einzelpersonen berufen können. In den Schutzbereich des § 7 UNatG fallen nämlich beispielsweise auch Minderheitenorganisationen oder -vereine, die an öffentlichen Ausschreibungen teilnehmen und dabei wegen ihres Minderheitenstatus nicht anders bzw. schlechter behandelt werden dürfen als Organisationen oder Vereine, die mit keiner Minderheit in Verbindung stehen.

Zudem werden Minderheiten als Kollektiv auch unter besonderen strafrechtlichen Schutz gestellt. Insbesondere ist hier der Straftatbestand der Aufstachelung gegen eine Gemeinschaft zu nennen, der in § 332 b UStGB ausdrücklich das öffentliche Aufstacheln zum Hass gegen eine nationale, ethnische, rassische oder religiöse Gruppe unter Strafe stellt. Minderheiten zählen in Ungarn zu den nationalen Gruppen und werden somit durch § 332 b UStGB auch strafrechtlich geschützt. Zudem stellt § 142 I UStGB Völkermord unter Strafe und erwähnt dabei ebenfalls nationale, ethnische, rassische und religiöse Gruppen als geschützten Personenkreis. Im Straftatbestand der Verbrechen gegen die Menschlichkeit wird die Strafbarkeit nach § 143 I h UStGB dafür begründet, anderen Personen ihre Grundrechte u. a. wegen ihrer Zugehörigkeit zu einer bestimmten nationalen, ethnischen, kulturellen oder religiösen Gruppe systematisch zu entziehen.

bb) Türkei

In der Türkei existiert kein einfachgesetzliches Verbot der Diskriminierung einer Gruppe. Die einfachgesetzlichen Diskriminierungsverbote – beispielsweise im Arbeitsrecht – sind lediglich individualrechtlich ausgestaltet und schützen nur Einzelpersonen und gerade kein Kollektiv.

o) Assimilierungsverbot (kollektiv)

Während es in Ungarn gesetzlich verboten ist, auf ungarischem Staatsgebiet ansässige Minderheiten zu assimilieren, ist die Assimilierung von Minderheiten in der Türkei hingegen erlaubt und zur Schaffung einer nationalen Einheitskultur sogar erwünscht.

aa) Ungarn

In Ungarn besteht ein gesetzliches Assimilierungsverbot für Minderheiten. So untersagt § 9 I a UNatG ausdrücklich jede Politik und jedes Verhalten, das auf eine Assimilation der Minderheiten in die Mehrheitsnation gerichtet ist, auf deren Ausschluss aus der Mehrheitsnation oder ihre Segregation. Zudem dürfen die nationalen oder ethnischen Verhältnisse in den von Minderheiten bewohnten Gebieten Ungarns gemäß § 9 I b und d UNatG nicht geändert oder deren gewaltsame Aus- oder Umsiedlung betrieben werden. Schließlich verbietet es § 9 I c UNatG, dass die in Ungarn lebenden Minderheiten und ihre Angehörigen eingeschüchtert und an der Ausübung ihrer Rechte gehindert, oder dass deren Lebensumstände in irgendeiner Weise erschwert werden.

bb) Türkei

Ein Assimilierungsverbot gegenüber den staatlich anerkannten oder nicht anerkannten Minderheiten existiert in der Türkei nicht. In der Realität unternimmt der türkische Staat hingegen schon seit der Republikgründung in verschiedenen Bereichen durch gezielte Turkisierungspolitik mehr oder weniger erfolgreiche Anstrengungen zu einer weiteren Assimilierung der auf türkischem Staatsgebiet lebenden Minderheiten. Bereits unmittelbar nach der Gründung der Türkischen Republik wurde im Rahmen der Nationsbildung versucht, durch eine Gesetzgebung, welche die Assimilierung andersartiger Kulturelemente zum Ziel hatte, die in der Existenz von ethnischen, religiösen und sprachlichen Minderheitengruppen auf türkischem Staatsgebiet sichtbaren andersartigen Elemente innerhalb der türkischen Nation zu unterdrücken und möglichst auszulöschen. Um das übergeordnete Ziel der „ethnisch-sprachlichen Homogenisierung“[1049] der türkischen Nation zu erreichen, wurde gleich in mehreren Bereichen versucht, die Assimilierung der nicht nationskonformen Bevölkerung zu erreichen: im ethnischen und wirtschaftlichen Bereich durch die erzwungene oder freiwillige Auswanderung von Minderheitenangehörigen, im sprachlich-kulturellen Bereich durch die restriktive türkische Sprachpolitik und im religiösen Bereich durch die Schaffung eines einheitlichen sunnitisch-hanafitischen Staatsislams.[1050] An dieser Assimilierungspolitik zur Schaffung und Aufrechterhaltung einer Einheitskultur hat sich bis heute nichts geändert. So existiert die sprachliche und religiöse Ausgrenzung nicht-idealtürkischer Elemente beispielsweise in den Sprachgesetzen zur Namensgebung in türkischer Sprache oder in den Vorschriften über das Präsidium für religiöse Angelegenheiten (*Diyanet*) fort. Anstelle eines Assimilierungsverbots der Minderheiten existiert in der Türkei eher ein mit den verfassungsrechtlichen Prinzipien der Unteilbarkeit von Staatsgebiet und Staatsvolk sowie dem Gleichheitssatz begründetes unausgesprochenes Assimilierungsgebot.

1049 *Goltz*, S. 413.

1050 Vgl. *Bayır*, S. 17; *Künnecke*, Eine Hürde auf dem Weg zur EU-Mitgliedschaft? – Der unterschiedliche Minderheitenbegriff der EU und der Türkei, S. 103, 112.

3. Autonome Minderheitenrechte

a) Recht auf politische Selbstverwaltung

Während Ungarn den auf seinem Staatsgebiet lebenden Minderheiten im Nationalitätengesetz umfangreiche autonome Rechte in Form von Selbstverwaltungen auf kommunaler, regionaler und nationaler Ebene einräumt, existiert in der Türkei auf keiner Verwaltungsebene ein Recht der Minderheiten auf Selbstverwaltung.

Das ungarische Konzept der politischen Selbstverwaltung enthält Elemente der Personal- und Territorialautonomie und lässt sich daher wegen seiner Originalität keinem übergeordneten Autonomiemodell eindeutig zuordnen.[1051] Die Wahlen zu den Minderheitenselbstverwaltungen sind in Ungarn immer an die Kommunalwahlen gebunden, deren Wahlperiode ab 2014 von vier auf fünf Jahre verlängert wurde. Die letzten Wahlen zu den örtlichen Minderheitenselbstverwaltungen und zur Landesselbstverwaltung der Minderheiten fanden am 12. Oktober 2014 statt.[1052]

aa) Ungarn

Das den in Ungarn lebenden staatlich anerkannten Minderheiten in XXIX II UGG garantierte Recht auf Errichtung von Selbstverwaltungen auf örtlicher und auf Landesebene findet im Nationalitätengesetz seine einfachgesetzliche Ausgestaltung. In § 2 Nr. 2 UNatG findet sich zunächst eine Legaldefinition. Danach ist eine Minderheitenselbstverwaltung

> „eine die im Gesetz festgelegten öffentlichen Dienstleistungsaufgaben für die Nationalität wahrnehmende, in Form einer Körperschaft tätige, über eine Rechtspersönlichkeit verfügende, durch demokratische Wahlen aufgrund dieses Gesetzes aufgestellte Organisation, die zwecks Geltendmachung der Berechtigungen, die der Gemeinschaft der betreffenden Nationalität zustehen, zum Schutz und Vertretung der Interessen der Nationalitäten und der selbstständigen Erledigung der zu ihrem Aufgabenkreis und zu ihrer Kompetenz gehörenden öffentlichen Angelegenheiten auf örtlicher, regionaler oder Landesebene errichtet wird“[1053].

1051 Vgl. *Brunner/ Küpper*, Minderheitenschutz im östlichen Europa. Ungarn, S. 37; *Kaltenbach, J.*, Die Rechtsstellung der Minderheiten in Ungarn, in: Ethnos-Nation 5 (1997), S. 122; *Marko, J.*, Autonomie und Integration, Wien 1995, S. 410.

1052 Vgl. zum Ergebnis der Wahlen zu den Landesselbstverwaltungen der Minderheiten vom 12.10.2014: *National Election Office*.

1053 § 2 Nr. 2 UNatG.

Die grundlegende Aufgabe dieser Minderheitenselbstverwaltungen besteht nach § 10 I UNatG im Schutz und der Vertretung der Interessen der jeweiligen Minderheit. Diese Aufgaben haben die Minderheitenselbstverwaltungen im Rahmen der im Nationalitätengesetz geregelten Aufgaben und Kompetenzkreise zu erfüllen.

Das ungarische Nationalitätengesetz enthält verschiedene Arten von Minderheitenselbstverwaltungen. Dem Verwaltungsaufbau des ungarischen Staates entsprechend gibt es gemäß § 50 UNatG kommunale (Gemeinden, Städte und Hauptstadtbezirke), regionale (Komitate) und landesweite Minderheitenselbstverwaltungen. Die kommunalen Minderheitenverwaltungen in Gemeinden und Städten können – mit Ausnahme des Bezirks der Hauptstadt Budapest – in zwei Erscheinungsformen errichtet werden: als direkt gewählte kommunale Minderheitenselbstverwaltung (§ 50 a UNatG) oder als umgewandelte Minderheitenselbstverwaltung (§ 71 UNatG). Darüber hinaus gibt es gemäß § 12 V des Gesetzes über die örtlichen Selbstverwaltungen (UÖSVerwG)[1054] noch das Amt des Minderheitensprechers. Zwischen den einzelnen Minderheitenselbstverwaltungen gibt es nach § 76 IV UNatG keine Über- und Unterordnungsverhältnisse.

Bevor im Folgenden die einzelnen Formen der Minderheitenselbstverwaltung dargestellt werden, muss noch auf das ungarische Kommunalwahlsystem eingegangen werden. Wegen der engen Bindung der Wahlen zu den Minderheitenselbstverwaltungen an die Kommunalwahlen ist das Minderheitenselbstverwaltungssystem ohne Kenntnis des Kommunalwahlsystems nämlich nur schwer verständlich.

(1) Exkurs: Kommunalwahlsystem

Die Vorschriften zur Kommunalwahl finden sich im neuen Kommunalwahlgesetz von 2010 (UKWG)[1055]. Verwaltungstechnisch ist Ungarn in Gemeinden, Städte und Komitate aufgeteilt. Träger der kommunalen Selbstverwaltung in der Hauptstadt Budapest sind die 23 Bezirke. Die Hauptstadt selbst nimmt hingegen nur übergeordnete Aufgaben wahr. Die wahlberechtigen Einwohner der Gemeinden und komitatszugehörigen Städte wählen sowohl ihr kommunales Gemeinde- bzw. Stadtparlament als auch die Komitatsversammlung. In Städten mit eigenen Komitatsrechten wählen die wahlberechtigten Bürger nur die Abgeordneten des Stadtparlaments, da die komitatsfreien Städte zugleich auch die

1054 Gesetz Nr. LXV/1990 über die örtlichen Selbstverwaltungen.

1055 Gesetz Nr. L/2010 über die Wahl von kommunalen Abgeordneten und Bürgermeistern.

Aufgaben der Komitate wahrnehmen. Gegenwärtig gibt es in Ungarn 19 Komitate und 23 Städte mit Komitatsrecht. Dies sind die Hauptstädte der Komitate – mit Ausnahme von Budapest – sowie die Städte, die bis Ende des Jahres 2011 mindestens 50.000 Einwohner hatten.

In Kommunen, in denen laut Volkszählung mindestens 30 als solche registrierte Angehörige einer staatlich anerkannten Minderheit leben, dürfen gemäß § 56 UNatG zudem parallel zu den Kommunalwahlen kommunale Minderheitenwahlen abgehalten werden. Darin können die wahlberechtigten Angehörigen einer Minderheit ihre örtlichen Vertreter in die kommunale Minderheitenselbstverwaltung wählen, sofern sich in Erfüllung des Erfordernisses des § 63 UNatG mindestens so viele Kandidaten aus dem Kreis der Angehörigen der betreffenden Minderheit zur Wahl stellen wie es Abgeordnete in der Minderheitenselbstverwaltung der jeweiligen Kommune gibt: nach § 51 I UNatG drei Abgeordnete in Kommunen mit weniger als 100 und vier Abgeordnete in Gemeinden mit mindestens 100 wahlberechtigten Angehörigen derselben Minderheit. Die Angehörigen derselben Minderheit dürfen gemäß §§ 51 II, 56 II, 63 UNatG gleichzeitig auch ihre regionale Minderheitenselbstverwaltung wählen, wenn in ihrem Komitat (oder bei den Einwohnern Budapests: in der Hauptstadt) mindestens zehn Wahlen zu kommunalen Minderheitenselbstverwaltungen ausgeschrieben werden und sich mindestens sieben Kandidaten zur Wahl als Abgeordnete der regionalen Minderheitenselbstverwaltung stellen. Die Wahl zur Landesminderheitenselbstverwaltung muss in jedem Fall ausgeschrieben werden, wenn sich entsprechend der sich an der Größe der einzelnen Minderheit orientierenden und in § 52 UNatG festgelegten Abgeordnetenzahl genügend Kandidaten der jeweiligen Minderheit zur Wahl stellen.

Ein Minderheitenkandidat bei den Kommunalwahlen ist gemäß § 9/A UKWG i. V. m. §§ 53, 54, 62 II UNatG ein Kandidat, der ordnungsgemäß im Wahlregister seiner Minderheit registriert ist, während der letzten beiden Kommunalwahlen und deren Nachwahlen – d. h. in den letzten zehn Jahren – nicht als Kandidat für eine andere Minderheit kandidiert hat, bezeugen kann, dass er der Sprache der Minderheit mächtig, mit deren Kultur und Traditionen vertraut sowie willens ist, diese Minderheit zu vertreten, und der dann auch im Nominierungsverfahren nach als Kandidat dieser Minderheit nominiert worden ist. Um als Minderheitenkandidat nominiert werden zu können, muss die jeweilige Person gemäß §§ 58 I, II, 59 I UNatG entweder von einer oder mehreren Organisationen ihrer Minderheit oder von fünf Prozent der wahlberechtigten Angehörigen ihrer Minderheit – allerdings mindestens fünf Personen – als Kandidat vorgeschlagen werden. Im Gegensatz zur alten Fassung des Kommunalwahlgesetzes muss ein

Minderheitenkandidat nunmehr auch gemäß § 9/A a UKWG i. V. m. §§ 53, 54 UNatG Angehöriger der Minderheit sein, für die er kandidiert. Damit entfällt nun die Möglichkeit, dass mehrere Minderheiten einen gemeinsamen Kandidaten aufstellen.[1056]

Bei der Mandatsverteilung bei Kommunalwahlen ist in Ungarn zwischen verschiedenen Wahlsystemen zu unterscheiden. Diese richten sich nach der Größe der Kommunen: In Kommunen mit weniger als 10.000 Einwohnern gilt nach § 4 UKWG das sog. Individuallistensystem. In diesem System kann der Wähler auf seinem Wahlzettel gemäß § 13 II UKWG für so viele Kandidaten stimmen wie Mandate zu vergeben sind. Nach dem Mehrheitswahlprinzip sind dann gemäß § 13 I UKWG die Kandidaten mit den meisten Stimmen gewählt. In Kommunen mit mehr als 10.000 Einwohnern und den Bezirken der Hauptstadt Budapest gilt nach § 5 I UKWG das sog. gemischte Wahlsystem. Dabei hat jeder Wähler gemäß § 14 S. 2 UKWG nur eine Stimme. Den Wahlkreis direkt gewonnen hat dann gemäß § 14 S. 1 UKWG der Kandidat mit den meisten Stimmen. Die restlichen Mandate im Wahlkreis werden entsprechend §§ 15, 16 UKWG an die Kompensationsliste und die Minderheitenkompensationsliste im Verhältnis ihres Anteils an der Gesamtheit der übrigen Stimmen vergeben.

Falls es den staatlich anerkannten Minderheiten auf dem o. g. Weg nicht gelungen ist, in einem Wahlkreis wenigstens einen Minderheitenkandidaten in die kommunale Abgeordnetenkörperschaft zu wählen, so greifen folgende privilegierte Sonderregeln: Wenn die Anzahl der wahlberechtigten Angehörigen derselben Minderheit im Wahlkreis mindestens 50 Prozent der Gesamtzahl aller dortigen Wahlberechtigten ausmacht, so erhält gemäß § 21/A I, II UKWG der Kandidat der Minderheit ein Abgeordnetenmandat, der mehr als zwei Drittel der Stimmen, die nach dem Verhältniswahlsystem zur Erlangung eines regulären Abgeordnetenmandats mindestens erforderlich sind, auf sich vereinigen kann. Sollten gleich mehrere Kandidaten derselben Minderheit diese Anzahl an Stimmen erhalten, so geht das Mandat nur an den Minderheitenkandidaten mit den meisten Stimmen. Beträgt die Anzahl der wahlberechtigten Angehörigen derselben Minderheit im Wahlkreis mindestens 25 Prozent, wird der Minderheitenkandidat mit den meisten Stimmen gemäß § 21/B I, II UKWG zum Angeordneten ernannt, wenn die Kompensationsliste seiner Minderheit insgesamt mehr als zwei Drittel der gültigen abgegebenen Stimmen auf sich vereinen kann, die im Durchschnitt für die Erlangung eines Abgeordnetenmandats im gleichen Wahlkreis erforderlich sind. In beiden Fällen werden die privilegierten

1056 Vgl. zur alten Rechtslage: *Küpper*, Das neue Minderheitenrecht in Ungarn, S. 182.

Minderheitenmandate als Zusatzmandate gewährt, so dass dadurch die Anzahl der gesetzlich festgelegten Mandate in der kommunalen Abgeordnetenkörperschaft erhöht wird (§§ 21/A III, 21/B III UKWG). Diese wahlrechtliche Privilegierung der Minderheiten bedeutet keinen Verstoß gegen den Grundsatz der Gleichheit der Wahl. Da die politische Repräsentanz der Minderheiten in Ungarn ein Gut von Verfassungsrang darstellt, sind die Wahlrechtsprivilegien für Minderheiten sachlich gerechtfertigt, „weil das Identitätsbewusstsein der in Ungarn lebenden Minderheiten im Regelfall durch einen starken Lokalpatriotismus und ein starkes Heimatbewusstsein an den Wohnort und die örtliche Gemeinschaft gebunden ist, aber kaum Solidarität über diesen engen Bereich hinaus kennt“[1057].

(2) kommunale Minderheitenselbstverwaltung

Im Rahmen der kommunalen Minderheitenselbstverwaltung unterscheidet das Nationalitätengesetz entsprechend der Entstehungsmodalitäten zwischen einer direkt gewählten und einer umgewandelten Minderheitenselbstverwaltung.

(a) direkt gewählte kommunale Minderheitenselbstverwaltung

Der Normalfall einer kommunalen Minderheitenselbstverwaltung ist die direkt gewählte kommunale Minderheitenselbstverwaltung gemäß § 50 a UNatG. In jeder Gemeinde, Stadt oder einem Bezirk der Hauptstadt Budapest kann jede einzelne staatlich anerkannte Minderheit nach § 50 UNatG jeweils nur eine eigene Minderheitenselbstverwaltung durch Direktwahl aufstellen. Die Direktwahl der kommunalen Minderheitenselbstverwaltung ist an die Kommunalwahl gebunden und wird gemäß § 57 UNatG am selben Tag durchgeführt wie die allgemeine Wahl der Abgeordneten der kommunalen Selbstverwaltungen und der Bürgermeister. Dies hat zur Konsequenz, dass die kommunale Minderheitenselbstverwaltung zu einem Zeitpunkt gewählt wird, zu dem noch nicht sicher ist, ob sie – wegen des Vorrangs der weiter unten erörterten umgewandelten Minderheitenselbstverwaltung gemäß § 72 II 1 UNatG – überhaupt gebildet werden kann. Diese „Wahl auf Vorrat“[1058] dient gleich mehreren Zwecken: Zum einen soll den wahlberechtigten Minderheitenangehörigen kurz nach der Kommunalwahl ein zweiter Urnengang erspart bleiben, bei dem sie sich wegen der dann exklusiv stattfindenden Wahl zur Minderheitenselbstverwaltung mit dem Gang zum Wahllokal öffentlich als Minderheitenangehörige zu erkennen geben müssten, wozu sie wegen der negativen Bekenntnisfreiheit des § 11 II UNatG gerade

1057 *Küpper*, Das neue Minderheitenrecht in Ungarn, S. 184.
1058 *Küpper*, Das neue Minderheitenrecht in Ungarn, S. 203.

nicht gezwungen werden sollen. Zum anderen würde das Erfordernis eines weiteren Urnengangs womöglich negative Auswirkungen auf die Wahlbeteiligung haben.[1059]

Trotz ihres identischen Wahltermins sind kommunale Minderheitenselbstverwaltung und kommunale Selbstverwaltung institutionell wie größtenteils auch personell getrennt. Institutionell hat die kommunale Selbstverwaltung gemäß § 80 UNatG lediglich sicherzustellen, dass die vor Ort existierenden Minderheitenselbstverwaltungen eine Infrastruktur – vor allem geeignete Räumlichkeiten – zur Gewährleistung ihres Geschäftsbetriebes vorfinden, und sie hat diese bei der Wahrnehmung der mit ihrer Tätigkeit verbundenen Durchführungsaufgaben logistisch zu unterstützen. Personell bleibt einem Minderheitenabgeordneten eine gleichzeitige Mitgliedschaft in Minderheitenselbstverwaltung und Selbstverwaltung unbenommen, sofern er in die Abgeordnetengremien beider Selbstverwaltungen gewählt worden ist. Ein Über- und Unterordnungsverhältnis zwischen kommunaler Selbstverwaltung und kommunaler Minderheitenselbstverwaltung besteht gemäß § 76 V UNatG nicht. Ebenso kann ein Abgeordneter einer kommunalen Minderheitenselbstverwaltung nach § 106 X UNatG gleichzeitig Abgeordneter der regionalen Minderheitenselbstverwaltung oder der Landesminderheitenselbstverwaltung derselben Minderheit sein. Ein Abgeordneter der kommunalen Selbstverwaltung, der keiner Minderheit angehört, kann sich wegen der Minderheitenkandidatenvoraussetzungen der §§ 53, 54 UNatG hingegen nicht als Abgeordneter in eine Minderheitenselbstverwaltung wählen lassen. Der Vorsitzende der kommunalen Minderheitenselbstverwaltung, sein Stellvertreter sowie Ausschussmitglieder werden gemäß § 88 I UNatG auf der konstituierenden Sitzung der Minderheitenselbstverwaltung aus ihrer Mitte gewählt.

Die direkt gewählte kommunale Minderheitenselbstverwaltung ist gemäß § 76 III UNatG eine juristische Person. Ihre Aufgaben und Befugnisse ergeben sich größtenteils aus dem Nationalitätengesetz. So besteht die grundlegende Aufgabe der direkt gewählten Minderheitenselbstverwaltung gemäß § 10 I UNatG im Schutz und in der Interessenvertretung der Minderheit, von der sie eingesetzt worden ist. Als speziell für eine einzelne Minderheit errichtete Selbstverwaltung obliegt es der Minderheitenselbstverwaltung, zur Erledigung der öffentlichen Angelegenheiten der von ihr vertretenen Minderheit im Rahmen ihres Aufgaben- und Kompetenzbereiches gemäß § 78 III UNatG Beschlüsse zu fassen, sich selbstständig zu verwalten, hinsichtlich ihres Eigentums Eigentümerrechte auszuüben, ihren Haushalt selbstständig aufzustellen sowie auf dieser Grundlage

1059 Vgl. *Küpper*, Das neue Minderheitenrecht in Ungarn, S. 203.

auch selbstständig zu wirtschaften. Die Minderheitenselbstverwaltung gibt sich in ihrer konstituierenden Sitzung gemäß § 88 I UNatG eine Geschäftsordnung. Details des nicht übertragbaren Zuständigkeitsbereichs der kommunalen Minderheitenselbstverwaltungen ergeben sich aus §§ 113, 114 UNatG: Nach § 114 I UNatG entscheidet die kommunale Minderheitenselbstverwaltung selbstständig über ihre inneren Angelegenheiten wie die Wahl ihres Vorsitzenden und seines Stellvertreters, die Aufstellung eines Ausschusses, die Wahl von Schöffen, das Budget und den Jahresabschluss, personelle Ernennungen im Rahmen ihrer Zuständigkeit, Anträge auf staatliche Unterstützung sowie alle weiteren Angelegenheiten ihres nicht übertragbaren Zuständigkeitsbereichs. In § 113 UNatG ist festgelegt, dass die kommunale Minderheitenselbstverwaltung die Bedingungen ihrer gesetzlichen Tätigkeiten im nicht übertragbaren Zuständigkeitsbereich mit qualifizierter Mehrheit bestimmen kann: Details zur eigenen Organisation und Wirtschaftsführung, ihren Namen und ihr Symbol, die Festtage der durch sie vertretenen Minderheit, ihr Vermögensinventar und Stammvermögen samt Details zu deren Nutzung, Regelungen zur Nutzung zur Verfügung gestellter Vermögensgegenstände, Gründungen oder Beteiligungen an wirtschaftlichen oder anderen Organisationen, Gründung oder Beteiligung an einer Assoziation von Selbstverwaltungen sowie Übernahme der Aufgaben anderer Selbstverwaltungen. Die örtlichen Aufgaben der kommunalen Minderheitenselbstverwaltung werden in § 10 IV, VII UNatG näher spezifiziert als kulturelle Dienstleistungen, Versorgung mit öffentlichen Bibliotheken, Unterhaltung von Museumseinrichtungen, öffentliche Bildung, Information, Erhaltung und Förderung des geistigen, baulichen und sachlichen Erbes der Minderheit, der minderheiteneigenen Presseerzeugnisse, der sozialen Grundversorgung, der Kindergartenversorgung sowie der örtlichen öffentlichen Beschäftigung. Ergänzende Vorschriften zu diesem Aufgabenkreis finden sich in §§ 115, 116 UNatG. Darin wird zwischen öffentlichen Pflichtaufgaben und freiwilligen Aufgaben unterschieden. Gemäß § 115 UNatG gehören dabei zu den öffentlichen Pflichtaufgaben jeder kommunalen Minderheitenselbstverwaltung: die Aufrechterhaltung der Minderheitenaufgaben erfüllenden Einrichtungen, die Erfüllung auf eigenen Antrag übernommener Aufgaben und Zuständigkeiten anderer Selbstverwaltungen und von denen übernommener Einrichtungen, die Ermöglichung der Durchsetzung von Minderheitenrechten auf kommunaler Ebene, die Gewährleistung der (Mit-)Entscheidungsrechte der Minderheiten beim Betrieb kommunaler Einrichtungen, die Kontaktpflege mit minderheitenbezogenen Organisationen und Institutionen, die Mitwirkung bei der Vorbereitung von Entwicklungsplänen sowie die Sicherstellung der Ansprüche der vertretenen Minderheit im

Erziehungs- und Bildungsbereich. Im Rahmen der ihr zur Verfügung stehenden Ressourcen kann eine kommunale Minderheitenselbstverwaltung gemäß § 116 I, II UNatG aber auch freiwillig und eigenverantwortlich kulturelle Einrichtungen wie z. B. Kulturinstitute, Schulen, Bibliotheken, Museen oder Theater gründen, Auszeichnungen und Ehrungen ausloben, Stipendien verteilen, Ausschreibungen vornehmen sowie – mit Ausnahme behördlicher Aufgaben – im Bereich der Traditionspflege, der Allgemeinbildung, des Unterrichts, kultureller Selbstverwaltung, sozialer, jugendbezogener und kultureller Verwaltung, gesellschaftlicher Aufholprozesse, kommunaler Presseerzeugisse, des öffentlichen Dienstes der Minderheit, der Siedlungsordnung und des Siedlungsmanagements tätig werden. Zur Wahrnehmung sowohl obligatorischer als auch freiwilliger Tätigkeiten steht es der kommunalen Minderheitenselbstverwaltung nach § 116 III UNatG ausdrücklich frei, im Rahmen der Gesetze Einrichtungen, Wirtschaftsorganisationen und andere Organisationen zu gründen. Die Übertragung von Aufgaben und Kompetenzen an eine andere Minderheitenselbstverwaltung – ob an eine Minderheitenselbstverwaltung der eigenen oder einer anderen Minderheit – erfolgt nach den Vorschriften des § 84 UNatG durch besondere Vereinbarung. Wenn eine kommunale Minderheitenselbstverwaltung die Trägerschaft einer Einrichtung übernimmt, muss nach § 84 V UNatG sichergestellt sein, dass es zu keiner qualitativen Verschlechterung der Dienstleistungen der übernommenen Einrichtung kommt. Gegenüber der Landesminderheitenselbstverwaltung derselben Minderheit stehen den kommunalen Minderheitenselbstverwaltungen keinerlei Weisungs- oder Finanzierungsrechte zu. Dies ergibt sich aus § 76 IV UNatG, wonach zwischen den einzelnen Minderheitenselbstverwaltungen keine Unter- und Überordnungsverhältnisse bestehen. Insofern sind die verschiedenen Ebenen der Minderheitenselbstverwaltung voneinander unabhängig. Die Rechtsaufsicht über die kommunale Minderheitenselbstverwaltung übt nach § 146 II UNatG das von der Regierung bestimmte Regierungsamt der Hauptstadt und des Komitats, in dem die Minderheitenselbstverwaltung ansässig ist, aus.

Zur Gewährleistung der Chancengleichheit der kommunalen Minderheitenselbstverwaltungen beim Zugang zu ausgeschriebenen staatlichen Geldern steht den kommunalen Minderheitenselbstverwaltungen gemäß § 129 UNatG das Recht zu, in den Bereichen des Minderheitenunterrichts, der kulturellen Selbstverwaltung und der kulturellen Minderheitenautonomie an Ausschreibungen auf Landes- oder EU-Ebene teilzunehmen. Dabei gelten für die kommunalen Minderheitenselbstverwaltungen die gleichen Bedingungen wie für andere kommunale Selbstverwaltungen. Im Übrigen können sich die kommunalen Minderheitenselbstverwaltungen gemäß § 126 I UNatG insbesondere durch Unterstützung aus dem Staatshaushalt, andere Unterstützungen, eigene (gewerbliche) Einnahmen und Vermögenserträge, übernommene Geldmittel sowie inländische Spenden als auch Spenden aus dem Mutterland der Minderheit finanzieren.

Als wichtige Kompetenz steht den kommunalen Minderheitenselbstverwaltungen gemäß § 79 I UNatG auch ein „kollektives Petitionsrecht“[1060] zu. Danach kann sich jede kommunale Minderheitenselbstverwaltung in Fragen, die die von ihr vertretene Minderheit betreffen, mit der Bitte um Information bzw. Beseitigung eines die Rechte der Minderheit verletzenden Rechts- oder tatsächlichen Zustands an die zuständigen staatlichen Stellen wenden. Die angerufene staatliche Stelle hat dann nach § 79 II 1 UNatG innerhalb von 30 Tagen – im Falle einer Körperschaft innerhalb von 60 Tagen – inhaltlich über die Eingabe der kommunalen Minderheitenselbstverwaltung zu entscheiden. Wenn die Petition der Minderheitenselbstverwaltung eine die Gesetzgebung betreffende Frage zum Gegenstand hat, so muss die staatliche Stellungnahme innerhalb von 45 Tagen erfolgen. Im Falle der Unzuständigkeit der angerufenen staatlichen Stelle hat diese die Petition der kommunalen Minderheitenselbstverwaltung entsprechend § 79 II 2 UNatG innerhalb von drei Tagen an die zuständige Stelle weiterzuleiten. Sofern auf kommunaler Ebene die im Nationalitätengesetz festgeschriebenen Rechte einer bestimmten, in der Kommune ansässigen Minderheit betroffen sind, kann die kommunale Selbstverwaltung diesbezügliche Sach- oder Personalentscheidungen nach §§ 81, 82 UNatG nur im Einvernehmen mit der kommunalen Minderheitenselbstverwaltung der betroffenen Minderheit treffen. Dies betrifft insbesondere die Rechte der Minderheit auf Chancengleichheit, kollektiven Sprachgebrauch, Bildung, Erziehung, Kultur- und Traditionspflege, gesellschaftliche Gleichstellung und soziale Versorgung. Sollte vor Ort keine kommunale Minderheitenselbstverwaltung der betroffenen Minderheit existieren, wird deren Einvernehmen durch die regionale bzw. Landesminderheitenselbstverwaltung ersetzt. Bei behaupteter Verletzung ihrer Minderheitenrechte durch Verordnungen oder Rechtsnormen kann die kommunale Minderheitenselbstverwaltung gemäß § 83 I 2, II 2 UNatG auch direkt ein Gericht anrufen. Die Anrufung eines Gerichts hat dann hinsichtlich der Durchführung der angefochtenen Entscheidung aufschiebende Wirkung. Durch diese Regelungen wird sichergestellt, dass Anliegen und Belange der Minderheiten jederzeit in die staatlichen Entscheidungsprozesse einfließen, ob bereits

1060 *Küpper*, Das neue Minderheitenrecht in Ungarn, S. 192.

im Vorfeld staatlicher Entscheidungen – wie beispielsweise im Gesetzgebungsverfahren – oder erst nach der Fassung bzw. dem Vollzug staatlicher Entscheidungen. Die Mehrheitsbevölkerung wird somit gezwungen, im den Kernbereich der Minderheitenidentität betreffenden örtlichen Umfeld auf die Interessen der betroffenen Minderheiten Rücksicht zu nehmen. Umgekehrt gehen die Rechte der vor Ort vertretenen Minderheitenselbstverwaltungen jedoch nicht so weit, der Mehrheitsbevölkerung den Erlass bestimmter Normen aufzwingen zu können. Insofern bietet das Nationalitätengesetz im kommunalen Bereich einen ausgewogenen und praktikablen Ausgleich zwischen Minderheitenschutz und Mehrheitsinteressen.

(b) umgewandelte Minderheitenselbstverwaltung

Die umgewandelte Minderheitenselbstverwaltung gemäß § 71 I UNatG ist eine Sonderform der kommunalen Minderheitenselbstverwaltung, die durch Umwandlung einer örtlichen Selbstverwaltung in eine Minderheitenselbstverwaltung entstanden ist. Wenn mehr als die Hälfte der wahlberechtigten Personen einer Gemeinde im Wählerverzeichnis einer bestimmten Minderheit aufgeführt sind und mehr als die Hälfte der gewählten Abgeordneten des örtlichen Abgeordnetengremiums (Kommunalparlament) als Kandidaten dieser Minderheit an der Wahl zur örtlichen Selbstverwaltung teilgenommen haben, so kann sich die neu gewählte örtliche Selbstverwaltung gemäß § 71 II UNatG in ihrer konstituierenden Sitzung per Mehrheitsbeschluss in eine kommunale Minderheitenselbstverwaltung umwandeln. Diese Umwandlung kann – mit Ausnahme des Bezirks der Hauptstadt Budapest – in jeder beliebigen Gemeinde vollzogen werden. Als durch Umwandlung entstandene kommunale Minderheitenselbstverwaltung hat die umgewandelte Minderheitenselbstverwaltung nach § 71 III 1 UNatG dieselben Rechte und Pflichten sowie denselben Aufgaben- und Kompetenzbereich wie eine direkt gewählte kommunale Minderheitenselbstverwaltung. Wie jede andere Minderheitenselbstverwaltung ist auch die durch Umwandlung entstandene Minderheitenselbstverwaltung gemäß § 76 III UNatG eine juristische Person.

Als örtliche Selbstverwaltung hat die umgewandelte Selbstverwaltung auch dieselben Rechte und Pflichten wie jede andere örtliche Selbstverwaltung. Insbesondere ist sie nach Art. 31 I UGG für alle örtlichen öffentlichen Aufgaben zuständig und kann beispielsweise gemäß Art. 32 I UGG autonomes Recht in Form von Verordnungen erlassen, Beschlüsse fassen, über Art und Höhe der örtlichen Steuern entscheiden sowie ihren eigenen Haushaltsplan festlegen und auf dieser Grundlage selbstständig wirtschaften.

Wenn die Voraussetzungen des § 71 II UNatG für eine Umwandlung vorliegen, in der betreffenden Gemeinde aber parallel zu den Kommunalwahlen auch eine Minderheitenselbstverwaltung gewählt worden ist, so hat der Ortsbürgermeister die konstituierende Sitzung des Abgeordnentengremiums der örtlichen Selbstverwaltung laut § 72 I UNatG zwingend vor der konstituierenden Sitzung der Minderheitenselbstverwaltung einzuberufen. Wird in dieser Sitzung die Umwandlung der örtlichen Selbstverwaltung in eine Minderheitenselbstverwaltung beschlossen, so kann es nach § 72 II 1 UNatG in der Gemeinde keine weitere Minderheitenselbstverwaltung der dominanten Minderheit geben. Existiert zum Zeitpunkt der konstituierenden Sitzung des Abgeordnetengremiums der örtlichen Selbstverwaltung – beispielsweise aufgrund von Zwischenwahlen – in der Gemeinde bereits eine Minderheitenselbstverwaltung der dominanten Minderheit, so muss diese ihre Arbeit gemäß § 72 II 2 UNatG nach Umwandlung der örtlichen Selbstverwaltung in eine Minderheitenselbstverwaltung einstellen. Sollte die Anzahl der Minderheitenabgeordneten in der umgewandelten Minderheitenselbstverwaltung noch während ihrer Amtsperiode eines Tages auf weniger als die Hälfte zurückgehen, so wird die umgewandelte Minderheitenselbstverwaltung nach § 72 III UNatG nur noch als örtliche Selbstverwaltung fortbestehen. Gleichzeitig darf eine direkt gewählte Minderheitenselbstverwaltung, die ihr Mandat aufgrund der Existenz einer umgewandelten Minderheitenselbstverwaltung nicht ausüben durfte, ihre Arbeit entsprechend § 72 III a und b UNatG (wieder) aufnehmen.

(c) Minderheitensprecher

Besteht in einer Kommune, in der wahlberechtigte Angehörige einer Minderheit wohnen, keine Minderheitenselbstverwaltung, so kann an deren Stelle ein sog. Minderheitensprecher treten. Dies ist gemäß § 12 V 1 UÖSVerwG der Kandidat einer staatlich anerkannten Minderheit, der bei den Kommunalwahlen in der Gemeinde die meisten Stimmen auf sich vereinigen konnte. Sofern er aufgrund seines Stimmenanteils nicht direkt in das örtliche Abgeordnetengremium gewählt worden ist, hat er als „lokaler Wortführer der Minderheit“[1061] nach § 12 V 2 UÖSVerwG das Recht, an allen Sitzungen des Abgeordnetengremiums beratend teilzunehmen.

1061 § 12 V 1 UÖSVerwG.

(3) regionale Minderheitenselbstverwaltung

Die regionale Minderheitenselbstverwaltung betrifft die Vertretung einer Minderheit im Komitat. Nach § 55 III UNatG bildet das jeweilige Komitat den Wahlkreis für die Wahl zur regionalen Minderheitenselbstverwaltung einer Minderheit. Unabhängig von der Anzahl der Angehörigen einer einzelnen Minderheit im jeweiligen Komitat ist die Anzahl der Abgeordneten in der regionalen Minderheitenselbstverwaltung in § 51 II UNatG einheitlich auf sieben festgesetzt. Die Wahl der Abgeordneten der regionalen Minderheitenselbstverwaltung muss gemäß § 56 II UNatG ausgeschrieben werden, wenn im selben Komitat – oder im Falle Budapests in der Hauptstadt – mindestens zehn Wahlen zu kommunalen Minderheitenselbstverwaltungen ausgeschrieben sind. Die Kandidaten zur Wahl der regionalen Minderheitenselbstverwaltung können gemäß § 60 I UNatG von den Organisationen der jeweiligen Minderheit, d. h. den gemeinnützigen Vereinen, deren satzungsmäßig festgelegter Zweck nach § 2 Nr. 14 UNatG die Vertretung einer bestimmten Minderheit ist, in Form einer Wahlliste aufgestellt werden. Voraussetzung ist, dass diese bei mindestens zehn Prozent der im selben Komitat abgehaltenen Wahlen zu kommunalen Minderheitenselbstverwaltungen einen eigenen Kandidaten gestellt und die Empfehlung von mindestens zwei Prozent der Wähler gesammelt haben. Mehrere Organisationen derselben Minderheit können gemäß § 61 I UNatG anstelle einer eigenen Liste auch eine gemeinsame Liste aufstellen. Die Mandate der regionalen Minderheitenselbstverwaltung werden dann entsprechend dem in § 66 II UNatG beschriebenen Verfahren im Verhältnis der auf die jeweilige Liste entfallenen Stimmen verteilt, sofern die Liste gemäß § 66 I UNatG als Liste einer Minderheitenorganisation fünf Prozent, als gemeinsame Liste zweier Minderheitenorganisationen zehn Prozent oder als gemeinsame Liste von mehr als zwei Minderheitenorganisationen mindestens 15 Prozent der im Komitat abgegebenen gültigen Stimmen erreicht hat. Die durch die Liste, welche diese prozentualen Hürden überwunden hat, erworbenen Mandate werden dann nach § 67 I UNatG von den Kandidaten eingenommen, deren Platz in der Liste noch zur Wahrnehmung des Abgeordnetenmandats in der regionalen Minderheitenselbstverwaltung berechtigt. Sollte die Liste weniger Kandidaten als errungene Mandate enthalten, so bleiben die nicht vergebenen Mandate nach § 67 II UNatG unbesetzt.

Aufgabe der regionalen Minderheitenselbstverwaltung ist es nach § 10 VIII UNatG, auf Komitatsebene die mit der Durchsetzung der Minderheitenrechte verbundenen Aufgaben wahrzunehmen. Dazu kann die regionale Minderheitenselbstverwaltung gemäß § 36 UNatG im Komitat kulturelle Einrichtungen jeder Art errichten, unterhalten oder übernehmen. Ihr primärer Zweck ist die

Interessenvertretung ihrer Minderheit auf Komitatsebene, beispielsweise durch Koordination und Bündelung der Anliegen der im Komitat existierenden kommunalen Minderheitenselbstverwaltungen. Örtliche Belange der Minderheit werden aufgrund der Sachnähe sowie der in § 76 IV UNatG festgeschriebenen Unabhängigkeit und fehlenden Weisungsgebundenheit ausschließlich von den kommunalen Minderheitenselbstverwaltungen wahrgenommen. Insofern sind die Mitwirkungsrechte der regionalen Minderheitenselbstverwaltung nur nachrangig. Diese kann die Rechte der von ihr vertretenen Minderheit nach §§ 81, 82 UNatG, insbesondere im Bereich des kollektiven Sprachgebrauchs, der Schulung, der Erziehung, der Pflege der Traditionen und der Kultur, der örtlichen Presse, der Chancengleichheit, der gesellschaftlichen Aufholung und der sozialen Versorgung bei den diese Bereiche betreffenden behördlichen Verfahren nämlich nur dann geltend machen und auch Rechtsmittel einlegen, wenn diese Rechte – mangels Existenz einer kommunalen Minderheitenselbstverwaltung – nicht vorrangig von der zuständigen kommunalen Minderheitenselbstverwaltung wahrgenommen werden können. Somit kommt der regionalen Minderheitenselbstverwaltung vornehmlich eine Auffangfunktion für die Bereiche zu, in denen eine vor Ort siedelnde Minderheit mangels einer eigenen kommunalen Minderheitenselbstverwaltung ihre Rechte und Belange nicht anderweitig geltend machen und diesen Gehör verschaffen kann. So enthält das Nationalitätengesetz auch keinen spezifischen Aufgaben- und Kompetenzkatalog für die regionalen Minderheitenselbstverwaltungen.

Regionale Minderheitenselbstverwaltungen finanzieren sich gemäß § 126 I UNatG insbesondere durch Unterstützung aus dem Staatshaushalt, andere Unterstützungen, eigene (gewerbliche) Einnahmen und Vermögenserträge, übernommene Geldmittel sowie inländische Spenden als auch Spenden aus dem Mutterland der Minderheit.

Das Gremium der regionalen Minderheitenselbstverwaltung ist gemäß § 76 III 3 UNatG die Generalversammlung. Diese gibt sich nach § 88 I UNatG eine Geschäftsordnung und wählt aus ihrer Mitte einen Vorsitzenden und dessen Stellvertreter. Im Rahmen ihrer Kompetenzen fasst die Generalversammlung der regionalen Minderheitenselbstverwaltung gemäß § 78 III UNatG sodann zur Erledigung der öffentlichen Angelegenheiten der von ihr vertretenen Minderheit Beschlüsse, verwaltet sich selbst, übt ihre Eigentumsrechte aus und wirtschaftet selbstständig entsprechend ihrer eigenen Haushaltshoheit. Die Rechtsaufsicht über die regionale Minderheitenselbstverwaltung übt nach § 146 II UNatG das von der Regierung bestimmte Regierungsamt der Hauptstadt und des Komitats, in dem die regionale Minderheitenselbstverwaltung beheimatet ist, aus.

(4) Landesminderheitenselbstverwaltung

Auf Landesebene können die einzelnen staatlich anerkannten Minderheiten in Ungarn gemäß § 50 b UNatG durch Direktwahl jeweils eine Landesminderheitenselbstverwaltung errichten. Deren Hauptaufgaben bestehen nach § 117 II UNatG in der Interessenvertretung und -wahrnehmung der jeweiligen Minderheit auf Landesebene. Dazu betreibt die Landesminderheitenselbstverwaltung ein landesweites Netz von Einrichtungen für die von ihr vertretene Minderheit. Jeder Landesminderheitenselbstverwaltung wird gemäß § 137 I, II UNatG vom ungarischen Staat zur Gewährleistung ihres Betriebs als einmalige Vermögenszuwendung ein selbstständig nutzbares Gebäude oder Gebäudeteil zur Verfügung gestellt.

Die Landesminderheitenselbstverwaltung ist nach § 76 III 1 UNatG eine juristische Person. Die Wahl der Abgeordneten der Landesminderheitenselbstverwaltung muss nach § 56 III UNatG ausgeschrieben werden. Den Wahlkreis bildet dabei gemäß § 55 IV UNatG das gesamte Landesgebiet Ungarns. Die Anzahl der Abgeordneten der jeweiligen Landesminderheitenselbstverwaltung ist entsprechend § 52 UNatG von der Anzahl der zum Zeitpunkt der Festsetzung des Wahltages landesweit im Wählerverzeichnis der einzelnen Minderheit eingetragenen wahlberechtigten Minderheitenangehörigen abhängig: die Landesminderheitenselbstverwaltung einer Minderheit zählt 15 Abgeordnete bei bis zu 5.000 wahlberechtigten Angehörigen dieser Minderheit, 23 Abgeordnete bei 5.001–10.000, 31 Abgeordnete bei 10.001–25.000, 39 Abgeordnete bei 25.001–50.000 und 47 Abgeordnete bei landesweit mehr als 50.000 wahlberechtigten Angehörigen derselben Minderheit. Die Stimmabgabe der wahlberechtigten Angehörigen einer Minderheit bei der Wahl zur Landesminderheitenselbstverwaltung erfolgt gemäß § 64 II UNatG auf eine Landesliste.

Minderheitenorganisationen (d. h. gemeinnützige Vereine, deren satzungsmäßig festgelegter Zweck nach § 2 Nr. 14 UNatG die Vertretung einer bestimmten Minderheit ist), die bei mindestens zehn Prozent der direkten Wahlen zur kommunalen Minderheitenselbstverwaltung einen selbstständigen Kandidaten gestellt und die Empfehlung von mindestens zwei Prozent der Wähler gesammelt haben, dürfen nach § 60 II 1 UNatG bei den Wahlen zur Landesminderheitenselbstverwaltung für die von ihnen vertretene Minderheit eine Landesliste aufstellen. Wurden hingegen auf kommunaler Ebene keine Wahlen zur kommunalen Minderheitenselbstverwaltung ausgeschrieben, so kann nach § 60 II 2 UNatG eine beliebige Minderheitenorganisation eine Landesliste für die von ihr vertretene Minderheit aufstellen. Nach § 61 I UNatG ist es auch zulässig, dass mehrere Minderheitenorganisationen eine gemeinsame Landesliste aufstellen. Allerdings muss sich eine Minderheitenorganisation entscheiden, ob sie eine selbstständige Landesliste aufstellt oder mit anderen Minderheitenorganisationen eine gemeinsame. Beides gleichzeitig ist nach § 61 II UNatG nicht zulässig. Die Mandatsverteilung bei den Wahlen zur Landesminderheitenselbstverwaltung einer Minderheit erfolgt dann entsprechend dem in § 66 II UNatG geschilderten Verfahren im Verhältnis der auf die jeweilige Landesliste entfallenen Stimmen, sofern die Liste gemäß § 66 I UNatG als Liste einer Minderheitenorganisation fünf Prozent, als gemeinsame Liste zweier Minderheitenorganisationen zehn Prozent und als gemeinsame Liste von mehr als zwei Minderheitenorganisationen mindestens 15 Prozent der landesweit abgegebenen gültigen Stimmen erreicht hat. Die von einer bestimmten Landesliste errungenen Mandate werden dann nach § 67 I UNatG personell entsprechend der Listenplätze ihrer Kandidaten besetzt. Sollte eine Landesliste mehr Mandate errungen haben als es Kandidaten auf ihrer Landesliste gibt, so bleiben die überschüssigen Mandate nach § 67 II UNatG unbesetzt.

Die Kompetenzen der Landesminderheitenselbstverwaltung ergeben sich aus § 117 UNatG, der u. a. auf die §§ 113, 114 UNatG verweist. Danach bestimmt die Landesminderheitenselbstverwaltung – ebenso wie jede kommunale Minderheitenselbstverwaltung – selbstständig über die Bedingungen ihrer gesetzlichen Tätigkeiten im nicht übertragbaren Zuständigkeitsbereich sowie über ihre inneren Angelegenheiten, wie die Wahl ihres Vorsitzenden und seiner maximal vier Stellvertreter, die Aufstellung eines Ausschusses, ihr Budget und ihren Jahresabschluss, die personellen Ernennungen im Rahmen ihrer Zuständigkeit, Anträge auf staatliche Unterstützung und über alle weiteren Angelegenheiten in ihrem nicht übertragbaren Zuständigkeitsbereich. § 117 I UNatG weist der Landesminderheitenselbstverwaltung zudem als nicht übertragbare Aufgaben folgende Aufgaben zu: über ihren eigenen Sitz zu entscheiden, landesweite Feiertage der von ihr vertretenen Minderheit festzulegen, Prinzipien und Nutzungsart des ihr zugeteilten Rundfunk- und Fernsehkanals und ihrer Sendezeiten im öffentlich-rechtlichen Rundfunk und Fernsehen zu bestimmen, einen Rechtshilfedienst für kommunale Minderheitenselbstverwaltungen und einen Informationsdienst für regionale Minderheitenselbstverwaltungen ihrer eigenen Minderheit einzurichten, ein Verzeichnis der in ihrer Minderheit gebräuchlichen Vornamen zusammenzustellen, den Minderheitenmedien ihrer Minderheit Zuwendungen aus dafür vorgesehenen staatlichen Zuschüssen zukommen zu lassen sowie sonstige ihr gesetzlich zugewiesene Aufgaben wahrzunehmen.

Ein Schwerpunkt der Aufgaben der Landesminderheitenselbstverwaltungen liegt in der Ausübung der minoritären Kulturautonomie. So kann die

Landesminderheitenselbstverwaltung gemäß §§ 19 c, 22 V, 23 I, III, 24 II, 25 I, III, IV, 36, 37 I, II, 164 IV, XIII 1, XVII, 165 V, XI UNatG kulturelle Einrichtungen aller Art, wie z. B. Bibliotheken, Museen, Theater, Verlage, Medien, aber auch Schulen und Forschungseinrichtungen unterhalten. Sofern die Belange der von ihr vertretenen Minderheit betroffen sind, haben die Landesminderheitenselbstverwaltungen gemäß § 118 I, II UNatG im Gesetzgebungsverfahren und beim Erlass kommunaler Rechtsvorschriften – mit Ausnahme der Verordnung der kommunalen Selbstverwaltung – ein Anhörungsrecht, im Verwaltungsverfahren ein Informations-, Initiativ- und Vorschlagsrecht sowie in Bezug auf Entwicklungspläne ein Zustimmungsrecht. Zudem stehen ihnen gemäß § 165 XI UNatG Mitwirkungsbefugnisse bei der staatlichen Schulaufsicht sowie bei der Festlegung des Unterrichtsstoffs für den Minderheitenschulunterricht im Primär- und Sekundarbereich zu.

Die Finanzierung der Landesminderheitenselbstverwaltung erfolgt ebenso wie bei den kommunalen und regionalen Minderheitenselbstverwaltungen gemäß § 126 I UNatG durch Unterstützung aus dem Staatshaushalt, andere Unterstützungen, eigene (gewerbliche) Einnahmen und Vermögenserträge, übernommene Geldmittel sowie inländische Spenden als auch Spenden aus dem Mutterland der Minderheit. Die Finanzierung von Erziehungs- und Bildungseinrichtungen der Landesminderheitenselbstverwaltung geschieht hingegen gemäß § 26 I UNatG auf gleiche Weise wie bei kirchlichen Einrichtungen.

Beschließendes und ausführendes Organ der Landesminderheitenselbstverwaltung ist gemäß § 119 I 1 UNatG die Generalversammlung der Landesminderheitenselbstverwaltung. Diese gibt sich gemäß § 119 III UNatG eine Geschäftsordnung, in der detailliert ihre Tätigkeit geregelt wird. Weitere Organe der Landesminderheitenselbstverwaltung sind deren Vorsitzender und seine Stellvertreter (§§ 105 I, 117 I UNatG), der Finanzausschuss (§ 104 I 2 UNatG), sowie das Amt der Landesminderheitenselbstverwaltung, das nach §§ 121, 122 UNatG als selbstständig tätiges und bewirtschaftendes Haushaltsorgan der Landesminderheitenselbstverwaltung fungiert und deren Beschlüsse vorbereitet. Mit Ausnahme der nicht übertragbaren Aufgaben und Kompetenzen kann die Landesminderheitenselbstverwaltung ihren Aufgaben- und Kompetenzbereich nach § 119 I 2 UNatG auf ihren Vorsitzenden, ihren Ausschuss, ihr Amt oder ihre Assoziation übertragen.

Gegenüber den kommunalen und regionalen Minderheitenselbstverwaltungen derselben Minderheit besitzt die Landesminderheitenselbstverwaltung keinerlei Kompetenzen oder Weisungsrechte. Umgekehrt gibt es kein imperatives Mandat der Abgeordneten der Landesminderheitenselbstverwaltung. Dies folgt aus § 76 IV UNatG, wonach es zwischen den einzelnen Formen der Minderheitenselbstverwaltungen keine Über- und Unterordnungsverhältnisse gibt. Zweck ist zum einen, dass die Willensbildung der Minderheiten auf Kommunalebene in Form der kommunalen Minderheitenselbstverwaltung nicht durch überörtliche und damit evtl. sachfremde Erwägungen beeinflusst werden soll. Zum anderen sollen die Entscheidungen der Landesminderheitenselbstverwaltung wegen ihrer Auswirkungen auf die gesamte Minderheit nicht durch einzelne ortsspezifische Präferenzen beeinflusst werden.[1062] Nur in bestimmten Fällen, in denen keine kommunale oder regionale Minderheitenselbstverwaltung besteht, können deren Mitwirkungsrechte durch die Landesminderheitenselbstverwaltung wahrgenommen werden (§§ 81 II, 82, 117 II a UNatG). Falls sich eine kommunale Minderheitenselbstverwaltung auflöst oder bei den nächsten Wahlen nicht mehr zustande kommt, geht deren Vermögen gemäß § 138 II UNatG in das Vermögen der sie vertretenden Landesminderheitenselbstverwaltung über. Die Rechtsaufsicht über die Landesminderheitenselbstverwaltung übt nach § 146 III UNatG das von der Regierung bestimmte Regierungsamt der Hauptstadt und des Komitats, in dem die Landesminderheitenselbstverwaltung ihren Sitz hat, aus.

bb) Türkei

Art. 42 I LV privilegiert die nicht-muslimischen Minderheiten dahingehend, dass diesen unter Mitwirkung der türkischen Regierung eine ihren Gewohnheiten entsprechende Regelung ihres Familien- und Personenstandsrechts zugestanden wird. Auf dieses Recht haben die vom türkischen Staat als Minderheiten anerkannten Juden, Armenier und Griechen nach Einführung des auf dem Schweizer Zivilgesetzbuch basierenden Türkischen Zivilgesetzbuches (TZGB)[1063] im Jahr 1926 nacheinander durch eine Erklärung ihrer jeweiligen Glaubensoberhäupter offiziell verzichtet. Juden, Armenier und Griechen sahen nach Einführung des für alle türkischen Staatsbürger gleiche Rechte garantierenden TZGB kein Bedürfnis mehr für ein separates Familien- und Personenstandsrecht ihrer Religionsgemeinschaft.[1064] Damit ist Art. 42 I LV obsolet geworden. Eine Folge dieses Verzichts ist es aber auch, dass die Türkei die Religionsfreiheit nun auf individueller Ebene gewährt und den nicht-muslimischen wie auch den muslimischen

---

1062 Vgl. *Küpper*, Das neue Minderheitenrecht in Ungarn, S. 226.

1063 Die Einführung des TZGB ist dabei eines von mehreren didaktischen Instrumenten gewesen, um die als rückständig angesehenen sozialen und kulturellen Gewohnheiten und Sitten hin zu einem modernen Nationalstaat zu verändern (vgl. *Göle*, S. 79).

1064 Vgl. dazu: *Alexandris*, S. 135 ff.; *Weiker*, S. 242 ff.

Religionsgemeinschaften den Status einer staatlich unabhängigen Rechtspersönlichkeit verwehrt.

b) Recht auf religiöse Selbstverwaltung

Sowohl in Ungarn als auch in der Türkei existiert ein Recht auf religiöse Selbstverwaltung. Da es in Ungarn nur staatlich anerkannte nationale Minderheiten gibt, steht das Recht auf religiöse Selbstverwaltung dort nicht den einzelnen Minderheiten als solche zu, sondern nur den mit ihnen eng verbundenen in Ungarn ansässigen Kirchen. In der Türkei wird den staatlich anerkannten nicht-muslimischen Minderheiten hingegen gesetzlich ein Recht auf religiöse Selbstverwaltung zugestanden. In der Praxis wird dieses Recht jedoch dadurch, dass keiner dieser Religionsgemeinschaften die für ihre Selbstverwaltung unabdingbare eigene Rechtspersönlichkeit verliehen wird, erheblich ausgehöhlt.

aa) Ungarn

Das Recht der Kirchen und anderen Religionsgemeinschaften, ihre inneren Angelegenheiten selbst und ohne Einflussnahme des ungarischen Staates regeln zu dürfen, ergibt sich bereits aus der in Art. VII II 1 UGG festgeschriebenen Trennung von Staat und Kirche und der in Art. VII II 2 UGG ausdrücklich garantierten Selbstständigkeit der Kirchen. Zu den Einzelheiten der Vorschriften über die Kirchen in Ungarn verweist Art. VII III UGG auf ein Schwerpunktgesetz, das in Form des Kirchengesetzes[1065] erlassen worden ist. Darin wird in § 7 I, II UKG den Kirchen, Konfessionen und Religionsgemeinschaften – bei entsprechender Anerkennung durch das Ungarische Parlament – ein autonomer Status als religiöse Selbstverwaltungskörperschaft mit eigener Rechtspersönlichkeit zugestanden.[1066] Somit steht es den Kirchen und Religionsgemeinschaften frei, ihre inneren Angelegenheiten frei und ohne staatliche Einflussnahme zu regeln. Dazu zählt auch die Freiheit, die im internen Betrieb, in der Liturgie und im Verkehr mit den Gläubigen benutzte Sprache selbst zu wählen. Insofern

1065 Gesetz Nr. CCVI/2011 über das Recht der Gewissens- und Religionsfreiheit sowie über die Rechtsstellung der Kirchen, Konfessionen und Religionsgemeinschaften.

1066 Gegen das parlamentarische Anerkennungserfordernis hatten mehrere Kirchen und Religionsgemeinschaften, denen aufgrund des neuen Kirchengesetzes die Anerkennung in Ungarn verwehrt worden war, erfolgreich Beschwerde beim Europäischen Gerichtshof für Menschenrechte (EGMR) eingelegt. Vgl. dazu die Entscheidung des EGMR vom 8.4.2014, online unter: https://hungarianvoice.files.worldpress.com/2014/04/case-of-magyar-kereszteny--mennonita-egyhaz-and-others-v-hungary.pdf [aufgerufen am 8.2.2015].

können die eng mit einzelnen in Ungarn anerkannten Minderheiten verbundenen und in Ungarn ansässigen Kirchen – wie die Armenisch-Orthodoxe Kirche, die Bulgarisch-Orthodoxe Kirche, die Griechisch-Orthodoxe Kirche, die Rumänisch-Orthodoxe Kirche, die Serbisch-Orthodoxe Kirche sowie die Ukrainisch-Orthodoxe Kirche – ihren gesamten Religionsbetrieb in der jeweiligen Minderheitensprache durchführen.

Aber auch aus dem Nationalitätengesetz ergeben sich genauere Ausgestaltungen des religiösen Selbstverwaltungsrechts der Kirchen hinsichtlich ihrer Aktivitäten für die einzelnen in Ungarn staatlich anerkannten Minderheiten. So spricht § 20 UNatG den Minderheiten das Recht zu, ihre religiösen Andenken und Traditionen zu wahren und die damit verbundenen Veranstaltungen und Feste ungestört abhalten zu können. Verbunden mit ihrem Recht zum Gebrauch der Muttersprache und der Verortung der Religion als einer der identitätsstiftenden Faktoren von Minderheiten bedeutet dies, dass die mit einer Minderheitengruppe verbundenen Kirchen ihre gemeinschaftlichen religiösen Aktivitäten auch ohne Einschränkung in der Minderheitensprache durchführen können. § 42 d UNatG geht diesbezüglich sogar noch weiter und sichert den in der Muttersprache der jeweiligen Minderheit ausgeübten religiösen Aktivitäten der Kirchen staatliche Förderung zu.

bb) Türkei

Die Türkei garantiert den Angehörigen nicht-muslimischer Minderheiten in Art. 40 I 2 LV das Recht, auf eigene Kosten religiöse Einrichtungen jeder Art zu errichten, zu leiten und zu kontrollieren und dort ihre eigene Sprache zu gebrauchen sowie ihre eigene Religion frei auszuüben. Zudem verpflichtet sich der türkische Staat in Art. 42 III 1 LV, den religiösen Einrichtungen der staatlich anerkannten nicht-muslimischen Minderheiten vollen Schutz zu garantieren. Den zum Zeitpunkt des Abschlusses der Lausanner Vertrages am 24. Juli 1923 bereits bestehenden sowie auch den neu zu gründenden religiösen und gemeinnützigen Einrichtungen dieser Minderheiten einschließlich deren frommer Stiftungen sollen vom türkischen Staat nach Art. 42 III 2 LV alle notwendigen Erleichterungen und Genehmigungen gewährt werden, die auch anderen privaten Einrichtungen dieser Art garantiert werden. In Städten und Bezirken mit einem erheblichen Anteil von Angehörigen nicht-muslimischer Minderheiten soll diesen Minderheiten für ihre religiösen Zwecke gemäß Art. 41 II LV sogar ein gerechter Anteil aus öffentlichen Mitteln des Staats- oder Gemeindehaushalts zugewiesen werden.

Was in der Theorie als eine weitgehend autonome Stellung der nicht-muslimischen Religionsgemeinschaften anhört, stellt sich in der Praxis jedoch ganz anders dar. Insbesondere fehlt den staatlich anerkannten nicht-muslimischen Religionsgemeinschaften in der Türkei die für ihre Selbstverwaltung zwingend notwendige eigene Rechtspersönlichkeit. So wird keiner der anerkannten nicht-muslimischen Religionsgemeinschaften – aber auch keiner anderen Religionsgemeinschaft – ein autonomer Status als religiöse Selbstverwaltungskörperschaft mit eigener Rechtspersönlichkeit zugestanden.[1067] Sie sind somit als Institutionen rechtlich nicht existent. Die Türkei begründet dies damit, dass die Anerkennung eines Rechtsstatus einer Religionsgemeinschaft oder einer religiösen Gruppe mit dem in der Türkischen Verfassung verankerten Prinzip des laizistischen Staates unvereinbar sei, welches gem. Art. 4 TV unabänderlich sei und gegen das das Verfassungsgericht mit der Behauptung der Verfassungswidrigkeit angerufen werden könne.[1068] Ebenso sei es aufgrund des Laizismusprinzips nicht möglich, Gebetsstätten wie Moscheen, Kirchen oder Synagogen Rechtspersönlichkeit nach Maßgabe des TZGB oder des Vereinsgesetzes zuzuerkennen.[1069]

Die fehlende Rechtspersönlichkeit ihrer Religionsgemeinschaft bringt für die nicht-muslimischen Minderheiten in der Türkei erhebliche Nachteile mit sich. Neben den oben bereits erwähnten Problemen beim Erwerb von Eigentum und

1067 Vgl. *Duncker*, Die Situation der christlichen Minderheiten in der Türkei, S. 80; *EU-Commission*, S. 3; *EU-Kommission*, Türkei Fortschrittsbericht 2005, S. 37 f., 45, 134, 169 f.; *EU-Kommission*, Türkei Fortschrittsbericht 2006, S. 18; *Hofmann, T.*, Armenians in Turkey Today, S. 27; *Karimova/ Deverell*, S. 10 f.; *Kommission der Europäischen Gemeinschaften*, Vorschlag für einen Beschluss des Rates über die Grundsätze, Prioritäten und Bedingungen der Beitrittspartnerschaft mit der Türkei vom 9.11.2005, online unter: http://www.europa.eu.int/comm/enlargement/report_2005/pdf/package_ii/com_559_final_de_tr_part nership.pdf [aufgerufen am 20.1.2015], S. 8; *Kurban*, Confronting Equality: The Need for Constitutional Protection of Minorities on Turkey's Path to the European Union, S. 173; *Oehring*, Zur Lage der Menschenrechte – Die Türkei auf dem Weg nach Europa – Religionsfreiheit?, S. 49 ff.; *The Greek Orthodox Patriarch of Constantinople*, Letter To The Prime Ministry Of The Republic Of Turkey from August 28th 2003, Istanbul 2003, S. 11 ff.

1068 Vgl. Memorandum der Außenministeriums der Republik Türkei an das vatikanische Staatssekretariat vom 20.12.2002, abgedruckt in: *Oehring*, Zur Lage der Menschenrechte – Die Türkei auf dem Weg nach Europa – Religionsfreiheit?, S. 80–84 (hier: S. 82).

1069 Vgl. Memorandum der Außenministeriums der Republik Türkei an das vatikanische Staatssekretariat vom 20.12.2002, abgedruckt in: *Oehring*, Zur Lage der Menschenrechte – Die Türkei auf dem Weg nach Europa – Religionsfreiheit?, S. 80–84 (hier: S. 83).

Liegenschaften sowie der Errichtung, Trägerschaft und Unterhaltung ihrer religiösen Einrichtungen führt die nicht vorhandene Rechtspersönlichkeit noch zu folgenden Schlechterstellungen der anerkannten nicht-muslimischen Minderheiten:

Institutionell existieren wegen der rechtlichen Nichtexistenz der Kirchen zwischen den Gemeindestiftungen und ihren „Mutterkirchen", denen sie de facto zuzuordnen sind, keine Rechtsbeziehungen, da nur die Gemeindestiftungen als selbständige juristische Personen Rechtspersönlichkeit besitzen.[1070] Aus diesem Grund können auch keine Einnahmeüberschüsse der einen Gemeindestiftung an eine andere Gemeindestiftung derselben Mutterkirche übertragen werden, da diese durch ihre Mutterkirche nicht zentral verwaltet werden können.[1071] Eine weitere – gegen Art. 42 III LV verstoßende – Ungleichbehandlung der nicht-muslimischen gegenüber muslimischen Stiftungen liegt darin, dass nicht-muslimische Gemeindestiftungen für die Registrierung erworbener Liegenschaften die Genehmigung der Generaldirektion für die frommen Stiftungen benötigen, wohingegen für muslimische Stiftungen keine derartige Genehmigungspflicht existiert.[1072] Einschränkungen gibt es ebenfalls, wenn eine Gemeindestiftung einer nicht-muslimischen Minderheit mit Erlösen aus Immobiliengeschäften Gebetsstätten oder andere Immobilien errichten will. Einnahmen aus dem Verkauf von Immobilien der Gemeindestiftungen müssen nämlich auf staatliche Konten eingezahlt werden und werden dort eingefroren, d. h. der Verfügungsgewalt der Gemeindestiftungen entzogen. Den Gemeindestiftungen steht – in Missachtung des Art. 42 III LV – lediglich das Recht zu, über die Zinserträge dieser Einnahmen zu verfügen.[1073] Auf alle sonstigen Einnahmen müssen die fast ausschließlich wohltätigen Gemeindestiftungen entgegen dem Regelungszweck des Art. 41 II LV Körperschaftssteuer an den türkischen Staat zahlen.[1074]

1070 Vgl. *Hermann*, Der Status der nichtmuslimischen Minderheiten in der Türkei, S. 111; *Oehring*, Zur Lage der Menschenrechte – Die Türkei auf dem Weg nach Europa – Religionsfreiheit?, S. 18.

1071 Vgl. *Oehring*, Zur Lage der Menschenrechte in der Türkei – Laizismus = Religionsfreiheit?, S. 29.

1072 Vgl. *Oehring*, Zur Lage der Menschenrechte – Die Türkei auf dem Weg nach Europa – Religionsfreiheit?, S. 20 f.

1073 Vgl. *Oehring*, Zur Lage der Menschenrechte in der Türkei – Laizismus = Religionsfreiheit?, S. 28.

1074 Vgl. *Oehring*, Zur Lage der Menschenrechte in der Türkei – Laizismus = Religionsfreiheit?, S. 27.

Personell ist den anerkannten nicht-muslimischen Minderheiten die Ausbildung von Geistlichen und die Beschäftigung von ausländischem Kirchenpersonal nicht möglich, da in der Türkei beschäftigte Geistliche und sonstiges kirchliches Personal grundsätzlich die türkische Staatsangehörigkeit besitzen müssen.[1075] Die Priesterausbildungsstätten des Armenischen Patriarchats und des Griechisch-Orthodoxen Patriarchats sind beide seit den frühen 1970er Jahren ohne Aussicht auf Wiedereröffnung geschlossen.[1076] Arbeitsgenehmigungen für ausländisches Kirchenpersonal werden, wenn überhaupt, nur sehr restriktiv erteilt.[1077] Die Regelungen des neuen Gesetzes über Arbeitsgenehmigungen für Ausländer (TAgAlG)[1078] eröffnen ausländischem Kirchenpersonal ebenfalls keine Möglichkeit, eine Arbeitserlaubnis zu erhalten, da diese arbeitsrechtlich als Unselbständige gelten und die Religionsgemeinschaften bzw. die Kirchen in der Türkei wegen ihrer fehlenden Rechtspersönlichkeit nicht als Arbeitgeber in Frage kommen.[1079]

Aber auch bei der Wahl des armenisch-orthodoxen und des griechisch-orthodoxen Patriarchen sowie des jüdischen Oberrabbiners gibt es erhebliche Einschränkungen der Personalhoheit der nicht-muslimischen Religionsgemeinschaften. Obwohl es für die Wahlen keinen rechtsverbindlichen Rahmen gibt, bedarf jede Wahl des geistigen Oberhaupts einer der drei staatlich anerkannten

---

1075 Vgl. *Duncker*, Die Situation der christlichen Minderheiten in der Türkei, S. 81 f.; *European Commission*, Turkey 2014 Progress Report, S. 55; *Hofmann, T.*, Armenians in Turkey Today, S. 24. *Kurban*, Confronting Equality: The Need for Constitutional Protection of Minorities on Turkey's Path to the European Union, S. 174; *Oehring*, Zur Lage der Menschenrechte – Die Türkei auf dem Weg nach Europa – Religionsfreiheit?, S. 39, 45 ff.; *Oehring*, Zur Lage der Menschenrechte in der Türkei – Laizismus = Religionsfreiheit?, S. 25.

1076 Vgl. dazu: *EU-Kommission*, Türkei Fortschrittsbericht 2005, S. 39; *European Commission*, Turkey 2014 Progress Report, S. 55; *Kurban*, Confronting Equality: The Need for Constitutional Protection of Minorities on Turkey's Path to the European Union, S. 174 sowie die dortigen Fn. 109, 111; *Laurent*, S. 118 f.; *Oehring*, Zur Lage der Menschenrechte – Die Türkei auf dem Weg nach Europa – Religionsfreiheit?, S. 39 f. sowie die dortige Fn. 108 (S. 92).

1077 Vgl. dazu: *EU-Commission*, S. 4 f.; *EU-Kommission*, Türkei Fortschrittsbericht 2005, S. 39; *Oehring*, Zur Lage der Menschenrechte – Die Türkei auf dem Weg nach Europa – Religionsfreiheit?, S. 45 ff.

1078 Gesetz über die Arbeitsgenehmigungen für Ausländer Nr. 4817 vom 27.2.2003, RG Nr. 25040 vom 6.3.2003.

1079 Vgl. *Oehring*, Zur Lage der Menschenrechte – Die Türkei auf dem Weg nach Europa – Religionsfreiheit?, S. 47 f.

nicht-muslimischen Minderheiten de facto der vorherigen Genehmigung durch den türkischen Staat. Ohne diese Genehmigung würden die de iure nicht existenten Religionsoberhäupter vom türkischen Staat auch de facto als solche nicht anerkannt werden. In Weiterführung der im Osmanischen Reich gängigen Praxis haben Armenier, Griechen und Juden folglich auch seit Bestehen der Republik Türkei immer die Genehmigung des türkischen Staates für die Wahl oder Ernennung ihres jeweiligen religiösen Oberhauptes eingeholt.[1080] In ihren die jeweiligen Wahlbestimmungen enthaltenden Anträgen haben sich die nicht-muslimischen Religionsgemeinschaften regelmäßig daran orientiert, was der türkische Staat entsprechend seiner bisherigen Rechtspraxis zugelassen hat. So muss jedes Oberhaupt einer in der Türkei beheimateten nicht-muslimischen Religionsgemeinschaft, dessen Titel und Aufgabenbereich vom türkischen Staat festzulegen sind, türkischer Staatsbürger sein und das Vertrauen der türkischen Regierung genießen. Zudem obliegt es der türkischen Regierung, über die Zulässigkeit der Wahl zu entscheiden und den Wahltermin festzusetzen.[1081] Diese Einschränkungen haben in der Praxis weitreichende Folgen. So verfügt das griechisch-orthodoxe Patriarchat, dessen ökumenischer Status vom türkischen Staat nach wie vor nicht anerkannt wird,[1082] kaum noch über eine ausreichende Zahl von Priestern, welche die türkische Staatsbürgerschaft besitzen. Nur diese können nämlich zu Bischöfen und Mitgliedern der heiligen Synode ernannt werden, die dann einen neuen Patriarchen wählt, der ebenfalls türkischer Staatsbürger sein muss. Zwar hatte die Türkei den türkischstämmigen ausländischen Mitgliedern der Heiligen Synode die erneute Verleihung der türkischen Staatsbürgerschaft angeboten. Jedoch haben davon nicht alle in Frage kommenden Mitglieder der Heiligen Synode Gebrauch gemacht, da sie sonst ihre bisherige Staatsangehörigkeit hätten aufgeben müssen.[1083] Neben den Griechen hatten aber auch die armenische und jüdische Minderheit in der Türkei bei der Wahl ihrer neuen Oberhäupter unter der Einmischung des türkischen Staates zu leiden.[1084]

1080 Vgl. *Yıldırım, M./ Oehring, O.*, Warum mischt sich der Staat in die Wahl des Großrabbiners sowie der Patriarchen der griechisch-orthodoxen und armenisch-apostolischen Kirche ein?, in: *Ceyhan, G./ Oehring, O./ Yıldırım, M.*, Religionsfreiheit in der Türkei? Entwicklungen 2005–2012, Aachen 2012, S. 132.

1081 Vgl. *Yıldırım/ Oehring*, S. 133.

1082 Vgl. *European Commission*, Turkey 2014 Progress Report, S. 55.

1083 Vgl. *Oehring*, Länderberichte Religionsfreiheit: Türkei, S. 19 f.

1084 Vgl. dazu im Einzelnen: *Yıldırım/ Oehring*, S. 134 ff.

D. Schlussfazit und Ausblick

Als Ergebnis des durchgeführten Vergleichs der Minderheitenrechte in Ungarn und der Türkei lässt sich zunächst ganz allgemein Folgendes konstatieren: Trotz ähnlicher Ausgangslage entwickelte sich der Schutz von Minderheiten in beiden Ländern nach dem Ende des Ersten Weltkrieges in völlig unterschiedliche Richtungen. Beiden Staaten war zunächst gemeinsam, dass sie zwar als Verlierer des Ersten Weltkrieges kriegsbedingt große Teile ihres Staatsgebiets und ihrer Bevölkerung verloren hatten, als dezimierte Vielvölkerstaaten aber auch weiterhin zahlreiche Minderheiten auf ihrem Territorium beherbergten. Nach Unterzeichnung der für beide äußerst restriktiven Friedensverträge von Trianon und Sèvres bzw. Lausanne, in denen sich sowohl Ungarn als auch die Türkei zum Schutz der auf ihrem Staatsgebiet lebenden Minderheiten verpflichten mussten, schlugen beide Staaten jedoch signifikant gegensätzliche Wege im Minderheitenschutz ein. Während Ungarn den positiven Weg der Integration der auf seinem Territorium lebenden Minderheiten in den neuen Staat unter Beibehaltung ihrer jeweiligen Minderheitenidentität wählte, entschloss sich die Türkei – in Abkehr von der toleranten Praxis des Osmanischen Reiches – nach anfänglichen Assimilierungsversuchen zum negativen Weg der Ausgrenzung der auf ihrem Gebiet lebenden Minderheiten aus dem neuen türkischen Nationalstaat.

Diese unterschiedlichen Wege der Behandlung von Minderheiten auf eigenen Staatsgebiet haben ihre Wurzeln in den verschiedenen Konzepten von Staat und Nation beider Länder. In Ungarn werden die dort lebenden Minderheiten bereits an exponierter Stelle im Grundgesetz zu „staatsbildenden Faktoren“ erhoben, und somit ausdrücklich zu Teilhabern der Volkssouveränität erklärt. Dabei kommt den Minderheiten als Volksgruppen eine überindividuelle Bedeutung zu. Entsprechend der Formulierungen des Ungarischen Nationalitätengesetzes sind die Minderheiten als Teil des kulturellen Erbes Ungarns sogar für das historisch gewachsene Ungarn in seiner gegenwärtigen Form mit prägend gewesen. Folglich kommt den in Ungarn lebenden Minderheiten als integralem Bestandteil des ungarischen Volksganzen eine bedeutende Rolle im Staatsgebilde Ungarns und seiner Staatsnation zu. Im Konzept des türkischen Staates und seiner Nation spielen Minderheiten hingegen keine integrale Rolle. Im Gegenteil: Sie gelten als Fremdkörper und störende Elemente im Gesamtkonzept eines homogenen türkischen Nationalstaates. Während die staatlich anerkannten nicht-muslimischen Minderheiten dem türkischen Nationalstaat als personifizierte ausländische Fremdkörper zur identitätsstiftenden Abgrenzung nach innen dienen, kommen muslimische Minderheiten im Konzept der türkischen Nation überhaupt nicht vor. Deren religiöse, ethnische, kulturelle oder sprachliche Andersartigkeit wird vom türkischen Staat schlichtweg negiert. Stattdessen erklärt er sie unter Leugnung ihrer eigenen Identität zu Bestandteilen der türkischen Nation, in der sie qua ihres staatsangehörigkeitlichen Bekenntnisses automatisch aufgegangen sind.

Entsprechend ihres Verständnisses von Staat und Nation definieren Ungarn und die Türkei den Begriff Minderheit auch grundlegend anders. Während Ungarn einem weiten Minderheitenbegriff folgt, der sich an internationalen Minderheitenschutzdokumenten sowie den darin enthaltenen Kriterien orientiert und im Ungarischen Nationalitätengesetz legaldefiniert ist, legt die Türkei den im Lausanner Vertrag erwähnten, aber nicht definierten Begriff der Minderheit sehr eng aus. So definiert Ungarn die auf seinem Staatsgebiet lebenden Minderheiten nach ethnischen, kulturellen, nationalen und sprachlichen Kriterien. Die Türkei hingegen stellt zur Bestimmung einer Minderheit lediglich auf das religiöse Kriterium der Zugehörigkeit zu einer nicht-muslimischen Religionsgemeinschaft ab. In Fortführung der Tradition des auf das Millet-System im Osmanischen Reich zurückgehenden Minderheitenverständnisses werden sogar nur solche nicht-muslimischen Minderheiten vom türkischen Staat offiziell anerkannt, denen dieser Status bereits im Osmanischen Reich zugestanden worden war. Als Konsequenz dieser unterschiedlichen Minderheitenbegriffe würden sämtliche nach den Kriterien des ungarischen Minderheitenbegriffs in Ungarn als Minderheit definierte und anerkannte Volksgruppen nicht vom türkischen Minderheitenbegriff umfasst sein, da diese dort allein nach ethnischen und nationalen Kriterien bestimmt werden. Umgekehrt würden aber auch die allein nach dem Kriterium ihrer Religionszugehörigkeit bestimmten Minderheiten in der Türkei nicht unter den ungarischen Minderheitenbegriff fallen, da dieser gerade keine religiös definierten Minderheiten kennt. Im Gegensatz zur Türkei, die den auf ihrem Territorium lebenden ethnisch, kulturell, national oder sprachlich andersartigen Gruppen als solchen keinen besonderen Schutz gewährt, garantiert das Ungarische Grundgesetz den in Ungarn ansässigen Religionsgemeinschaften besonderen Schutz und Rechte.

Der unterschiedliche Minderheitenbegriff in Ungarn und in der Türkei hat zunächst Auswirkungen auf die Anzahl der in beiden Ländern offiziell anerkannten Minderheiten. Während der ungarische Staat im Nationalitätengesetz mit den nationalen Volksgruppen der Armenier, Bulgaren, Deutschen, Griechen, Kroaten, Polen, Roma, Rumänen, Ruthenen, Serben, Slowaken, Slowenen und Ukrainer gegenwärtig insgesamt 13 Minderheiten als staatlich anerkannt aufführt, werden vom türkischen Staat offiziell lediglich die nicht-muslimischen Religionsgemeinschaften der Armenier, Griechen und Juden als Minderheiten anerkannt. Somit beträgt die Anzahl der in der Türkei anerkannten und geschützen Minderheiten im Vergleich zu den vom ungarischen Staat anerkannten und geschützen Minderheiten weniger als ein Viertel. Wenn man die Anzahl der Angehörigen der anerkannten Minderheiten in beiden Staaten jeweils in Relation zur Gesamtgröße der Bevölkerung setzt, so beträgt der Anteil aller Minderheitenangehörigen in Ungarn an der knapp 10 Millionen zählenden Gesamtbevölkerung 5,6 Prozent.[1085] In der mit gut 78 Millionen fast achtmal so großen Türkei machen alle Angehörigen der dort anerkannten Minderheiten dagegen gerade einmal einen Anteil von weniger als 0,13 Prozent der Gesamtbevölkerung aus.[1086] Damit beherbergt Ungarn prozentual im Verhältnis zur Gesamtbevölkerung gesehen mehr als vierzigmal so viele Angehörige staatlich anerkannter Minderheiten wie die Türkei.

Insbesondere vor dem Hintergrund des prozentual kaum messbaren und daher weder gesellschaftlich noch politisch ins Gewicht fallenden Anteils der staatlich anerkannten nicht-muslimischen Minderheiten an der türkischen Gesamtbevölkerung ist es bemerkenswert, dass diese Minderheiten und ihre Angehörigen sowohl vom türkischen Staat als auch von der überwiegenden Mehrheit der türkischen Bevölkerung nach wie vor als Fremdkörper und als reale Gefahr für die nationale Einheit des türkischen Staatsvolkes sowie die territoriale Einheit der Türkei wahrgenommen werden. In Ungarn, wo der prozentuale Anteil der Minderheiten an der Gesamtbevölkerung um ein Vielfaches höher ist, genießen die im Land lebenden Minderheiten und ihre Angehörigen hingegen sowohl politisch als auch gesellschaftlich Wertschätzung und werden als fester Bestandteil des ungarischen Staates und der Gesellschaft akzeptiert. Für Ungarn und seine Bevölkerung stellen diese Minderheiten gerade keine Bedrohung dar, weil sie nur einen geringen Bevölkerungsanteil ausmachen und größtenteils gut in die ungarische Gesellschaft integriert sind. Somit haben der ungarische Staat und seine Bevölkerung ihr „Trianon-Trauma" hinsichtlich der Behandlung und Einstellung gegenüber den in Ungarn lebenden Minderheiten überwunden. Im Gegensatz dazu wirkt das „Sèvres-Syndrom" im türkischen Staat und in seiner Bevölkerung auch weiterhin fort und wird seitens des Staates und der Politik immer noch häufig in nationalistischer Weise zum Zweck des inneren

---

1085 Vgl. *Hungarian Central Statistical Office*, Hungarian population census 2011, Table 1.1.6.2.

1086 Vgl. *Turkish Statistical Institute*; *U. S. Department of State*.

Zusammenhalts der türkischen Nation instrumentalisiert. Dabei geht von den weniger als 100.000 Angehörigen der anerkannten nicht-muslimischen Minderheiten in der Türkei nunmehr fast 100 Jahre nach dem Zerfall des Osmanischen Reiches objektiv betrachtet nicht einmal mehr ansatzweise eine Gefahr für die Einheit und den Bestand des türkischen Staates und seiner Staatsnation aus. Insofern hat die Türkei ihr „Sèvres-Syndrom" mit den Minderheiten als Feindbild im Innern bis heute aus politisch-ideologischen Gründen erfolgreich kultiviert.

Diese restriktive und minderheitenkritische Einstellung schlägt sich auch in der Teilnahme der Türkei am internationalen Minderheitenschutzsystem nieder. Während Ungarn alle international wichtigen multilateralen Minderheitenschutzdokumente unterzeichnet und ratifiziert hat, hat die Türkei wesentliche multilaterale Minderheitenschutzdokumente gerade nicht unterzeichnet oder nur mit dem Vorbehalt ratifiziert, dass sie den darin enthaltenen Minderheitenschutz nur auf die i. S. d. Lausanner Vertrages anerkannten nicht-muslimischen Minderheiten anwenden werde. Dazu hat Ungarn nach 1990 mit sämtlichen Nachbarstaaten bilaterale Abkommen geschlossen, die u. a. den wechselseitigen Schutz von Minderheiten zum Inhalt haben. Seitens der Türkei existieren lediglich zwei bilaterale Abkommen mit Nachbarstaaten aus der Zeit der Republikgründung, von denen jedoch nur eines wechselseitigen Minderheitenschutz zum Inhalt hat. Während sich Ungarn somit als einer der weltweit führenden Staaten im Hinblick auf den Minderheitenschutz etabliert hat, hinkt die Türkei den international und insbesondere europaweit gültigen Minderheitenschutzstandards noch weit hinterher.

Aber auch innerstaatlich liegen Welten zwischen den vom ungarischen Staat und den vom türkischen Staat gewährten Minderheitenrechten. Dies betrifft sowohl den Rang als auch die Anzahl und den Umfang der in beiden Ländern existierenden Minderheitenrechte.

In Ungarn haben Minderheitenrechte und Minderheitenschutz im Gegensatz zur Türkei Verfassungsrang. So enthält das Ungarische Grundgesetz sowohl individuelle, kollektive als auch autonome Minderheitenrechte. In der Türkischen Verfassung finden Minderheiten hingegen keine Erwähnung. Darin werden die Angehörigen der staatlich anerkannten und nicht anerkannten Minderheiten ohne Bezugnahme auf den Minderheitenstatus lediglich in Form der individualrechtlich formulierten Jedermann-Grundrechte der Religionsfreiheit und des Diskriminierungsverbots geschützt. Darüber hinaus können sich die rein religiös definierten Minderheiten in der Türkei als Religionsgemeinschaft auch auf die verfassungsmäßig garantierte kollektive Religionsfreiheit berufen. Dabei fallen sie jedoch nicht etwa als staatlich anerkannte nicht-muslimische Minderheit in den personalen Schutzbereich der kollektiven Religionsgemeinschaft, sondern unabhängig von ihrem Minderheitenstatus ausschließlich als Religionsgemeinschaft. Das Ungarische Grundgesetz enthält jedoch sogar auf drei verschiedenen Ebenen Minderheitenrechte von Verfassungsrang. So werden den Angehörigen der staatlich anerkannten Minderheiten in Ungarn im Ungarischen Grundgesetz individualrechtlich neben der sich auch in der Türkischen Verfassung wiederfindenden Religionsfreiheit und dem Diskriminierungsverbot noch folgende Rechte garantiert: das Recht, ihre Minderheitensprache im privaten wie öffentlichen Bereich frei zu gebrauchen und das Recht, bei Verletzung ihrer verfassungsrechtlich garantierten Minderheitenrechte den eigens dafür zuständigen Ombudsmann für Grundrechte anzurufen. Als Kollektiv steht jeder Minderheit in Ungarn – allerdings ohne Bezugnahme auf ihren Minderheitenstatus – ebenso wie in der Türkischen Verfassung das Recht zu, ihre Religion gemeinsam und frei auszuüben. Unter ausdrücklicher Bezugnahme auf den Minderheitenstatus werden den staatlich anerkannten Minderheiten in Ungarn im Ungarischen Grundgesetz als jeweiligem Kollektiv das Recht auf politische Vertretung in Form einer Einrichtungsgarantie kommunaler Minderheitenselbstverwaltungen zugestanden sowie das Recht auf einen eigenen, ausschließlich für ihre Belange zuständigen Minderheitenombudsmann. Indirekt lässt sich aus dem Ungarischen Grundgesetz zudem noch ein kollektives Existenzrecht aller auf ungarischem Staatsgebiet ansässigen Minderheiten entnehmen. Insbesondere mit dieser Existenzgarantie für jede Minderheitengruppe geht das Ungarische Grundgesetz weit über die Türkische Verfassung hinaus, welche Minderheiten an keiner Stelle erwähnt und diesen somit auch kein Recht auf ihren Fortbestand als Minderheitengruppe garantiert. Während die Türkische Verfassung vor dem Hintergrund einer damit möglicherweise verbundenen Gefahr für die Einheit von Staatsgebiet und Staatsvolk konsequenterweise auch keine autonomen Minderheitenrechte enthält, gewährt das Ungarische Grundgesetz den einzelnen staatlich anerkannten Minderheiten das Recht, auf kommunaler Ebene wie auf Landesebene eigene mit begrenzter personal-territorialer Autonomie ausgestattete administrative Selbstverwaltungskörperschaften einzurichten. Mit dieser verfassungsrechtlichen Einrichtungsgarantie einer kommunalen und nationalen Selbstverwaltung der in Ungarn ansässigen staatlich anerkannten Minderheiten gesteht Ungarn diesen eine weitgehende Autonomie zu und zementiert sein Konzept der bestmöglichen Privilegierung der als integralen Bestandteil der ungarischen staatlichen Gemeinschaft begriffenen Minderheiten auf oberster Rechtsebene.

Auch auf einfachgesetzlicher Ebene geht der Minderheitenschutz in Ungarn erheblich über den in der Türkei hinaus. Die besondere Bedeutung des einfachgesetzlichen Minderheitenschutzes in Ungarn wird insbesondere daran deutlich, dass es in Ungarn mit dem als Rahmengesetz konzipierten Nationalitätengesetz von 2011 ein eigenes Gesetz gibt, das ausschließlich den Schutz und die Rechte der staatlich anerkannten Minderheiten zum Inhalt hat. Ein vergleichbares Minderheitengesetz existiert in der Türkei nicht. Dort finden sich die die staatlich anerkannten Minderheiten betreffenden Regelungen lediglich in den Minderheitenartikeln des Lausanner Vertrages von 1923 sowie in einzelnen Paragraphen von Spezialgesetzen verschiedener Sachbereiche.

Auf individualrechtlicher Ebene genießen die Angehörigen von Minderheiten sowohl in Ungarn als auch in der Türkei ein Recht auf nationale und ethnische Identität. In Ungarn gilt diesbezüglich allerdings zugunsten der Minderheitenangehörigen das Prinzip der ethnischen Anonymität, wonach niemand dazu gezwungen werden kann, seine ethnische Identität nach außen kundzutun. In der Türkei können die Angehörigen religiöser Minderheiten ihre Religionszugehörigkeit hingegen praktisch nicht verbergen. Gleiches gilt im Rahmen des Individualrechts auf freies Bekenntnis, welches in der Türkei lediglich die positive Religionsausübungs- und Bekenntnisfreiheit schützt, in Ungarn aber einen positiven und negantiven Schutzbereich enthält.

Hinsichtlich des den Minderheitenangehörigen individualrechtlich garantierten Gebrauchs ihrer jeweiligen Minderheitensprache existieren zwischen den einfachgesetzlichen Regelungen in Ungarn und der Türkei signifikante Unterschiede. Zunächst ist beiden Ländern gemein, dass sie den Gebrauch der eigenen Minderheitensprache gesetzlich nur den staatlich anerkannten Minderheiten garantieren, d. h. der ungarische Staat den Armeniern, Bulgaren, Deutschen, Griechen, Kroaten, Polen, Roma, Rumänen, Ruthenen, Serben, Slowaken, Slowenen und Ukrainern und der türkische Staat den Armeniern, Griechen und Juden. Darüber hinaus erlaubt es das türkische Recht allen türkischen Staatsbürgern ausdrücklich, diejenigen Sprachen und Dialekte zu sprechen, die sie traditionell im Alltag benutzen. Allerdings geht der Umfang des Rechts zum Gebrauch der Minderheitensprache in Ungarn weit über den in der Türkei hinaus. So garantiert Ungarn den in den personalen Schutzbereich dieser Regelungen fallenden Angehörigen der staatlich anerkannten Minderheiten, dass diese ihre jeweilige Minderheitensprache im privaten und öffentlichen Bereich, d. h. in kirchlichen Zeremonien, vor Behörden, vor Gerichten, in Schulen, in Selbstverwaltungsgremien und sogar im Parlament ohne Einschränkung gebrauchen dürfen. In der Türkei ist es den Angehörigen der in den personalen Schutzbereich der entsprechenden Regelungen fallenden Personengruppen nur im privaten Bereich uneingeschränkt möglich, ihre Muttersprache zu verwenden. Im öffentlichen Bereich ist der Gebrauch einer Minderheitensprache oder einer Sprache bzw. eines Dialekts, den türkische Staatsbürger im Alltag benutzen, hingegen nur vor Gerichten, in Minderheitenschulen, bei der gemeinschaftlichen Religionsausübung sowie bei Wahlkampfveranstaltungen gestattet. Allerdings wird dieses Recht insbesondere vor Gerichten und in Minderheitenschulen in der Praxis erheblich eingeschränkt. Vor Behörden und im Parlament ist der Gebrauch einer anderen Sprache als der türkischen sogar streng untersagt und kann strafrechtliche Konsequenzen nach sich ziehen.

Eng verbunden mit dem Recht auf Gebrauch der Minderheitensprache als identitätsstiftendem und -wahrendem Faktor ist das Recht auf Namensführung in der Minderheitensprache. Während dieses Recht in der Türkei allen türkischen Staatsbürgern zusteht, haben in Ungarn nur die Angehörigen der staatlich anerkannten Minderheiten das Recht, ihren Vor- und Nachnamen in ihrer eigenen Muttersprache zu führen. In beiden Ländern sind Namen in einer Minderheitensprache, welche in der Landessprache nicht existierende Buchstaben besitzen, jeweils in phoenetischer Schreibweise in die Landessprache zu übertragen. Im Gegensatz zu Ungarn ist in der Türkei jedoch die Führung bestimmter Namen gesetzlich verboten.

Im Erziehungsbereich haben Kinder von Angehörigen staatlich anerkannter Minderheiten sowohl in Ungarn als auch in der Türkei das Individualrecht auf Teilnahme an minderheitensprachlichem Unterricht. Zudem dürfen die Eltern eines einer staatlich anerkannten Minderheit zugehörigen Kindes darüber entscheiden, ob ihr Kind an minderheitensprachlichem Unterricht teilnimmt. Während beide Rechte in Ungarn von Seiten des Staates institutionell und finanziell gefördert werden, unterliegen in der Türkei sowohl die Wahl minderheitensprachlichen Unterrichts als auch die Teilnahme daran erheblichen praktischen Einschränkungen.

Sowohl Ungarn als auch die Türkei garantieren den Angehörigen der auf ihrem Gebiet lebenden staatlich anerkannten Minderheiten ein Recht auf grenzüberschreitende Kontaktpflege. Während die Angehörigen der staatlich anerkannten Minderheiten in Ungarn bereits entsprechend des einfachgesetzlichen Schutzbereichs uneingeschränkten Kontakt zu ausländischen Organisationen und Institutionen unterhalten dürfen, wird dieses Recht den Angehörigen der staatlich anerkannten Minderheiten in der Türkei etwas umständlicher im Wege der einfachgesetzlichen Reise- und Ausreisefreiheit i. V. m. der verfassungsrechtlichen Kommunikationsfreiheit zugestanden. Darüber hinaus steht das Recht auf grenzüberschreitende Kontaktpflege den staatlich anerkannten Minderheiten in Ungarn auch als Kollektiv zu. Ein entsprechendes Kollektivrecht gewährt die Türkei den auf ihrem Gebiet lebenden Minderheiten aus Furcht vor dadurch drohenden Gefahren für die territoriale Integrität des Landes gerade nicht.

Im Unterschied zur Türkei gesteht Ungarn den Angehörigen der auf seinem Gebiet lebenden staatlich anerkannten Minderheiten einfachgesetzlich auch noch das Individualrecht auf Anrufung des Minderheitenombudsmanns zu. Die Institution des Minderheitenombudsmanns existiert in der Türkei dagegen nicht.

Während in Ungarn einfachgesetzliche Diskriminierungsverbote die Ungleichbehandlung einer Person insbesondere auch aufgrund der Zugehörigkeit zu einer Minderheit verbieten, stellt die Minderheitenzugehörigkeit in der Türkei gerade kein unzulässiges Ungleichbehandlungskriterium dar. Darüber hinaus ist in Ungarn im Gegensatz zur Türkei auch jegliche Diskriminierung einer Minderheit als Kollektiv gesetzlich verboten.

Insbesondere im Bereich der einfachgesetzlich garantierten kollektiven Minderheitenrechte unterscheidet sich der Minderheitenschutz in Ungarn und der Türkei signifikant in Anzahl und Umfang. In Ungarn gibt es mehr als doppelt so viele einfachgesetzliche kollektive Minderheitenrechte wie in der Türkei. Wenn einzelne kollektive Minderheitenrechte in beiden Ländern gewährt werden, so geht deren Schutzumfang in Ungarn jeweils deutlich weiter als in der Türkei. In der Türkei herrschen zudem teilweise erhebliche Diskrepanzen zwischen dem gesetzlich festgelegten und dem praktisch gewährten kollektiven Minderheitenschutz. Lediglich in einem Bereich gewährt die Türkei den staatlich anerkannten Minderheiten als Kollektiv mehr Rechte als der ungarische Staat, und zwar bei der Errichtung religiöser Minderheiteneinrichtungen. Hier gesteht Ungarn den auf seinem Territorium siedelnden staatlich anerkannten Minderheiten gerade kein eigenes Recht zu, religiöse Einrichtungen für ihre eigene Minderheit zu errichten. Dieses Recht steht in Ungarn allein den jeweiligen Religionsgemeinschaften zu, die in den meisten Fällen jedoch eng mit einer staatlich anerkannten Minderheit verbunden sind. Der Grund dafür liegt darin, dass die Minderheiten in Ungarn – anders als in der Türkei – gerade nicht religiös, sondern allein ethnisch, kulturell und sprachlich bestimmt werden. Der allein nach dem religiösen Kriterium einer bereits im Osmanischen Reich als Millet anerkannten nicht-muslimischen Religionsgemeinschaft zu bestimmende Minderheitenstatus in der Türkei liefert demgegenüber die Erklärung dafür, warum die Türkei ihren staatlich anerkannten Minderheiten das einfachgesetzliche Kollektivrecht zur Errichtung religiöser Einrichtungen zugesteht. Darüber hinaus garantieren sowohl die Türkei als auch

Ungarn den auf ihrem Staatsgebiet siedelnden Minderheiten einfachgesetzlich das kollektive Recht auf gemeinschaftliche Religionsausübung. Allerdings besitzen staatlich anerkannte und nicht anerkannte Minderheiten als Kollektiv weder in Ungarn noch in der Türkei eine eigene Rechtspersönlichkeit. Lediglich die Minderheitenselbstverwaltungen und die mit den einzelnen Minderheiten eng verbundenen staatlich anerkannten Kirchen und Religionsgemeinschaften sind in Ungarn mit eigener Rechtspersönlichkeit ausgestattet. Obwohl die staatlich anerkannten Minderheiten in der Türkei allesamt nicht-muslimische Religionsgemeinschaften sind, besitzen sie im Gegensatz zur ungarischen Gesetzeslage nach türkischen Recht gerade keine Rechtspersönlichkeit, was ihre Teilnahme am Rechtsverkehr und die Geltendmachung eigener Rechte erheblich erschwert.

Beiden Ländern ist das einfachgesetzlich garantierte kollektive Minderheitenrecht auf Sprachpflege gemein. Während dieses in Ungarn sowohl den privaten als auch den öffentlichen Bereich umfasst, wird es in der Türkei lediglich im öffentlichen Bereich garantiert, und zwar in Form des Angebots von Sprachkursen sowie Rundfunk- und Fernsehprogrammen in Sprachen und Dialekten, die türkische Staatsbürger traditionell im Alltag benutzen. Eine gesetzliche Verpflichtung zur staatlichen Förderung dieser Instrumente zur Minderheitensprachpflege existiert in der Türkei nicht. Ganz anders in Ungarn: Dort ist der Staat gesetzlich dazu verpflichtet, den staatlich anerkannten Minderheiten die erforderlichen organisatorischen, personellen und finanziellen Bedingungen zu schaffen, damit diese ihre Muttersprache pflegen und bewahren können. Dieses kollektive Recht jeder Minderheit auf Pflege ihrer eigenen Sprache umfasst in Ungarn auch alle Bereiche des täglichen Lebens, wie Kindergärten, Schulen, Hochschulen, Sprachkurse, Archive, Bibliotheken sowie alle Formen von Mediendiensten und -produkten.

Besondere Regelungen mit Bezug zur Sprachpflege betreffen die Bereiche der Minderheitenschulen, der Minderheitenmedien und der topographischen Bezeichnungen. Sowohl in Ungarn als auch in der Türkei wird jeder staatlich anerkannten Minderheit das Recht zugestanden, als Kollektiv eigene Minderheitenschulen einzurichten und zu unterhalten. Diese haben auch in beiden Ländern einen gesetzlichen Anspruch auf staatliche finanzielle Förderung. Diese Förderung wird jedoch in der Praxis nur vom ungarischen Staat in vollem Umfang gewährt. Der türkische Staat und die Kommunen, in denen es Minderheitenschulen gibt, kommen ihren Verpflichtungen zur finanziellen Förderung der Minderheitenschulen oft nur in unzureichendem Maße nach. Darüber hinaus ist die gesetzlich garantierte Autonomie der Minderheitenschulen in der Türkei durch die Unterstellung unter staatliche Aufsicht de facto außer Kraft gesetzt. In

Ungarn sind die Minderheitenschulen hingegen entweder der Selbstverwaltung ihrer jeweiligen Minderheit oder der kommunalen Selbstverwaltung unterstellt und genießen als solche weitgehende Autonomie. Von staatlicher Seite ist lediglich vorgegeben, dass an den einzelnen Minderheitenschulen auch Unterricht in ungarischer Sprache angeboten werden muss. Gleiches gilt für die Minderheitenschulen in der Türkei, wo ebenfalls bestimmter Unterricht in türkischer Sprache abgehalten werden muss. Im Gegensatz zu Ungarn ist es den Minderheitenschulen in der Türkei jedoch untersagt, minderheitenfremde Schüler aufzunehmen.

Im Bereich der Minderheitenmedien garantiert Ungarn allen staatlich anerkannten Minderheiten im Nationalitätengesetz jeweils als Kollektiv umfangreiche Rechte auf Einrichtung und Unterhaltung minderheiteneigener Medien. Zur Verwirklichung dieser Rechte steht jeder dieser Minderheiten staatliche Förderung zu. Diese umfasst nicht nur die finanzielle Förderung minderheiteneigener Medien, sondern auch die Sicherstellung medialer Grundversorgung in den Sprachen der staatlich anerkannten Minderheiten, sei es durch landeseigene oder aus dem Ausland empfangbare Programme. In der Türkei existiert hingegen kein minderheitenspezifisches Kollektivrecht auf eigene Minderheitenmedien. Stattdessen können sowohl die staatlich anerkannten als auch die nicht anerkannten Minderheiten in der Türkei nach den allgemeinen gesetzlichen Voraussetzungen Rundfunk- und Fernsehsendungen oder Presseerzeugnisse in ihrer jeweiligen Sprache verbreiten. Aufgrund fehlender staatlicher Förderung ist dies für die einzelnen Minderheiten jedoch ein sehr kostspieliges Unterfangen.

Auch für topographische Bezeichnungen dürfen die staatlich anerkannten Minderheiten in beiden Ländern ihre jeweilige Minderheitensprache verwenden. In Ungarn haben alle staatlich anerkannten Minderheiten einen Rechtsanspruch darauf, ihre historisch entstandenen Namen für Gemeinden, Straßen und andere geographische Orte in ihrer jeweiligen Minderheitensprache zu benutzen. In der Türkei existiert hingegen kein entsprechender Rechtsanspruch. Allerdings können dort neben den staatlich anerkannten Minderheiten auch die staatlich nicht anerkannten Minderheiten beim ständigen Ausschuss des zuständigen Provinzgouverneurs die Wiedereinführung alter Ortsnamen in ihrer jeweiligen Minderheitensprache beantragen. Diese liegt dann allein im Ermessen des Ausschusses.

Somit gibt es in Ungarn im weiten Bereich der Sprachpflege dank der umfangreichen staatlichen Förderung ein umfassendes Angebot zur Pflege aller anerkannten Minderheitensprachen, das weit über das in der Türkei hinausgeht.

Generell steht jeder der staatlich anerkannten Minderheiten sowohl in Ungarn als auch in der Türkei ein kollektives Recht auf staatliche (finanzielle)

Förderung zu. Allerdings wird dieses nur in Ungarn auch tatsächlich gewährt. Dort erhalten die 13 staatlich anerkannten Minderheiten entsprechend ihrer Größe und ihres Förderungsbedarfs vom ungarischen Staat im Rahmen seiner finanziellen Möglichkeiten eine möglichst unfassende Förderung. Diese wird ihnen beispielsweise in den Bereichen der minderheiteneigenen Bildungseinrichtungen, der Minderheitenspracherziehung, der Minderheitenmedien, der Minderheitenselbstverwaltungen und der Kulturpflege der Minderheiten zuteil. In der Türkei besteht das Recht der staatlich anerkannten Minderheiten auf staatliche Förderung hingegen nur auf dem Papier. In dauerhafter Verletzung seiner entsprechenden Verpflichtungen aus dem Lausanner Vertrag gewährt der türkische Staat diesen in der Praxis gerade keine finanzielle oder materielle Unterstützung. Ohne die ihnen eigentlich zustehende staatliche Förderung fällt es den staatlich anerkannten Minderheiten in der Türkei in vielen Bereichen sehr schwer, ihre minderheiteneigene Infrastruktur aufrechtzuerhalten. Dies ist aber gerade die vom türkischen Staat beabsichtigte Nebenfolge seines gesetzeswidrigen Verhaltens, nämlich die finanzielle und institutionelle Ausblutung der Minderheiten.

Weitere einfachgesetzlich normierte kollektive Minderheitenrechte existieren nur in Ungarn. Dazu zählen die insbesondere für den identitätswahrenden Fortbestand einer Minderheit essentiellen Rechte auf Existenz, Identität und Kulturpflege. Durch die ausdrückliche Gewährung dieser Rechte wird der Fortbestand der in Ungarn lebenden und staatlich anerkannten Minderheiten unter Wahrung ihrer kollektiven Identität durch fortdauernde Pflege ihrer minderheitenspezifischen Traditionen, Sprache und Kultur garantiert. Dieser institutionelle Bestandsschutz der in Ungarn staatlich anerkannten Minderheiten unterstreicht abermals deren übergeordnete Bedeutung als integraler Bestandteil des ungarischen Staates. Dadurch, dass der türkische Staat den auf seinem Territorium lebenden Minderheiten gerade kein Existenzrecht unter Wahrung ihrer eigenen Identität und Kultur zugesteht, hält er sich die Möglichkeit der vollständigen Assimilierung dieser Minderheiten in die muslimisch-türkische Nation offen und handelt damit im Einklang mit der urspünglichen Zielsetzung türkischer Minderheitenpolitik, nämlich der Schaffung einer homogenen türkischen Nation. Die diametral auseinanderliegenden Staats- und Nationskonzepte Ungarns und der Türkei werden in der Frage der Assimilierung von Minderheiten nochmals besonders deutlich. Während der türkische Staat die Assimilierung der auf seinem Staatsgebiet siedelnden Minderheiten jahrzehntelang intensiv betrieben und bis heute nicht vollständig aufgegeben hat, hat der ungarische Staat im Gegensatz dazu sogar ein spezielles Assimilierungsverbot für Minderheiten in das

Ungarische Nationalitätengesetz aufgenommen. Danach ist jede Politik und jedes Verhalten verboten, welche(s) auf eine Assimilation der Minderheiten in die Mehrheitsnation, auf deren Ausschluss aus der Mehrheitsnation oder ihre Segregation gerichtet ist. Flankiert werden Bestandsschutz und Assimilierungsverbot in Ungarn zudem noch von den kollektiven Rechten der staatlich anerkannten Minderheiten auf Vereinigung und auf parlamentarische Vertretung. Dadurch wird sichergestellt, dass sich die staatlich anerkannten Minderheiten in Ungarn in Form von Vereinen, Organisationen und Parteien organisieren und öffentlich, insbesondere auch im Parlament, Gehör verschaffen können. In der Türkei wird die Vereinigungsfreiheit den Minderheiten hingegen gerade nicht in besonderer Weise gesetzlich zugestanden, sondern unterliegt hinsichtlich des Vereins- oder Parteizwecks und des Gebrauchs der Minderheitensprache besonderen gesetzlichen Einschränkungen. Während in Ungarn auch jeder staatlich anerkannten Minderheit gesetzlich garantiert ist, entweder mit eigenen Abgeordneten oder zumindest mit einem eigenen Landesminderheitensprecher im Parlament vertreten zu sein, hat der türkische Staat für die staatlich anerkannten und nicht anerkannten Minderheiten besondere Hürden errichtet, um deren Vertretung im Parlament gerade zu verhindern. Daran wird abermals die grundverschiedene staatliche Wahrnehmung und Behandlung von Minderheiten in beiden Ländern deutlich: Minderheiten als staatsbildende Faktoren in Ungarn und Minderheiten als staatsgefährdende Faktoren in der Türkei.

Entsprechend dieser unterschiedlichen Staatsdoktrin gibt es zwischen Ungarn und der Türkei auch im Bereich autonomer Minderheitenrechte erhebliche Unterschiede. Während Ungarn den auf seinem Staatsgebiet ansässigen staatlich anerkannten Minderheiten umfangreiche autonome politische Rechte in Form von Minderheitenselbstverwaltungen auf kommunaler, regionaler und nationaler Ebene einräumt, haben in der Türkei weder die staatlich anerkannten noch die staatlich nicht anerkannten Minderheiten auf irgendeiner Verwaltungsebene ein Recht auf Selbstverwaltung. Allerdings existiert sowohl in Ungarn als auch in der Türkei ein Recht auf religiöse Selbstverwaltung. In Ungarn, wo Minderheiten nach rein nationalen Kriterien bestimmt werden, sind Rechtsträger dieses Rechts auf religiöse Selbstverwaltung jedoch nicht die staatlich anerkannten Minderheiten selbst, sondern die mit ihnen eng verbundenen in Ungarn ansässigen staatlich anerkannten Kirchen. In der Türkei, die Minderheiten nach rein religiösen Kriterien bestimmt, steht das Recht auf religiöse Selbstverwaltung hingegen unmittelbar den staatlich anerkannten nicht-muslimischen Minderheiten der Armenier, Griechen und Juden zu. Diese können ihr Recht auf religiöse Selbstverwaltung aufgrund ihrer fehlenden Rechtspersönlichkeit jedoch in der Praxis nicht wirksam geltend machen. Insofern herrscht hier wiederum eine große Diskrepanz zwischen der theoretischen Gewähr von Minderheitenrechten und ihrer praktischen Verwirklichung.

Diese türkische Rechtspraxis der theoretischen Gewährung bei gleichzeitiger praktischer Verwehrung gesetzlich festgeschriebener Minderheitenrechte hat System. Sie ist zum einen immer noch dem „Sèvres-Syndrom“ geschuldet, wonach die türkische Minderheitenpolitik den staatlich anerkannten Minderheiten als ungewollten Fremdkörpern in ihrer Idealvorstellung von einer homogenen Nation – in objektiv-gegenwartsbezogener Sichtweise allerdings ohne noch nachvollziehbar Gründe – aus Furcht vor einer Spaltung des türkischen Staates durch die mit diesen Minderheiten verbundenen ausländischen Mächte so wenig Rechte wie möglich gewähren will. Zum anderen ist sie auf die Schwäche und Gleichgültigkeit der Garantiemächte des Lausanner Vertrages zurückzuführen, welche die Türkei bei Verletzungen der darin festgeschriebenen Minderheitenschutzbestimmungen nie ernsthaft kritisiert oder entsprechend Art. 44 LV vor dem Ständigen Internationalen Gerichtshof bzw. seiner Nachfolgeinstitution, dem Internationalen Gerichtshof, zur Rechenschaft gezogen haben. Insofern konnte die Türkei seit Republikgründung von ihr völkerrechtlich oder innerstaatlich verbindlich zugesicherte Minderheitenrechte immer wieder versagen oder verletzen, ohne dass dies für sie Sanktionen oder irgendwelche negativen Konsequenzen nach sich gezogen hätte. Selbst in den Beitrittsverhandlungen zur EU setzt sich diese negierende und restriktive Minderheitenpolitik der Türkei fort. So hat die Türkei auch nach fast zehn Jahren Beitrittsverhandlungen immer noch nicht die minderheitenrechtlichen Kernforderungen der EU in Bezug auf die von der Türkei staatlich anerkannten Minderheiten der Armenier, Griechen und Juden sowie die von ihr nicht anerkannten Minderheiten der Aleviten, Assyrer, Kurden und Roma erfüllt. Zu Konsequenzen hat diese unveränderte Minderheitenpolitik der Türkei im EU-Beitrittsprozess bislang noch nicht geführt. In Bezug auf die von der Türkei nicht als Minderheit anerkannten nationalen, ethnischen, religiösen und sprachlichen Gruppen wie den Kurden oder Aleviten ist ebenfalls kein ernsthaftes Bemühen des türkischen Staates ersichtlich, ihnen den Status einer Minderheit zu verleihen oder ihnen in Form von Individual- oder Kollektivrechten nachhaltigen Schutz oder Privilegien zu gewähren. Zwar hat die AKP-Regierung unter ihrem damaligen Ministerpräsidenten Erdoğan mehrere Reformen auf den Weg gebracht, die die Situation der kulturellen Minderheiten, beispielsweise in den Bereichen Erziehung und Medien, verbessert haben. Jedoch erfolgten diese Reformen immer in zeitlicher Nähe zu wichtigen politischen Ereignissen wie Wahlen oder dem Abfassen eines neuen EU-Fortschrittsberichts und blieben danach zumeist weit hinter den angekündigten Inhalten zurück. Insofern scheint die seit mehreren Legislaturperioden alleinregierende AKP kein ernsthaftes Interesse an einer angemessenen und nachhaltigen Verbesserung des Minderheitenschutzes in der Türkei zu haben und entsprechende Vorstöße jeweils lediglich aus machtpolitischen und wahltaktischen Gründen unternommen zu haben. Zuletzt ließ sich dies im Wahlkampf zu den Parlamentswahlen 2015 beobachten, in dem die AKP die kurdenfreundliche HDP trotz ihres vor Jahren begonnenen Friedensprozesses mit den Kurden und der PKK auf's Schärfste attackierte und mit allen Mitteln versuchte, zur Sicherstellung ihrer eigenen absoluten Mehrheit deren Einzug ins Parlament zu verhindern. Sollte die HDP im Juni 2015 den Einzug ins Parlament schaffen und die AKP dadurch ihre absolute Mehrheit verlieren, ist zu erwarten, dass Staatspräsident Erdoğan und die AKP nach einem Anlass suchen, den Friedensprozess mit den Kurden und der PKK zu beenden und durch ein gezieltes militärisches und/oder polizeiliches Vorgehen gegen die PKK heftige Reaktionen der kurdischen Bevölkerung zu provozieren, um dann in einer nationalistisch aufgeheizten Atmosphäre die in der türkischen Bevölkerung aufkommene anti-kurdische Stimmung zum Abhalten von vorgezogenen Neuwahlen zu nutzen, bei denen die HDP unter Wegbrechen ihrer ethnisch-türkischen Wählerklientel den Einzug ins Parlament verfehlen und die AKP in einem daraus folgenden Drei-Parteien-Parlament wieder die absolute, wenn nicht sogar eine Zwei-Drittel-Mehrheit erringen würde.

Politischer und ideologischer Hintergrund dieser einerseits auf Assimilierung und andererseits auf Ausgrenzung gerichteten Minderheitenpolitik der Türkei sind türkischer Nationalismus und islamische Religion. Obwohl die Türkei offiziell ein laizistischer Staat ist, ist der Islam in seiner sunnitisch-hanafitischen Ausprägung sowohl in der Wahrnehmung des türkischen Staates als auch der türkischen Gesellschaft stets ein wesentlicher Teil der türkischen Identität geblieben. Entsprechend der Gleichung „Sunnitischer Muslim = Türke, Andersgläubiger = Nicht-Türke" werden die Angehörigen der nicht-muslimischen Minderheiten in der Türkei trotz ihrer türkischen Staatsangehörigkeit von der Gemeinschaft der türkischen Nation ausgeschlossen. Solange sie nicht zum islamischen Glauben übertreten, haben sie praktisch keine Chance als vollwertiges Mitglied der türkischen Nation anerkannt zu werden. Diese Praxis folgt ideologisch aus der islamischen Einteilung der Welt in das Haus des Islam und das Haus des Krieges: Sunnitisch-muslimische Türken bewohnen das friedvolle Haus der religiös und ethnisch homogenen türkischen Nation, während die mit bei ihnen lebenden Nicht-Muslime aus dem Haus des Krieges stammen und eine ständige Gefahr für das friedliche Zusammenleben innerhalb des Hauses der türkischen Nation darstellen. Lediglich Muslime, deren Glaube von der im Haus der türkischen Nation einheitlichen sunnitischen Einheitsreligion geringfügig abweicht, und assimilierungswillige Angehörige ethnisch oder sprachlich nicht-türkischer Gruppen werden als nahezu ebenbürtige Mitbewohner mit ins Haus der türkischen Nation aufgenommen.

Im Gegensatz zur Türkei besteht in der ungarischen Minderheitenpolitik keine erhebliche Diskrepanz zwischen Theorie und Praxis. Im Gegenteil: Nicht nur in der Theorie, sondern auch in der Praxis gewährt Ungarn den auf seinem Staatsgebiet ansässigen staatlich anerkannten Minderheiten bemerkenswert umfangreiche Minderheitenrechte und somit umfassenden Schutz. So gehört Ungarn europa- und weltweit zu den Staaten mit den progressivsten und umfangreichsten Minderheitenschutzstandards. Sinnbild dafür ist, dass Ungarn seinen Minderheiten als weltweit einziger Staat sogar einen eigenen Feiertag gewidmet hat, nämlich den Tag der Minderheiten.

Grund für diese minderheitenfreundliche Politik in Ungarn ist die positive und bejahende Einstellung sowohl des ungarischen Staates als auch der ungarischen Gesellschaft gegenüber den auf ihrem Territorium lebenden Minderheiten. Zum einen liegt diese positive und privilegierte Behandlung der Minderheiten in Ungarn bereits in der Tradition des ungarischen Staates begründet. So verabschiedete die Ungarische Nationalversammlung bereits im Jahr 1849 – als erster Staat in Mitteleuropa – ein eigenes Nationalitätengesetz zum Schutz der auf seinem Gebiet siedelnden Minderheiten. Zum anderen sehen der ungarische Staat und die ungarische Gesellschaft die in ihrer Mitte lebenden Minderheiten tatsächlich als organischen und vollwertigen Teil des ungarischen Staates und seines Staatsvolkes an, denen aufgrund ihrer zahlenmäßig geringen Größe besonderer Schutz zuteil werden muss. Dieser besondere Minderheitenschutz wird den in Ungarn lebenden Minderheiten auch in sehr weitreichender Form im Grundgesetz, im Nationalitätengesetz und in zahlreichen anderen Rechtsvorschriften gewährt.

Diese großzügige liberale Minderheitengesetzgebung hatte neben dem auch altruistische Züge tragenden innenpolitischen Motiv einer positiven und staatsbildenden Integration der Minderheiten in die ungarische Gesellschaft und den ungarischen Staat aber auch noch einen eher pragmatisch-egoistischen außenpolitischen Zweck: die vom Reziprozitätsgedanken getragene Verbesserung der Lage der in den Nachbarstaaten Ungarns lebenden ungarischen Minderheit. Durch seine auch für andere Länder verbildhafte Minderheitengesetzgebung erhoffte sich Ungarn nämlich, auch der dort lebenden ungarischen Minderheit einen den staatlich anerkannten Minderheiten in Ungarn vergleichbaren verfassungsrechtlichen oder einfachgesetzlichen Status zukommen zu lassen.

Abschließend ist festzustellen, dass Ungarn dank seiner liberalen und progressiven Minderheitenpolitik das „Trianon-Trauma" hinsichtlich der Einstellung gegenüber den auf seinem Staatsgebiet lebenden Minderheiten sowohl innenpolitisch als auch außenpolitisch überwunden hat. Das Land hat sich erfolgreich selbst therapiert und hat es dabei sogar zu einem der im Minderheitenschutz weltweit führenden Staaten gebracht. Die Türkei leidet hingegen weiter selbstverschuldet an ihrem „Sèvres-Syndrom", ohne in ihrer über 90-jährigen Geschichte je ernsthafte Versuche zu dessen Verarbeitung und Überwindung unternommen zu haben. Gegenwärtig sind auch keine Anzeichen dafür ersichtlich, dass sich an Status, Situation und Rechten der Minderheiten in beiden Staaten etwas Grundlegendes ändern könnte. Aufgrund der stabilien politischen Mehrheiten in beiden Ländern und der dominanten Stellung Viktor Orbáns und Recep Tayyip Erdoğans, die beide für die Minderheitenpolitik der vergangenen Jahre in ihren Staaten prägend waren, dürften sowohl Ungarn als auch die Türkei ihren bisherigen Kurs in der Minderheitenpolitik fortführen. Ungarn wird weiterhin versuchen, mit einem liberalen und vorbildhaften Minderheitenschutz die gute Integration der Minderheiten in den ungarischen Staat und die Gesellschaft nicht zu gefährden und gleichzeitig die Situation der ungarischen Minderheit in seinen Nachbarstaaten zu verbessern. Die Türkei wird ihren engen Minderheitenbegriff hingegen nicht erweitern und den auf ihrem Gebiet lebenden Minderheiten auch weiterhin nicht mehr Rechte als unbedingt nötig oder als aus machtpolitischen Erwägungen geboten gewähren.

Anhang

Anhang I: Karte Ungarn mit Komitaten

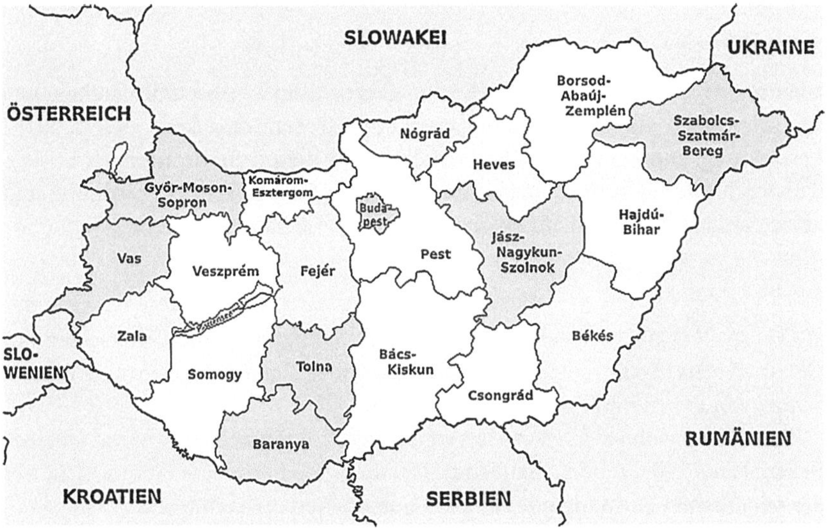

Anhang II: Karte Türkei mit Provinzen

Anhang III: Vertrag von Trianon vom 04.06.1920

Abschnitt VI.
Schutz der Minderheiten

Artikel 54

Ungarn verpflichtet sich, dass die im gegenwärtigen Abschnitt enthaltenen Bestimmungen als Grundgesetze anerkannt werden, dass kein Gesetz, keine Verordnung und keine amtliche Handlung mit diesen Bestimmungen im Widerspruch oder Gegensatz stehen und dass kein Gesetz, keine Verordnung und keine amtliche Handlung ihnen gegenüber Geltung haben sollen.

Artikel 55

(1) Ungarn verpflichtet sich, allen Einwohnern Ungarns ohne Unterschied der Geburt, Staatsangehörigkeit, Sprache, Rasse oder Religion vollen und ganzen Schutz von Leben und Freiheit zu gewähren.

(2) Alle Einwohner Ungarns haben das Recht, öffentlich oder privat jede Art Bekenntnis, Religion oder Glauben frei zu üben, insofern diese Übung nicht mit der öffentlichen Ordnung oder mit den guten Sitten unvereinbar ist.

Artikel 56

Ungarn erkennt ipso facto und ohne irgendeine Förmlichkeit als ungarische Staatsangehörige alle Personen an, die zur Zeit des Inkrafttretens des gegenwärtigen Vertrages das Heimatrecht auf dem ungarischen Staatsgebiete besitzen und nicht Angehörige eines anderen Staates sind.

Artikel 57

Die ungarische Staatsangehörigkeit wird von Rechts wegen durch die bloße Tatsache der Geburt auf ungarischem Staatsgebiete von jeder Person erworben, die nicht vermöge der Geburt eine andere Staatsbürgerschaft erwirbt.

Artikel 58

(1) Alle ungarischen Staatsangehörigen ohne Unterschied der Rasse, der Sprache oder Religion sind vor dem Gesetze gleich und genießen dieselben bürgerlichen und politischen Rechte.

(2) Die Verschiedenheit der Religion, des Glaubens oder Bekenntnisses darf keinem ungarischen Staatsbürger beim Genuss der bürgerlichen und politischen Rechte und namentlich bei der Zulassung zu öffentlichen Diensten, Ämtern und Würden oder bei der Ausübung irgendeines Gewerbes oder Berufes hinderlich sein.

(3) Den ungarischen Staatsbürgern wird keinerlei Beschränkung im freien Gebrauch irgendeiner Sprache im Privat- oder Geschäftsverkehr, in Angelegenheiten der Religion, der Presse oder öffentlicher Kundgebungen jedweder Art oder in öffentlichen Versammlungen auferlegt werden.

(4) Unbeschadet der Einführung einer offiziellen Sprache durch die ungarische Regierung wird den ungarischen Staatsangehörigen anderer Zunge als der ungarischen angemessene Möglichkeit des mündlichen und schriftlichen Gebrauches ihrer Sprache vor Gericht geboten werden.

(5) Die zu ethnischen, religiösen oder sprachlichen Minderheiten gehörigen ungarischen Staatsangehörigen werden rechtlich und faktisch dieselbe Behandlung und die gleichen Bürgschaften genießen wie die übrigen ungarischen Staatsangehörigen. Insbesondere werden sie das gleiche Recht haben, humanitäre, religiöse oder soziale Anstalten, Schulen und andere Erziehungsanstalten auf eigene Kosten zu errichten, zu leiten und zu beaufsichtigen, mit dem Rechte, in denselben ihre Sprache frei zu gebrauchen und ihre Religion frei zu üben.

Artikel 59

(1) Was das öffentliche Unterrichtswesen anlangt, wird die ungarische Regierung in den Städten und Bezirken, in denen ein beträchtlicher Anteil ungarischer Staatsangehöriger anderer als ungarischer Zunge ansässig ist, angemessene Möglichkeit bieten, um in den Volksschulen den Kindern dieser ungarischen Staatsangehörigen den Unterricht in ihrer eigenen Sprache zu gewährleisten. Diese Bestimmung wird jedoch die ungarische Regierung nicht hindern, den Unterricht der ungarischen Sprache in den besagten Schulen zu einem Pflichtgegenstand zu machen.

(2) In Städten und Bezirken, in denen ein beträchtlicher Anteil ungarischer Staatsangehöriger, die ethnischen, religiösen oder sprachlichen Minderheiten angehören, ansässig ist, wird diesen Minderheiten ein angemessener Anteil am Genuss und an der Verwendung der nach dem Staatshaushalt und nach Gemeinde- und anderen Haushalten aus öffentlichen Fonds für Erziehungs-, religiöse, oder humanitäre Zwecke ausgeworfenen Beträge gewährleistet.

Artikel 60

(1) Ungarn stimmt zu, dass, sofern die Bestimmungen der vorstehenden Artikel des gegenwärtigen Abschnittes, soweit sie Angehörige einer Rasse, religiösen oder sprachlichen Minderheit betreffen, Verpflichtungen von internationalem Interesse begründen und unter die Garantie des Völkerbundes gestellt werden. Sie dürfen ohne die Zustimmung der Mehrheit des Rates des Völkerbundes nicht abgeändert werden. Die im Rat vertretenen alliierten und assoziierten Mächte verpflichten sich dagegen, jede für sich, solchen Abänderungen der erwähnten Artikel ihre Zustimmung nicht zu versagen, die durch die Mehrheit des Rates des Völkerbundes in gehöriger Form genehmigt werden sollten.

(2) Ungarn stimmt zu, dass jedes Mitglied des Rates des Völkerbundes das Recht haben soll, die Aufmerksamkeit des Rates auf jede begangene oder drohende Verletzung irgend einer dieser Verpflichtungen zu lenken, und dass der Rat in einer Weise vorgehen und solche Weisungen geben könne, die unter den gegebenen Umständen geeignet und wirksam erscheinen werden.

(3) Ungarn stimmt weiter zu, dass jede Meinungsverschiedenheit, die über eine diese Artikel betreffende Rechts- oder Tatfrage zwischen der ungarischen Regierung und irgendeiner der alliierten und assoziierten Hauptmächte oder jeder anderen Macht, welche Mitglied des Rates des Völkerbundes ist, entstünde, als ein Streitfall internationalen Charakters im Sinne des Artikels 14 des Völkerbundsatzung anzusehen ist. Die ungarische Regierung stimmt zu, dass jeder derartige Streitfall, wenn es der andere Teil verlangt, dem Ständigen Internationalen Gerichtshof unterbreitet werde, dessen Entscheidung endgültig sein und dieselbe Kraft und Wirksamkeit haben wird wie eine Entscheidung auf Grund des Artikels 13 dieser Satzung.

Anhang IV: Vertrag von Lausanne vom 23.06.1923

Abschnitt 3
Schutz der Minderheiten

Artikel 37

Die Türkei verpflichtet sich, die in den Artikeln 38 bis 44 normierten Vorschriften als grundlegende Gesetze anzuerkennen, keine entgegenstehende Gesetzes- oder Verwaltungsvorschrift und keine entgegenstehende Amtshandlung zu erlassen sowie keiner Amtshandlung den Vorrang gegenüber den genannten Vorschriften einzuräumen.

Artikel 38

(1) Die türkische Regierung verpflichtet sich, allen Bewohnern der Türkei ohne Ansehen der Herkunft, Nationalität, Sprache oder Religion umfassenden Schutz des Lebens und der Freiheit zu garantieren.

(2) Alle Bewohner der Türkei werden, öffentlich wie privat, die Freiheit des Gewissens, der religiösen Anschauung oder Überzeugung genießen, sofern diese nicht gegen die öffentliche Ordnung und die guten Sitten verstößt.

(3) Nicht-muslimische Minderheiten werden, vorbehaltlich der Maßnahmen, die von der türkischen Regierung zur nationalen Verteidigung oder zur Aufrechterhaltung der öffentlichen Ordnung auf dem gesamten Staatsgebiet oder einem Teil des Staatsgebiets gegenüber allen türkischen Staatsbürgern angewandt werden, volle Reisefreiheit und Ausreisefreiheit genießen.

Artikel 39

(1) Türkische Staatsbürger, die nicht-muslimischen Minderheiten angehören, werden die gleichen bürgerlichen und politischen Rechte genießen wie Muslime.

(2) Alle Bewohner der Türkei werden, ohne Unterschied ihrer Religion, vor dem Gesetz gleich sein.

(3) Unterschiede in Religion, Weltanschauung oder Bekenntnis dürfen keinen türkischen Staatsbürger bei der Ausübung seiner bürgerlichen oder politischen Rechte, insbesondere bei der Zulassung zu öffentlichen Ämtern, Funktionen und Ehren oder bei der Ausübung verschiedener Berufe und Handwerke benachteiligen.

(4) Keinem türkischen Staatsbürger dürfen Beschränkungen beim Gebrauch irgendeiner Sprache in seinen privaten oder geschäftlichen Beziehungen, im

Bereich der Religion, der Presse oder bei Veröffentlichungen jeder Art und bei öffentlichen Versammlungen auferlegt werden.

(5) Ungeachtet der Existenz der offiziellen Sprache, werden den türkischen Staatsbürgern, die eine andere Sprache als Türkisch sprechen, angemessene Erleichterungen für die mündliche Benutzung ihrer eigenen Sprache vor Gerichten gewährt.

Artikel 40

Den türkischen Staatsangehörigen, die nicht-muslimischen Minderheiten angehören, werden rechtlich und tatsächlich die gleiche Behandlung und die gleichen Gewährleistungen zuteil wie den anderen türkischen Staatsbürgern. Insbesondere haben sie das gleiche Recht, auf eigene Kosten wohltätige, religiöse und soziale Einrichtungen jeder Art sowie Schulen und andere Bildung- und Erziehungseinrichtungen jeder Art zu errichten, zu leiten und zu kontrollieren, mit dem Recht, dort ihre eigene Sprache zu gebrauchen und ihre eigene Religion frei auszuüben.

Artikel 41

(1) Auf dem Gebiet des öffentlichen Schulwesens wird die türkische Regierung in denjenigen Städten und Bezirken, in denen ein erheblicher Anteil nicht-muslimischer Staatsbürger lebt, angemessene Erleichterungen gewähren, damit die Kinder solcher türkischer Staatsangehöriger an den Grundschulen in ihrer eigenen Sprache unterrichtet werden können. Diese Bestimmung wird die Türkische Regierung nicht daran hindern, an den betreffenden Schulen obligatorischen Unterricht in türkischer Sprache einzuführen.

(2) In Städten und Bezirken, in denen ein erheblicher Anteil türkischer Staatsbürger nicht-muslimischen Minderheiten angehört, wird diesen Minderheiten ein gerechter Anteil der Summen zugesichert, die aus öffentlichen Mitteln des Staatshaushaltes, der Gemeindehaushalte oder anderen für erzieherische, religiöse oder wohltätige Zwecke zugewiesen werden können.

(3) Die in Frage stehenden Gelder werden an die berechtigten Vertreter der beteiligten Einrichtungen und Institutionen ausgezahlt.

Artikel 42

(1) Die türkische Regierung verpflichtet sich, auf die nicht-muslimischen Minderheiten hinsichtlich deren Familien- und Personenstandsrechts Rücksicht zu nehmen, sowie diesen alle Maßnahmen zur Regelung dieser Fragen gemäß den Gewohnheiten dieser Minderheiten zu gestatten.

(2) Diese Maßnahmen werden von besonderen Kommissionen erarbeitet werden, die zu gleicher Anzahl aus Vertretern der türkischen Regierung und Vertretern jeder der beteiligten Minderheiten bestehen. Im Fall von Meinungsverschiedenheiten werden die türkische Regierung und der Rat des Völkerbundes in gemeinsamer Übereinstimmung einen unter den europäischen Rechtsgelehrten ausgewählten Schlichter benennen.

(3) Die türkische Regierung verpflichtet sich, den Kirchen, Synagogen, Friedhöfen und anderen religiösen Einrichtungen der oben genannten Minderheiten, vollen Schutz zu garantieren. Den gegenwärtig in der Türkei bestehenden frommen Stiftungen und den religiösen und gemeinnützigen Einrichtungen derselben Minderheiten werden alle Erleichterungen und Genehmigungen gewährt, und die türkische Regierung wird für die Gründung neuer religiöser und gemeinnütziger Einrichtungen keine notwendigen Erleichterungen ablehnen, die den anderen privaten Einrichtungen dieser Art garantiert werden.

Artikel 43

(1) Türkische Staatsangehörige, die nicht-muslimischen Minderheiten angehören, dürfen nicht zu einer Handlung gezwungen werden, die eine Verletzung ihres Glaubens oder ihrer Religionsausübung darstellt, sie dürfen keine Benachteiligung erfahren, wenn sie sich weigern, an ihrem wöchentlichen Ruhetag vor Gericht zu erscheinen oder Rechtsgeschäfte zu verrichten.

(2) Diese Regelung befreit diese türkischen Staatsangehörigen jedoch nicht von solchen Verpflichtungen, die allen anderen türkischen Staatsangehörigen im Hinblick auf die Aufrechterhaltung der öffentlichen Ordnung auferlegt sind.

Artikel 44

(1) Die Türkei erkennt an, dass die Vorschriften der vorangegangenen Artikel dieses Abschnittes, soweit sie nicht-muslimische Staatsangehörige der Türkei betreffen, Verpflichtungen von internationalem Interesse darstellen und unter der Garantie des Völkerbundes stehen. Sie können ohne die Zustimmung der Mehrheit des Rates des Völkerbundes nicht geändert werden. Das Britische Königreich, Frankreich, Italien und Japan verpflichten sich durch ihre Vertreter, ihre Zustimmung zu jeglicher Änderung der genannten Artikel, die von der Mehrheit des Rates des Völkerbundes beschlossen wird, nicht zu verweigern.

(2) Die Türkei willigt ein, dass jedem Mitglied des Rates des Völkerbundes das Recht zugestanden wird, eine Verletzung oder die Gefahr einer Verletzung irgendeiner dieser Verpflichtungen dem Rat anzuzeigen, und dass der Rat auf

diese Weise vorgehen und solche Maßnahmen ergreifen kann, die unter den gegebenen Umständen als angemessen und wirksam angesehen werden.

(3) Außerdem willigt die Türkei ein, dass im Falle von diese Artikel betreffenden Meinungsverschiedenheiten in Fragen rechtlicher oder tatsächlicher Art zwischen der türkischen Regierung und irgendeinem der anderen Unterzeichnerstaaten oder jedem anderen Staat, der Mitglied des Rates des Völkerbundes ist, diese Meinungsverschiedenheiten als Streitfall internationalen Charakters gemäß Artikel 14 des Vertrages über den Völkerbund betrachtet werden. Die türkische Regierung willigt ein, dass jeder Streitfall dieser Art, wenn es die andere Partei verlangt, an den Ständigen Internationalen Gerichtshof verwiesen wird. Gegen die Entscheidung des Ständigen Gerichtshofes ist keine Berufung möglich und sie hat die gleiche Rechtskraft und Wirkung wie ein Urteil nach Artikel 13 des Vertrages über den Völkerbund.

Artikel 45

Die den nicht-muslimischen Minderheiten der Türkei in den Vorschriften dieses Abschnitts zuerkannten Rechte werden gleichermaßen von Griechenland für die sich auf dessen Territorium befindende muslimische Minderheit zuerkannt.

Literaturverzeichnis

Adanir, Fikret: Geschichte der Republik Türkei, Mannheim 1995

Ahmad, Feroz: Unionist Relations with the Greek, Armenian and Jewish Communities of the Ottoman Empire (1908–1914), in: *Braude, Benjamin/ Lewis, Bernard (Ed.)*, Christians and Jews in the Ottoman Empire: The Functioning of a Plural Society, Vol. 1, New York 1982, S. 401–434

Ahmed, Tawhida: The Impact of EU Law on Minority Rights, Oxford 2011

Akar, Rıdvan: Cumhuriyet Dönemi Azınlık Politikları, in: *Helsinki Yurttaşlar Derneği*, Modernleşme ve Çokkültürlülük, Istanbul 2001, S. 16–25

Akgül, Elif: Azınlık Okulları: Sorunlar ve Talepler, in: Bianet Haber Merkezi vom 21.03.2013, online unter: http://www.bianet.org/bianet/insan-haklari/145285-azinlik-okullari-sorunlar-ve-talepler [aufgerufen am 5.3.2015]

Aktar, Ayhan: Varlık Vergisi ve 'Türkleştirme' Politikaları, Istanbul 2000

Akyol, Taha: Azınlık meselesi…, in: Milliyet.com.tr vom 14.10.2004, online unter: http://www.milliyet.com/2004/10/14/yazar/akyol.html [aufgerufen am 26.1.2015]

Aldıkaçtı, O.: Anayasa Hukukumuzun Gelişmesi ve 1961 Anayasası, Istanbul 1978

Alexandris, Alexis: The Greek Minority of Istanbul and Greek-Turkish relations 1918–1974, Athens 1983

Amnesty International (Hrsg.): Amnesty Report 2013 : Ungarn, online unter: http://www.amnesty.de/jahresbericht/2013/ungarn [aufgerufen am 26.1.2015]

Andrews, Peter Alford: Ethnic Groups in the Republic of Turkey, Wiesbaden 1989

Anschütz, Helga: Christliche Gruppen in der Türkei, in: *Andrews, Peter Alford*, Ethnic Groups in the Republic of Turkey, Wiesbaden 1989, S. 454–472

Antes, Peter: Der Islam als politischer Faktor, 4. Auflage, Hannover 2001

Apostolov, Mario: The Pomaks. A Religious Minority in the Balkans, in: Nationalities Papers, Vol. 24, No. 4, 1996, S. 727–742

Aringberg-Laanatza, Marianne: Alevis in Turkey – Alevis in Syria: Similarities and Differences, in: *Olsson, Tord/ Özdalga, Elisabeth/ Raudvere, Catharina (Ed.)*, Alevi Identity, Istanbul 1998, S. 151–165

Arp, Björn: International norms and standards for the protection of national minorities, Leiden 2008

Arsava, Ayşe Füsün: Azınlık Kavramı ve Azınlık Haklarının Uluslararası Belgeler ve Özellikle Medeni ve Siyasi Haklar Sözleşmesinin 27. Maddesi Işığında Incelemesi, Ankara 1993

Atiya, Aziz S.: A History of Eastern Christianity, London 1968

Aussenministerium Budapest (Hrsg.): Nationale und ethnische Minderheiten in Ungarn, in: Fakten über Ungarn, Nr. 3/2000, S. 1–8

Aydın, Hayrettin: Das ethnische Mosaik der Türkei, in: *Zentrum für Türkeistudien (Hrsg.)*, Zeitschrift für Türkeistudien 1/97, S. 65–101

Aydın, Yaşar: Demokratische Partei der Völker/Partei für Frieden und Demokratie (BDP/HDP), online unter: http://www.bpb.de/internationales/europa/tuerkei/188973/hdp-bdp [aufgerufen am 25.1.2015]

Bakker, Edwin: Minority Conflicts in Slovakia and Hungary?, Capelle aan de Ijssel 1997

Barbina, Guido : Les Communautes Ethno-Linguistiques Et La Conscience De Leur Territoire, in: *Sanguin, André-Louis*, Les minorités ethniques en Europe, Paris 1993, S. 55–60

Barkey, Karen: Empire of Difference. The Ottomans in Comparative Perspective, Cambridge 2009

Bartl, Peter: Albanien: Vom Mittelalter bis zur Gegenwart, Regensburg 1995

Baum, Wilhelm: Die Türkei und ihre christlichen Minderheiten, Wien 2005

Bayır, Derya: Minorities and Nationalism in Turkish Law, Farnham 2013

Belli, Mihri: Türkiye-Yunanistan Nüfüs Mübadelesi, Istanbul 2004

Benhabib, Seyla: Das türkische Mosaik. Ein Irrtum zu meinen, Europa müsse am Bosporus enden, in: FR vom 28.12.2002, S. 17

Benkheira, Mohammed Hocine: Le Droit, in: Le Point, Hors-série No. 5, Novembre-Décembre 2005, S. 45–47

Benninghaus, Rüdiger: The Laz: An Example of Multiple Identification, in: *Andrews, Peter Alford*, Ethnic Groups in the Republic of Turkey, Wiesbaden 1989, S. 497–502

Berger, Stefan: Europarat – Ein Auslaufmodell, Hamburg 2008

Berger, Vincent: Rechtsprechung des Europäischen Gerichtshofs für Menschenrechte, Köln 1987

Bernatzik, Edmund: Die österreichischen Verfassungsgesetze, 2. Auflage, Wien 1911

Bessenyey-Williams, Margit: European Integration and Minority Rights: The Case of Hungary and its Neighbors, in: *Linden, R. H. (Hrsg.)*: Norm and Nannies. The Impact of International Organizations on the Central and East European States, Oxford 2002, S. 227–258

Bilici, Faruk: The Function of Alevi-Bektashi Theology in Modern Turkey, in: *Olsson, Tord/ Özdalga, Elisabeth/ Raudvere, Catharina (Ed.)*, Alevi Identity, Istanbul 1998, S. 51–62

Bilsel, Cemil M.: Lozan, Cilt 2, Istanbul 1933

Blumenwitz, Dieter: Minderheiten- und Volksgruppenrecht, Bonn 1992

Bohmann, Alfred: Menschen und Grenzen, Bd. 2, Bevölkerung und Nationalitäten in Südosteuropa, Köln 1969

Bott-Bodenhausen, Karin: Die Bedeutung der Kultur für die Wahrung der Identität der Volksgruppe/Minderheit, in: *Blumenwitz, Dieter/ Gornig, Gilbert H. (Hrsg.)*, Minderheiten- und Volksgruppenrechte in Theorie und Praxis, Köln 1993, S. 91–105

Bozarslan, Hamit: La Question Kurde: Est-Elle Soluable Dans L'Europe?, in: *Roy, O. (Éd.)*, La Turquie Aujourd'Hui, Paris 2004, S. 81–92

Bozarslan, Hamit: Les minorités en Turquie, in: Pouvoirs – 115. 2005, La Turquie, Paris 2005, S. 101–112

Bozkurt, Gülnihal: Alman-İngiliz Belgelerinin ve Siyasi Gelişmelerinin Işığı Altında Gayrı Müslim Osmanlı Vatandaşlarının Hukuki Durumu (1839–1914), Ankara 1989

Bozkurt, Gülnihal: Türk Hukuk Tarihinde Azınlıklar, in: Ankara Üniversitesi Hukuk Fakültesi Dergisi, Vol. 43 (1993), No. 1–4, S. 49–59

Brenneisen, Anne: Diskriminierung christlicher Minderheiten, in: Vielfalt 43, Zeitschrift für bedrohte Völker, Bern 2002, S. 7–9

Bricke, Dieter W.: Minderheiten zwischen Unterdrückung und Autonomie, in: *Fritsch-Oppermann, Sybille (Hrsg.)*, Minderheiten, Autonomie und Selbstbestimmung, Rehburg-Loccum 1995, S. 59–61

Bruinessen, Martin van: The Ethnic Identity of the Kurds, in: *Andrews, Peter Alford*, Ethnic Groups in the Republic of Turkey, Wiesbaden 1989, S. 613–621

Brunner, Georg: Der Schutz ethnischer Minderheiten in Osteuropa, in: *Brunner, Georg*, Minderheitenschutz in Europa, Heidelberg 1985, S. 57–97

Brunner, Georg: Die rechtliche Lage der Minderheiten in Mittel-, Ost- und Südosteuropa, in: OstEuR 1994, S. 157–177

Brunner, Georg: Minderheitenrechtliche Regelungskonzepte in Osteuropa, in: *Brunner, Georg/ Meissner, Boris (Hrsg.)*, Das Recht der nationalen Minderheiten in Osteuropa, Berlin 1999, S. 39–73

Brunner, Georg: Nationalitätenprobleme und Minderheitenkonflikte in Osteuropa, Gütersloh 1996

Brunner, Georg/ Küpper, Herbert: European Options of Autonomy. A Typology of Autonomy Models of Minority Self-Governance, in: *Gál, Kinga (Hrsg.)*, Minority Governance in Europe, Budapest 2002, S. 11–36

Brunner, Georg/ Küpper, Herbert: Minderheitenschutz im östlichen Europa. Ungarn, in: *Institut für Ostrecht [Hrsg.]*: Minderheitenschutz im östlichen Europa, Köln 2004

Brunner, Georg / Tontsch, Günther H.: Der Minderheitenschutz in Ungarn und Rumänien, Bonn 1995

Bruns, Carl Georg: Die Garantie des Völkerbundes über die Minderheitenverträge, in: ZaöRV Band 2 (1931), S. 3–16

Burdy, Jean-Paul : "question d'Orient" ou "question d'Europe"?, in: *Burdy, Jean-Paul*, La Turquie est-elle européenne?, Paris 2004, S. 125–200

Çaha, Ömer: Islam ve Demokratsi, in: Islamiyat 22:2 (1999), S. 53–77

Cano, Murat: Ulus Devlet Ve Farklılıklar Bakımdan Türkiye'de Yaşayan Müslüman Olmayan Azınlıklar, Sorunları Ve Çözüm Önerileri, in: Helsinki Yurttaşlar Derneği, Modernleşme ve Çokkültürlülük, Istanbul 2001, S. 67–71

Capotorti, Francesco: Die Rechte der Angehörigen von Minderheiten, in: *Vereinte Nationen* 1980, Bd. 28, S. 113–118

Capotorti, Francesco: Study on the Rights of Persons belonging to Ethnic, Religious and Linguistic Minorities, New York 1991

Çavuşoğlu, Naz: 2004 AB İlerleme Raporu ve Azınlık kavramı çerçevesinde Kültürel Haklara ilişkin sorunlar, Vortragsmanuskript zum gleichnamigen Vortrag auf der Konferenz der Istanbul Universität vom 8.12.2004 zum Thema „AB'ne Katılım Sürecinde İnsan Hakları"

Çavuşoğlu, Naz : Azınlık Hakları: Avrupa Standartları ve Türkiye Bir Karşılaştırma, in: *Kaboğlu, İbrahim Ö. (Haz.)*, Azınlık Hakları, Istanbul 2002, S. 124–146

Çelik, Faika: Exploring Marginality in the Ottoman Empire: Gypsies or People of Malice (Ehl-I Fesad) as viewed by the Ottomans, in: European University Institute Working Paper, RSCAS No. 2004/39

Chalmers, Damian/ Davies, Gareth/ Monti, Giorgio: European Union Law, 2nd Edition, Cambridge 2010

Çiloğlu, Fahrettin: Dilden Dine, Edebiyattan Sanata Gürcülerin Tarihi, Istanbul 1993

Conférence de Lausanne sur les Affairs du Proche-Orient 1922–1923: Actes Signés à Lausanne, Paris 1923

Constantin, Sergiu/ Lantschner, Emma: Comparing the Legislative Framework for Minority Protection in Central European Countries, in: *Lantschner, Emma/ Constantin, Sergiu/ Marko, Joseph (Eds.)*, Practice of Minority Protection in Central Europe, Baden-Baden 2012, S. 15–58

Courbage, Youssef/ Fargues, Philippe: Christians and Jews under Islam, London 1997

Davidson, Roderic H: Turkish attitudes concerning Christian-Muslim equality in the nineteenth century, in: The American Historical Review, Vol. 59, No. 4 (1954), S. 844–864

Del Valle, Alexandre/ Razavi, Emmanuel: Le Dilemme turc, Paris 2005

Deringil, Selim: From Ottoman to Turk, in: *Gladney, Dru C.*, Making Minorities, Stanford 1998, S. 217–226

Deringil, Selim: The well-protected Domains: Ideology and the Legitimation of Power in the Ottoman Empire (1876–1909), London 1998

Dieringer, Jürgen: Ungarn, in: *Heydemann, Günther/ Vodička, Karel (Hrsg.)*, Vom Ostblock zur EU. Systemtransformationen 1990–2012 im Vergleich, Bonn 2013, S. 239–261

Dietert, Amke: Menschenrechte in der Praxis von Justiz und Polizei, in: *Steinbach, Udo*, Länderbericht Türkei, Bonn 2012, S. 151–168

Directorate-General for External Policies: Mainstreaming human and minority rights in the EU enlargement with the Western Balkans, Brussels 2012

Dörler, Elisabeth: Die Vielfalt der Kirchen der Türkei heute, April 2007, online unter: http://www.sg.org.tr/gemeinde/index.php?id=1450 [aufgerufen am 28.1.2015]

Doncsev, Toso: National Minorities' Culture in Hungary at the Turn of the Millenium: Opportunities Considered, in: *Gráfik, Imre*, The minorities at the turn of the millennium, Budapest 2001, S. 19–41

Dündar, Fuat: İttihat ve Terakki'nin Müslümanlar İskan Politikası (1913–1918), Istanbul 2001

Duncker, Gerhard: Die Situation der christlichen Minderheiten in der Türkei, in: EKD-Texte 78, Hannover 2003, S. 79–83

Duncker, Gerhard: Zwischen Konstantinopel und Istanbul. Erfahrungen eines deutschen Pfarrers in der Türkei, in: *Spuler-Stegemann, Ursula (Hrsg.)*, Feindbild Christentum im Islam, Freiburg i. Br. 2004, S. 75–86

Dupuy, Pierre-Marie: Droit international public, 3. Ed., Paris 1995

Dyke, Vernon van: Human Rights, Ethnicity and Discrimination, Westport 1985

Eglin, Dieter: Demokratie und Minderheiten, Bern 1998

Erder, Necat: Türkiye'de siyasi parti seçmenleri ve toplum düzeni, Istanbul 1999

Ergil, Doğu: Aspects of the Kurdish Problem in Turkey, in: *Lovatt, Debbie (Ed.)*, Turkey since 1970. Politics, Economics and Society, Basingstoke 2001, S. 161–193

Ergil, Doğu: A Synopsis of the Kurdish Problem, in: The International Spectator, Volume XXXIV, No. 1/1999, S. 19–22

Ergil, Doğu: The Kurdish Question in Turkey, in: Journal of Democracy, Volume 11, Number 3 (2000), S. 122–135

Erler, Georg H. J.: Das Recht der Nationalen Minderheiten, Münster in Westfalen 1931

Ermacora, Felix: Der Minderheitenschutz in der Arbeit der Vereinten Nationen, Wien 1964

Ermacora, Felix: Nationale Minderheiten – Ein Definitionsproblem, in: *Müller, Kurt (Hrsg.)*, Minderheiten im Konflikt, Zürich 1993, S. 34–48

Ertuğrul, Halit: Azınlık ve Yabancı Okulları, Istanbul 1998

EU-Commission: Religious Freedom in Turkey. Report of the fact-finding mission undertaken by the Commission in Turkey from 12–22 June 2003, Ankara 2003

EU-*Kommission:* Regelmäßiger Bericht 2004 über die Fortschritte der Türkei auf dem Weg zum Beitritt, online unter: http://www.europa.eu.int/comm/enlargement/report_2004/pdf/rr_tk_final_de.pdf [aufgerufen am 20.1.2015]

EU-Kommission: Türkei Fortschrittsbericht 2005, online unter: http://www.europa.eu.int/comm/enlargement/report_2005/pdf/package/sec_1426_final_de_progress_report_tr.pdf [aufgerufen am 20.1.2015]

EU-Kommission: Türkei Fortschrittsbericht 2006, online unter: http://ec.europa.eu/enlargement/pdf/key_documents/2006/Nov/tr_sec_1390_de.pdf [aufgerufen am 20.1.2015]

European Academy of Bozen (Ed.): Project: Practice of Minority Protection in Central Europe. Legal Country Study: Hungary, online unter: http://www2007.eurac.edu/en/research/institutes/imr/Documents/LCS_Hungary_final.pdf [aufgerufen am 20.1.2015]

European Commission: Turkey 2014 Progress Report, online unter: http://ec.europa.eu/enlargement/pdf/key_documents/2014/20141008-turkey-progress-report_en.pdf [aufgerufen am 24.1.2015]

European Commission against Racism and Intolerance: ECRI Report on Turkey (fourth monitoring cycle), Strasbourg 2011

Faroqhi, Suraiya: Subjects of the Sultan: Culture and Daily Life in the Ottoman Empire, London 2000

Fest, Johannes: Ethnische Minderheiten in der Türkei und ihr Beitrag zur türkischen Wirtschaft unter besonderer Berücksichtigung der Kurden, in: Zeitschrift für Türkeistudien 2/93, S. 307–310

Fırat, Ümit: Ulus Devlet Ve Farklılıklar, in: *Helsinki Yurttaşlar Derneği*, Modernleşme ve Çokkültürlük, Istanbul 2001, S. 92–95

Foreign Policy Institute (Ed.): The Armenian Issue in nine Questions and Answers, Ankara 1982

Fortna, Benjamin C.: Islamic Morality in Late Ottoman 'Secular' Schools, in: Middle East Studies, Vol. 32 (2000), S. 369–393

Franz, Erhard: Kurden und Kurdentum, Hamburg 1986

Franz, Erhard: Population Policy in Turkey, Hamburg 1994

Furman, Uriah: Minorities in Contemporary Islamist Discourse, in: Middle Eastern Studies, Volume 36, Number 4/2000, S. 1–20

Galántai, József: Trianon and the Protection of Minorities, New Jersey 1992

Gasteyger, Curt: Europa zwischen Spaltung und Einigung 1945 bis 1993, Bonn 1994

Genç, Sevim: Die Lazen, in: *Kutscher, Silvia/ Mattissen, Johanna/ Wodarg, Anke (Hrsg.)*, Das Mutafi-Lazische, Köln 1995, S. 3–5

Gent, Amalia van: Streit um Land des Klosters Mor Gabriel in der Türkei, in: NZZ vom 20.12.2008, online unter: http://www.nzz.ch/nachrichten/international/streit_um_land_des _klosters_mor_gabriel_in_der_ tuerkei _1.1521002.html [aufgerufen am 4.3.2015]

Gesellschaft für bedrohte Völker (Hrsg.): Die Assyrer. Ein vergessenes Volk in der Türkei, Bern 2001

Gibb, Hamilton A. R./ Bowen, Harold: Islamic Society and the West, Vol. I, Part I, London 1957

Gökçen, Amed: Yezidiler/Êzîdî, Istanbul 2008

Göle, Nilüfer : La laïcité républicaine et l'islam public, in: Pouvoirs – 115. 2005, La Turquie, Paris 2005, S. 73–86

Görlach, Alexander Mathias: Türkischer Islam und moderne Gesellschaft, in: Die Politische Meinung Nr. 425 (April 2005), S. 31–34

Goldman, Olivia Q.: The Need for an Independent International Mechanism to Protect Group Rights: A Case Study of the Kurds, in: 2 Tulsa J. Comp. & Int'l L. 45 (1994), S. 46–89

Goltz, Gabriel: Die armenische Minderheit in der Türkei – zu den Entwicklungen seit den EU-Anpassungsreformen 2002 und 2003, in: Orient 3/2003, S. 413

Gornig, Gilbert H.: Die Definition des Minderheitenbegriffs aus historisch-völkischer Sicht, in: *Blumenwitz, Dieter/ Gornig, Gilbert H./ Murswiek, Dietrich (Hrsg.)*, Ein Jahrhundert Minderheiten- und Volksgruppenschutz, Köln 2001, S. 19–48

Gottschlich, Jürgen/ Zaptçıolğlu, Dilek: Das Kreuz mit den Werten, Hamburg 2005

Grabenwarter, Christoph: Europäische Menschenrechtskonvention, München 2003

Graf Vitzthum, Wolfgang (Hrsg.): Völkerrecht, 3. Auflage, Berlin 2004

Gürbey, Gülistan: Die türkische Kurdenpolitik im Kontext des EU-Beitrittsprozess und der Kopenhagener Kriterien, in: Südosteuropa Mitteilungen 02/2000, S. 45–57

Gürbey, Gülistan/ Riotte, Ellen: Die OSZE und ihre Rolle und Möglichkeiten zur friedlichen Beilegung des türkischen Kurdenkonflikts, in: Südosteuropa Mitteilungen 04/2000, S. 322–339

Güsten, Susanne: „Türken und Kurden sollen sich verbrüdern", in: Der Tagesspiegel vom 22.4.2011, online unter: http://www.tagesspiegel.de/meinung/portraet-leyla-zana-kurdischepolitikerin-tuerken-und-kurden-sollen-sich-verbruedern-/4092780.html [aufgerufen am 7.2.2015]

Gumpel, Werner: Die Türkei zwischen den Konfliktstaaten, in: Südosteuropa Mitteilungen 2003/Nr. 1, S. 17–27

Hájek, Jiří: Die „menschliche Dimension" der KSZE und ihre Perspektiven, in: *Jakobeit, Cord/ Yenal, Alparslan (Hrsg.)*, Gesamteuropa, Bonn 1993, S. 482–494

Halász, Iván: National and Ethnic Minorities and Minority Laws in Central Europe, in: Minorities Research No. 10 (2008), S. 131–148

Hanák, Péter (Hrsg.): Die Geschichte Ungarns – Von den Anfängen bis zur Gegenwart, Essen 1988

Hanioğlu, Şükrü: Preparation for a Revolution: The Young Turks (1902–1908), Oxford 2001

Heintze, Hans-Joachim: Selbstbestimmungsrecht und Minderheitenrechte im Völkerrecht, Baden-Baden 1994

Helmreich, Paul C.: Sevr Entrikları. Büyük Güçler, Maşalar, Gizli Anlaşmalar ve Türkiye'nin Taksimi, Istanbul 1996

Heraclides, Alexis: The CSCE and the Minorities. The Negotiations behind the Commitments, in: Helsinki Monitor 1992, Vol. 3, No. 3, S. 5–18

Hermann, Rainer: Der Status der nichtmuslimischen Minderheiten in der Türkei, in: *Leggewie, Claus (Hrsg.)*, Die Türkei und Europa, Frankfurt a. M. 2004, S. 109–114

Hermann, Rainer: Die Türkei auf dem Weg nach Europa, in: *Spuler-Stegemann, Ursula (Hrsg.)*, Feindbild Christentum im Islam, Freiburg i. Br. 2004, S. 87–101

Heyd, Uriel: Language Reform in Modern Turkey, Jerusalem 1954

Hibbeler, Stefan: Zur Lage der nicht-sunnitischen Minderheiten in der Türkei seit 2001, Istanbul 2004

Hibbeler, Stefan/ Meier, Michael: Die Türkei vor den Parlamentswahlen, Berlin 2011

Hillgruber, Christian: Minderheitenschutz im Rahmen der Europäischen Menschenrechtskonvention – Stand und Entwicklung Die Europäische Menschenrechtskonvention und der Schutz nationaler Minderheiten, Bonn 1993, in: *Blumenwitz, Dieter/ Gornig, Gilbert H. (Hrsg.)*, Minderheiten- und Volksgruppenrecht in Theorie und Praxis, Köln 1993, S. 39–47

Hillgruber, Christian/ Jestaedt, Matthias: Die Europäische Menschenrechtskonvention und der Schutz nationaler Minderheiten, Bonn 1993

Hirsch, Ernst E.: Die Verfassung der Türkischen Republik, Staatsverfassungen der Welt, Bd. 7, Frankfurt a. M. 1966

Hirsch, Ernst E.: Die Verfassung der Türkischen Republik vom 9.11.1982, in: JöR 32 (1983), S. 507–623

Hirsch, Ernst E.: Verfassungsänderungen in der Türkei, Staatsverfassungen der Welt, Bd. 7 a, Frankfurt a. M. 1973

Hoensch, Jörg K.: Geschichte Ungarns 1867–1983, Stuttgart 1984

Hofmann, Rainer: Minderheitenschutz in Europa, Berlin 1995

Hofmann, Tessa: Armenians in Turkey Today, Bruxelles 2002

Hofmann, Tessa: Christliche Minderheiten in der Türkei, online unter: http://www.gfbv.de/bestell/pogrom/texte/226_armenier.htm [aufgerufen am 4.3.2015]

Hottinger, Arnold: Macht und Minderheiten im Nahen Osten, in: *Müller, Kurt (Hrsg.)*, Minderheiten im Konflikt, Zürich 1993, S. 89–97

Hürriyet: Yaşayan diller ve lehçeler dersini 85 bin öğrenci seçti, in: Hürriyet vom 25.1.2015, online unter: http://www.hurriyet.com.tr/egitim/28045465.asp [aufgerufen am 28.2.2015]

Hürriyet Daily News: Trial sheds light on shades of Turkey, in: Hürriyet Daily News vom 10.6.2008, online unter: http://www.hurriyetdailynews.com/default.aspx?pageid=438&n=trial-sheds-light-on-shades-of-turkey-2008-06-10 [aufgerufen am 28.1.2015]

Human Rights Watch: Turkey's Human Rights Rollback, Washington 2014, online unter: http://www.hrw.org/sites/default/files/reports/turkey0914_For Upload.pdf [aufgerufen am 27.1.2015]

Human Rights Working Group: Ethnic Armenians in Hungary, online unter: http://emberijogok.kormany.hu/ethnic-armenians-in-hungary [aufgerufen am 28.1.2015]

Human Rights Working Group: Ethnic Bulgarians in Hungary, online unter: http://emberijogok.kormany.hu/ethnic-bulgarians-in-hungary [aufgerufen am 28.1.2015]

Human Rights Working Group: Ethnic Croats in Hungary, online unter: http://emberijogok.kormany.hu/ethnic-croats-in-hungary [aufgerufen am 28.1.2015]

Human Rights Working Group: Ethnic Germans in Hungary, online unter: http://emberijogok.kormany.hu/ethnic-germans-in-hungary [aufgerufen am 28.1.2015]

Human Rights Working Group: Ethnic Greeks in Hungary, online unter: http://emberijogok.kormany.hu/ethnic-greeks-in-hungary [aufgerufen am 28.1.2015]

Human Rights Working Group: Ethnic Poles in Hungary, online unter: http://emberijogok.kormany.hu/ethnic-poles-in-hungary [aufgerufen am 28.1.2015]

Human Rights Working Group: Ethnic Romanians in Hungary, online unter: http://emberijogok.kormany.hu/ethnic-romanians-in-hungary [aufgerufen am 28.1.2015]

Human Rights Working Group: Ethnic Serbs in Hungary, online unter: http://emberijogok.kormany.hu/ethnic-serbs-in-hungary [aufgerufen am 28.1.2015]

Human Rights Working Group: Ethnic Slovaks in Hungary, online unter: http://emberijogok.kormany.hu/ethnic-slovaks-in-hungary [aufgerufen am 28.1.2015]

Human Rights Working Group: Ethnic Slovenes in Hungary, online unter: http://emberijogok.kormany.hu/ethnic-slovenes-in-hungary [aufgerufen am 28.1.2015]

Human Rights Working Group: Ethnic Ukrainians in Hungary, online unter: http://emberijogok.kormany.hu/ethnic-ukrainians-in-hungary [aufgerufen am 28.1.2015]

Human Rights Working Group: The Roma of Hungary, online unter: http://emberijogok.kormany.hu/the-roma-of-hungary [aufgerufen am 28.1.2015]

Human Rights Working Group: The Rusyns of Hungary, online unter: http://emberijogok.kormany.hu/the-rusyns-of-hungary [aufgerufen am 28.1.2015]

Hungarian Central Statistical Office: Hungarian population census 2011, Table 1.1.6.2: Population by nationality, mother tongue, language spoken with family members or friends and affinity with nationalities' cultural values, 2011, online unter: http://www.ksh.hu/nepszamlalas/tables/regional/00/00_1_1_6_2_en.xls [aufgerufen am 28.1.2015]

HYE-TERT: Istanbul Ermenilerine Haberler: Rehber, online unter: http://www.hyetert.com/rehber.asp [aufgerufen am 20.1.2015]

İçduygu, Ahmet/ Soner, Ali B.: Turkish Minority Rights Regime: Between Difference and Equality, in: Middle Eastern Studies, Vol. 42, No. 3 (2006), S. 447–468

İçduygu, Ahmet/ Toktaş, Şule/ Soner, Ali B.: The politics of population in a nation-building process: emigration of non-Muslims from Turkey, in: Ethnic and Racial Studies, Vol. 31, No. 2/2008, S. 358–389

Inalcik, Halil: The Ottoman Empire. The Classical Age, 2. Auflage, London 1995

Ipsen, Knut: Völkerrecht, 3. Auflage, München 1990

Jakab, András/ Sonnevend, Pál: Kontinuität mit Mängeln: Das neue ungarische Grundgesetz, in: ZaöRV 72 (2012), S. 79–102

Joseph, Sabrina: Communication Justice: Shari'a Courts and the Christian Community in 17th and 18th Century Ottoman Greece, in: Islam and Christian-Muslim Relations, Vol. 20, No. 3 (2009), S. 333–350

Kalmoukos, Theodore: Tampa Native Metropolitan Nikitas to becomea Turkish citizen, online unter: http://www.johnsanidopoulos.com/2010/06/metropolitan-nikitas-to-become-turkish. html [aufgerufen am 18.1.2015]

Kaltenbach, Jenö: Die Rechtsstellung der Minderheiten in Ungarn, in: Ethnos-Nation 5 (1997), S. 115–128

Kaltenbach, Jenö: Rights of Minorities in the Third Republic of Hungary (1990–2006), in: Acta Juridica at Politica, Tomus LXIX, Fasciculus 21., Szeged 2007, S. 335–347

Karadayı, Figen: Population Growth in Turkey, in: *Kişnişçi, Hüsnü (Ed.)*, The Population of Turkey, Ankara 1974, S. 11–24

Karakoç, Sarkis: T. C. Sicilli Kavanini, Cilt 64, Istanbul 1983

Karal, Ziya: Non-Muslim Representatives in the First Constitutional Assembly (1876–1877), in: *Braude, Benjamin/ Lewis, Bernard (Ed.)*, Christians and Jews in the Ottoman Empire: The Functioning of a Plural Society, Vol. 1, New York 1982, S. 387–401

Karaman, Hayreddin: Anahatkarıyla İslam Hukuku, Vol. I, Istanbul 1984

Karataş, İsa: Ulus-Devlet Ve Farklılıklar: Din, in: *Helsinki Yurttaşlar Derneği*, Modernleşme ve Çokkültürlülük, Istanbul 2001, S. 108–112

Karimova, Nigar/ Deverell, Edward: Minorities in Turkey, in: *The Swedish Institute of International Affairs*, Occasional Papers 19, Stockholm 2001

Karpat, Kemal H.: Historical Continuity and Identity Change. How to be a modern Moslem, Ottoman, Turk, in: *Karpat, Kemal H. (Ed.)*, Ottoman Past and Today's Turkey, Leiden 2000, S. 1–28

Karpat, Kemal H.: Millets and Nationality: The Roots of Incongruity of Nation and State in the Post Ottoman Era, in: *Braude, Benjamin/ Lewis, Bernard (Ed.)*, Christians and Jews in the Ottoman Empire: The Functioning of a Plural Society, Vol. 1, New York 1982, S. 141–167

Karpat, Kemal H.: Ottoman Population 1830–1914. Demographic and Social Characteristics, Wisconsin 1985

Kaya, Hasan: Modernleşme Sürecinde Çokkültürlülük ve Türkiye, in: *Helsinki Yurttaşlar Derneği*, Modernleşme ve Çokkültürlülük, Istanbul 2001, S. 118–120

Kaya, Önder: Tanzimat'tan Lozan'a azınlıklar, Istanbul 2004

Keyder, Çağlar: Die Türkei zwischen Europa und Amerika, in: *Leggewie, Claus (Hrsg.)*, Die Türkei und Europa, Frankfurt a. M. 2004, S. 274–290

Keyder, Çağlar: Türkiye'de Devlet ve Sınıflar, Istanbul 1989

Kimminich, Otto: Einführung in das Völkerrecht, 5. Auflage, Tübingen 1993

Kimminich, Otto: Rechtsprobleme der polyethnischen Staatsorganisation, Mainz 1985

Kindhauser, Ernst: Attila, in: Die Weltwoche, Ausgabe 17/2005 vom 27.4.2005, online unter: http://www.weltwoche.ch/ausgaben/2005-17/artikel-2005-17-atti la.html [aufgerufen am 3.2.2015]

Kirişci, Kemal: Minority/Majority Discourse, in: *Gladney, Dru C.*, Making Minorities, Stanford 1998, S. 227–245

Kirişci, Kemal/ Winrow, Gareth M.: The Kurdish Question and Turkey: An Example of a Trans-state Ethnic Conflict, London 1997

Kizilkan-Kisacik, Zelal Basak: Europeanization of Minority Norms in Turkey, Baden-Baden 2013

Klebes, Heinrich: Rechtsschutz von Minderheiten – Zu den Arbeiten des Europarats, in: *Blumenwitz, Dieter/ Mangoldt, Hans von (Hrsg.)*, Fortentwicklung des Minderheitenschutzes und der Volksgruppenrechte in Europa, Köln 1992, S. 47–60

Klein, Eckart: Konzeption und Durchsetzung des Minderheitenschutzes, in: *Blumenwitz, Dieter/ Mangoldt, Hans von (Hrsg.)*, Neubestätigung und Weiterentwicklung von Menschenrechten und Volksgruppenrechten in Mitteleuropa, Köln 1993, S. 51–60

Klein, Eckart: Minderheitenschutz im Völkerrecht, in: *Baadte, Günter/ Rauscher, Anton (Hrsg.)*, Minderheiten, Migration und Menschenrechte, Graz 1995, S. 127–153

Kleinert, Claudia: Eine Minderheit in der Türkei: Die Yeziden, in: Zeitschrift für Türkeistudien 2/93, S. 223–234

Klugmann, Marcel: Europäische Menschenrechtskonvention und antiterroristische Maßnahmen, Frankfurt a. M. 2002

Kodaman, Bayram: Osmanlı Devrinde Doğu Anadolu'nun İdâri Durumu, Ankara 1986

Köhne, Gunnar: Willkommen im Club, in: DIE ZEIT Nr. 13/2006 vom 23.3.2006, S. 53

Kommission der Europäischen Gemeinschaften: Vorschlag für einen Beschluss des Rates über die Grundsätze, Prioritäten und Bedingungen der Beitrittspartnerschaft mit der Türkei vom 9.11.2005, online unter: http://www.europa.eu.int/comm/enlargement/report_2005/ pdf/package_ii/com_559_final_de_tr_partnership.pdf [aufgerufen am 20.1.2015]

Koplin, Bernhard: Nationale und ethnische Minderheiten im Verfassungsrecht der osteuropäischen Staaten, Berlin 1995

Kosáry, Domokos: Magyarok Európában III, Újjáépítés és polgárosodás, 1711–1867, Budapest 1990

Kovács, András: The Strength of Antisemitism in Present-Day Hungary, in: *Phalet, Karen/ Örkeny, Antal (Ed.)*, Ethnic Minorities and Inter-Ethnic Relations in Context. A Dutch-Hungarian comparison, Aldershot 2001, S. 161–177

Kovács, Péter: International Law and Minority Protection, Budapest 2000

Kramer, Heinz: Die Türkei und die Kopenhagener Kriterien, SWP-Studie 39/2002, Berlin 2002

Kramer, Heinz: Mutige Öffnung in der türkischen Innen- und Außenpolitik, in: SWP-Aktuell 54/2009, S. 1–8

Kreiser, Klaus: Das große Versprechen, in: DIE ZEIT Nr. 11/2006 vom 9.3.2006, S. 75

Kreiser, Klaus: Istanbul, München 2001

Kreiser, Klaus: Kleines Türkei Lexikon, München 1991

Kreiser, Klaus/ Neumann, Christoph K.: Kleine Geschichte der Türkei, Bonn 2005

Krugmann, Michael: Das Recht der Minderheiten, Berlin 2004

Küçük, Cevdet: Osmanlılarda „Millet Sistemi" ve Tanzimat, in: *Çakmak, Vedat (Hrsg.)*, Tanzimat'tan Cumhuriyet'e Türkiye Ansiklopedisi, Bd. 5, Istanbul 1985, S. 1007–1024

Küçük, Murat: Türkiye'de Din Dersi ve Aleviler, online unter: http://www.alevibektasi.org/murat_kucuk.htm [aufgerufen am 4.3.2015]

Künnecke, Arndt: Auf der Suche nach dem Kern des Naturrechts, Hamburg 2003

Künnecke, Arndt: Die Situation der Minderheiten in der Türkei, in: Südosteuropa Mitteilungen 03/2011, S. 25–42

Künnecke, Arndt: Eine Hürde auf dem Weg zur EU-Mitgliedschaft? – Der unterschiedliche Minderheitenbegriff der EU und der Türkei, Hamburg 2007

Künnecke, Arndt/ Gieler, Wolfgang: Jahrbuch Türkei 2011, Bonn 2012

Künnecke, Arndt/ Gieler, Wolfgang: Jahrbuch Türkei 2012, Bonn 2013

Küpper, Herbert: Das neue Minderheitenrecht in Ungarn, München 1998

Küpper, Herbert: Die rechtliche Integration ethnischer Minderheiten in Ungarn, in: *Bielefeldt, Heiner/ Lüer, Jörg (Hrsg.)*, Rechte nationaler Minderheiten, Bielefeld 2004, S. 138–151

Kummer, Jochen: Christen werden diskriminiert, in: Welt am Sonntag vom 15.12.2002, S. 5

Kuniholm, Bruce: Sovereignty, Democracy and Identity: Turkey's Kurdish Problem and the West's Turkish Problem, in: Mediterranean Politics, Volume 1, Number 3/1996, S. 353–370

Kurban, Dilek: A Quest for Equality: Minorities in Turkey, London 2007

Kurban, Dilek: Confronting Equality: The Need for Constitutional Protection of Minorities on Turkey's Path to the European Union, in: Columbia Human Rights Law Review, Vol. 35, No. 1, 2003, S. 151–214

Kurban, Dilek: Unravelling a Trade-Off: Reconciling Minority Rights and Full Citizenship in Turkey, in: EYMI, Vol. 4, 2004/5, S. 341–371

Kurban, Dilek/ Tsitselikis, Konstantinos: A Tale of Reciprocity: Minority Foundations in Greece and Turkey, Istanbul 2010

Kurban, Dilek/ Hatemi, Kezban: The Story of Alien(ation): Real Estate Ownership Problems of Non-Muslim Foundations and Communities in Turkey, Istanbul 2009

Kuru, Ahmet T.: Globalization and Diversification of Islamic Movements: Three Turkish Cases, in: Political Science Quarterly, Volume 120, Number 2, Summer 2005, S. 253–274

Landwehr, Susanne: Christen in der Türkei, in: *Steinbach, Udo*, Länderbericht Türkei, Bonn 2012, S. 229–231

Lange, Falk: Minderheiten und die OSZE – Die Rolle des OSZE-Hochkommissars für Fragen der nationalen Minderheiten, in: *Blumenwitz, Dieter/ Gornig, Gilbert H./ Murswiek, Dietrich (Hrsg.)*, Ein Jahrhundert Minderheiten- und Volksgruppenrechte, Köln 2001, S. 125–135

Lantschner, Emma/ Kmezić, Marko: Political Participation of Minorities in Central Europe: Is it Effective or Just Window-Dressing?, in: *Lantschner, Emma/ Constantin, Sergiu/ Marko, Joseph (Eds.)*, Practice of Minority Protection in Central Europe, Baden-Baden 2012, S. 223–257

Laurent, Annie: L'Europe Malade De La Turquie, Paris 2005

Lemberg, Hans: Der Weg zur Entstehung der Nationalstaaten in Ostmitteleuropa, in: *Brunner, Georg (Hrsg.)*, Osteuropa zwischen Nationalstaat und Integration, Berlin 1995, S. 45–71

Lemberg, Hans: Nationale Minderheiten in der Tschechoslowakei, in: *Brunner, Georg/ Lemberg, Hans (Hrsg.)*, Volksgruppen in Ostmittel- und Südosteuropa, Baden-Baden 1994, S. 97–110

Leontiades, Leonidas: Der griechisch-türkische Bevölkerungsaustausch, in: ZaöRV 1935, S. 546–576

Lerner, Natan: Group Rights and Discrimination in International Law, Dordrecht 1991

Leuteritz, Karl: Rechtsstatus und tatsächliche Lage der christlichen Minderheiten in der Türkei, in: Zeitschrift für Türkeistudien 1/95, S. 75–96

Levy, Avigdor: The Sephardim in the Ottoman Empire, Princeton 1991

Lewis, Bernard: Istanbul and the civilization of the Ottoman Empire, Oklahoma 1963

Lewis, Bernard: The Crisis of Islam, London 2003

Lewis, Bernard: The Emerge of Modern Turkey, London 1961

Liotta, Peter H.: Religion and War: Fault Lines in the Balkan Enigma, in: *Thomas, Raju G. C. (Ed.)*, Yugoslavia Unraveled: Sovereignty, Self-Determination, Intervention, Lanham 2003, S. 87–116

Luchterhandt, Otto: Loyalitätskonflikte bei nationalen/ethnischen Minderheiten, in: *Blumenwitz, Dieter/ Gornig, Gilbert H. (Hrsg.)*, Der Schutz von Minderheiten- und Volksgruppenrechten durch die Europäische Union, Köln 1996, S. 121–141

Luchterhandt, Otto: Nationale Minderheiten und Loyalität, Köln 1997

Ludwig, Klemens: Ethnische Minderheiten in Europa. Ein Lexikon, München 1995

Lübkemeier, E./ Thränert, O.: NATO, OSZE und europäische Sicherheit, Bonn 1995

Lütem, Ömer E.: The Past and Present State of Turkish-Bulgarian Relations, in: Foreign Policy Quarterly, Vol. XXIII (1999), S. 64–77

MacKenzie, David N.: The role of the Kurdish language in ethnicity, in: *Andrews, P. A.*, Ethnic Groups in the Republic of Turkey, Wiesbaden 1989, S. 541–542

Magnarella, Paul J.: The Peasant Venture. Tradition, Migration and Change among Georgian Peasants in Turkey, Cambridge/ Mass. 1979

Mahçupyan, Etyen: Türkiye'de Gayrımüslim Cemaatlerin Sorunları ve Vatandaş Olamama Durumu Üzerine, online unter: http://www.tesev.org.tr/etkinlik/demokratiklesme-cemaatler.php [aufgerufen am 17.1.2015]

Mancini, P. S.: Della nazionalitá come fondamento del diritto delle genti, Milano 1851

Manherz, Károly: Identität und Sprachgebrauch bei den Minderheiten, in: *Ando, György/ Eperjesssy, Ernö/ Grin, Igor/ Krupa, András (Ed.)*, The Minorities at the Turn of the Millennium, Budapest 2001, S. 78–88

Mantran, Robert: L'Empire Ottoman, in: *Roy, Olivier (Éd.)*, La Turquie Aujourd'Hui, Paris 2004, S. 95–117

Marcou, Jean: État et État des droit en Turquie, in: Pouvoirs – 115. 2005, La Turquie, Paris 2005, S. 25–40

Marko, Joseph: Autonomie und Integration, Wien 1995

Massicard, Élise: L'Islam En Turquie, Pays "Musluman Et Laïc", in: *Roy, Olivier (Éd.)*, La Turquie Aujourd'Hui, Paris 2004, S. 55–67

Matthews, Owen: Who Lost Turkey?, in: Newsweek, December 11/2006, S. 34–38

Matuz, Josef: Das Osmanische Reich. Grundlinien seiner Geschichte, 3. Auflage, Darmstadt 1994

Mayer, Theodor (Hrsg.): Der österreichisch-ungarische Ausgleich von 1867, München 1968

Meral, André: Die Türkei – langer Weg zur Europäischen Union, in: Südosteuropa Mitteilungen 04/2000, S. 340–350

Meray, Seha L. (Çev.): Lozan Barış Konferansı, Tutanak ve Belgeler, Takım I, Cilt 1, Kitap 1, Ankara 1969

Meray, Seha L. (Çev.): Lozan Barış Konferansı, Tutanak ve Belgeler, Takım I, Cilt 1, Kitap 2, Ankara 1970

Meray, Seha L. (Çev.): Lozan Barış Konferansı, Tutanak ve Belgeler, Takım II, Cilt 2, Ankara 1973

Meray, Seha L./ Olcay, Osman: Osmanlı İmperatorluğunun Çöküş Belgeleri, Ankara 1977

Mihok, Brigitte: Vergleichende Studien zur Situation der Minderheiten in Ungarn und Rumänien (1989–1996) unter besonderer Berücksichtigung der Roma, Frankfurt a. M. 1999

Minderjahn, Barbara: Cem-Häuser statt Moscheen und Beten zum Nachbarn statt gen Mekka, in: *Bundeszentrale für politische Bildung (Hrsg.)*, Weltreligion Islam, Bonn 2002, S. 80–83

Ministry of Foreign Affairs of the Republic of Turkey (Ed.), Political Reforms in Turkey, Ankara 2004

Minority Rights Group International: Caferis, online unter: http://www.minority rights.org/ 4408/turkey/caferis.html [aufgerufen am 6.2.2015]

Münir, Orhan: Minderheiten im osmanischen Reich und in der neuen Türkei, Köln 1937

Murswiek, Dietrich: Das Verhältnis des Minderheitenschutzes zum Selbstbestimmungsrecht der Völker, in: *Blumenwitz, Dieter/ Gornig, Gilbert H./ Murswiek, Dietrich (Hrsg.)*, Ein Jahrhundert Minderheiten- und Volksgruppenrechte, Köln 2001, S. 83–99

Mutz, Reinhard: Gesamteuropäische Kooperation und die Konferenz über Sicherheit und Zusammenarbeit in Europa, in: *Jakobeit, Cord/ Yenal, Alparslan (Hrsg.)*, Gesamteuropa, Bonn 1993, S. 98–117

National Election Office: 2014 National Minority Elections, online unter: http://www.valasztas.hu/dyn/onk14/vertaj/en/kvj1_e.html [aufgerufen am 28.1.2015]

Neumann, Christoph K.: „Our Other". Minorities in Turkish Identity Politics from the Ottoman Empire to the Republic, Vortragsmanuskript des gleichnamigen Vortrages auf der 9th Annual Convention of the Association for the Study of Nationalities vom 15.-17.4.2004 in New York

Niewerth, Johannes: Der kollektive und der positive Schutz von Minderheiten und ihre Durchsetzung im Völkerrecht, Berlin 1996

Nolte, Georg: Die rechtliche Stellung der Minderheiten in Ungarn, in: *Frowein, Jochen Abr./ Hofmann, Rainer/ Oeter, Stefan (Hrsg.)*, Das Minderheitenrecht europäischer Staaten, Teil I, Berlin 1993, S. 501–536

Nowak, Manfred: UNO-Pakt über bürgerliche und politische Rechte und Fakultativprotokoll, in: *Nowak, Manfred*: *CCPR-Kommentar*, Kehl am Rhein 1989

Oehring, Otmar: Länderberichte Religionsfreiheit: Türkei, Aachen 2012

Oehring, Otmar: Zur Lage der Menschenrechte – Die Türkei auf dem Weg nach Europa – Religionsfreiheit?, missio – Menschenrechte 20, Aachen 2004

Oehring, Otmar: Zur Lage der Menschenrechte in der Türkei – Laizismus = Religionsfreiheit?, missio – Menschenrechte 5, 2. Auflage, Aachen 2002

Oeter, Stefan: Minderheiten zwischen Segregation, Integration und Assimilation – Zur Entstehung und Entwicklung des Modells der Kulturautonomie, in: *Blumenwitz, Dieter/ Gornig, Gilbert H./ Murswiek, Dietrich (Hrsg.)*, Ein Jahrhundert Minderheiten- und Volksgruppenrechte, Köln 2001, S. 63–81

Özbek, Batıray: Tscherkessen in der Türkei, in: *Andrews, Peter Alford*, Ethnic Groups in the Republic of Turkey, Wiesbaden 1989, S. 581–590

Özbudun Ergun/ Yazıcı, Serap: Democratization Reforms in Turkey (1993–2004), Istanbul 2004

Özgün, M. Recai: Lazlar, Istanbul 1996

Oral, Mahmut: Kürtçe restleşmesi, in: Cumhuriyet Gazetesi vom 16.9.2014, online unter: http://www.cumhuriyet.com.tr/haber/turkiye/120155/Kurtce_restlesmesi.html [aufgerufen am 28.2.2015]

Oran, Baskın: Bir İnsan Hakları ve Çokkültürcülük Belgesi Olarak 1923 Lausanne Barış Antlaşması, in: *Kaboğlu, İbrahim (Haz.)*, Kopenhag Kriterleri, Istanbul 2001, S. 210–219

Oran, Baskın: Küreselleşme ve Azınlıklar, 4. Basım, Ankara 2001

Oran, Baskın: Linguistic Minority Rights in Turkey, the Kurds and Globalization, in: *Ibrahim, Ferhad/ Gürbey, Gülistan (Ed.)*, The Kurdish Conflict in Turkey, New York 2000, S. 151–158

Oran, Baskın: Lozan'ın „Azınlıkların Korunması" Bölümünü Yeniden Okurken, in: SBF Dergisi, Cilt 49, No. 3–4 (1994), S. 283–301

Oran, Baskın: Bir İnsan Hakları ve Çokkültürcülük Belgesi Olarak 1923 Lausanne Barış Antlaşması, in: *Kaboğlu, İbrahim (Haz.)*, Kopenhag Kriterleri, Istanbul 2001, S. 210–219

Oran, Baskın: Thoughts on the State and Kurdish Identity in Turkey, in: Zeitschrift für Türkeistudien 1/97, S. 109–118

Oran, Baskın: Türkiye'de Azınlıklar: Kavramlar, Lozan, İç Mevzuat, İçtihat, Uygulama, Istanbul 2004

Ortaylı, İlber: Ottoman Studies, Istanbul 2007

Ortaylı, İlber: Tanzimattan sonar Mahalli İdariler, Ankara 1972

Oschlies, Wolf: Ex-Jugoslawien: Von den interethnischen Konfliktursachen zum international kontrollierten Friedensprozess, in: *Blumenwitz, Dieter/ Gornig, Gilbert H. (Hrsg.)*, Der Schutz von Minderheiten- und Volksgruppenrechten durch die Europäische Union, Köln 1996, S. 107–119

Osmanağaoğlu, Cihan: Tanzimat Dönemi İtibarıyla Osmanlı Tabiiyyetinin (Vatandaşlığının) Gelişimi, Istanbul 2004

Palmer, Alan: Verfall und Untergang des Osmanischen Reiches, München 1997

Pan, Christoph/ Pfeil, Beate Sibylle: Minderheitenrechte in Europa, 2. Auflage, Wien 2006

Parla, R. (Hrsg.), Türkiye Cumhuriyeti'nin Uluslararası Temelleri – Lozan, Montrö, Lefkoşa 1985

Patai, Raphael: The Jews of Hungary: History, Culture, Psychology, Detroit 1996

Paul, Ludwig: Zaza(ki) – Dialekt, Sprache, Nation?, in: *Andrews, Peter Alford*, Ethnic Groups in the Republic of Turkey, Supplement and Index, Wiesbaden 2002, S. 190–198

Pauls, Christian: Bestreben innerhalb der KSZE zur Verbesserung des Minderheitenschutzes, in: *Blumenwitz, Dieter/ Mangoldt, Hans von (Hrsg.)*, Fortentwicklung des Minderheitenschutzes und der Volksgruppenrechte in Europa, Köln 1992, S. 67–71

Pehlivanoğlu, A. Öner: Sevr, Lozan Antlaşmaları ve Avrupa Birliği, Istanbul 2005

Pentassuglia, Gaetano: Minorities in international law, Strasbourg 2002

Pérouse, Jean-François : La Turquie en marche, Lonrai 2004

Pester Lloyd: Umstrukturierungen beim ungarischen Staatsfernsehen, in: Pester Lloyd vom 7.1.2015, online unter: http://www.pesterlloyd.net/html/1501m1dunatv36direkt.html [aufgerufen am 1.3.2015]

Peters, Anne: Einführung in die Europäische Menschenrechtskonvention, München 2003

Peukert, Wolfgang: Neueste Entwicklungen des Menschenrechts- und Minderheitenschutzes – Übersicht über die Rechtsprechung des Europäischen Gerichtshofs für Menschenrechte, in: *Blumenwitz, Dieter/ Gornig, Gilbert H./ Murswiek, Dietrich (Hrsg.)*, Fortschritte im Beitrittsprozeß der Staaten Ostmittel-, Ost- und Südosteuropas zur Europäischen Union, Köln 1999, S. 37–50

Peykovska, Penka: Ethnic Identity of the Bulgarians in Hungary at the Turn of Millennium, in: *Ando, György/ Eperjessy, Ernö/ Grin, Igor/ Krupa, András (Ed.)*, The Minorities at the Turn of Millennium, Budapest 2001, S. 212–219

Pircher, Ernst H.: Der vertragliche Schutz ethnischer, sprachlicher und religiöser Minderheiten im Völkerrecht, Bern 1979

Plessis, Laurent Artur du: 10 questions sur la Turquie … et 10 résponses qui dérangent, Paris 2005

Pogge, Thomas W.: 'Group Rights and Ethnicity', in: *Shapiro, Ian/ Kymlicka, Will (Eds.)*, Ethnicity and Group Rights, New York 1997, S. 187–221

Prevelakis, Georges: La Lutte Des Minorites, Une Reponse A La Lutte Des Classes?, in: *Sanguin, André-Louis*, Les minorités ethniques en Europe, Paris 1993, S. 49–51

Radikal-çevrimiçi (Yay.) : Çocuğa devletin görevi böyle mi öğretilmeli, in: Radikal vom 5.2.2005, online unter : http://www.radikal.com.tr/haber.php?haberno=142512 [aufgerufen am 18.1.2015]

Radvánszky, Anton: Grundzüge der Verfassungs- und Staatsgeschichte Ungarns, München 1990

Rehman, Javaid: International Human Rights Law: A Practical Approach, Harlow 2003

Rehman, Javaid: Uluslararası Hukukta Azınlık Hakları, in: *Kaboğlu, İbrahim Ö. (Haz.)*, Azınlık Hakları, Istanbul 2002, S. 95–123

Reyhan, Cenk: Osmanlı'da Millet Nizamnameleri: Avrupa ile Uyum Sürecinde Rum-Ermeni-Yahudi Cemaat Düzenmeleri, in: Belgeler, Vol. 27, No. 31 (2006), S. 33–90

Riemer, Andrea K.: Die Türkei und die Europäische Union, in: Aus Politik und Zeitgeschichte, B 10–11/2003, S. 40–46

Romsics, Ignác: Hungary in the Twentieth Century, Budapest 1999

Roth, Marianne: Glücklich, wer sagen kann, ich bin Türke, in: Vielfalt 43, Zeitschrift für bedrohte Völker, Bern 2002, S. 2–4

Roy, Olivier: La Turquie: Monde À Part Ou Nouvelle Frontière Pour L'Europe, in: *Roy, Olivier (Éd.)*, La Turquie Aujourd'Hui, Paris 2004, S. 15–28

Rumpf, Christian: Die Anerkennung der Zuständigkeit des Europäischen Gerichtshofs für Menschenrechte gem. Art. 46 EMRK durch die Türkei, in: EuGRZ 1990, S. 53–56

Rumpf, Christian: Die Anerkennung des Individualbeschwerderechts gemäß Art. 25 EMRK durch die Türkei, in: ZaöRV 47 (1987), S. 778–805

Rumpf, Christian: Die Kurdenfrage in der Türkei, in: Zeitschrift für Türkeistudien 2/92, S. 205–220

Rumpf, Christian: Die rechtliche Stellung der Minderheiten in der Türkei, in: *Frowein, Jochen Abr./ Hofmann, Rainer/ Oeter, Stefan (Hrsg.)*, Das Minderheitenrecht europäischer Staaten, Teil 1, Berlin 1993, S. 448–500

Ruthven, Malise: Der Islam, Stuttgart 2000

Sabuncu, Yavuz: Probleme in der Demokratie und den Menschenrechten in der heutigen Türkei, in: *Kürsat-Ahlers, Elçin/ Tan, Dursun/ Waldhoff, Hans-Peter (Hrsg.)*, Türkei und Europa, Frankfurt a. M. 2001, S. 141–168

Schidelko, Johannes: „Es gibt kleine Fortschritte in der Türkei“, in: HAZ vom 6.10.2004, S. 2

Schlotter, Peter: Zwischen Erweiterung und Vertiefung: Entwicklungsperspektiven der KSZE, in: *Jakobeit, Cord/ Yenal, Alparslan (Hrsg.)*, Gesamteuropa, Bonn 1993, S. 465–481

Schmuck, Otto: Motive, Leitbilder und Etappen der Integration, in: *Bundeszentrale für politische Bildung (Hrsg.)*, Informationen zur politischen Bildung 279, Europäische Union, Bonn 2003, S. 5–16

Schneider, Heinrich: Menschenrechte und Volksgruppenrechte in der europäischen Integrations- und Sicherheitspolitik, in: *Baadte, Günter/ Rauscher, Anton (Hrsg.)*, Minderheiten, Migration und Menschenrechte, Graz 1995, S. 95–126

Schnellbach, Christoph: Minderheitenpolitik in Ostmitteleuropa im Prozess der EU-Erweiterung, Wien 2013

Schrötter, Hans Jörg: Das aktuelle Europa-Lexikon, Bergisch Gladbach 2002

Schumann, Klaus: Der Stand der Arbeiten des Europarates zu Fragen nationaler Minderheiten, in: *Heuberger, Valeria/ Suppan, Arnold (Hrsg.)*, Brennpunkt Osteuropa, München 1996, S. 297–306

Schweisfurth, Theodor/ Oellers-Frahm, Karin: Dokumente der KSZE, München 1993

Schweizer, Gerhard: Die Vielfalt im türkischen Islam, in: *Gehl, Günter (Hrsg.)*, Die Türkei. Nur im Vorhof Europas?, Schriften zur internationalen Kultur- und Geisteswelt 18, Weimar 2001, S. 31–43

Schwellnus, Guido: Anti-discrimination legislation, in: *Rechel, B. (Ed.)*, Minority Rights in Central and Eastern Europe, London 2009, S. 32–45

Seewann, Gerhard: Die nationalen Minderheiten in Ungarn. Alte und neue Probleme in der jungen Demokratie, in: *Brunner, Georg/ Lemberg, Hans (Hrsg.)*, Volksgruppen in Ostmittel- und Südosteuropa, Baden-Baden 1994, S. 133–161

Segert, Dieter/ Machos, Csilla: Parteien in Osteuropa, Opladen 1995

Seibert, Thomas: Türkei stärkt Rechte der Kurden, in: Tagesspiegel vom 14.11.2009, online unter: http://www.tagesspiegel.de/politik/international/regierungsprogramm-tuerkei-staerkt-rechte-der-kurden/1632692.html [aufgerufen am 4.3.2015]

Şener, Cemal: Lazlar, in: *Vanilişi, Muhammed/ Tandilava, Ali*: Lazlar'ın Tarihi, Istanbul 2005, S. 5–9

Şener, Cemal: Türkiye'de Yaşayan Etnik ve Dinsel Gruplar, Istanbul 2004

Seufert, Günter: Ethnien und Ethnizität: Die Kurden und andere Minderheiten, in: *Steinbach, Udo (Hrsg.)*, Länderbericht Türkei, S. 232–263

Seufert, Günter: Laizismus in der Türkei – Trennung von Staat und Religion?, in: Südosteuropa Mitteilungen 01/2004, S. 17–29

Seufert, Günter/ Kubaseck, Christopher: Die Türkei, Bonn 2006

Shaw, Stanford J./ Shaw, Ezel Kural: History of the Ottoman Empire and Modern Turkey, Vol. 2, Reform, Revaluation and Republic: The Rise of Modern Turkey (1808–1975), Cambridge 1997

Shaw, Stanford J./ Shaw, Ezel Kural: Osmanlı Imparatorluğu ve Modern Türkiye, Cilt 2, Istanbul 1983

Smutek-Riemer, Andrea K.: Die Kurden, Frankfurt a. M. 1996

Söyler, Mehtap: Der demokratische Reformprozess in der Türkei, in: Aus Politik und Zeitgeschichte, 39–40/2008, S. 3–8

Somer, Murat: Turkey's Kurdish Conflict: Changing Context and Domestic and Regional Implications, in: The Middle East Journal, Volume 58, Number 2/2004, S. 235–253

Sonyel, Salâhi R.: Minorities and the Destruction of the Ottoman Empire, Ankara 1993

Spiegel-Online: Neue Lehrpläne: Türkei führt Kurdisch als Wahlfach ein, in: Spiegel-Online vom 12.9.2012, online unter: http://www.spiegel.de/schulspiegel/wissen/tuerkei-fuehrt-kurdisch-als-wahlfach-an-schulen-ein-a-855417.html [aufgerufen am 25.1.2015]

Spiegel-Online: Religionsfreiheit: Türkei genehmigt erstmals Neubau christlicher Kirche, in: Spiegel-Online vom 3.1.2015, online unter: http://www.spiegel.de/politik/ausland/tuerkei-genehmigt-zum-ersten-mal-neubau-christlicher-kirche-a-1011126.html) [aufgerufen am 16.1.2015]

Stamatopoulos, Dimitrios: From Millets to Minorities in the 19th-Century Ottoman Empire – An Ambiguous Modernization, in: *Isaacs, Ann Katherine/ Hálfdanarson, Guðmundur (Ed.)*, Citizenship in Historical Perspective, Pisa 2006, S. 253–273

Steinbach, Udo: Geschichte Anatoliens und des Osmanischen Reiches, in: *Bundeszentrale für politische Bildung (Hrsg.)*, Informationen zur politischen Bildung 277, Bonn 2002, S. 4–8

Steinbach, Udo: Geschichte der Türkei, 3. Auflage, München 2003

Steinbach, Udo: Gesellschaft zwischen Tradition und Moderne, in: *Bundeszentrale für politische Bildung (Hrsg.)*, Informationen zur politischen Bildung, 277, Bonn 2002, S. 28-37

Steinbach, Udo: Türkei, in: *Weidenfeld, Werner (Hrsg.)*, Die Staatenwelt Europas, Bonn 2004, S. 382–391

Steiner, Ludwig: Die Entwicklung des Minderheitenschutzes im Rahmen des Europarates, in: *Blumenwitz, Dieter/ Gornig, Gilbert H. (Hrsg.)*, Minderheiten- und Volksgruppenrechte in Theorie und Praxis, Köln 1993, S. 29–38

Steinhaus, Kurt: Soziologie der türkischen Revolution, Frankfurt a. M. 1969

Steinvorth, Daniel: Stimmungswechsel in der Türkei: Israel verliert wichtigen Verbündeten, in: Spiegel-Online vom 01.06.2010, online unter: http://www.spiegel.de/politik/ausland/ stimmungswechsel-in-der-tuerkei-israel-verliert-wichtigen-verbuendeten-a-698063.html [aufgerufen am 3.3.2015]

Sterbling, Anton: Ethnische Strukturen und ethnische Parteien in Südosteuropa, in: Südosteuropa 45/1996, S. 549–566

Stoll, Georg: Christliche Minderheiten in der Türkei, in: *Neuwirth, Angelika (Hrsg.)*, Istanbuler Almanach 2/1998, Istanbul 1998, S. 59–63

Stourzh, Gerald: Die politischen Ideen Josef von Eötvös und das österreichische Staatsproblem, in: *Stourzh, Gerald*, Wege zur Grundrechtsdemokratie, Wien 1989, S. 217–238

Strasser, Kyra: Grundrechtsschutz in Europa und der Beitritt der Europäischen Gemeinschaften zur Europäischen Menschenrechtskonvention, Frankfurt a. M. 2001

Streinz, Rudolf: Minderheiten- und Volksgruppenrechte in der Europäischen Union, in: *Blumenwitz, Dieter/ Gornig, Gilbert H. (Hrsg.)*, Der Schutz von Minderheiten und Volksgruppenrechten durch die Europäische Union, Köln 1996, S. 11–29

Strittmatter, Kai: Trutzburg der Christen, in: SZ vom 24.12.2008, S. 4

Strohmeier, Martin/ Yalçın-Heckmann, Lale: Die Kurden, 1. Auflage, München 2000

Strohmeier, Martin/ Yalçın-Heckmann, Lale: Die Kurden: Geschichte, Politik, Kultur, 3. Auflage, München 2010

Studnitz, Ernst-Jörg von: Minderheitenschutz im KSZE-Prozeß, in: *Blumenwitz, Dieter/ Mangoldt, Hans von (Hrsg.)*, Neubestätigung und Weiterentwicklung von Menschenrechten und Volksgruppenrechten in Mitteleuropa, Köln 1993, S. 31–37

Studnitz, Ernst-Jörg von: Politische Vertretung von Minderheiten- und Volksgruppenrechten auf verschiedenen staatlichen und zwischenstaatlichen Ebenen, in: *Blumenwitz, Dieter/ Gornig, Gilbert H. (Hrsg.)*, Minderheiten- und Volksgruppenrechte in Theorie und Praxis, Köln 1993, S. 17–27

Szarka, Lázló: Artificial Communities and an Unprotected Protective Power: The Trianon Peace Treaty and the Minorities, in: *Szarka, Lázló (Ed.)*, Hungary and the Hungarian Minorities, New York 2004, S. 14–35

Taşdemirci, Ersoy: Türk Eğitim Tarihinde Azınlık Okulları ve Yabancı Okullar, in: Erciyes Üniversitesi Sosyal Bilimler Enstitüsü Dergisi, Sayı: 10, 2001, S. 13–30

Taşpınar, Ömer: Kurdish Nationalism and Political Islam in Turkey, New York 2004

Taştan, Osman: Religion and [Religious] Minorities, in: *Lovatt, Debbie (Ed.)*, Turkey since 1970. Politics, Economics and Society, Basingstoke 2001, S. 137–159

The Greek Orthodox Patriarch of Constantinople; Letter To The Prime Ministry Of The Republic Of Turkey from August 28th 2003, Istanbul 2003

The Human Rights Advisory Board, The Minority Rights and Cultural Rights Working Group Report, Presented to the Prime Ministry on 22nd October 2004, Ankara 2004

The Ministry of Culture of the Turkish Republic (Hrsg.), Lausanne on it's 70th Anniversary, Ankara 1993

Thornberry, Patrick: International Law and the Rights of Minorities, Oxford 1991

Tibi, Bassam: Aufbruch am Bosporus, München 1998

Tibi, Bassam: Der religiöse Fundamentalismus, Mannheim 1995

Tibi, Bassam: Krieg der Zivilisationen, 1. Auflage, Hamburg 1995

Tibi, Bassam: Mit dem Kopftuch nach Europa?, Darmstadt 2005

Tilkovsky, Loránt: Zeitgeschichte der Ungarndeutschen seit 1919: Mit einer Vorgeschichte, Budapest 1991

Today's Zaman: 3 schools providing education in Kurdish language open in Southeast, in Today's Zaman vom 15.9.2014, online unter: http://www.todaysz.aman.com/anayasa_3-schools-providing-education-in-kurdish-language-open-in-southeast_358827.html [aufgerufen am 28.2.2015]

Todosijević, Bojan: Why Bunjevci did not Become a Nation: A Case Study, in: East Central Europe, Vol. 29, No. 1–2, S. 59–72

Topidi, Kyriaki: EU Law, Minorities and Enlargement, Antwerp 2010

Tóth, Ágnes: The Hungarian State and the Nationalities, in: *Tóth, Ágnes (Ed.)*, National and ethnic minorities in Hungary (1920–2001), New York 2005, S. 162–199

Tóth, Borbála: Minorities in the Hungarian media, Budapest 2011

Tucker, Spencer: The Encyclopedia of World War I. A Political, Social and Military History, Santa Barbara 2005

Tunaya, Tarık Zafer: Türkiye'de Siyasal Partiler: İkinci Meşrutiyet Dönemi, Vol. I, Istanbul 1984

Turkish Statistical Institute: Yıllara, yaş grubu ve cinsiyete göre nüfus, 1935–2014, online unter: http://www.turkstat.gov.tr/PreIstatistikTablo.do?istab_id=1588 [aufgerufen am: 28.1.2015]

U. S. Department of State, International Religious Freedom Report 2013: Turkey, online unter: http://www.state.gov/j/drl/rls/irf/religiousfreedom/index.htm?year=2013&dlid= 222277 [aufgerufen am 1.3.2015]

Vahapoğlu, M. Hidayet: Osmanlı'dan günümüze azınlık ve yabancı okullar, Istanbul 1990

Vanilişi, Muhammed/ Tandilava, Ali: Lazlar'ın Tarihi, Istanbul 2005

Vartan, Artınıan: The Armenian Constitutional System in the Ottoman Empire 1839–1863, Istanbul 1988

Veiter, Theodor: Wege zu einem modernen Volksgruppenrecht, in: Aus Politik und Zeitgeschichte, B 18/1975, S. 29–38

Vetter, Reinhold: Ungarn. Ein Länderportrait, Bonn 2012

Vizi, Balázs: Hungary – A model with lasting problems, in: *Rechel, Bernd (Ed.)*, Minority Rights in Central and Eastern Europe, London 2009, S. 119–134

Volkan, Vamık D./ Itzkowitz, Norman: Turks & Greeks, Huntingdon 1994

Vorhoff, Karin: Zwischen Glaube, Nation und neuer Gemeinschaft: Alevitische Identität in der Türkei der Gegenwart, Berlin 1995

Vos, George A. de: Ethnic Pluralism: Conflict and Accommodation – The Role of Ethnicity in Social History, in: *Romanucci-Ross, Lola/ Vos, George A. de*, Ethnic Identity: Creation, Conflict and Accommodation, 3rd Ed., Walnut Creek 1995, S. 15–47

Wagner, Hans: Die Hunnen, in: Eurasisches Magazin vom 31.3.2005, online unter: http://www.eurasischesmagazin.de/artikel/DIE-HUNNEN/20050313 [aufgerufen am 3.2.2015]

Wedel, Heidi: Der türkische Weg zwischen Laizismus und Islam, Opladen 1991

Weiker, Walter F.: Ottomans, Turks and the Jewish Polity, Lanham 1992

Weithmann, Michael W.: Atatürks Erben auf dem Weg nach WESTEN, München 1997

Wenig, Marcus: Der völkerrechtliche Status der OSZE – Gegenwärtiger Stand und Perspektiven, in: *IFSH (Hrsg.)*, OSZE-Jahrbuch 1997, Baden-Baden 1997, S. 393–411

Weschke, Katrin: Internationale Instrumente zur Durchsetzung der Menschenrechte, Berlin 2001

Wheatley, Steven: The Framework Convention for the Protection of Minorities, in: EHRLR 6 (1996), S. 583–590

White, Nigel D.: The law of international organisations, 2nd Ed., Manchester 2005

Wießner, Gunnar: Ethnicity and Political Identities among the Kurds, in: *Andrews, Peter Alford*, Ethnic Groups in the Republic of Turkey, Supplement and Index, Wiesbaden 2002, S. 206–221

Wilcke, Fritz: Das Problem des Rechtsschutzes der nationalen Minderheiten unter besonderer Berücksichtigung der Rechtsverhältnisse im ehemaligen Österreich-Ungarn und der Tschecho-Slowakei, Bielefeld 1928

Wintgens, Hugo: Der völkerrechtliche Schutz der nationalen sprachlichen und religiösen Minderheiten, in: *Stier-Somlo, Fritz (Hrsg.)*, Handbuch des Völkerrechts, Bd. 2, Abtlg. 8, Stuttgart 1930

Witzens, Udo: Aufnahme oder Ausgrenzung? – Gehört die Türkei zu Europa?, Köln 2004

Wofart, Johan: Bericht zur Lage der Volksgruppen in Ungarn, in: *Ermacora, Felix/ Tretter, Hannes/ Pelzl, Alexander (Hrsg.)*, Volksgruppen im Spannungsfeld von Recht und Souveränität in Mittel- und Osteuropa, Wien 1993, S. 63–68

Wurmbrand, Max/ Roth, Cecil: Das Volk der Juden. 4000 Jahre Kampf ums Überleben, Wiesbaden 1989

Yalçın-Heckmann, Lale: Zur Kurdenproblematik in der Türkei, in: Aus Politik und Zeitgeschichte, B 11–12/97, S. 41–46

Yaman, Ali: Türk siyasi tarihinde Alevilik, in: *Dönmez, Rasim Özgür/ Enneli, Pınar/ Altuntaş, Nezahat (Eds.)*, Türkiye'de kesişen-çatışan dinsel ve etnik kimlikler, Istanbul 2010, S. 115–144

Yannas, Prodromos: The Human Rights Condition of the Rum Orthodox, in: *Kabasakal Arat, Zehra F. (Ed.)*, Human Rights in Turkey, Philadelphia 2007, S. 56–71

Yazıcı, Serap: The Impact of the EU on the Liberalisation and Democratisation Process in Turkey, in: *Griffiths, Richard T./ Özdemir, Durmuş (Ed.)*, Turkey And The EU Enlargement, Istanbul 2004, S. 91–102

Yeğen, Mesut: The Turkish State Discourse and the Exclusion of Kurdish Identity, in: Middle Eastern Studies, Volume 32, Number 2/1996, S. 216–229

Yıldırım, Mine: Höchste Zeit die staatliche Erfassung der Religionszugehörigkeit der Bürger zu beenden, in: *Ceyhan, Güzide/ Oehring, Otmar/ Yıldırım, Mine*, Religionsfreiheit in der Türkei? Entwicklungen 2005–2012, Aachen 2012, S. 141–148

Yıldırım, Mine/ Oehring, Otmar: Warum mischt sich der Staat in die Wahl des Großrabbiners sowie der Patriarchen der griechisch-orthodoxen und armenisch-apostolischen Kirche ein?, in: *Ceyhan, Güzide/ Oehring, Otmar/ Yıldırım, Mine*, Religionsfreiheit in der Türkei? Entwicklungen 2005–2012, Aachen 2012, S. 130–141

Yıldız, Ahmet: „Ne Mutlu Türküm Diyebilene". Türk Ulusal Kimliğinin Etno-Seküler Sınırları 1919–1938, 2. Baskı, Istanbul 2004

Yılmaz, Önder: Dışişleri: Azınlık sayısı 89 bin, in: Milliyet.com.tr vom 12.12.2008, online unter: http://www.milliyet.com.tr/Siyaset/HaberDetay.aspx?aType=Haber Detay&Katego ri=siyaset&KategoriID=&ArticleID=1027207&Date=12.12.20 08&b=Disisleri:%20Azinlik%20sayisi%2089%20bin&ver=17 [aufgerufen am 25.1.2015]

Zaptçioğlu, Dilek/ Gottschlich, Jürgen: Minarett und Glockenturm (1. Teil), in: Universitas, Nummer 713 (Nov. 2005), S. 1137–1143

Zayas, Alfred-Maurice de: Minderheitenschutz und Volksgruppenrechte aus der Sicht der Vereinten Nationen und der UNESCO, in: *Blumenwitz, Dieter/ Mangoldt, Hans von (Hrsg.)*, Fortentwicklung des Minderheitenschutzes und der Volksgruppenrechte in Europa, Köln 1992, S. 135–140

Zeidan, David: The Alevi of Anatolia, in: MERIA Vol. 3, No. 4 (1999), S. 74–89

Zentrum für Türkeistudien (Hrsg.): Das ethnische und religiöse Mosaik der Türkei und seine Reflexionen auf Deutschland, Münster 1998

Ziemke, Kurt: Die neue Türkei: politische Entwicklung 1914–1929, Stuttgart 1930

Zsuppán, András: Growing Russian presence in Hungary – Many settle down permanently, in: Budapest Telegraph vom 11.4.2013, online unter: http://www budapesttelegraph.com/news/333/growing_russian_presence_in_hungary_ %E2%80%93_many_settle_down_permanently_ [aufgerufen am 3.2.2015]

www.ingramcontent.com/pod-product-compliance
Ingram Content Group UK Ltd.
Pitfield, Milton Keynes, MK11 3LW, UK
UKHW041826290926
8980IPUK00002B/94

9 783631 668597